보험 궁금증
달인에게
물어보세요
2

알기 쉬운

보험 세테크
100% 활용법

김동범 지음

중앙경제평론사

실속 있는 보험 재테크·세테크로
웰빙과 웰에이징 이루자

　누구나 쇼핑할 때는 어떤 상품이 좋은지, 흠은 없는지, 가성비는 좋은지, 디자인은 좋고 쓸 만한지, 내 몸에 잘 맞고 가정에 도움이 되는지 생각하면서 이리저리 훑어보고 재며 고른다. 그런 후 내 맘에 쏙 들어야만 구매하고 그렇지 않으면 그냥 나온다. 옷이든 가전제품이든 생활용품이든, 무엇을 구매하든 신중하게 고르고 구매한다. 이렇게 소비성 물건을 구매할 때도 이리저리 세심히 살펴보는데 매월 일정액의 돈을 만만치 않게 지불하면서 장기간 유지해야 하는 보험 상품을 대충 살펴보고 가입할 수는 없다.

　양질의 보험을 실속 있게 잘 가입하여 자신이 바라는 상품으로 전혀 손색이 없다면 그보다 더 좋을 수는 없다. 보험컨설턴트가 권유한다든지 해당 회사에서 홍보하는 상품은 그것을 만든 보험회사나 판매 채널의 입장에서는 최고로 가치 있고 좋은 상품이다.

그러나 객관적으로 고객의 입장에서 차근차근 다른 회사의 상품들과 비교분석하면서 속속들이 살펴보면 수익률이나 가입요건, 보장내용, 보장범위, 보험료 규모, 서비스 측면 등에서 다소 부족한 부분이 있을 수 있다. 보험이 사회보장제도의 보완 역할을 하는 신용 상품이라 해도 어디까지나 주로 영리를 목적으로 하는 민간기업 또는 공제조합에서 운영하고 개발·판매되는 이상 상품을 판매하여 많은 이익을 남기려는 것은 당연한 이치이다. 따라서 나와 가족에게 도움이 되는 좋은 보험 상품을 잘 선택하여 가입해야만 가입 효과가 극대화된다.

지금은 보험판매 채널이 오프라인과 온라인을 불문하고 사방팔방에 널려 있다. 보험컨설턴트는 물론 방카슈랑스(Bancassurance), 홈슈랑스(Homesurance), 마트슈랑스(martsurance), 모바일슈랑스(mobilesurance), 포타슈랑스(potasurance) 등 다양한 유형의 채널과 연결된 브랜드 어슈어러(brand-assurer) 시대이다. 그만큼 보험 상품이 매우 다양하고 가입 선택의 폭이 넓어졌다. 그런데 보험이 일상생활 깊숙이 자리매김하면서 가계소득 중 보험료로 지출되는 비용이 만만치 않다. 경제력과 가계소득을 고려할 때 보험료 지출 규모가 크다. 생명보험과 손해보험 등 개인보험 상품의 가구당 연간 지출보험료 규모가 평균 가계소득 대비 약 18%나 된다고 한다. (금융소비자연맹 조사자료) 통합보험 등 생활보장형 컨버전시(Convergency) 상품과 보험투자 상품인 변액보험 등 맞춤형 상품의 가입이 늘어나면서 가구당 연간 보험료 납입액이 증가 추세에 있는데 반드시 살펴봐야 할 것은 '현재 지출되는 보험료가 제 구실을 하고 있는가?' 하는 것이다.

각종 질병과 상해 발생 및 불안한 노후 등 불확실한 삶의 리스크 헤징(Hedging)을 위해 가입했고 또 앞으로 가입할 경우 경제성의 원칙에 입각해 더 많은 보장(보상)과 다양한 보험 혜택을 누릴 수 있도록 보험 재테크의 실천 방법을 모색해야 한다. 지출되는 소중한 돈의 실익을 분명하게 따져보고 필터링(filtering)하면서 가입하고 재산 형성 제고 및 가계 금융자산의 포트폴리오 차원에서 리밸런싱해야 한다.

보험 재테크란, 저렴한 보험료로 양질의 보험 상품을 알뜰살뜰 올바로 가입하고 잘 유지·관리하여 보험 수혜를 통해 최대한 많은 이익을 볼 수 있도록 만드는 보험 생활의 기술을 말한다.

진정한 보험 재테크는 생애 전반에 걸쳐 발생하는 각종 리스크를 헤지(Hedge)해나가면서 알토란 같은 자산을 잘 늘리고 관리하여 간헐됨 없이 필요한 시기에 목적자금의 공급이 원활하게 이루어져 삶의 가치가 새록새록 더 높아지도록 인생을 아름답게 완성해가는 것이다.

즉, ① 양질의 보험을 가입하여 일상생활의 리스크를 헤지해나가는 보장테크 ② 노후가 자기책임인 장수 시대에 평생 은퇴자산 마련을 위한 효율적인 연금테크 ③ 보험차익 비과세와 보험료 세액공제, 보험금의 상속세 및 증여세 혜택 등 보험이 갖고 있는 세제상의 다양한 메리트를 활용한 세테크 ④ 보험투자 상품과 저축성보험 그리고 보험 세테크를 통해 실질적으로 이익을 실현하는 재테크 등을 동시에 달성할 수 있도록 하는 것이다.

이 책에서는 독자들이 원하는 책의 콘셉트에 맞게 보험 소비자가 가입하려고 하는 보험 상품에 대하여 더 정확히 알고 스스로 좋은 상품을 취사선택할 수 있는 능력을 갖추어 슬기롭게 최적의 상품설계를 할 수 있도록 실천적인 로드맵을 제시하였다. 40개 이상의 주요 보험 상품의 구조와 내용 및 특징에 대해 심도 깊게 종합적으로 분석하면서 올바른 선택요령, 가입 시 주의할 점 등 노하우와 꿀팁을 상세히 제시하였다.

보험 상품 중 가장 활용도가 높은 실손의료보험과 종신보험, CI/GI보험, 연금보험, 변액보험 상품은 해당 상품에 대한 전반적인 내용을 유형별로 종합적으로 깊이 있게 집중 분석하면서 가입요령과 주의사항, 상품별 비교분석 등에 대한 노하우와 솔루션을 심도 깊게 제시하였다.

그리고 가장 일반적으로 통용되는 주요 생활보험 상품인 질병보험(건강보험), 암보험, 저축성보험, 유니버설보험, 상해보험, 태아보험, 자녀(어린이)보험, 일상생활배상책임보험, 화재보험, 통합보험, 실버케어보험, 치매보험, 후유장해보험, 무(저)해지환급형보험, 유병자보험, 치아보험, 운전자보험, 자동차보험, 자연재해피해보장보험, 여행자보험, 상조보험, 외화보험 등 실생활에 꼭 필요한 보험 상품의 특징과 가입요령, 주의사항 등 솔루션과 꿀팁도 속속들이 집대성하여 자세히 제시했다.

특히 보험가입자가 매우 궁금해하는, 보험 상품이 가지고 있는 세액공제와 비과세 혜택 등 각종 세제 혜택에 대해 집중 분석하면서 보험가입으로 인한 실질적인 세제 효과와 더불어 연금계좌의 과세이연에 따른 경과별 과세체제를 자세히 실어 이해의 폭을 넓혔다. 또 보험금 수령 시 상속세 및 증여세 혜택 등 절세 측면에서 최대한 이익을 가져올 수 있는 세테크와 보험 재테크 효과 창출에 필수적인 노하우와 특급 솔루션을 총망라하여 제시했다. 보험을 통한 세테크와 재테크 노하우는 이 책 한 권으로 손쉽게 습득할 수 있을 것이다.

이 책이 어떤 보험 상품을 가입해야 하는지 아직 그 길을 제대로 찾지 못하고, 또한 가입하려는 보험 상품의 전반적인 내용과 가입 시 주의사항과 올바른 선택방법에 대해 속속들이 자세히 알고 난 후 최적의 상품을 선택해 가입하고자 하는 사람들, 가입한 보험 상품을 통해 실질적인 보험 혜택을 바라는 사람들, 보험으로 세테크 효과를 듬뿍 맛봄으로써 실속 있는 보험 재테크가 이루어지길 바라는 모든 사람에게 많은 도움이 되길 진심으로 바란다.

김동범

Contents

PART 1
주요 보험 상품 종합분석 및 가입비법

1장 ▶ 실손의료보험 종합분석 및 가입 꿀팁

2장 주요 생활보험 상품 종합분석 및 가입 꿀팁

3장   종신보험과 CI/GI보험 종합분석 및 가입 꿀팁

4장   연금보험 종합분석 및 가입 꿀팁

PART 2

보험 상품 세테크 · 재테크 특급 솔루션

2장   # 보험의 세제 효과 및 과세체제 종합분석

1▸ PART 1 보험 상품 종합분석 시 해당 상품에 대한 개념정립, 상품특징, 상품설계구조, 가입요령, 주의사항, 상품 비교분석 등 가입 시 필요한 모든 정보와 노하우 및 꿀팁을 제시하였다.

2▸ 주요 보험에 대한 상품구조 분석은 기초 서류를 토대로 일반적인 기준을 제시한 것이므로 동종의 유형이라도 생명보험 및 손해보험, 보험회사(우체국보험, 공제 포함)마다 주보험과 부가특약의 설계 및 조립방식이 약간씩 다르다.

3▸ 보험료 규모는 주계약만 제시한 것이므로 특약의 조립방법 및 선택 유무, 판매채널의 유형에 따라 많은 차이가 있다(대면채널 상품 기준 적용 제시).

4▸ 가입요건은 보험회사에 따라 주계약 범위, 성별, 가입나이, 가입한도, 보험 종류, 보험기간, 위험직급, 납입기간, 진단유무, 선택특약유무 등의 적용방식에 따라 서로 다르다.

5▸ 상품별 보험료 규모의 경우 일반적이고 표준화된 내용은 생명보험 및 손해보험협회 홈페이지 상품공시실에서 확인하고, 가입하고자 하는 상품에 대한 자세한 사항은 해당 보험회사에 문의(홈페이지 접속)하여 확인하기 바란다.

6▸ 보험 상품은 사업방법서와 보험료 및 책임준비금 산출방법서, 약관 등 기초 서류를 토대로 개발 설계되며, 관련 상품에 대한 전반적인 보장급부 사항은 모두 약관에 명기되어 있으므로 자세한 내용은 해당 약관을 참조하기 바란다.

7▸ PART 2 보험 세제 종합분석 시 먼저 독자들이 쉽게 알아볼 수 있도록 보험 세제를 통한 보험 세테크 및 재테크 효과를 수익률과 연금수익, 상속증여 등으로 구분하여 분석하였다.

8▸ 보험의 세제 효과 및 과세체제 종합분석 시 저축성보험의 비과세 효과, 보장성보험 세액공제 효과, 연금저축보험 및 퇴직연금보험 등 연금계좌의 세액공제 효과, 단체보험 세제 혜택, 연금계좌의 과세이연에 따른 경과별 과세체제를 알기 쉽도록 구분하여 게재하였다.

9▸ 보험에 대한 전반적인 상식과 지식, 궁금증 풀이는 1편에 게재하였고, 보험 상품의 올바른 클리닉 비법과 보험리모델링 실천 방법, 그리고 꼭 알아야 할 생활보험 활용해설사전은 3편에 수록하였으니 참조하기 바란다.

10▸ 보험 재테크 책 저술 시 필자의 지식과 역량에 더 객관적인 분석과 구체적인 내용 파악, 실질적인 가입 효과 제고 및 독자들의 이익 도모를 위해 관계 법령 및 보험 상품별 약관과 상품요약서를 토대로 하면서 금융감독원, 생·손보협회, 각 보험회사의 관련 자료를 종합적으로 분석 검토하고 적의 조정하여 저술하였다.

PART 1
주요 보험 상품 종합분석 및 가입비법

보험은 각종 위험, 즉 인생의 3대 위험인 생활위험, 노후위험, 사망위험으로부터 나와 가족의 평

안을 담보해주는 최선의 방어시스템이다.

1장

실손의료보험
종합분석 및 가입 꿀팁

국민건강보험이 의료보험으로서 완전히 커버하지 못하는 의료보장 현실에 비추어볼 때 좋은 보험 상품이란 본인의 의료비 보장에 평생 충분히 도움이 되고 가족에게도 도움이 되는 생활보장형 상품이어야 한다.

제2의 국민건강보험 실손의료보험

우리나라 사람 1인당 한평생 들어가는 의료비가 무려 1억 원이 넘는다고 한다. 질병과 상해 등으로 인한 의료비의 과다지출이 경제적 부담으로 작용하여 가계 파탄의 주범으로 부각되는 실정이다. 더구나 의료비는 매년 비싸지고 나이 들수록 병원에 갈 일은 잦아지므로 이에 미리 대비해야 한다. 예전 보험가입 시에는 주로 다음 세대를 위한 보장에 중점을 두었지만 지금은 일상생활의 현실적인 위험을 헤징(Hedging)해주면서 현재와 미래를 공유할 수 있는 생활보장보험을 원한다. 특히 유병장수 100세 시대가 도래하면서 건강생활과 밀접한 관련이 있다. 지불한 의료비 금액을 대부분 보장해주는 실손의료보험은 제2의 건강보험이라고 불릴 만큼 반드시 갖추어야 할 가정 필수품으로 부각되어 우리나라 국민 3,800만 명 이상이 가입했을 정도로 가정의 든든한 버팀목이 되어주고 있다.

실손의료보험은 가입자가 질병이나 상해로 입원하거나 통원치료를 받는 경우 가입자가 실제 부담한 의료비를 보장해주는 질병보험 상품을 말한다. 실손의료보험은 일상생활에 가장 요긴하게 활용되는 생활보장보험으로, 가입자가 병원에 낸 치료비 중 국민건강보험으로 처리된 비용 외에 나머지 금액을 보험가입금액의 한도 내에서 입원보장과 통원보장을 해주는 건강보험 상품이다. 실손의료보험은 국민건강보험의 적용대상은 물론 적용되지 않는 식대, MRI·CT 촬영비, 특수검사(특진료), 내시경 등 의료사각지대에서 의료비로 지출되는 실질적인 본인부담금(자기부담률)을 급여 항목과 비급여 항목에 대하여 상품 유형에 따라 최고 70~90%까지 보장해준다.

실손의료보험에서 보장해주는 금액은 국민건강보험의 급여 항목 중 본인부담액과 법정 비급여 항목의 합계액에서 자기부담금을 공제한 금액이다. [* 자기부담금이란, 보장 대상 의료비 중 보험계약자가 직접 부담하는 금액을 말한다.]

실손의료보험 상품 의료비담보 보장 부분: (B) + (C)

담보 항목	급여 항목 부분	비급여 항목 부분
보장 부분	국민건강보험공단 부담분(A)	환자 본인부담분(C)
	환자 본인부담분(B)	

* 주) 1. 급여 항목 부분은 국민건강보험에서 보장하는 항목으로 국민건강보험공단과 환자 본인이 함께 부담. 비급여 항목 부분은 국민건강보험법상 법정 비급여 항목으로 국민건강보험공단 부담금 없이 환자 본인이 전액 부담
2. 실손의료보험 의료비 보장금액 = 급여 항목 부분 본인부담금(B) + 비급여 항목 부분 본인부담금(C) − 급여 및 비급여 부분 자기부담금(자기부담금은 보험회사 개별계약 상품별로 상이)

실손의료보험의 가장 큰 매력은 몸살감기 등 일상생활에서 일어나는 사소한 질병부터 암, 뇌질환, 심장질환 등 큰 질병이나 상해는 물론 국민건강보험의 비급여 대상까지 입원보장과 통원보장을 해주므로 실질적으

실손의료보험 입원보장과 통원보장의 보장 범위 및 항목

구분	보장 범위	보장 항목
입원보장 (질병입원, 상해입원)	질병 및 상해 발생 시 병원 또는 의원 등에 입원하여 치료를 받은 경우 발생하는 검사료, 수술료, 입원실료 등에 대하여 국민건강보험공단이 부담하는 비용을 제외한 금액에 대해 보장	① 입원제비용: 검사료, 방사선료, 투약 및 처방료, 주사료, 처치료 등 ② 입원수술비: 수술료, 마취료, 수술재료비 등 ③ 입원실료: 기준병실 사용료, 환자관리료, 식대 등
통원보장 (질병통원, 상해통원)	질병 및 상해 발생 시 병원 또는 의원 등에 입원하지 않고 통원치료를 받은 경우 발생하는 검사료, 수술료, 처방조제비 등에 대하여 국민건강보험공단이 부담하는 비용을 제외한 금액에 대해 보장	① 외래제비용: 검사료, 방사선료, 투약 및 처방료, 주사료, 처치료 등 ② 외래수술비: 수술료, 마취료, 수술재료비 등 ③ 처방조제비: 약국의 처방조제비, 약사의 직접조제비 등

로 청구된 병원치료비를 보장받을 수 있다는 점이다. 또 실손의료보험에 가입한 계약자 중 돈이 없거나 의료비가 비싼 경우 중간진료 정산 때 예상보험금의 일부(약 70%)를 먼저 지급받아 의료비 납입부담을 덜 수 있다. 단, 중복으로 가입한 경우에는 치료비에서 자기부담금을 공제하고 난 잔액을 비례보상하여 지급한다.

실손의료보험은 생명보험과 손해보험 모두 취급 판매한다. 실손의료보험의 상품 유형은 계약 형태 및 가입 연령층 등에 따라 크게 다음과 같이 3가지로 구분된다.

① 자기부담금 설계방식에 따라 표준형, 선택형 II 중 선택 가입할 수 있는 표준화된 일반실손의료보험

② 50세부터 최대 75세까지 고령층을 대상으로 하는 노후실손의료보험

③ 치료 이력이 있거나 경증 만성질환을 가진 유병력자를 대상으로 하는 유병자실손의료보험

실손의료보험 표준형과 선택형Ⅱ의 자기부담금 비교

구분	표준형	선택형Ⅱ
입원	보상대상의료비의 20%	보상대상의료비 중 급여의 10%, 비급여의 20%
외래	의료기관별 공제금액(의원 1만 원, 병원 1만 5,000원, 종합전문병원 2만 원)과 보상대상의료비 20% 중 큰 금액	의료기관별 공제금액(의원 1만 원, 병원 1만 5,000원, 종합전문병원 2만 원)과 공제기준금액(보상대상의료비의 '급여 10% + 비급여 20%') 중 큰 금액
처방조제비	8,000원과 보상대상의료비 20% 중 큰 금액	8,000원과 공제기준금액(보상대상의료비의 '급여 10% + 비급여 20%') 중 큰 금액

표준화된 일반실손의료보험에는 개인이 가입하는 개인실손의료보험과 직장에서 단체로 가입하는 단체실손의료보험이 있다. 보험료는 매년 갱신되고 보장내용 변경주기는 15년이며 재가입을 통해 100세까지 유지 가능하다. 노후실손의료보험과 유병자실손의료보험은 매년 갱신되며 3년 주기로 재가입이 가능하다. [* 보장내용 변경주기란, 보험계약의 자기부담금 및 보장범위 등 보장내용이 변경될 수 있는 주기를 말한다.]

일반실손의료보험은 단독형이며, 상품구조는 기본형(주보험) 또는 기본형 + 특약형(3개 비급여선택특약)으로 구성되어 있다. 선택 가능한 비급여특약 3가지는 ① 비급여도수치료·체외충격파·증식치료특약 ② 비급여주사료특약 ③ 비급여자기공명영상진단(MRI/MRA)특약 등 실손의료비보장특약이다. [* 도수치료: 도수치료 자격을 갖춘 자가 근골격계 등의 질환 및 증상 개선을 위하여

시술자의 신체(기계의 도움을 받는 경우 포함)를 활용하여 직접 자극하는 의료행위, 체외충격파치료: 체외에서 충격파를 병변에 가하여 손상된 조직을 재생하거나 통증을 완화하는 의료행위(체외충격파쇄석술은 제외), 증식치료: 인대나 건(힘줄)·관절·연골 등에 증식물질을 주사하여 조직 재생을 촉진하는 의료행위, 주사료: 주사 치료 시 사용된 행위, 약제 및 치료재료대, 자기공명영상진단: 자기공명영상 장치를 이용하여 고주파 등을 통한 신호의 차이를 영상화해 조직의 구조를 분석하는 검사(MRI/MRA)]

기본형은 주계약 단일 구성의 순수보장형 상품으로 다른 보장내역 없이 실손의료보험만으로 구성되어 단독 가입이 가능하며, 상품은 자기부담금 설계방식에 따라 표준형, 선택형Ⅱ 등 두 가지 종류가 있다. 이는 각각 질병입원형, 질병통원형, 상해입원형, 상해통원형 등 총 4가지 실손의료 보장종목으로 구성되어 있다. 표준형은 자기부담금이 20%인 상품을 말하고, 선택형Ⅱ는 자기부담금이 급여 중 본인부담금의 10% 해당액과 비급여 20% 해당액의 합계금액인 상품을 말한다.

실손의료보험은 피보험자 연령증가, 국민의료수가 상승, 보험사고 여부 등 적용요율(위험률, 기초율)의 변동에 따라 보험료가 매년 변경되는 무배당 갱신형 상품으로, 금리부가 방식은 금리확정형이며 유니버설 기능은 없다. 실손의료보험의 가입요건을 살펴보면 가입나이는 주로 최초가입계약의 경우 최초계약은 0세(태아 포함 또는 제외)~60/65/70세, 갱신계약은 1세~84세, 재가입계약의 경우 최초계약은 15세~99세, 갱신계약은 16세~99세이다.(재가입 시 판매 중인 실손의료보험으로 가입)

보험기간은 1년 만기 갱신형이며, 보험료 납입기간은 전기납, 보장내용 변경주기는 15년, 재가입 시 종료 나이는 100세이다. 보험료 규모는 표준형, 40세, 비위험직, 1년 만기, 전기월납, 주계약과 3개 비급여특약의 실손의료비 보험가입한도를 기준으로 남자는 약 13,000원, 여자는 약 16,000원 정도이다. 단, 보험기간이 1년 만기 갱신형이므로 보험료가 매년 변동할 수 있으며, 보험회사별 상품설계 및 조립방법, 판매채널 등에 따라 상이하므로 동일한 보장조건일 경우 보험가격지수가 낮은 상품을 선택하도록 한다.

실손의료보험의 가입한도는 주계약 기본형(질병입원형 + 질병통원형 + 상해입원형 + 상해통원형)의 경우 보험가입금액은 입원형은 1,000만/3,000만/5,000만 원 등이고, 통원형은 외래(외래제비용, 외래수술비)와 처방조제비 합산 30만 원 한도로서 외래 가입금액은 5만/10만/15만/20만/25만 원 등이고, 처방제조비 가입금액은 5만/10만/15만 원 등이다(단, 생명보험 상품은 외래 20만 원, 처방제조비 10만 원으로 균일함). 실손의료비보장 비급여특약은 비급여도수치료·체외충격파치료·증식치료특약(갱신형)은 350만 원 (입·통원 합산 최대 50회) 한도, 비급여주사료특약(갱신형)은 250만 원(입·통원 합산 최대 50회) 한도, 비급여자기공명영상진단(MRI/MRA)특약(갱신형)은 300만 원 한도 등이다. 보장조건과 보장범위, 보장내용, 갱신주기(1년 갱신, 최대 15년까지 자동 갱신보장), 본인부담금 등 상품 기본구조는 모든 보험회사가 동일하다.

일반실손의료보험 상품구조 및 주요 보장내용

구분		주요 보장범위 및 보장내용
상품 성격		기본형(자기부담금 설계방식에 따라 표준형, 선택형II 구분), 갱신형, 순수보장형, 금리확정형 무배당상품
상품 구성	주보험	질병입원형(표준형, 선택형II), 질병통원형(표준형, 선택형II), 상해입원형(표준형, 선택형II), 상해통원형(표준형, 선택형II)
	선택 특약	실손의료비보장특약 3개 유형: ① 비급여도수치료·체외충격파치료·증식치료특약 ② 비급여주사료특약 ③ 비급여자기공명영상진단(MRI/MRA)특약
	제도성 특약	① 지정대리청구서비스특약 ② 특별조건부특약 ③ 특정신체부위·질병보장제한부인수특약 ④ 실손의료보험중지 및 재개특약(재개 시 판매 중인 실손으로 가입) ⑤ 장애인전용보험전환특약 ⑥ 표준하체인수특약 등
보험기간/납입기간		1년 만기(갱신형), 전기납 단일화
보장내용 변경주기		15년(단, 재가입 시 피보험자 100세 계약해당일 전일까지의 남은 기간이 15년 미만일 경우 남은 기간을 변경주기로 함)
납입주기		월납, 3개월납, 6개월납, 연납(단, 상해입원형 및 상해통원형의 경우 월납 및 3개월납은 질병입원형 또는 질병통원형과 동시 가입하는 경우에 한하여 가입 가능)
가입나이(보험나이)		① 최초가입 계약−최초계약: 0세(태아 포함 또는 제외)~60세, 65세, 70세 등, 갱신계약: 1세~84세 ② 재가입계약−최초계약: 15세~99세, 갱신계약: 16세~99세(재가입 종료 나이 100세)
주요 보상대상		피보험자의 질병 및 상해로 인한 입원비, 수술비, 통원치료비, 약제비, 한방, 치과, 치매, MRI, CT, 초음파, 내시경 등
보상 기간	입원의료비	발병 사고일부터 365일(90일 신규 입원 인정)
	통원의료비	통원, 처방조제 각각 매년 계약해당일로부터 1년 단위 방문, 연간 180회 한도 보상
해지환급금		1년 만기 순수보장성 상품으로 해지환급금 발생하지 않음
	주계약(주보험)	입원형 1,000만/3,000만/5,000만 원, 통원형 30만 원(외래 + 처방조제비) 한도

보험가입한도	3개비급여특약	도수·체외충격파·증식치료	근골격계 질환 발생으로 통증완화를 위해 입원 또는 통원 치료 시 350만 원(입·통원 합산 최대 50회) 한도 보상	자기부담금(1회당 보상대상 의료비에서 2만 원과 보상대상 의료비의 30% 중 큰 금액) 차감 후 보상
		주사료	치료 목적으로 사용되는 비급여 비타민제 등 주사료[단, 항암제, 항생제(항진균제), 희귀의약품은 기본형에서 보장]로 입원 또는 통원 치료 시 250만 원(입·통원 합산 최대 50회) 한도 보상	
		MRI/MRA	질병의 진단으로 비급여자기공명영상진단(MRI/MRA) 검사를 하기 위해 입원 또는 통원 치료 시 300만 원 한도 보상(조영제·판독료 포함, 횟수 제한 없음)	
입원의료비보상한도	최대보장금액		입원비 최고 5,000만 원, 상급병실: 50% 보장(1일 평균금액 10만 원 한도 보장), 급여 항목 90%, 비급여 항목 80% 보장	
	자기부담금		치료비의 10~20% 부담(급여는 10%, 비급여는 20% 부담) 연간 본인부담금 200만 원 초과 시 초과분은 보험회사 부담	
통원의료비보상한도	최대보장금액		외래비와 통원처방제조비 합산 일당 30만 원(외래 회당 25만 원, 처방조제비 건당 5만 원)	
	자기부담금		① 외래비: 급여부분 본인부담금 10% + 비급여 20%와 의료기관별 공제금액 중 큰 금액 공제 ② 처방조제비: 급여부분 본인부담금 10% + 비급여 20%와 8,000원 중 큰 금액 공제	

* 주) 1. 보상대상의료비는 본인이 실제로 부담한 금액(건강보험의 본인부담금 및 비급여 의료비)에서 보상제외 금액을 차감한 금액으로 매년 계약해당일로부터 1년 단위로 보험가입금액을 연간 한도로 보상
2. 보상대상 의료비에 대해 일정률(기본형은 표준형 10% 또는 선택형Ⅱ 20%, 특약형은 30%) 또는 일정 금액의 자기부담금이 있음(자기부담금 의료기관별 공제금액: 의원 1만 원, 병원 1만 5,000원, 종합전문병원 2만 원, 처방조제 8,000원)
3. 상급병실료차액은 입원 시 실제로 사용한 병실과 기준병실의 병실료 차액에서 50%를 뺀 금액을 말함(단, 1일 평균금액 10만 원을 한도로 하며 1일 평균금액은 입원기간 동안 상급병실료 차액 전체를 총입원일수로 나누어 산출)
4. 아래 해당하는 의료비는 기본형 실손의료보험에서 보상하지 않음(특약 별도 가입)
　　① 도수치료·체외충격파치료·증식치료로 인하여 발생한 비급여의료비
　　② 비급여 주사료(단, 항암제, 항생제(항진균제 포함), 희귀의약품은 보상)
　　③ 자기공명영상진단(MRI/MRA)으로 인하여 발생한 비급여의료비(조영제, 판독료 포함)
　　④ 상기 ①~③과 관련하여 자동차보험(공제 포함) 또는 산재보험에서 발생한 본인부담 의료비
5. 상기 보장내용은 기본예시로 생명보험과 손해보험 상품, 보험회사별 상품설계구조 및 가입자의 가입조건과 보장니즈에 따라 다를 수 있으므로 담보종목별 세부적인 보상내용은 해당 약관 참조 바람(*이하 보험 상품별 상품구조 및 주요 내용 분석 시 동일 적용)

일반실손의료보험과
단체실손의료보험 비교 및 계약 전환

일반실손의료보험과 단체실손의료보험 상품구조

일반실손의료보험과 단체실손의료보험의 상품구조는 비슷하지만 차이점은 2가지가 있다.

첫째, 위험률 산출방법에서 위험률 산출대상을 다르게 적용하고 있으므로 동일한 보장내용이라 하더라도 보험료 수준이 다르다. 일반실손의료보험은 일반실손의료보험 가입자들의 위험률을 이용하여 보험료를 만들고, 단체실손의료보험은 단체실손의료보험 가입자들의 위험률을 이용하여 보험료를 산출한다.

둘째, 보장범위와 보장내용이 조금 다르다. 일반실손의료보험은 가입자 본인의 설계에 따라 보장범위와 보험가입금액의 확대 등을 조절할 수 있지만, 단체실손의료보험은 해당 회사가 근로자의 복리증진 차원에서 가입해주는 상품이므로 개개인의 보장니즈 충족은 곤란하다.

예를 들어 단체실손의료보험에서는 질병보장은 제외하고 상해만 보장하거나 또는 통원치료는 제외하고 입원치료만 보장한다. 보험가입금액이 일반실손의료보험은 대부분 5,000만 원이지만 단체실손의료보험은 1,000만 원~3,000만 원으로 설정되어 있다.

보험료 규모, 보험가입금액, 보장범위 등은 일반실손의료보험보다 단체실손의료보험이 상대적으로 작으며, 질병과 상해 중 한 개의 담보에만 가입된 경우도 있어 원하는 보장을 충분히 받지 못할 수 있음을 유념한다. 계약 전환 시에는 반드시 해당 약관을 주의 깊게 살펴보고 결정한다.

취업 후 단체실손의료보험 가입 시 일반실손의료보험 중지 신청

단체실손의료보험은 해당 직장이 근로자 복리후생 차원에서 단체로 가입해주고 있다. 따라서 현재 직장에서 가입된 단체실손의료보험이 있으면 기존에 가입한 개인실손의료보험은 중지하도록 한다. 일반실손의료보험 가입자가 단체실손의료보험을 가입한 후에는 언제든지 중지 가능하며 중지 이후 발생한 의료비는 단체실손의료보험에서 보장한다. 개인실손의료보험 중지 기간에는 보험료 납부와 보험사고 시 그에 따른 보장 없이 단체실손의료보험으로만 의료비를 보장받는 방식이므로 중복해서 보험료를 내지 않아도 된다. 즉, 계약이 휴면상태에 있는 것과 같으므로 이후 직장 퇴직으로 인하여 단체실손의료보험이 종료되면 필요시 그간 중지했던 개인실손의료보험을 별도 추가심사 없이 재개할 수 있다.

퇴직 시 단체실손의료보험을 일반실손의료보험으로 계약 전환

퇴직 후 실손의료보험의 보장 단절을 미연에 방지하여 연계를 통한 보장의 연속성을 확보하고 또한 중복가입으로 인한 불필요한 보험료 이중부담이 발생하는 것을 방지하기 위해 가입자의 특성이 유사한 실손의료보험 간에 계약 전환제도를 운영하고 있다.

전환대상 상품은 퇴직 직전에 가입한 단체실손의료보험과 상품구조(기본형, 특약 등)가 같고 보장종목(상해입원, 상해통원, 질병입원, 질병통원)과 보장한도(입원 1,000만 원, 3,000만 원, 5,000만 원 등)가 동일하거나 가장 유사하며 전환시점에 판매 중인 일반실손의료보험 상품이어야 한다. 전환대상 단체실손의료보험은 직전 5년간 연속으로 단체실손의료보험에 가입한 단체소속 임직원 중 일반실손의료보험 가입연령 해당자(60세 이하)이다. 단, 이 경우 ① 전환심사 직전 5년간 단체실손의료보험 보험금을 200만 원이하로 수령한 경우 ② 전환심사 직전 5년간 10대 중대질병(암, 백혈병, 고혈압, 협심증, 심근경색, 심장판막증, 간경화증, 뇌졸중증(뇌출혈·뇌경색), 당뇨병, 에이즈·HIV보균)의 발병 이력이 없는 경우에 해당되어야 한다.

만약 이 중 한 가지라도 충족하지 못하거나 또는 가입한 단체실손의료보험에 대하여 추가로 보장이 확대되는 부분은 다른 일반실손의료보험 가입자의 보험료 상승을 방지하기 위하여 신규 가입과 동일하게 심사한다. 그리고 단체실손의료보험을 가입한 보험회사가 매년 변경되어도 5년간 연속적으로 가입되어 있으면 일반실손의료보험으로 계약 전환이 가능하다.

계약 전환을 할 경우에는 단체실손의료보험 종료 후 1개월 내에 퇴직 직전 단체보험을 가입한 보험회사에 전환신청을 해야 한다. 전환신청 기간을 1개월로 제한한 이유는 피보험자가 질병이 발생한 뒤 전환신청하는 등 역선택으로 인한 도덕적 해이 가능성을 방지하기 위해서이다. 계약 전환 시 기존에 가입한 일반실손의료보험에 만기, 부담보, 보험료 할증 등의 조건이 있는 경우에는 재개된 실손의료보험 계약에도 동일하게 적용한다.

단, 단체실손의료보험에서 일반실손의료보험의 계약 전환 시 가입시기 및 보장범위 등에 따라 정확하게 단체실손의료보험과 보장이 중복되는 부분만 중지하기 어려울 수 있다. 즉, 일반실손의료보험은 상품구조가 표준화되어 항상 동일한 상품만 판매되므로 재개시점에 판매되지 않는 과거 상품으로는 재개할 수 없다.

실손의료보험 상품 간 연계운영제도 주요 내용

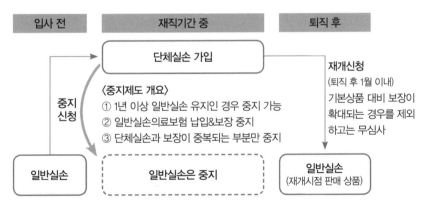

* 주) 금융감독원 자료 참조

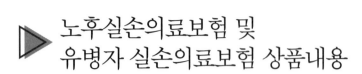

노후실손의료보험 및 유병자 실손의료보험 상품내용

노후의 실손의료비 중점 보장하는 단독상품

노후실손의료보험은 2014년 8월 고령층을 대상으로 도입된 상품으로 노후의 질병, 상해로 입원 또는 통원 치료 시 지출한 의료비에 자기부담금을 제외한 나머지 금액을 보장해주는 상품이다. 노후실손의료보험은 단독상품으로 사망담보 등 다른 담보 없이 단독으로만 가입 가능하다. 노후실손의료보험은 요양병원실손의료비 등을 보상하는 요양병원의료비특약과 상급병실료차액보장특약 등 2가지 실손의료보험담보특약만으로 구성되어 있다.

고액의료비 보장 중심으로 보장금액 한도를 입·통원 구분 없이 연간 1억 원으로 확대하는 대신 합리적 의료이용을 위해 자기부담금 비율을 높여(급여 20%, 비급여 30%) 일반실손의료보험의 보험료 대비 70~80% 수준으로 가입이 가능하도록 설계되어 있다. 즉, 국민건강보험 급여 항목 중 본인부담액과 법정비급여 항목의 합계액에서 입원(30만 원), 통원(3만 원)

을 제외하고 급여부분 80%, 비급여부분 70%를 보험금으로 지급한다. 단, 요양병원의료비특약의 경우 보상대상의료비의 80%(비급여는 50% 한도), 상급병실료차액보장특약의 경우 상급병실료 차액의 50%를 보험금으로 지급한다.

가입연령은 50세~75, 80세 등으로 가입하려면 대부분 건강검진(대용검진)을 받아야 한다. 대용검진 체크항목은 ① 체격(키, 몸무게) ② 혈압(좌/우), 맥박수(부정맥유무 포함) ③ 소변검사(요당, 요단백, 요잠혈의 현미경적 소변검사결과지) ④ 혈액검사(공복혈당, 총콜레스테롤, 혈색소, 혈소판, 적혈구, 백혈구, B형간염 검사, 간수치 등 전혈구검사) ⑤ 과거병력유무 명기된 서류(소견서) 등이다. 가입자는 심사일부터 3개월 이내의 검진결과지를 보험회사에 제출해야 하며 만약 검사결과지의 수치 중 1개라도 정상 범위를 넘거나 부족하면 가입이 곤란할 수 있다.

만성질환자나 병원 치료 이력 있는 유병력자도 가입 가능

유병자실손의료보험은 고혈압, 당뇨 등으로 약을 복용하는 경증 만성질환자 또는 과거에 병원치료 이력이 있으나 지금은 완치된 유병력자가 가입할 수 있는 상품이다.

유병자실손의료보험은 단독상품으로만 가입 가능하여 사망담보 등 다른 담보 없이 상해입원, 상해통원(외래), 질병입원, 질병통원(외래) 치료 시 가입자가 실제 부담한 의료비를 보상하는 실손의료보험 담보만으로 구성되어 있다. 고혈압이나 당뇨병, 고지혈증 등으로 약을 복용하고 있는 만성질환자는 최근 2년간 약만 복용했을 뿐 별다른 치료를 받지 않고 건강하다면 자기부담률 30%인 유병력자실손의료보험에 가입할 수 있다. 가입연령은 대개 75세까지로 실손의료보험(65세)보다 높다. 일반실손의료보험보다 가입절차를 완화, 심사항목을 18개 항목에서 6개로, 치료 이력은 5년에서 2년으로, 5년 이내 중대질병은 10개에서 1개로 축소하고 가입심사 시 투약 여부도 심사대상에서 제외된다. 가입이 쉬운 만큼 보험료 규모는 일반실손의료보험보다 크고 보장범위는 일반실손의료보험과 비슷하지만 병원에서 처방받은 약이나 도수치료, 체외충격파, 주사제 등 비급여특약은 보장범위에 들어가지 않는다.

▶ 실손의료보험 상품의 주요 특징 10가지

　　실손의료보험은 예전에는 주보험에 실손보상특약을 부가하든지 또는 사망, 후유장해, 배상책임 등을 추가 담보하여 보장받을 수 있도록 구성된 부가특약형 상품이 주류를 이루었으나, 2018년 4월부터 실손의료보험을 다른 보험 상품의 주보험에 부가특약으로 판매하는 것이 금지되고 단독형으로 통합되었다. 이에 따라 보험기간, 갱신주기, 보장범위, 선택특약 등 기본적인 상품구조는 모든 보험회사 상품이 동일하다. 단, 생명보험 및 손해보험별로 사업방법서, 보험료 및 책임준비금 산출방법서 등에 따라 부가보험료(사업비) 구조와 보험요율, 위험관리능력 등에 차이가 있고 조립방법과 특약 구성에 따라 보장내용과 보험료 수준 또한 서로 다르므로 가입 전 잘 살펴본다.

1. 각종 질병과 상해를 보장하는 가성비 높은 실손보험이다.

　　일반적인 보험은 명확한 병명 진단을 받고 입원해야 보험금을 지급하지만, 실손의료보험은 사소한 몸살감기로 인한 진찰료, 입원료, 약품비(처방약제) 등부터 각종 질병과 상해 발생 시 치료비를 보장받을 수 있어 편리하다. 또 암과 같은 일반적인 질병과 상해에 대해서도 보장할 뿐만 아니라 한방 치료까지 보장함으로써 가계에 실질적인 보탬이 되어 매우 유용하다.

실손의료비보장특약 3개 유형인 ① 비급여도수치료·체외충격파치료·증식치료특약 ② 비급여주사료특약 ③ 비급여자기공명영상진단(MRI/MRA)특약 부가 선택 시 비급여 처리되는 고가의 검사비도 보상받을 수 있다. 이런 의료비용은 일반보험에서는 잘 보장하지 않는다.

2. 매년 보험료가 변동되는 자동갱신형 무배당상품이다.

실손의료보험은 보험나이 증가, 의료수가 변동 등 연령별 위험률을 기준으로 납입하는 보험료를 매년 새롭게 산출하는 갱신형 상품이다. 보험기간은 1년, 갱신횟수는 최대 14회이다. 계약체결 시 피보험자가 출생 전 자녀(태아)인 경우 출생일(출생통지가 이루어지지 않은 경우에는 계약 전환일)을 기준으로 1년마다 해당일에 보험료가 변경되는데 피보험자의 보험나이가 많을수록 보험료는 올라간다. 보험계약자가 보험기간 종료일(갱신일)이 도래하기 15일 전까지 갱신하지 않겠다는 별도의 의사표시(갱신거절 및 계약해지 등)를 보험회사에 통지하지 않으면 계약은 자동으로 갱신 연장된다. 이 경우 보험회사는 보험기간 종료일 30일 전까지 변경된 보험료를 안내해야 한다.

3. 보장내용 변경주기는 3년, 15년으로 재가입이 가능하다.

보장내용 변경주기는 일반실손의료보험은 15년, 노후실손의료보험과 유병자실손의료보험은 3년이다. 일반실손의료보험 계약체결 시 피보험자가 출생 전 자녀(태아)인 경우 보장내용 변경주기는 자녀 출생일을 기준으로 15년이다. 실손의료보험의 최종갱신계약의 보험기간 종료일은 보장내용 변경주기 종료일이다. 단, 보장내용 변경주기 종료일이 피보험자의 100세 계약해당일 이후인 경우에는 100세 계약해당일의 전일까지이다. 보장내용 변경주기가 도래할 경우 보험회사는 재가입 여부 확인을 위해 계약자에게 보장내용 변경주기 종료일(자동갱신종료일) 이전까지 2회 이상 재가입 요건, 보장내용 변경내역, 보험료 수준, 재가입 절차 및 재가입 의사 여부를 확인하는 내용 등을 서면(등기우편 등), 전화(음성녹음) 또는 전자문서 등으로 알려야 한다. 만약 계약자가 재가입일 전일까지 보험회사에 별도의 의사표시를 하지 않으면 실손의료보험을 재가입하지 않는 것으로 보고 계약은 종결(소멸)된다. 재가입일은 피보험자의 나이가 보험회사에 최초 가입 당시 정한 나이의 범위 이내로 정한다.

4. 상품 유형에 따라 급여의료비와 비급여의료비의 자기부담금이 다르다.

의료비용 혜택 여부에 따라 급여의료비는 자기부담금이 10%, 20%인 상품이 있고 비급여의료비는 자기부담금 20% 상품만 있으므로 가입 시에는 현재의 건강상태 및 가족력, 향후 의료기관 이용가능 예상량, 경제적 여건(보험료 지불 능력) 등을 고려하여 상품을 선택한다. 즉, 일반실손의료보험은 급여 90%, 비급여 80% 보장, 노후실손의료보험은 급여 80%, 비급여 70% 보장, 유병자실손의료보험은 급여와 비급여 모두 70%를 보장해준다. 상해의료비를 담보하는 일반상해의료비특약을 선택 가입하면 자기부담금 공제금액 없이 전액 보장된다.

5. 하나의 질병 및 상해당 최대 5,000만 원까지 보장한다.

피보험자가 질병 또는 상해로 병원에 입원하여 치료를 받을 경우에는 입원의료비를 하나의(동일한) 질병 또는 상해당 보험가입금액(최대 5,000만 원 이내에서 계약 시 계약자가 정한 금액)의 한도 내에서 보상한다. 단, 피보험자가 국민건강보험법 또는 의료급여법을 적용받지 못하는 경우에는 입원의료비(국민건강보험 요양급여의 기준에 관한 규칙에 따라 보건복지부장관이 정한 급여 및 비급여의료비 항목만 해당) 중 본인이 실제로 부담한 금액에서 실손보험상품의 항목별 공제금액을 뺀 금액의 40%를 하나의 질병 또는 상해당 보험가입금액(5,000만 원) 한도 내에서 보상한다. 그리고 같은 질병 또는 상해로 2회 이상 치료를 받는 경우에도 이를 하나의 질병 또는 상해로 간주한다.

[* 용어 정의: ① 하나의 질병이란 발생 원인이 동일한 질병(의학상 중요한 관련이 있는 질병은 하나의 질병으로 간주하며, 하나의 질병으로 2회 이상 치료를 받는 경우에는 이를 하나의 질병으로 봄)을 말하며, 질병의 치료 중에 발생된 합병증 또는 새로 발견된 질병의 치료가 병행되거나 의학상 관련이 없는 여러 종류의 질병이 있는 상태에서 입원한 경우에는 하나의 질병으로 간주한다. ② 상해에는 유독가스 또는 유독물질을 우연히 일시에 흡입, 흡수 또는 섭취한 결과로 생긴 중독증상이 포함된다. 단, 유독가스 또는 유독물질을 상습적으로 흡입, 흡수 또는 섭취한 결과로 생긴 중독증상과 세균성 음식물 중독증상은 포함되지 않는다.]

만약 하나의(동일한) 질병 또는 상해로 인한 입원의료비를 보험가입금액까지 보상한 경우에는 보상한도 종료일부터 90일이 경과한 날부터 최초 입원한 것과 동일한 기준으로 다시 보상한다(계속입원 포함). 즉, 실손의료보험은 면책기간 없이 가입 후부터 보장되는데 하나의(동일한) 질병 또는 상해로 365일 이상 입원 치료하여 보험금을 받았을 경우에는 그 이후부터 90일간의 면책기간이 발생한다. 단, 최초 입원일부터 275일(365일-90일) 이내에 보상한도 종료일이 있는 경우에는 최초 입원일부터 365일이 경과되는 날부터 최초 입원한 것과 동일한 기준으로 다시 보상한다.

실손의료보험 보상기간(예시)

❶ 최초입원일~보상한도종료일이 275일(365일-90일) 이상인 경우

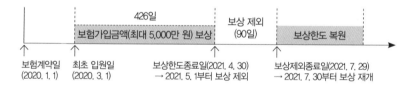

❷ 최초입원일~보상한도종료일이 275일(365일-90일) 이내인 경우

또한 피보험자가 질병 또는 상해로 입원 또는 통원하여 치료를 받던

중 보험기간이 끝나더라도 그 계속 중인 입원치료 또는 통원치료에 대해서는 아래 표와 같이 보험기간 종료일부터 180일까지(보험기간 종료일 제외, 실손의료비보장특약 포함, 통원외래는 방문 90회, 처방조제비는 처방전 90건의 한도) 보상한다. 단, 종전 계약을 자동갱신하거나 같은 보험회사의 보험 상품에 재가입하는 경우에는 종전 계약의 보험기간을 연장하는 것으로 보아 위 사항을 적용한다.

실손의료보험 추가 보상기간(예시)

그리고 각종 질병이나 상해로 인한 통원 치료 시 1일당 통원의료비는 최대 30만 원까지 보장한다. 통원의료비는 외래진료비와 통원처방제조비를 포함한 비용이다. 입원환자가 퇴원하면서 치료목적으로 의사의 처방을 받아 구입한 약값은 입원의료비에 해당하므로 보장된다. 이 경우 약값으로 지출한 비용 중 처방조제비 공제금액을 제외한 부분에 대해 보장받을 수 있다.(단, 의사 처방이 있더라도 미용목적 등 약관상 보장하지 않는 사항에 해당할 경우에는 보장받을 수 없다.)

6. 태아 가입도 가능하며 출생 시 보험기간을 추가한다.

계약체결 시 피보험자가 출생 전 자녀(태아)인 경우 계약체결일부터 출생시점(출산 또는 분만 과정에서 보험금 지급사유가 발생하는 경우 포함)까지의 기간을 보험기간으로 하여 보험기간 및 보험료 납입기간을 추가로 부가한다. 가입 시 태아의 성별을 모르기 때문에 남녀보험료 중 높은 보험료를 책정한다. 출생 이후 성별이 확정된 경우 납입한 보험료에 대한 정산이 이루어지는데, 이때 더 납입한 보험료가 있을 경우에는 보험회사에서 반환해주고, 부족한 금액이 있을 경우에는 추가로 납입해야 한다. 정산 후 계약자에게 반환해주는 보험료는 정산일까지 기간에 대하여 평균공시이율을 연단위 복리로 계산한 금액을 더하여 지급한다.

태아 가입 시에는 자녀 출생 후 피보험자 변경통지를 해야 하며 출생일을 기준으로 출생 후 계약으로 전환된다. 단, 변경통지를 하지 않은 경우에는 출생예정일이 포함된 달의 다음 달의 계약해당일자에 출생 후 계약으로 자동 전환된다. 출생 이후의 보험료는 성별 및 적용요율의 변동에 따라 변경될 수 있다.

7. 의료급여 수급권자는 보험료 할인이 가능하다.

보험기간 중 피보험자가 의료급여법상 기초생활수급자 등 의료급여수급권자임을 증명할 수 있는 서류를 보험회사에 제출한 경우 피보험자가 수급권자 자격을 취득한 날 이후 최초로 도래하는 납입기일부터 보험료의 일정비율을 할인받을 수 있다. 할인율은 납입보험료의 5% 수준이며 보험회사별로 조금씩 다르다. 실손의료보험 피보험자가 정부에서 의료비를 지원받는 의료급여수급권자인 경우 동일한 진료에 대해 일반계약자보다 보험회사에 청구하는 보험금이 작을 수 있으므로 계약자 간 형평성 제고를 위해 의료급여수급권자 보험료할인제도를 도입하여 운영하고 있다.

8. 의료비선지급제도로 사전 경제적 부담을 경감해준다.

의료비선지급제도란 실손의료보험의 가입자(피보험자)가 입원치료 시 경제적 사유로 의료비를 납입하기 곤란할 경우 의료기관에 입원의료비를 납부하기 전 입원 중간까지 발생된 의료비의 일부(예상 보험금의 70% 정도)를 보험회사에서 선지급해주는 보험금서비스제도를 말한다. 의료비신속지급제도라고도 한다.

보험회사가 추가적인 사고조사가 필요하다고 판단하는 경우는 신속지급서비스가 제한될 수 있다. 실손의료보험 선지급서비스 신청방법은 의료기관의 중간정산 기간까지의 진료비 세부내역서 및 입원 중간 진료비 정산서와 함께 실손의료비 선지급서비스 신청서를 보험회사에 제출하면 보험회사에서 예상보험금의 70%를 미리 지급받고 추후 최종 치료비를 정산한 후 나머지 보험금을 수령할 수 있다.

의료비신속지급(선지급)제도 활용 가능 여부

활용대상자	일반 병원	종합병원①, 전문요양기관②
의료급여법상 1종 및 2종 수급권자③	가능	가능
중증질환④ 및 300만 원 이상 고액의료비 부담자	불가능	가능

* 주) ① 의료법에 따른 종합병원 ② 국민건강보험법에 따른 전문요양기관 ③ 국민기초생활보장법에 따른 수급자, 재해구호법에 의한 이재민 등 ④ 본인 일부부담금 산정특례에 관한 기준에 의거 지정되는 암·뇌혈관질환·심장질환·중증화상환자 등

9. 실손의료보험의 상품 간에 계약 전환이 가능하다.

가입자의 특성이 유사한 실손의료보험 간에는 계약 전환제도를 운영하고 있다. 단체실손의료보험에서 일반실손의료보험으로 또는 일반노후실손의료보험에서 일반실손의료보험으로 계약 전환이 가능하다. 유병자단체실손의료보험은 판매되지 않으므로 계약 전환 또한 없다. 퇴직하여 단체실손의료보험의 보장이 종료될 경우 일반실손의료보험으로 전환 가능하다. 일반실손의료보험 가입자 중 보험료 부담 등으로 노후실손의료보험으로 전환을 희망하는 노후실손 보장연령 해당자(50세 이상)는 노후실손의료보험으로 계약 전환이 가능하다. 계약 전환 시 계약심사는 무(無)심사를 원칙으로 하되 기존 실손의료보험 계약 대비 보장이 확대되는 부분에 한해서는 신규가입과 동일하게 심사한다.

10. 무사고 시 보험료 할인서비스를 받을 수 있다.

피보험자가 갱신 또는 재가입 직전 무사고판정기간 동안 보험금(급여의료비 중 본인부담금 및 암, 뇌혈관질환, 심장질환, 희귀난치성질환 등 4대 중증질환으로 인한 비급여의료비에 대한 보험금은 제외)을 지급받지 않은 경우 영업보험료(의료급여수급권자 보험료 할인이 있는 경우 해당 할인 반영)의 10%를 할인해준다. 단, 최초가입 이후 최초로 갱신되는 계약은 할인대상에서 제외한다.

실손의료보험 유형별 상품내용 종합 비교분석

구분			일반 실손의료보험	노후 실손의료보험	유병자 실손의료보험
상품구조			기본형(표준형, 선택형) + 비급여 3개 특약	단독상품(의료비 + 2 개 특약)	단독상품(비급여 3개 특약 미보장)
보험기간/납입기간/ 보장내용 변경주기			1년 만기(최대 14회)/전기 납/15년(재가입)	1년 만기(최대 2회)/전 기납/3년(재가입)	1년 만기(최대 2회)/전 기납/3년(재가입)
입원의료비	자기 부담률	급여	10% 또는 20%	20%	30%
		비급여	기본형 20%, 특약 30%	30%	
	최소 자기부담금		없음	없음(자기부담한도 연 간 500만 원)	10만 원
	우선공제 금액		없음	30만 원(비급여부분 에서 우선 공제)	없음
	보장한도금액		동일질병 및 상해당 5,000 만 원 이하, 특약은 별도의 연간한도 적용	통원의료비와 합산적 용하여 연간 1억 원 한도(통원은 건당 100 만 원)	동일 질병 및 상해당 5,000만 원 한도
통원의료비	보장범위		외래비와 통원처방제조비 합산		외래비만 보장
	자기 부담률	급여	10% 또는 20%	20%	30%
		비급여	20%		
	최소 자기부담금		1만~2만 원(병원 급별로 상이)	없음	2만 원
	우선공제 금액		없음	3만원(비급여부분에 서 우선 공제)	없음
	보장한도금액		회당 30만 원(연간 180 회), 특약은 별도의 연간 한도 적용	입원의료비 합산 연간 1억 원 한도(건당 100 만 원)	연간 5,000만 원 한도 (건당 20만 원, 연간 180회)

* 주) 1. 보상비율은 자기부담률을 제외한 실제 보상받는 보상대상의료비의 해당액을 말함
  2. 노후실손의료보험 2개 특약 중 요양병원의료비특약은 보상대상의료비의 80%(비급여는 50% 한도), 상급병실
  료차액보장특약은 상급병실료 차액의 50%를 보험금으로 지급
  3. 유병력자 실손의료보험의 자기부담금은 입원 10만 원(통원 2만 원)과 보상대상의료비의 30% 중 큰 금액 공제
  4. 담보종목별 세부적인 보상내용은 보험회사별로 상이할 수 있으므로 반드시 해당 약관 참조

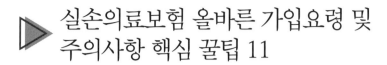

실손의료보험 올바른 가입요령 및 주의사항 핵심 꿀팁 11

1. 보장 중점을 어디에 둘지 신중히 결정한다.

실손의료보험은 모든 보험 상품 중 제일 먼저 가입을 염두하며 최우선적으로 선택해야 할 중요한 생활보장보험이다. 실손의료보험의 가입 목적은 살아가는 동안 의료비 지출로 인한 경제적 부담을 덜어주는 것이므로 질병 및 상해로 인한 실제 지출의료비 보장에 초점을 맞춰 설계한다. 실손의료보험 기본형은 대다수 질병 또는 상해에 대한 진료행위를 보장하고, 3가지 비급여선택특약은 치료 목적으로 행해지는 특정 비급여 진료행위만 보장하므로 가입 목적 및 보장니즈에 따라 특약 가입 여부를 선택한다. 고액치료비 환자는 주로 60세 이후에 가장 많이 발생하는 추세를 반영하여 입원 및 통원 의료비 보장금액은 노년기를 기준으로 최고 한도로 가입하는 것이 바람직하다.

2. 불필요하게 다수보험에 중복 가입하지 않도록 한다.

약정된 보험금을 받는 정액형 건강보험 상품과 달리 실손의료보험은 질병과 상해로 인해 실질적인 피해를 입었을 경우 가입자가 실제 부담한 의료비 내에서만 보장해주는 비례분담의 원칙을 적용하는 실손형 보험이므로 다수보험에 가입해도 중복보장이 되지 않는다.

만약 실손의료보험을 보험회사별로 2개 이상 여러 건 중복 가입한 후 보험사고가 발생하였을 경우 해당 보험회사에서는 실제 부담한 의료비 범위 내에서 각 계약의 보상책임액 합계액이 각 계약의 보상대상의료비 중 최고액에서 각 계약의 피보험자부담 공제금액 중 최소액(자기부담금)을 차감한 후 각 계약의 보상책임액을 비례분담하여 지급한다. 단, 주계약의 경우 입원의료비, 통원의료비(외래), 통원의료비(처방조제)를 각각 구분하여 계산한다. 초과한 다수보험의 계약별 비례분담액 산출방식은 다음과 같다.

계약별 비례분담액 =

$$\left(\begin{array}{c} \text{각 계약의 보상대상의료비 중 최고액} - \\ \text{각 계약의 피보험자부담 공제금액 중 최소액} \end{array} \right) \times \frac{\text{계약별 보상책임액}}{\text{계약별 보상책임액을 합한 금액}}$$

* 주) 피보험자부담 공제금액은 보상대상의료비에서 보상비율(Co-insurance)에 해당하는 금액을 뺀 금액을 말함

예를 들어 보장한도가 5,000만 원(자기부담비율 20%)인 실손의료보험을 각각 다른 보험회사에 두 개 가입하였는데 실제 부담한 입원의료비가 2,000만 원인 경우에는 자기부담금 400만 원을 차감한 후 1,400만 원을 보험회사에서 각각 700만 원씩 보상받게 된다.

실제 부담 의료비	자기부담금	실질 보험금 수령액
2,000만 원	400만 원(2,000만 원의 20%)	1,400만 원 (A사 700만 원, B사 700만 원)

이와 같이 보험금지급은 보험 건별로 보험가입금액을 기준으로 비례분할하여 지급하는 까닭에 보장받는 의료비는 동일하므로 반드시 중복 가입되지 않도록 실손의료보험 가입 전 이미 가입된 상품이 있는지 체크한다.

3. 상품 유형별 가입가능 여부를 사전 확인한다.

실손의료보험은 특정 병력이 있거나 치료 중인 경우 또는 나이가 많거나 비만인 경우에는 가입이 제한될 수 있으므로 우선 가입가능 여부를 확인하는 것이 필요하다. 당뇨병이 있으면 가입이 곤란하고 고혈압은 입원력이나 합병증이 없을 경우 일부 부담보 계약으로 가입할 수 있는데 보험회사마다 인수심의 기준이 다르므로 사전 확인한다.

노후실손의료보험은 대부분 건강검진(대용검진)을 받아 심사일부터 3개월 이내의 검진결과지를 제출하여 정상 판정을 받아야 한다. 유병자실손의료보험은 최근 5년간 중대질병 중 암 발병 및 치료 여부만 심사에 반영한다. 가입연령 제한으로 일반실손의료보험 가입이 어렵거나 은퇴 후 보험료를 내는 것이 부담스러운 고연령자는 일정 심사를 거쳐 노후실손의료보험을 가입하는 것이 바람직하다.

4. 가입 시 보장 항목과 비보장 항목을 꼭 확인한다.

실손의료보험은 국민건강보험에서 지급하지 않는 여러 비급여 항목까지 보장하고 있지만, 모든 비급여 항목의 치료비나 의료비를 보장하지는 않는다. 만약 모든 비급여 항목을 보장할 경우 가입자의 과잉진료 등으로 손해율이 급증하고 이 때문에 선의의 다른 보험가입자에게 보험료 부담을 안길 수 있기 때문이다.

실손의료보험은 똑같은 분류대상이더라도 세부 항목에 따라 보장 여부가 각기 다르다. 실손의료보험에서 보장받을 수 있는 항목과 보장받을 수 없는 항목을 꼭 파악해야 필요시 유효적절하게 활용할 수 있다. 단, 보험회사나 상품에 따라 세부 내용이 약간 달라질 수 있으므로 해당 약관을 잘 살펴보고 가입한다. 참고로 '혼동하기 쉬운 실손의료보험 보장항목 6가지'를 살펴보면 다음과 같다.

❶ 치과·한방·항문질환 치료는 원칙적으로 급여의료비만 보장

가입자의 역선택 또는 도덕적 해이가 높은 치아질환 치과치료(질병코드 K00~K08), 한방치료 및 직장·항문질환 치료(질병코드 I84, K60~K62, K64)에 대해서는 급여의료비 중 본인부담분만 보장하고 비급여의료비는 보장하지 않는다. 단, 치과 치료 시 치아질환이 아닌 구강 또는 턱 질환(질병코드 K09~K14) 치료비는 비급여의료비까지 보장한다. 또 한방병원에서 양방의사의 의료행위(MRI, CT 등)에 따라 발생한 의료비는 급여와 비급여 모두 보장한다. 치과, 한방, 항문질환 등과 관련하여 실손의료보험 외에 추가로 보장받으려면 치아보험, 한방보장보험, 수술비보장보험 등 다른 정

액형 상품을 가입하도록 한다.

❷ 일반건강검진비는 비보장, 추가 검사비는 보장

질병치료와 무관하게 예방적으로 시행하는 일반건강검진은 보장하지 않는다. 단, 건강검진 결과 의사의 이상 소견에 따라 건강검진센터 등에서 발생한 추가 의료비용(건강검진 결과 갑상선(샘) 결절 이상 소견에 따른 조직검사 비용, 대장 또는 위 내시경을 시행하던 중 발견된 용종의 제거비용 등)은 보장받을 수 있다.

❸ 외모개선 목적의 쌍꺼풀 수술, 유방확대(축소)술은 비보장, 치료목적은 보장

단순히 외모개선을 위한 코성형수술(융비술), 유방확대(축소)술, 지방흡입술, 쌍꺼풀수술(이중검수술), 주름살 제거술 등의 성형수술 의료비는 보장하지 않는다. 단, 유방암 환자의 유방재건술과 안검하수(눈꺼풀 처짐증) 및 안검내반(속눈썹 눈찌름)을 치료하기 위한 목적의 쌍꺼풀 수술, 국민건강보험법 및 관련 고시에 따라 요양급여에 해당하는 여성형 유방증을 수술하면서 그 일련의 과정으로 시행한 지방흡입술은 보상받을 수 있다.

❹ 간병비, 예방접종비, 의약외품 구입비는 비보장

병원 입원 및 통원 시 치료와 무관하게 발생되는 간병비, 증명서 발급비, 예방접종비 등과 흉터재생연고, 잇몸약 등 의사진단서 없이 약국에서 구입하는 의약품, 의약품에 해당하지 않는 보습제, 자외선 차단제 등의

분류대상별 실손의료보험의 보장 항목과 보장제외 항목 비교

분류대상	보장되는 항목	보장 안 되는 항목
재료대	인공장기 등 신체에 이식되어 기능을 대신하는 진료재료	의치, 의수족, 의안, 안경, 콘택트렌즈, 보청기, 목발, 팔걸이, 하악전방유도장치 등
건강검진	검진결과 의사의 이상소견에 따른 추가검사, 건강검진 중 대장·위 용종 제거술	단순 건강검진
유방수술	유방암 환자의 유방재건술	외모개선 목적 유방확대 및 축소술
쌍꺼풀수술	안검하수, 안검내반 치료를 위한 시력개선 목적의 쌍꺼풀수술	외모개선 목적의 쌍꺼풀 수술
치과치료	구강·턱 질환(K09~K14)	–
	치아 질환(K00~K08)의 급여	치아 질환(K00~K08)의 비급여
한방치료	급여(단, 한방병원에서의 양방 검사비(MRI 등)는 비급여도 보장)	국민건강보험법상 요양급여에 해당되지 않는 비급여의료비
항문질환	직장·항문질환(I84, K60~K62, K64) 급여: 국민건강보험법상 요양급여에 해당하지 않는 부분	직장·항문질환(I84, K60~K62, K64) 비급여
비뇨기계질환	요실금(N39.3, N39.4, R32) 외 대부분 비뇨기계 장애	요실금(N39.3, N39.4, R32)
수면무호흡증	수면무호흡증(G47.3)	단순 코골음
모반, 점 등	선천성 비신생물성 모반(Q82.5)(태아 때 가입한 경우에 한함)	모반, 점, 주근깨, 사마귀 등
화상치료	화상의 소독 등 병원 진료 의료비 및 의사의 처방을 받아 구입한 의약품	의사의 처방 없이 구입한 피부재생 크림(화상 치료 연고) 등 의약외품
호르몬	진성 성조숙증 치료를 위한 호르몬 투여(급여의료비)	성장촉진 호르몬 투여

* 자료: 금융감독원 참조
* 주) 1. 상기 외 정신과질환 및 행동장애, 선천성 뇌질환, 비만·예방접종, 인공유산(단, 질병 치료 목적 시는 보상함), 영양제, 종합비타민제, 호르몬 투여, 보신용 투약, 불임검사, 불임수술, 보조생식술, 단순한 피로 또는 권태, 노화현상으로 인한 탈모, 피부질환 등의 항목도 보장하지 않는다. 2. 상기 자료는 보험 분쟁이 주로 발생하는 사례를 중심으로 기술하였으므로 실제 보장 여부는 가입한 상품의 약관 내용에 따라 달라질 수 있다.

비용은 보장하지 않는다. 또 의사의 소견이 있어도 의료기관이 아닌 곳에서 구입한 수술재료대(수술포 등), 의료보조기(하악전방유도장치, 탈착형 보조기 등) 구입비용은 보장되지 않는다. 단, 인공장기 등 신체에 이식되어 기능을 대신하는 경우의 진료재료비용은 보장받을 수 있다.

❺ 임신, 출산, 비만, 요실금 관련 의료비는 비보장

실손의료보험은 우연히 발생한 사고 및 질병을 보장하므로 발생의 우연성이 결여된 임신, 출산, 산후기로 입원 시 및 비만 관련 의료비와 제왕절개, 불임검사, 인공수정 등의 의료비는 보장되지 않는다. 비뇨기계 관련 질환은 대부분 보장되지만 요실금(질병코드 N39.3, N39.4, R32)은 보장 대상에서 제외된다.

❻ 장기 등의 적출 및 이식에 드는 의료비는 보상

피보험자가 질병 또는 상해로 인해 치료 목적(특약가입 시 도수치료·체외충격파치료·증식치료, 주사치료, 자기공명영상진단 포함)으로 병원에 입원 또는 통원하여 본인의 장기 등의 기능회복을 위하여 장기 등 이식에 관한 법률 제42조 및 관련 고시에 따라 장기 등의 적출 및 이식에 드는 의료비용(공여적합성 여부를 확인하기 위한 검사비, 뇌사장기기증자 관리료 및 이에 속하는 비용항목 포함)은 보상한다.

5. 매년 갱신 시 조건이 유리한 상품을 선택한다.

실손의료보험 기본형의 갱신주기는 1년으로 단일화되어 보험료가 매년 갱신됨에 따라 가입자의 보험연령이 많아지고 손해율이 높아질수록 보험료가 올라간다. 따라서 갱신 시 보장에 제약조건은 없는지, 갱신 시 보험료는 얼마나 인상되는지 등 갱신조건을 자세히 따져보고 갱신 시 까다롭지 않고 갱신보험료가 상대적으로 저렴한 상품을 선택한다. 갱신보험료는 보험회사의 손해율과 위험률, 의료비 인상 등의 사유로 인상되는데, 보험 안내자료에 예시된 인상률과 실제 인상률이 차이가 있을 수 있으므로 해당 보험회사의 재무건전성과 손해율 등을 잘 살펴본다. 2013년 4월 이전에 가입한 실손의료보험은 갱신주기가 1년, 3년, 5년, 비갱신 등으로 다양하고 보장내용도 만기까지 그대로 유지된다. 또 재갱신 시의 예상갱신보험료도 미리 확인하여 다른 상품과 비교한 후 선택한다.

6. 보험사별 상품내용과 보험서비스를 비교한 후 선택한다.

실손의료보험은 생명보험과 손해보험 상품이 표준화되어 보험회사별로 보장내용은 거의 비슷하지만 보험료는 상이하므로 가입 전에 자신에게 적용될 보험료를 보험회사별로 상품안내자료를 비교 검토하고 어느 판매 채널로 가입할지 신중히 결정한다. 보장내용 중 병원비 보장내용은 동일하지만 사망보험금, 암 진단금, 골절, 치매, 치과 등을 보장하는 특약과 지급금액 등 세부적인 보장내용은 차이가 있다.

주계약 기본형 보험가입금액의 경우 입원형 한도 5,000만 원과 통원형의 외래(외래제비용, 외래수술비)와 처방조제비 합산 30만 원 한도는 생명보험과 손해보험 상품이 모두 동일하지만, 외래와 처방조제비의 각각의 가입금액은 다르다. 손해보험은 외래 가입금액이 5만/10만/15만/20만/

25만 원, 처방제조비 가입금액은 5만/10만/15만 원 등으로 다양하다. 생명보험은 외래 20만 원, 처방제조비 10만 원으로 단일화되어 있으므로 보장니즈에 맞추어 상품을 선택한다.

실손의료보험은 다른 보험 상품보다 보험금청구 횟수가 많으므로 보험금청구 절차가 간편하고 청구금액을 하자 없이 신속하게 지급해주는 보험회사를 선택해야 편리하다. 보험회사별 보험료 수준, 보장범위, 보장금액, 보장내용, 보험료 가격, 보험회사 안정성, 인상률, 위험관리능력, 손해율 등을 종합적으로 고려하여 전문가 조언을 받으면서 종합적으로 필터링(filtering)하고 꼼꼼히 비교한 후 본인에게 가장 알맞은 상품을 선택한다.

실손의료보험은 일상생활에서 자주 발생하는 입원과 통원 치료비를 보상해주므로 보험가입자를 대신하여 치료비나 진료비 등 보험금 청구 업무를 신속하고 깔끔하게 처리해주는 보험컨설턴트를 잘 만나야만 개인적 부담을 줄이면서 가입 효율성을 높일 수 있다.

따라서 가입 목적과 보장니즈에 적합한 상품이면서 보험금 청구절차와 인수기준이 좋고 민원율이 낮고 보험금 지급률이 양호하며 보험서비스제도가 다양하고 좋은 한 보험회사를 선정해서 가입한다.

7. 고지의무 위반 여부 및 면책조항을 세밀히 체크한다.

가입 시 과거 병력이나 약물복용 여부를 체크한다. 계약 전 알릴 의무가 있는 병력사항은 ① 최근 3개월 이내 의사에게 진찰, 검사(건강검진 포함)를 받았거나 확정 병명 진단의 결과로 치료, 입원, 수술, 투약을 받은 사실 ② 5년 이내 의사에게 진찰, 검사를 받고 그 결과 입원, 수술, 정밀검사(심전도, 방사선, 건강검진, 혈액검사, 조직검사 등)를 받았거나 계속하여 7일 이상 치료 또는 30일 이상 투약을 받은 사실 등이다. 그리고 정작 입원했을 경우 보상이 되지 않는다면 곤란하므로 보험회사의 면책조항을 꼭 확인하여 불이익이 없도록 한다.

8. 적은 돈이라도 보험금 청구서류를 꼭 챙겨 수령한다.

실손의료보험은 보험금 청구횟수가 잦으므로 보험사고가 발생하였을 경우 보험금을 청구할 때에는 꼭 필요한 서류는 빠짐없이 체크하여 구비한 후 곧바로 보험회사에 제출해야 더 빨리 보험금을 지급받을 수 있다. 실손의료보험의 보상방식은 가입자가 의료서비스를 이용할 때마다 병원(또는 요양기관)에서 본인부담진료비를 산정해 가입자에게 청구하면 가입자가 먼저 지불한 후 보험회사에 청구해 돌려받는 체계이다.

가입자가 직접 해당 증빙서류를 준비해 보험회사에 보험금 청구 접수를 해야 한다. 이때 여러 건을 모아놓았다가 한꺼번에 청구하는 경우가 많은데, 가능하면 소액이라도 곧바로 신청하여 환급받는 것이 좋다. 만약 2개 이상의 실손보험을 가입한 경우에는 실손보험금 청구서류 접수대행 서비스를 적극 이용하면 번거로움을 덜 수 있다. 이는 한 개 보험회사에만 보험금을 청구하고 청구한 서류를 다른 보험회사로 전달해주는 서비스제도로서 모든 손해보험사, 생명보험회사에서 제공하고 있다.

실손의료보험 통원의료비 청구 시 금액별 관련 필요서류

금액 구분	3만 원 이하	3만 원 초과~10만 원 이하	10만 원 초과
필요서류	–	공통 서류: 보험금청구서, 병원영수증	
		공통 서류: 처방전(반드시 질병분류기호 기재된 서류)	
		* 질병분류기호 기재된 처방전이 없는 경우 〈추가증빙서류〉 필요할 수 있음	〈추가증빙서류(필요시)〉 진단서, 통원확인서, 진료확인서, 소견서, 진료차트 등

* 주) 1. 금액 구분은 동일사고당 영수금액을 기준으로 함
2. 10만 원 이하 청구 건에 대해서도 보험금 지급 제외대상이 많은 진료과목(산부인과, 항문외과, 비뇨기과, 피부과 등) 및 짧은 기간 내 보험금 청구 횟수가 과다한 경우 등 추가심사가 필요하다고 판단될 경우에는 별도의 추가증빙서류 제출이 필요할 수 있음
3. 병원은 추가증빙서류 발급 시 별도 비용을 청구할 수 있으므로 치료 후 반드시 질병분류기호가 기재된 처방전 2부를 교부받을 것

실속 있는 실손보험금 증빙서류 구비 및 청구요령 꿀팁 6

1 보험금 청구 시 좀 더 빨리 보험금을 지급받으려면 입원의료비를 청구할 때 미리 진료비계산서와 진료비세부내역서(진단 건당 1부), 약국영수증(약제비 내역서) 등을 꼭 챙겨 첨부하여 제출한다.

2 입원한 경우는 진료비내역서와 진단서, 입원 및 수술한 경우는 진료비내역서, 진단서, 수술확인서가 필요하므로 꼭 보관했다가 청구 시 제출한다.

3 보험가입 시 건강검진 증명자료를 요구할 때가 있으므로 병원에서 건강검진을 받을 경우에는 꼭 건강진단서를 발급받아 보관해두었다가 제출한다.

4 수술과 입원 비용 청구 시 일반진단서는 필수작성 항목이 병원마다 다를 수 있으므로 진료내용 중 보험금 지급과 관련된 사항이 빠짐없이 기록되어 있는지 꼭 확인한 후 제출한다.

5 입원비만 청구할 경우에는 입·퇴원확인서에 병명이 기록되어 있을 경우

진단서 없이 입·퇴원확인서만으로도 보험금 청구를 할 수 있다.

6 암, 뇌졸중, 심근경색 등 3대 성인병 진단 시에는 진단서 외에 해당 약관에서 정하는 첨부서류를 미리 꼭 챙겨두었다가 제출한다.

9. 해외 장기체류 시 보장가능 여부를 확인한다.

실손의료보험은 보험료에 대한 납입중지제도와 환급제도가 있다. 가입자가 해외 근무, 유학 등으로 3개월 이상 국외에서 거주하게 될 경우 출국하기 전에 같은 보험회사의 해외여행 실손의료보험(보험기간 3개월 이상)을 가입하면 해당 기간 동안 국내 실손의료보험의 보험료 납입중지가 가능하다. 실손의료보험이 가입된 보험회사가 아닌 다른 보험회사에 해외여행 실손의료보험을 가입한 경우에는 국외 거주가 끝난 후 귀국하여 3개월 이상의 해외 체류를 입증하는 서류를 보험회사에 제출(3년 이내 신청)하면 그 기간 동안 납입했던 국내 실손의료보험료를 환급받을 수 있다. 이 경우 환급금은 사업비와 특약보험료 등을 제외한 실손의료비 항목만 해당된다.

해외여행 실손의료보험 가입 시 해외여행 기간 중에 질병 또는 상해가 발생하였더라도 귀국하여 국내 의료기관에서 치료를 받은 경우 국내 실손의료보험에서 보장받을 수 있다. 즉, 국내 실손의료보험으로는 해외 소재 의료기관에서 발생한 의료비는 보장받을 수 없으므로 해외에서 발생한 의료비 보장을 위해서는 해외여행 전에 해외여행 실손의료보험을 가입하는 것이 바람직하다. [* 해외여행 실손의료보험 상품내용은 '나들이길 동반자 여행자보험'의 보험테크 TIPS 참조]

10. 보험료 할인방법을 알아두고 이를 적극 활용한다.

실손의료보험 가입 시 어떠한 할인방법이 있는지 알아보고 최대한 활용하여 보험료를 절감하도록 한다. 실손의료보험에는 신(新)실손의료보험보험료할인제도, 의료급여수급권자할인제도와 만기도래고객할인제도 등이 있다.

신(新)실손의료보험보험료할인제도는 실손의료보험(2017년 4월 이후 도입 판매) 가입자가 갱신 또는 재가입 직전 무사고 판정기간 동안인 과거 2년간 보험금을 청구하지 않았을 경우 갱신일 또는 재가입일부터 새로 책정된 갱신 시점 갱신보험료의 10%를 계약 갱신일부터 향후 1년 동안 할인받을 수 있는 할인제도이다(단, 의료급여수급권자 보험료 할인이 있는 경우 해당 할인 반영). 건강보험 적용진료의 급여의료비 중 본인부담금이나 암, 뇌혈관질환, 심장질환, 희귀난치성질환 등 4대 중증질환으로 인한 비급여의료비에 대해서는 보험금을 청구한 경우에도 보험료 할인을 받을 수 있다. 단, 유병력자실손의료보험, 노후실손의료보험, 단체실손의료보험 가입자는 할인 대상에서 제외된다.

무사고판정기간은 갱신일 또는 재가입일이 속한 달의 3개월 전 말일을 기준으로 직전 2년을 적용한다. 보험회사는 기본계약과 3개 선택특약 각각에 대해 보험료 할인 적용대상 여부를 판정하여 처리하므로 계약자가 보험료 할인을 받기 위해 별도로 신청할 필요는 없다.

의료급여수급권자할인제도는 피보험자가 의료급여법상 의료급여수급권자인 경우 수급권자 자격취득일 이후 최초로 도래하는 납입기일부터 보험료의 5%를 할인해주는 제도이다. 단, 피보험자가 의료급여수급권자의 자격을 상실한 경우 보험회사는 수급권자의 자격을 상실한 날부터 할인되지 않은 영업보험료를 적용하므로 가입 시의 기본보험료를 납입해야 한다.

만기도래고객할인제도는 실손의료보험 가입자가 가입한 보험회사에 다른 계약을 해서 가입한 상품이 있을 경우 계약일부터 최초가입에 한해 영업보험료의 5%를 할인해주는 제도이다. 단, ① 실손의료보험의 계약체결 시점에 기존계약이 유효하거나 기존계약의 만기가 이미 도래한 경우 또는 기존계약이 기존계약의 만기일부터 3개월 이내에 임의 해지된 경우 ② 실손의료보험의 계약일이 기존계약의 만기일이 속하는 달을 기준으로 3개월 이전 달의 첫날부터 3개월 이후 달의 마지막 날 이내일 경우 등의 조건을 모두 충족해야 적용된다.

의료급여수급권자할인과 만기도래고객할인을 동시에 적용받는 경우에는 의료급여수급권자할인, 만기도래고객할인 순서로 할인을 적용한다. 보험료 할인제도는 보험회사마다 적용기준과 방법이 다르므로 가입 전 미리 살펴본다.

11. 가입 시기에 따라 보험범위와 항목이 다르므로 잘 살펴본다.

실손의료보험은 2009년 이전 판매상품은 보험회사별로 보장항목이 다르고 본인(자기)부담금이 없었다.(상품 주요 내용: 5년만기 3년 갱신, 80세 또는 100세 만기, 입원의료비 3,000만 원 보장, 통원한도 1사고당 30일, 해외의료비 40% 보장, 치매·치질·치과 미보장)

2009년 10월 실손의료보험이 표준화되면서 모든 보험회사가 취급하는 상품의 보장내용이 동일해졌고 본인부담금이 없는 상품은 판매 중지되었다.(상품 주요 내용: 3년 갱신 100세 만기, 자기부담률 10%, 통원한도 연간 180회 보상, 치매·치질·치과 보장, 해외의료비 미보장)

2013년 4월부터는 자기부담금 설계방식에 따라 선택형(10%)과 표준형(20%) 중 선택하여 가입할 수 있도록 변경되었고, 2016년 1월부터 표준약관이 바뀌면서 입원기간이 확대되었다.(상품 주요 내용: 1년 갱신 15년만기, 주요 보장 내용: 입원의료비 5,000만 원 보장, 치매, 정신장애, 조현병, ADHD(주의력결핍 과잉행동 증후군), 우울증 등 치료 시 급여항목에 대해 보장)

2017년 4월부터는 신(新)실손의료보험보험료할인제도가 도입되어 과거 2년간 보험금을 미수령 시 갱신보험료의 10%를 할인해주고 있다.

2018년 4월부터는 실손의료보험을 다른 보험 상품의 주보험에 부가특약으로 판매하는 것이 금지되고 단독형으로 통합되면서 실손의료보장(상해입원, 상해통원, 질병입원, 질병통원 등 4가지 보장종목 담보)을 하는 기본형 또는 기본형 + 특약형(3개 선택특약)으로 판매되고 있다.

이와 같이 실손의료보험의 보험범위가 경과기간별로 상품구조 및 보장항목, 보장범위 등에 따라 다르므로 기존 가입자는 본인이 가입한 상품의 보장범위와 보장내용이 가입 시기에 따라 신규 상품과 어떤 차이점이 있는지 잘 알아본 후 유지 또는 리모델링 여부를 결정하는 것이 바람직하다.

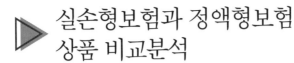

실손형보험과 정액형보험 상품 비교분석

건강보험인 질병보험 상품은 크게 실손형보험과 정액형보험으로 구분된다. 실손형보험과 정액형보험은 모두 질병보험(건강보험) 상품이지만 보험목적, 보장금액, 보험범위, 보장내용, 보험료 등에서 차이가 있다.

실손형보험은 입원 또는 통원으로 치료를 받았을 때 실제로 본인이 지출한 의료비를 보험가입금액 한도 내에서 비례보상하는 보험으로서 대표적인 상품이 실손의료보험이다. 정액형보험은 치료비 규모와 상관없이 보험사고가 발생하면 계약 당시 보상하기로 약정한 금액을 보험금으로 지급하는 보험으로서 비례보상하는 실손형보험을 제외한 모든 질병보험 상품이 이에 해당한다.

보장금액의 경우 실손형보험은 질병 및 상해 발생 시 해당 보험계약의 보험가입금액 한도 내에서 실제 부담한 금액(의료비 부담액)에 대하여 다수 보험 가입(중복계약)을 한 경우 보험계약별로 비례보상한다. 반면, 정액형보험인 질병보험은 각종 질병 발생 시 해당 보험계약에서 약정한 보험가입금액(보장금액)을 다수보험의 가입 여부와 관계없이 지급한다. 예를 들어 실제 병원 입원치료로 30만 원을 부담했을 경우 질병보험이 2개 가입되어 있으면 2개 상품에서 총 60만 원을 지급받을 수 있다. 그러나 실손의료보험은 보험 상품별 비례보상 방식으로 지급하므로 30만 원만 지급받게 된다.

보장범위는 실손형보험은 보장하지 않는 몇 가지 질병을 제외하고 대부분의 질병 및 상해에 대한 의료비를 보장한다. 정액형보험은 가입 시 약관에 정해진 특정 질병에 대해서만 보장한다. 보험기간은 실손의료보험은 갱신형으로 보험료는 매년 갱신 시마다 달라진다. 정액형보험은 갱신형과 비갱신형이 모두 있으며 보험기간은 상품에 따라 각기 다르다.

상품구조의 경우 실손형보험은 표준화되어 있는 단독형 상품으로 주보험 이외에 선택특약이 유형별로 한정되어 있다. 정액형보험은 위험보장 담보대상에 따라 주보험 이외에 다양한 선택특약을 부가하여 조립할 수 있도록 설계되어 있고 상품 종류도 매우 다양하다. 실손형보험은 의료비 상승에 따른 실제 소요비용을 일정 한도 내에서 보장하는 데 반해, 정액형보험은 보험기간 동안 보험금이 고정되어 실질가치가 하락할 수 있다. 단, 실손의료보험은 의료환경 및 국민건강보험 체계의 변화 등 다양한 요인에 따라 보험료가 상승하므로 갱신할 때 보험료 상승폭이 정액보험보다 클 수 있다. 두 상품 간의 차이점을 구체적으로 살펴보면 다음과 같다.

실손형보험과 정액형보험 상품 비교분석

구분	실손형보험	정액형보험
보험 목적	질병 또는 상해 발생 시 실제 발생한 비용손해 보상(금액으로 측정가능)	질병 또는 재해(상해) 발생 시 진단비, 입원치료비, 간병비 등 정액 보장(금액으로 측정 부적절)
상품 특징	실손보험, 갱신형	정액보험, 갱신형 또는 비갱신형
상품 유형	3개 유형[표준화 일반실손의료보험(개인형, 단체형), 노후실손의료보험, 유병자실손의료보험]	위험 보장 담보대상에 따라 암보험, CI/GI보험, 치아보험, 성인병보험, 어린이질병보험, 각종 건강보험 상품 등 매우 다양함
보장 금액	보험가입금액 범위 내에서 실제 부담한 금액 보상 지급	계약체결 시 약정된 보험금액 보장 지급
보상 범위	포괄주의(보상하지 않은 항목, 즉 면책사항 열거)	열거주의(보장하는 손해항목 열거)
다수보험(계약) 가입 시 보상	보상책임액 기준으로 각 계약의 지급합계액이 실제 부담한 금액을 초과하지 않도록 비례보상	중복 여부와 관계없이 각 계약의 사전약정금액을 모두 지급 보상
장점	일상생활에 도움이 되도록 폭넓은 보장, 국민건강보험법상 요양급여 또는 의료급여법상 의료급여가 발생한 의료비 중 급여에 해당되지 않는 의료비 등 실제로 부담한 의료비 보장	중복보장 가능, 특정 신체 부위에 중대한 질병 발생 시 고액 보장, 실손의료보험보다 보험료 상승폭이 상대적으로 작음
단점	중복보장 안 됨, 의료환경, 국민건강보험 체계의 변화 등 외부요인에 따라 보험료가 상승하므로 갱신 시 보험료 상승폭이 정액보험보다 큼	입원, 수술 등 특정 의료행위가 발생할 때에만 보장, 보험기간 동안 보험금 고정으로 보험금의 실질가치 하락

2장

주요 생활보험 상품
종합분석 및 가입 꿀팁

보험을 가입할 경우 자신과 가정의 현재와 미래 시점에 가장 알맞고 꼭 필요

한 보험 상품을 선택해서 가입해야 하며 이러한 보험이 바로 최고로 좋은 상

품이다.

가정의 리빙케어
질병보험(건강보험)

'재산을 잃으면 조금 잃는 것이고, 명예를 잃으면 많이 잃는 것이며, 건강을 잃으면 모든 것을 잃는 것이다.' 독일의 철혈재상 비스마르크(Otto von Bismarck)가 한 이 말은 건강의 소중함을 상기하고 일깨워주는 모토(Motto)로 회자되고 있다. 사람이 건강을 잃고 나면 아무 일도 할 수 없다. 현재 우리나라 사람들의 기대수명은 평균 82.7세(남자 79.7년, 여자 85.7년)인데 아프지 않고 건강하게 지내는 건강수명기간은 64.4년, 시름시름 아프며 지내는 유병기간은 18.3년이라고 한다(2019년 12월 통계청 발표 생명표 참조). 즉, 인생의 5분의 1 이상을 골골거리고 앓으면서 지내는 셈이다. 특히 나이 들수록 면역력과 주의력이 저하되어 질병 위험이 점점 커지고 이에 따라 병원 가는 일이 잦아지고 치료비가 많이 들게 된다. 따라서 건강하게 계속 지내지 못할 개연성을 늘 염두에 두고 해결책으로 건강보험, 즉 질병보험을 가입해둘 필요가 있다. 질병보험은 유병장수 시대의 필수품으로서 몸 건강과 마음의 건강을 모두 지켜주는 나와 가족의 리빙케어(Living Care)로 삶의 지렛대 역할을 한다.

질병보험(Sickness Insurance)이란 대표적 사망 원인인 암과 뇌혈관질환, 심장질환을 비롯하여 각종 질병 발생 시 이에 대한 진단비는 물론 수술비, 입원비, 치료비, 간병비 등을 보장해주는 건강보험(Health Insurance) 상품을 말한다. 질병보험은 살아가면서 발생하는 일반질병과 중대한 질병으로 인한 치료비나 사고 치료비에 따른 일상생활의 위험요소를 헤지(Hedge)해주는 생활보장 상품이다. 질병보험은 상해보험, 장기간병보험과 함께 제3분야 보험으로서 생명보험과 손해보험에서 모두 취급하고 있다. 흔히 건강보험으로 판매되는 생사혼합형 보험 상품이 모두 질병보험에 속한다.

질병보험의 상품 종류는 크게 구분하여 ① 실손의료보험, 암보험, 치아보험, 건강보험, 의료비보장보험, 생활비보장보험, 간병보험, 질병보장보험, 케어보험 등 저렴한 보험료로 가입할 수 있는 단순조립상품과 ② CI/GI보험, LTC(장기간병)보험, 통합보험 등과 같이 고액 보험료를 지불하는 주문형 복합상품까지 매우 다양하다.

질병보험은 무배당상품으로 보험료 갱신 여부에 따라 갱신형과 비갱신형 모두 있다. 환급 여부에 따라 순수보장형, 만기환급형, 무해지/저해지환급형 등 3종류로 구분되며 금리부가 방식은 금리확정형이고 유니버셜 기능은 없다.

일반적인 질병보험의 가입요건을 살펴보면 가입나이는 비갱신형은 만 15세~최고 70세까지, 갱신형 계약은 30/40/50세~80/89세, (100-보험기간)세 등으로 설계하고 있다. 보험료 납입주기는 월납이고, 보험가입금액의 경우 주보험(주계약) 가입한도는 1구좌 기준 250만~3,000만 원까지 다양하다. 보험료 납입기간은 10/15/20/30년납, 60/70/80세납(보험기간별 상이) 등이며, 보험기간은 20/30년, 80/90/100세 만기 등 다양하다.

보험료 규모는 주계약 보험가입금액(1,000만 원 40세, 표준체, 80세 만기, 20년납, 월납, 만기환급형, 비갱신형 기준)은 남자는 약 6만 원, 여자는 약 5만 원 정도인데 상품마다 질병에 대한 담보 범위가 각기 달라 다른 유형의 상품보다 보험료 편차가 심하다. 또 주보험의 암 보장 담보 여부 및 특약부가 여부에 따라 보험료가 많이 차이 나므로 동일한 보장조건일 경우 보험가격지수가 낮은 상품을 선택한다.

부가특약은 생활보장특약(암 보장, 상해), 입원특약, 질병 또는 중증수술특약, 암수술특약, 응급실내원특약, 암진단(재)특약, 소액암진단특약, 허혈심장질환 및 특정뇌혈관질환진단(수술, 입원 보장)특약, 합병증보장특약, 항암방사선약물치료특약, 대상포진 및 통풍보장특약 등 매우 다양하므로 보장니즈에 맞게 잘 선택한다.

질병보험 올바른 가입요령 및 주의사항 핵심 꿀팁 10

1. 실손형과 정액형, 비갱신형과 갱신형 중 선택한다.

질병보험은 크게 질병에 걸렸을 경우 가입 시 약정한 금액을 보상하는 정액형보험과 사용한 병원비 등 실제로 들어간 비용을 보장해주는 실손형보험 등 2가지로 구분되는데 이 중 어느 것을 가입하는 것이 바람직한지 본인의 보장니즈와 가정의 종합적인 환경을 고려하여 선택한다. 일상생활에 도움이 되도록 폭넓은 보장을 원한다면 실손형보험을, 어느 특정 신체 부위에 중대한 질병이 발생할 경우 이에 대한 고액 보장을 원한다면 정액형보험을 가입한다. 또 비갱신형 상품과 갱신형 상품 중 어느 상품을 가입할 것인지 가능 납입보험료 규모와 가입 목적, 갱신 시 보험료 규모 등을 고려하여 신중히 선택한다.

2. 보장기간이 길고 보장범위가 넓은 치료 중심의 상품을 선택한다.

질병보험 가입 후 보험기간이 지나 다시 가입하면 보험료가 상대적으로 커져 가계에 부담을 주므로 보장하는 대상(질병)의 범위가 넓고 보장기간이 가장 긴 상품을 선택한다.

여러 가지 질병과 사고를 종합적으로 실손보장해주는지, 질병의 발생 시부터 완치 시까지 완벽하게 보장(진단자금, 수술비, 입원비, 치료비, 간병비 등)해주는 상품인지 꼭 확인한다. 또 1회 입원당 최대 며칠이 인정되는지, 1일 이상 입원 치료 시 언제까지 입원비가 지급되고 하루 입원비는 얼마나 되는지 확인한다. 특히 우리나라 사람들의 전체 사망 원인의 약 70%를 차지하는 악성신생물(암), 심장질환, 폐렴, 뇌혈관질환, 당뇨병, 간질환, 만성하기도질환, 알츠하이머병, 고혈압성질환 등 주요 중증질환은 치료비가 많이 들게 되므로 치료비로서 활용가치가 높은 상품을 가입하는 것이 좋다.

3. 특약은 자신과 가족에게 가장 적당한 것을 고른다.

최근 판매되는 건강보험은 종신보험처럼 다양한 특약을 선택할 수 있으므로 보험료가 비싼 종신보험 가입이 부담스러울 때는 건강보험에 가입하면서 재해와 암, 기타 치료 및 후유장해와 관련된 특약을 추가해 종합 보장을 받는 것이 좋다. 단, 특약의 경우 일반사망에 대한 급부보장은 없을 수 있으므로, 이 경우 일반 사망 특약을 선택하여 보장받을 수 있는지 확인한다.

4. 사고 발생 시 보장급부 내역을 약관을 통해 체크한다.

질병보험 상품은 보장자산을 마련하려고 가입하는 것인데 보험회사별로 보장 대상과 범위 및 금액이 상품마다 다양하고 차이가 있다. 보장이 많은 질병보험 상품 가입 시에는 보장니즈에 맞는 보장급부 내역에 대하여 가입 전 해당 약관을 보면서 세밀히 체크해야 한다. 즉, 사고 발생 시 급부에 따른 보장개시일, 보장금액 등 보험금 지급과 관련이 있는 중요한 사항은 반드시 해당 약관을 살펴보고 확인한다.

5. 고지의무 위반 여부를 잘 살펴본다.

건강보험은 본인의 건강상태를 충실히 고지해야 보장받을 수 있음을 유념하고 가입 전 과거 병력이나 약물복용 여부를 체크한다. 만약 당뇨약을 복용하고 있다면 거의 거절체에 해당된다. 관절염약을 복용하고 있다면 어떤 약물인지 종류를 파악해야 한다. 퇴행성관절염일 경우 인수가 가능할 때도 있지만 류머티즘 관절염은 대부분 거절 처리된다.

특정 질병 징후가 있을 경우에는 일정기간 보험금 지급을 하지 않거나 또는 보험금 삭감지급 방식인 부담보 형태로 가입이 가능하다. 혈압약을 1~2개월 전에 복용했다면 이후 약 6개월~1년 동안의 경과기간이 필요하므로 당장 가입은 곤란하다.

과거병력의 고지기간은 최근 5년 이내이므로 만약 최근 5년 이내에 입원이나 수술한 경력이 있으면 병원에 의무기록부(환자에 대한 치료, 처방에 대한 자료) 검색을 요청해 복사해서 살펴본다. 결과에 따라 수술한 부위가 부담보나 할증이 될 수 있고 심하면 가입이 거절될 수 있다. 설령 가입해도 향후 보험금 수령 시 분쟁의 소지도 있으므로 꼼꼼히 살펴보면서 고지한다.

질병보험 상품별 청약서 고지내용 분석 비교

고지내용	일반질병상품	CI/GI보험	LTC보험
현재 또는 과거병력	3개월 또는 5년 이내 진단, 치료, 입원 여부 등에 대해 포괄식 고지	주요 질병과 기타 질병에 대해 열거식 고지	고지대상 질병에 대해 열거식 고지 −크론병, 궤양성대장염, 다운증후군, 치매, 기억장애, 파킨슨병, 운동신경장애, 진전(손떨림), 발작, 실신, 현기증, 평형감각 이상, 낙상 등 LTC와 밀접한 질병고지 다량 추가
가족병력	고지 안 함 (단, 실손의료보험, 암보험 등 질병보험은 고지)	암, 당뇨, 가족성폴립증, 만성간경화, 다낭성신질환 등 가족병력 고지	치매, 암, 근위축증, 헌팅턴무도병, 다낭성신질환, 가족성폴립증 등 가족력 질병 고지
일상생활 수행 여부	고지 안 함		이동하기, 식사하기, 옷 입기, 화장실 사용하기, 목욕하기, 대소변 조절하기 등 추가 고지
추가고지 사항	해외출국, 체격, 부업, 음주, 흡연, 타사 가입 여부, 소득 등		좌동(동거가족 유무, 관계, 취미, 사회활동 여부 추가 고지)

6. 건강진단 시에는 최상의 조건에서 받는다.

보험회사의 정식검진은 최상의 건강상태에서 받아야 한다. 검진결과로 가입이 거절될 경우 다른 보험으로도 가입이 힘들다. 혈압이나 요당의 경우 그날의 몸 또는 시식 상태에 따라 다르게 나올 수도 있으므로 평소 컨디션 조절에 신경을 쓴 후 건강진단을 받는 것이 바람직하다.

7. 세대별로 가입상품을 다르게 설계한다.

질병보험은 세대별로 가입대상이 다른데 일반적으로 어린 시절에는 어린이보험을, 성인이 되고 나서는 의료보장보험을, 중년층이 되어서는 CI/GI보험을, 장년층이 되어서는 LTC(장기간병)보험을 가입하는 것이 바람직하다.

8. 보장내용이 가장 좋은 회사를 취사선택한다.

보험회사마다 보장기간과 보장(또는 보상) 범위에 다소 차이가 있으므로 주의 깊게 살펴본다. 질병보험의 가입 목적인 사망보장금 보장(사망급부금)보다 생존 시 치료비 보장(생존급부금)에 주안점을 두고 설계한다면 생명보험보다는 손해보험 상품이 더 효율적이다.

9. 보장내역을 다시 점검한 후 최종 선택한다.

주계약의 보장은 특정질병에 대해 한정적일 수밖에 없다. 치명적 질병 외에 일반질병까지 보장을 원한다면 특약을 추가해 보험료를 추가할 필요가 있다. 주계약만으로 보험을 가입한다면 약관내용을 꼼꼼히 살피고,

보장받을 수 있는 질병 등에 대해 다시 한번 점검하는 지혜가 필요하다. 미리 약관을 꼼꼼히 살펴야 보험금 청구 시 분쟁을 미연에 방지할 수 있다. 순수보장성 상품은 대부분의 기간에 해약환급금이 없을 수 있다.

10. 가능한 한 일찍 가입하는 것이 바람직하다.

대부분의 보험 상품이 그렇지만 건강보험 상품도 하루라도 빨리 가입하는 것이 좋다. 연령이 높아질수록 질병 위험률이 높아져 보험료가 비싸진다. 갑작스러운 질병과 혈압, 당뇨 등으로 인하여 현재는 가입이 가능하나 향후에는 보험회사들이 손해율을 고려하여 가입을 거절할 수도 있다. 또 보험연령을 적용하여 하루 차이로 보험료가 올라갈 수도 있다.

누구나 가입해야 할
암보험

암(癌, Cancer)은 1983년부터 통계청에서 통계를 작성한 이래 지금까지 우리나라 사람의 사망원인 1위를 차지할 만큼 우리 삶에 지대한 영향을 미치는 변수로 작용하며, 우리나라 국민 10명 중 4명이 평생 동안 한 번 이상은 암에 걸릴 확률이 있을 만큼 매우 중대한 질병이다.(보건복지부 2019. 12. 24 발표)

1년에 8만여 명, 남자는 3명 중 1명, 여자는 4명 중 1명꼴로 암으로 사망하는데 이는 교통사고 사망자보다 5배 이상 많은 수치이다. 암 사망자의 사망원인은 폐암이 가장 많고 간암, 대장암, 위암, 췌장암, 전립선(샘)암, 갑상선암, 유방암 등의 발병률이 높은 것으로 나타난다.

암을 극복하는 방법은 조기발견 및 충분한 치료가 최선책인데 일단 암이 발생하면 입원비, 수술비, 항암약물치료, 방사선 등의 의료비용이 너무 많이 들어가서 암환자 중 상당수가 막대한 치료비와 더불어 경제적 활동 중지로 인한 생활비를 마련할 길이 막막하여 중도에 포기하는 안타까운 경우가 많다.

가정에 어느 날 갑자기 암이라는 불청객이 찾아오면 가족 전체가 하루 아침에 트라우마에 빠져든다. 이럴 경우 의료비에 대한 경제적 부담과 걱정 없이 환자나 가족 모두 전력을 기울여 치료해야만 암치료 효과도 좋아져 생존 확률이 높아진다. 따라서 병원에서 암 진단을 받을 경우 진단비, 치료비, 입원비, 수술비 등을 모두 보장해주는 암보험은 실손의료보험 다음으로 가입 시 가중치를 높게 두고 우선적으로 선택해야 할 중요한 보험상품이다. 암보험은 유비무환을 통해 암 공포에서 벗어나게 해주고 암 발병 시 재활의욕을 북돋아 생존율을 높이는 수호천사가 되어준다.

암보험(Cancer Insurance)이란 암 발병 시 진단급여금부터 입원비, 수술비, 암사망보험금은 물론 장기입원 시 소득상실에 대한 소득보상금 등 암 발생으로 인한 손해를 체계적으로 보상하며 상해사고, 유족연금, 과로사 사망, 배상책임 등도 종합적으로 보상하는 생사혼합형 질병보험 상품을 말한다. 암보험은 보장개시일 이후 암 진단확정 시 진단비를 중심으로 입원비, 수술비 등 암에 대한 치료비를 집중 보장하는 상품으로서 보험회사의 면책기간인 가입 후 90일이 경과해야만 효력이 발생한다. 암보험 상품은 암 발생횟수에 따라 처음 발생한 암에 대해 지급하는 1차 암보험과 두 번째 발생한 암에 대해 보장하는 2차 암보험 등으로 구분된다.

암보험의 상품구조는 무배당상품으로 갱신형과 비갱신형이 있다.

상품 종류는 보험료 환급 여부에 따라 순수보장형과 만기환급형, 무해지/저해지환급형 등 3종류가 있다. 보험금 지급 여부에 따라 생활자금형과 일시지급형으로 구분되며 금리부가 방식은 금리확정형과 금리연동형이 있고 유니버설 기능은 없다.

암진단보험금은 최초 1회에 한하여 암보장개시일 이후에 일반암으로 진단확정 시 보험가입금액을 지급한다. 암사망보험금은 암보장개시일 이후에 암으로 진단이 확정되고 암으로 사망하거나 보험기간 중 암으로 진단확정되고 사망 시 보험가입금액을 지급한다. 만기지급형의 경우(최종갱신계약은 제외) 보험기간이 끝날 때까지 살아 있을 경우에는 만기보험금을 지급한다.

암보험은 암이 고액암, 일반암, 유사암 또는 소액암인지에 따라 보장내용이 다르다. 고액암이란 일반암 중 발병률은 낮으나 치료가 어렵고 의료비용이 많이 들어가는 주요 암을 말한다. 고액암은 일반적으로 뇌암, 골수암, 백혈병, 식도암, 췌장(이자)암, 식도암, 간암, 담낭암, 담도암, 췌장암, 기관암, 폐암 등 관절연골, 뇌 및 중추신경 계통의 기타부위 림프, 조혈 및 관련 조직암(악성신생물)을 말한다. 이들 고액암을 보험회사에서는 5대, 10대 주요암(고액암) 등으로 각기 다르게 분류하고 있다. 일반암이란 고액암과 소액암과 유사암을 제외한 나머지 모든 암을 말한다.

소액암은 자궁암(자궁경부암, 자궁체부암), 방광암, 전립선(샘)암 등 생식기암과 대장점막내암, 유방암 등을 말한다. 유사암은 갑상선(샘)암, 기타피부암, 경계성종양[양성종양(물혹)과 악성종양의 중간경계에 해당하는 종양], 제자리암(상피내암 등 암세포가 상피에는 존재하나 기저막까지는 침범이 안 된 상태) 등을 말한다. 고액암, 일반암, 소액암과 유사암에 대한 개념정립과 보장범위는 보험회사 상품마다 조금씩 다르므로 가입 전 반드시 해당 약관을 살펴봐야 한다.

암보험 상품의 가입요건을 살펴보면 가입나이는 15~70/75/80세 등이고, 보험기간은 보장기간에 따라 최초계약 15년 만기에 갱신계약 1~15년 만기와 80/90/100세, 종신보장 등이 있다. 보험료 납입주기는 월납, 납입기간은 5/10/15/20/30년납 등이다.

가입한도는 주보험 보험가입금액은 1구좌당 500만~5,000만 원, 의무가입특약인 암사망특약 2억 원, 질병보장특약 2,000만 원까지, 기타 선택특약별로 1,000만 원으로 책정되는데 보험회사마다 상품설계방식에 따라 다르다. 암보험의 보험기간 종료일은 피보험자의 100세 계약해당일이

암보험 갱신형과 비갱신형 상품 비교분석

구분	갱신형	비갱신형
보험기간	3, 5, 10, 20년 단위(갱신주기)	○○세 만기, ○○년 만기 등
적용 요율	갱신시점 요율	가입시점 요율
납입기간	전기납(보험기간 = 보험료 납입기간)	특정기간(보험기간 ≥ 보험료 납입기간)
보험료 변동	갱신 시 연령 및 위험률에 따라 보험료 변동(자연보험료 방식)	가입 시점에서 확정된 보험료 납입 (평준보험료 방식)
장점	가입 시 보험료 부담이 상대적으로 적음. 나이에 맞는 보험료 지불	위험률이 증가하더라도 보험료 인상 없음. 정해진 기간 동안만 보험료를 납입하고 이후에는 보험료 걱정 없이 보험기간 동안 보장받음
단점	갱신 시 보험료 인상 부담, 연령 및 유병으로 가입제한 또는 보장내용 변경될 수 있음. 은퇴 후에도 보험만기까지 보험료 납입 부담	초기 가입 시 갱신형보다 상대적으로 보험료 비쌈

며 특약은 상품구조에 따라 각기 다르다. 가입 시 피보험자의 직업, 직무, 성별, 기타 사항의 구분에 따라 보험가입금액이 제한되거나 인수가 불가능할 수도 있다. 보험료 규모는 주계약 보험가입금액 1,000만 원, 피보험자 40세, 70세 만기, 20년납, 월납 갱신형의 순수보장형 상품 기준으로 남자는 약 1만 원, 여자는 1만 3,000원 정도인데 특약이 의무인지 선택인지에 따라 보험료의 편차가 매우 심하다. 현재 생·손보사 모두 암보험 상품을 주계약 및 특약의 형태로 판매하고 있다.

좋은 암보험 상품 잘 고르는 방법 12가지

1 입원비와 치료비, 소득보장액 등 암 발병 시 살아 있을 때 많은 보장을 받을 수 있는 생존급부 위주의 상품

2 발생하는 모든 종류의 암에 대해 차별 없이 폭넓게 보장해주는 상품

3 발생 확률이 높은 일반적인 암에 대한 보장금액이 크고 보험기간이 무조건 긴 상품

4 암보험의 책임개시일 이후부터는 온 가족이 보장받을 수 있는 상품

5 암뿐만 아니라 관련 질병에 대해 폭넓게 보장해주는 상품

6 진단 시점에서 지급받는 보험금이 상대적으로 많고 보험료는 상대적으로 적은 상품

7 입원비 지급기간이 길고 수술횟수에 관계없이 보장되며 통원치료비도 나오는 상품

8 갱신형보다는 비갱신형인 상품(갱신 전 암 진단이 확정되면 갱신이 안 될

수 있음)

9 갱신형일 경우 보장이 변함없고 갱신 시 보험료 증가율이 상대적으로 적

으며 갱신주기가 긴 상품

10 가족력과 건강 상태를 고려, 의심이 되는 해당 분야의 암을 집중 보장해

주는 암케어(care) 상품

11 가입 목적에 맞도록 취사선택할 수 있는 특약이 다양한 맞춤형 상품

12 보험료 부담 없이 서비스 혜택을 받을 수 있는 제도성 특약이 많은 상품

암보험 올바른 가입요령 및 주의사항 핵심 꿀팁 11

1. 건강상태를 종합적으로 고려하면서 보장니즈에 맞게 선택한다.

암 사망률은 남성이 여성보다 1.6배가량 높고 암 종류별 발생률은 성별로 각기 다르므로 보장내용을 토대로 성별과 가족력 및 현재의 건강상태 등을 종합적으로 고려하여 보장니즈에 맞도록 최대한 유리하게 설계한다. [* 우리나라 사람들의 성별 암발생률 순위의 경우 남자는 ① 위암 ② 폐암 ③ 대장암 ④ 전립선(샘)암 ⑤ 간암 ⑥ 갑상선(샘)암 순으로, 여자는 ① 유방암 ② 갑상선(샘)암 ③ 대장암 ④ 위암 ⑤ 폐암 ⑥ 간암 순으로 많이 발병하고 있다.]

만약 가입한 암보험 상품이 있을 경우 보장금액과 보장내용, 보장기간 등을 확인한 후 부족한 금액을 보완하는 차원에서 리모델링한다. 주보험이 아닌 부가특약의 경우 자신도 모르게 중복 가입할 수 있고 또한 정작 필요한 암 보장을 못 받을 수도 있으므로 사전에 가입한 모든 보험증권에 대한 분석을 실시한 다음 암보험 포트폴리오를 하는 것이 바람직하다.

2. 약관에서 주요 보장내용을 반드시 확인한다.

암보험은 보험 상품 중 민원이 많이 발생하는 상품 중 하나이다. 암에 걸릴 경우 가입한 암보험 상품에서 모두 보장이 될 거라고 생각하면 안 된다. 암발생률이 점점 높아지는 추세에서 적은 보험료로 많은 암 보장을 해주기는 상품 설계상 불가능하기 때문이다. 보장내용을 제대로 따져보지 않고 가입할 경우 나중에 분쟁에 휘말릴 수 있음을 유념하면서 분쟁의 소지를 미연에 방지하고 암 보장을 확실하게 받으려면 해당 약관내용을 정확히 확인하는 게 중요하다. 어떤 암이 보장되고 안 되는지, 보장 범위와 내용은 어떠한지 등 구체적인 내용을 약관을 꼼꼼히 살펴보면서 알아놓아야 보험사고 발생 시 하자 없이 처리할 수 있다.

암보험 상품의 주요 보장내용

지급보험금	보험금 지급사유
암진단비	암보장개시일 이후 암으로 진단 확정되었을 때 지급(최초 1회 한)
암입원비	암보장개시일 이후 암으로 진단 확정되고, 그 암의 치료를 직접 목적으로 입원하였을 때 지급(3일 초과 입원일수를 기준으로 하여 총 120일 한도)
암수술비	암보장개시일 이후 암으로 진단 확정되고, 그 암의 치료를 직접 목적으로 수술받았을 때 지급(수술 1회당)

* 주) 주보험을 가입한 시점 및 보험 상품 등에 따라 보장내용이 조금씩 다를 수 있으므로 정확한 보장내용은 가입한 상품의 약관 확인 필수

3. 보장기간은 무조건 긴 상품을 선택한다.

암은 예전과 달리 생존율이 높아짐에 따라 치료기간도 매우 길어졌으므로 무조건 보장기간이 긴 상품을 골라 가입한다. 암보험의 보장기간은

암 발생 시기와 치료기간을 고려하여 최소 80세 만기로 약정된 상품 등 긴 상품을 가입한다.

4. 보장개시일을 자세히 확인한다.

암보험의 보장개시일(책임개시일)은 다른 보험 상품과 달리 가입 즉시부터가 아닌 계약일부터 90일이 지난 날의 다음 날부터 시작된다. 즉, 가입 이후 면책기간인 90일이 정확하게 지나야 효력이 발생한다. 단, 갱신계약 또는 계약일 현재 피보험자가 15세 미만인 어린이암보험 등 일부 상품은 90일의 면책기간 없이 갱신일 또는 제1회 보험료 납입일부터 보장이 개시된다. 일반암이 아닌 소액암 및 유사암의 경우 보장개시일은 보험계약일인 경우도 있는데 상품에 따라 최초 보험가입 또는 부활 후 1년 안에 보험금 지급사유가 발생하면 보험대상별로 감액 지급하는 보장금액과 면책기간이 다르므로 잘 살펴본다.

예를 들어 유사암과 질병입원비, 여성특정질병입원비 등은 최초 보험가입 또는 부활 후 1년 미만에 보험금 지급사유가 발생한 경우 면책기간 없이 가입금액의 50%를 감액 지급한다. 일반암은 암직접치료(요양병원 제외) 입원비 또는 요양병원 암입원비의 면책기간은 90일이며 최초 보험가입 후 1년 미만에 보험금 지급사유가 발생한 경우 가입금액의 50%를 감액 지급한다.

재진단암은 직전 암 진단확정일부터 2년이 지난 날의 다음 날부터 보장한다. 보험회사에 따라 가입 후 1년 또는 2년 이내 암 발병 시 보험금 50%를 감액 지급하며 유방암, 갑상선(샘)암은 90일 이상 180일 미만 발병 시

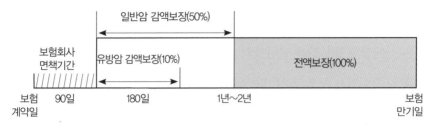

암진단보험금 진단시점별 보장내용

일반암 감액보장(50%)

보험회사
면책기간

유방암 감액보장(10%)

전액보장(100%)

보험   90일   180일   1년~2년   보험
계약일   만기일

* 자료: 금융감독원 참조

진단금 10% 지급 등 보장금액을 제한적으로 지급하므로 해당 약관을 꼼꼼히 확인한다. 암 확정진단 시점은 대부분 조직검사 결과가 보고된 날짜를 기준으로 한다. 첫 번째 암에 대한 추가 진단이나 치료 사실이 없을 경우 발병한 두 번째 암에 대해서는 보장개시일 5년 후부터 첫 번째 암이 진단된 기간에도 보험금을 지급한다.

5. 암 유형별 보장범위가 상품마다 다르므로 확인한다.

일반암에 어떤 암들이 포함되어 있는지 꼼꼼히 확인한다. 일반암의 발병률이 높기 때문에 특정암 진단금이 높은 상품보다는 일반암 진단금을 크게 설정하여 가입하는 것이 바람직하다. 그러나 가족력상 특정암이나 고액암의 발생비율이 높을 경우에는 일반적인 암 보장보다 특정암이나 고액암을 집중 보장하는 상품을 선택한다. 그리고 암의 특성상 발병되면 다른 부위로 전이가 많이 되므로 1차 암보험보다는 2차 암보험 상품을 가입한다.

첫 번째 암이 진단된 기간에 발생한 두 번째 암에 대해서는 보장해주지 않는(보험금 불지급) 상품도 있으므로 주의하여 살펴본다. 암 중 발병률이 높고 치료 및 수술이 상대적으로 용이하고 일반암에 비해 치료예후가 좋은 소액암과 유사암은 일반암의 10~30% 정도를 보장해주는데 적용대상과 보장범위가 보험회사마다 조금씩 다르므로 어떻게 다른지 자세히 알아본다. 또한 유방암, 자궁암 등 여성암은 발병률이 높지만 소액암으로 분류돼 일반암에 비해 암 진단금이 낮으므로 여성암을 일반암처럼 보장해주는지 꼭 체크하도록 한다.

암보험 상품의 암 유형별 분류기준 및 보장범위

보장 대상	유사암	소액암	일반암	고액암	비고
암진단비	×	×	○	○	
유사암진단비	○	×	×	×	
소액암진단비	×	○	×	×	
고액암진단비	×	×	×	○	
재진단암진단비	×	△*	○	○	
암최초수술비	×	○	○	○	입원일당:
암수술비	×	○	○	○	1일 이상,
유사암수술비	○	×	×	×	90일 한도
암직접치료 (요양병원 제외)	○	○	○	○	
암요양병원 입원일당	○	○	○	○	
항암방사선 약물치료비	○	○	○	○	
한방치료비	○	○	○	○	

* 주) 1. △(전립선(샘)암 제외) 2. 상기내용은 예시로서 보장대상별 보장적용 기준이 보험회사 상품별로 다르므로 가입 전 반드시 해당 약관 참조

6. 몇 번을 보장해주는지 보장횟수를 확인한다.

대부분의 암은 한 번의 발병으로 끝나지 않고 재발되는 경우가 많다. 또는 전이되어 전이암으로 확대되는 경우도 많이 발생하므로 보장횟수는 매우 중요하다. 얼마나 오랫동안 몇 번에 걸쳐 보장해주는지 꼭 확인한다.

7. 갱신형 상품은 갱신주기별 보험료 변동상황을 체크한다.

갱신형 상품의 경우 주로 초기 저렴한 보험료만 강조하여 갱신 시 보험료 변동에 대해 다소 등한시할 수도 있는데 보험료 증가폭이 크면 가계에 부담이 되고 만족도가 떨어지므로 꼭 다른 비슷한 상품과 비교 검토한다.

8. 암진단비는 약관상 '암'으로 진단 확정된 경우에만 지급된다.

대부분 의사(주치의)를 통해 암의 진단 여부를 확인하지만 암보험에서 암진단비가 지급되려면 보험약관에서 정한 방법에 따라 암 진단확정을 받아야 한다. 암보험의 약관에서 암 진단확정은 해부병리 또는 임상병리의 전문의사 자격증을 가진 자가 내려야 하며, 이 진단은 조직 또는 혈액검사 등에 대한 현미경 소견을 기초로 하여야 한다고 규정하고 있다.

따라서 병원에서 발급받은 진단서에 C코드(악성신생물)로 기재되어 있어도 해당 약관에서 정한 방법에 따라 암으로 진단확정을 받지 못한 경우(조직 또는 혈액검사 등에 대한 현미경 소견을 기초로 하지 않은 경우 등)에는 암진단비가 지급되지 않을 수 있다. 단, 급작스럽게 사망에 이르는 등의 사정으로 병리 진단이 가능하지 않은 때에는 임상학적 진단이 암의 증거로 인정되며 이 경우에는 암으로 진단 또는 치료받고 있음을 증명할 만한 문서화된 기록 또는 증거가 있어야 한다. 암보험의 약관상 암 진단확정일은 조직검사 시행일이나 진단서 발급일이 아니라 조직검사 보고서상 기재된 조직검사 결과보고일로 인정되며 이를 기준으로 보험금 지급 여부와 지급받을 보험금액이 결정된다.

9. 병원에 입원했다고 무조건 암입원비가 지급되지 않는다.

보험약관에는 피보험자가 암의 치료를 직접 목적으로 병원에 입원하여 치료가 필요한 경우 입원비를 지급하도록 정하고 있다. 따라서 암수술·항암치료 등 암의 치료를 직접 목적으로 입원한 경우 암입원비가 지급된다.

보험약관에서 정한 '암 치료를 직접 목적으로 하는 입원'에 대해 법원 판례에서는 종양을 제거하거나 종양의 증식을 억제하기 위한 수술이나 방사선치료, 항종양 약물치료 등에 필요한 입원과 암 자체 또는 암의 성장으로 인하여 직접 발현되는 중대한 병적 증상을 호전시키기 위한 입원을 의미하며 암이나 암치료 후 그로 인하여 발생한 후유증을 완화하거나 합병증을 치료하기 위한 목적으로 입원한 경우 암입원비가 지급되지 않을 수 있다고 판시하고 있으므로 입원 치료가 암을 직접 치료할 목적으로 한 것인지를 반드시 확인해야 한다.

10. 보험금 지급 여부를 결정하기 위해 조사확인이 필요할 수 있다.

암입원비를 지급받기 위해서는 약관에서 정한 입원 필요성 및 암의 직접치료 여부에 대한 입증(보험수익자)과 이에 대한 조사나 확인(보험회사)이 진행될 수 있으며, 필요시 보험회사는 동의를 얻어 의료자문을 통해 다른 의사의 의학적 소견을 확인한다. 그런데 입원치료의 경우 환자의 질병명, 상태 및 치료내용 등이 모두 상이하여 의료경험칙에 따른 획일적 적용이 어려우므로 개별적 판단이 요구될 수 있고, 이에 대한 의학적 판단은 의사에 따라 서로 다를 수 있으므로 부득이한 경우 보험금 지급 여부를 재심사할 수도 있다. 보험금 지급 여부는 개별 약관에 따라 달라질 수 있으므로 반드시 본인이 가입한 약관을 확인하고 궁금한 사항은 즉시 보험회사에 문의한다.

11. 암보험 상품은 무조건 빨리 가입해야 더 유리하다.

다른 질병보험 상품도 그렇지만 특히 암보험은 되도록 빨리 가입하는 것이 여러모로 좋다. 암보험 가입 시 납입보험료를 결정하는 요소는 크게 가입연령, 암발생률, 입원율, 수술률 등과 더불어 보장범위와 보장내용, 보험기간, 납입기간 등의 설정이다. 특히 상품설계 시 가입연령이 낮을수록 보험료가 저렴하다. 암발생률 증가가 계속 이어지는 추세이고 이에 따라 보험료는 자동적으로 인상된다. 그리고 나이가 들수록 질병 발생률이 높아짐에 따라 보험료는 올라가고 보장내용은 축소된다. 또 연령에 따라 보험료 증가뿐 아니라 보장내용(보장범위, 진단자금 제한 등)도 다를 수 있으므로 가입결정을 했으면 상령월(보험나이가 오르는 월) 이전에 빨리 가입한다. 암보험은 5년 이내 병원기록이 있으면 가입이 제한된다.

목돈 마련에 안성맞춤인 저축성보험

저축성보험(Savings Insurance)이란 보험 본래의 기능인 위험보장 기능에 재산증식 기능을 추가하여 설계한 생존보험 상품을 말한다. 저축성보험의 상품 종류는 일반저축성보험, 유니버설보험, 장기손해보험, 변액유니버설보험 적립형, 비과세종합저축보험 등이 있다. 넓은 범위에서는 연금보험, 연금저축보험, 변액연금보험, 교육보험, 변액보험(보장형 제외) 상품도 저축성보험에 포함된다.

저축성보험과 은행 예금은 모두 정액식 저축방법이다. 금융기관의 정기저축상품은 계약자가 일정한 기간을 정하여 매월 일정일에 일정금액을 적립하고 만기일에 계약한 목돈을 찾아가는 저축방법이다. 이때의 상품이자 운용(부리)방법은 은행 등 대부분의 금융기관에서는 월단리, 연단리법을 사용한다. 보험회사는 월단리 연복리법을 사용한다. 연복리법을 적용하는 상품은 연단리법을 적용하는 상품보다 만기금액이 더 많이 발생한다. 아인슈타인이 '복리는 인류 최고의 발명품이요, 우주에서 가장 강력한 힘'이라고 말했듯이 단리와 복리의 차이는 기간이 경과할수록 점점 더 많이 벌어지게 된다.

단, 저축성보험은 계약자가 납입한 보험료 중 보험관계비용인 부가보험료와 위험보험료 부분을 제외한 저축보험료 부분만 월단리, 연복리로 부리되어 만기금액이 산출되기 때문에 가입 초기에 발생하는 수익률은 다른 금융기관보다 적게 된다. 그러나 유지기간이 10년 이상 되면 저축성보험 상품만의 매력인 비과세 혜택(보험차익, 즉 이자소득세 면제)과 더불어 복리 부리효과도 더 크게 발생하므로 실질적인 수익률은 더욱 커지게 된다. 저축성보험을 가입할 때는 보험이라는 특성을 염두에 두면서 수익을 최대한 올릴 수 있는 방법을 모색해야 한다. 저축성보험을 통한 비과세 방법은 다음과 같이 크게 2가지로 구분된다.

첫째, 월납 장기저축성보험에 대한 비과세로 매월 납입하는 저축성보험 월납 상품에 가입하여 5년 이상 매월 150만 원 이하 납입하고 10년 이상 유지하면 보험차익이 비과세된다.

둘째, 일시납 장기저축성보험에 대한 비과세로 계약체결 시 보험료를 일시납으로 1억 원 이하 납입하고 10년 이상 유지하면 보험차익에 대해 비과세한다.

저축성보험의 상품구조는 비갱신형 무배당상품으로 적립형과 거치형(일시납) 등 2종류가 있다. 환급 여부에 따라 순수보장형, 만기환급형, 무해지/저해지환급형 등 3종류로 구분된다. 금리부가방식은 크게 4가지 유형으로 ① 상품예정이율이 가입 시 확정되어 있는 금리확정형 ② 보험공시이율을 적용하여 수익률을 은행의 신탁상품과 같이 탄력적으로 운영하는 금리연동형 ③ 만기 시 수익률을 기준으로 정한 후 가입기간에 따라 다른 이율을 적용하는 중도해지이율형 ④ 주가지수 등 특정 지표 또는 특정자산의 운용실적에 연계하여 적용이율이 결정되는 자산연계형(채권금리 연계형보험, 주가지수 연동형보험, 금리스왑 연계형보험 등) 등의 상품이 있다. 최저보증이율을 적용하며 유니버설 기능은 있는 상품과 없는 상품이 있다.

가입요건을 살펴보면 가입나이는 만 15세~70/75세, (85-보험기간)세 등이고, 보험기간은 5/7/10/15/20/30년 또는 60/70/80세 만기 등이다. 단, 유니버설 기능이 있는 상품은 종신이다. 보험료 납입기간은 전기납으로서 보험기간과 동일하다. 가입한도는 적립형은 1구좌당 기본보험료 10만~100만 원인데 1,000만 원 이상도 가능하며, 거치형은 기본보험료 최저 100만 원 이상~최고 30억 원도 가능하다.

만기보험금은 보험기간이 끝날 때까지 피보험자가 살아 있을 경우 계약자 적립금액을 지급한다. 사망보험금은 보험기간 중 피보험자가 사망하였을 경우 지급하는데, 적립형은 납입기간별로 해당 보험회사에서 정하는 금액 + 사망 시점의 적립금액(보험기간 중 피보험자가 사망한 날의 적립금액)을 지급한다. 납입기간별로 해당 보험회사에서 정하는 금액은 기본보험료를 기준으로 납입경과기간별로 차등 적용하는데, 예를 들어 2~3년납은 기본보험료의 2배, 5년납은 3배, 7년납은 4배, 10년납 이상은 6배를 적용한다. 거치형은 기본보험료의 10% + 사망 시점의 적립금액을 지급한다. 만약 사망보험금이 이미 납입한 보험료보다 적을 경우에는 이미 납입한 보험료를 지급한다.

[* 계약자 적립금액이란, 해당 계약의 적립계약 순보험료(납입보험료에서 위험보험료와 부가보험료를 차감한 금액)를 기준으로 공시이율을 적용하여 납입일부터 보험료 및 책임준비금 산출방법서에서 정한 방법에 따라 일자 계산한 금액을 말한다. 보험료 추가납입 시에는 추가계약자적립금(추가납입보험료에서 계약관리비용을 차감한 금액을 공시이율로 적립한 금액)을 합한 금액을 말하며, 보험계약대출이 있는 경우에는 보험계약대출금액의 적립금액을 포함하며 계약자적립금에서 보험계약대출 적립금을 차감한 금액을 말한다. 계약자적립금은 보험계약대출 원리금과 월대체보험료를 차감하여 계산한다.]

비과세종합저축보험

비과세종합저축보험은 기존 판매되던 생계형저축보험과 세금우대종합저축보험이 가입기간이 만료됨에 따라 통합 승계 목적으로 특정 가입자를 대상으로 모든 금융기관에서 판매 가능하도록 2015년 말에 출시된 상품으로서 금융기관별로 명칭을 달리하고 있다.

비과세종합저축보험은 보험 유지기간에 대한 제약조건이 없어 보험가입 후 10년 미만 해지 시에도 보험차익에 대해 비과세를 해준다(조세특례제한법 제88조의 2). 은행 등 다른 금융기관이나 공제회의 비과세종합저축에 이미 가입한 경우에는 모두 합한 금액이 5,000만 원 이하이어야 한다[비과세종합저축보험특약(제도성특약) 형태로 별도 가입].

비과세종합저축보험의 가입대상자는 ① 65세 이상인 거주자 ② 장애인

복지법에 따라 등록한 장애인 ③ 독립유공자와 그 유족 또는 가족 ④ 국가유공자 등 예우 및 지원에 관한 법률에 따른 상이자(傷痍者) ⑤ 국민기초생활보장법에 따른 수급자(소년소녀가장) ⑥ 고엽제후유의증환자 ⑦ 5·18 민주화운동부상자 등이다. 비과세종합저축보험은 가입 시한을 2020년 말까지 한시적으로 운영한다. 기존 가입자는 계좌해지 시까지 혜택을 누릴 수 있으며 2019년 이후 가입 대상자의 경우 직전 3개 과세기간 동안 금융소득 합계액이 1회 이상 2,000만 원을 초과하는 금융소득 종합과세자는 제외된다.

저축성보험 잘 가입하여 수익 극대화하는 핵심 꿀팁 12

1. 생활치수를 재단하고 저축하는 목적을 확실히 한다.

저축성보험은 '왜 어떤 목적을 갖고 저축하는 것인지, 언제까지 얼마의 목돈을 마련할 것인지'를 분명히 정한 후 가입한다. 뚜렷한 목적의식도 없이 그냥 보험회사에서 권하니까 또는 상품수익률이 높을 것 같으니까 가입하려고 하면 자칫 낭패를 볼 수 있다. 무작정 많이 가입했다가 도저히 불입할 능력이 안 되어 중도해약하면 손해가 많기 때문이다. '얼마만큼의 여유자금이 있는가? 이 정도의 돈을 불입해도 생활에는 지장이 없는가?' 등 생활치수를 확실히 따져보고 난 후 가입하는 지혜가 필요하다. 보험재테크 목표를 명확히 했으면 필요한 목돈 규모를 설정한 후 불입기간과 매월 납입할 보험료의 규모를 파악한다. 보험기간, 즉 저축기간은 가정설계를 바탕으로 자녀학자금, 결혼자금, 주택구입자금 등 목돈 필요시기와 가변성 있는 상황도 고려하여 계획성 있게 신중히 정한다. 저축기간은 수익률을 고려하여 이자소득세가 전액 면제되는 10년 이후로 잡는 것이 제일 바람직하다.

2. 위험보장 기능보다는 저축 기능을 집중 고려한다.

저축성보험은 보장 기능이 매우 약하므로 가입 시 위험보장은 일단 생각하지 않는 편이 좋다. 가입 목적이 사망보험금 성격보다는 만기 시 수익금액에 대한 규모가 더 중요하다. 특정 시기에 필요한 목돈을 마련하기 위해 보험회사를 선택하여 저축하는 것인 만큼 굳이 위험보장 규모가 얼마나 되는지를 따지다 보면 만기 시 수익률이 낮게 되고 보장은 보장대로 적어 낭패를 볼 수도 있다.

3. 기대수익률이 높은 최적의 저축성보험 상품을 골라 가입한다.

저축성보험은 피보험자가 동일하고 똑같은 납입기간과 보험료 규모라 해도 이율적용 방식, 상품구성 형태(상품 유형), 월불입보험료 중 저축보험료, 즉 책임준비금(적립금액)의 재원이 얼마가 되는지 등에 따라 수익률이 매우 다르게 나타나므로 보험회사의 저축성보험 상품들을 꼼꼼히 살펴본 후 장기 재테크 목적과 가장 부합하는 상품을 골라 가입해야 재테크 파이가 더 커진다. 저축성보험의 환급률 100% 발생 시점(적용기준: 적립형, 주보험 월납 기본보험료 30만 원, 남자 40세, 10년 만기, 전기납, 연복리 2.5%, 대면채널 상품)은 약 6차 연도 이후인데 보험회사마다 차이가 나므로 미리 비교해본다. 그리고 신계약비 이연상각기간이 지난 후부터는 복리운영기간이 길어지므로 환급률 및 수익률 증가폭이 커진다.

4. 납입보험료에서 공제되는 각종 비용규모를 꼭 확인한다.

저축성보험을 은행적금처럼 생각하고 가입하면 오산이다. 은행의 적금 상품은 납입한 금액이 전액 적립되지만 저축성보험은 납입한 보험료가 전액 적립되지 않는다.

계약자가 납입하는 보험료는 크게 순보험료와 부가보험료로 구분하여 운영된다. 순보험료는 저축보험료와 위험보험료로 구분하며 부가보험료는 신계약비, 유지비, 수금비로 구분한다. 이 중 보험관계비용으로 공제되는 부분은 저축보험료를 제외한 위험보험료와 부가보험료인 신계약비, 유지비이다(현재 수금비는 거의 발생하지 않고 있다). 위험보험료는 보험의 성격을 나타내는 보험사고 시 사망보장을 위한 부분에 사용하는 보험료이다. 따라서 순수하게 적립되는 보험료 부분은 저축보험료만 해당되며 이를 적립보험료라고도 한다. 적립보험료는 보험 상품의 구조와 성격에 따라 차이가 있지만 월 납입보험료의 85~95% 수준으로 책정되고 있다.

저축성보험은 가입 후 10년 이내에는 환급률(환급금÷납입보험료 전액)이 낮고 이에 따라 해지환급금(납입보험료 대비 만기 또는 해지 시점에 돌려받는 금액)도 작은데 가장 큰 이유는 계약체결비용인 신계약비의 이연상각기간이 10년이기 때문이다. 특히 가입 초기에는 해지공제로 인해 해지(해약)환급금이 매우 적을 가능성이 있다. 따라서 반드시 신계약비의 이연상각기간이 끝나는 시점인 10년 이후와 보험비과세 혜택이 적용되는 가입 10년 이후를 고려하여 장기목적자금 마련을 위해 가입하는 것이 바람직하다. 해지공제가 거의 없고 일반 저축성보험보다 비용과 수수료도 상대적으로 낮은 온라인 전용 저축성보험도 있다. 이러한 저축성보험은 가입 후 초기에 해지해도 납입한 보험료의 95% 이상을 돌려받을 수 있고 비용·수수료 등 공제금액이 낮아 환급률도 높으므로 발품과 손품을 팔아 잘 알아보고 가입한다.

5. 저축성보험은 가능한 한 하나의 상품으로 통합하여 가입한다.

은행 상품은 월불입액이 크든 작든 같은 상품이라면 제시한 상품이율에 따른 만기 시 수익률이 같다. 그러나 저축성보험은 월불입액(납입보험료)이 크면 클수록 만기 시 수익률이 높다. 즉, 만기금액이 많다. 그 까닭은 보험원리상 1건의 계약을 유지하는 데 소요되는 비용(유지비)이 보험료 규모가 크건 작건 똑같기 때문이다.

예를 들어 월납 10만 원짜리와 100만 원짜리가 있을 경우 1건당 유지비용이 5,000원이라 한다면 월납 10만 원짜리는 9만 5,000원, 100만 원짜리는 99만 5,000원으로서 각각 원금의 5%와 0.5%가 제외된 상태에서 매월 운영된다(여기서 위험보험료 부분은 제외). 그렇기 때문에 보험료 규모가 크면 클수록 수익률이 많이 발생하므로 이왕 저축성보험을 가입하려면 한 군데로 뭉쳐 가입하는 것이 훨씬 좋다. 참고로 유니버설보험이나 변액보험은 순수저축성보험이 아닌 종신형으로 설계된 보험이므로 사업비가 종신보험처럼 많이 발생한다는 것도 유념한다.

6. 피보험자는 가족 중 어린 사람 또는 여자로 한다.

모든 보험은 보험대상이 되는 피보험자의 나이에 따라 보험료 규모가 달라진다. 특히 재테크를 목적으로 생존보험 또는 만기환급부보험 등 저축성 상품에 가입할 때에는 피보험자를 나이 어린 사람으로 정해야 수익률이 높게 나온다. 저축성보험도 위험보장과 사망담보 등 기본적인 보장이 있기 때문에 피보험자의 연령이 낮으면 보험료를 조금이라도 줄일 수 있다. 나이가 많은 사람은 그만큼 위험확률이 높기 때문에 보험료가 비싸고 나이가 어린 사람은 상대적으로 보험료가 저렴하다. 그렇다고 피보험자를 무작정 어린아이로 할 수는 없다. 보험업법에 피보험자의 나이는 만 15세 이상으로 규정되어 있기 때문이다. 따라서 15세 이상 가족 중 이에 가까운 사람을 피보험자로 하는 것이 좋다. 또 남자보다는 여자가 보험료가 낮으므로 여자로 하는 게 조금이라도 수익률 제고에 도움이 된다.

7. 상품의 공시이율과 최저보증이율을 꼼꼼히 따져본다.

공시이율과 최저보증이율은 가입한 저축성보험 상품의 적립금액에 직접적으로 작용하여 향후 지급되는 보험금에 큰 영향을 미치는 적용이율이므로 가능한 한 공시이율과 최저보증이율이 높은 회사의 상품을 선택한다. 적용이율은 만기 때까지 확정이율의 적용으로 상품이율이 변하지 않는 확정형 상품과 공시이율의 적용으로 매월 이율이 변동되는 금리연동형 상품이 있는데 현재 확정이율 적용상품(확정형)은 거의 판매하지 않고 있다.

금리연동형 보험에 적용하는 공시이율은 매월 1일 보험회사가 정하는 이율로서 회사 운용자산 이익률과 객관적인 외부지표금리를 가중평균을 통해 산출한 공시기준이율을 토대로, 장래운용수익률과 향후 예상수익 등 경영환경을 고려한 조정률을 가감하여 책정하는데 매월 1일부터 당월의 마지막 날까지 매 1개월간 확정 적용한다.

공시이율에 대한 최저보증이율은 운용자산이익률 및 시중금리가 하락하여도 보험회사에서 지급보증해주는 적용이율의 최저한도를 말한다. 공시이율과 최저보증이율은 연단위 복리로 운용되는데 공시이율이 변동될 경우 적립부분 적용이율도 변동되므로 보험금 및 해지환급금도 변동된다. 공시이율은 연복리 2.0~3.0% 정도이고 최저보증이율은 보험가입 후 경과기간별로 차등 적용하는데 일반적으로 계약일부터 5년 이내에는 연복리 1.25%, 5년 이상 10년 미만은 연복리 1.0%, 10년 이상은 연복리 0.5~ 0.75% 등의 기준율을 적용하고 있는데 보험회사마다 상이하므로 가입 전 반드시 확인하도록 한다.

8. 중도해지 시의 적용 해지이율을 살펴본다.

저축성보험에 가입한 후 만기까지 가면 더 좋을 게 없지만 부득이 중간에 해약할 경우도 상정해봐야 한다. 만약 그럴 경우가 발생할 소지가 다분하다면 중도해지 시 적용이율이 높은 상품에 가입하는 것이 좋다. 해지이율은 상품에 따라 다르지만 대개 5년 이상 지나면 납입한 원금이 나온다. 부가보험료 발생으로 5년이 지나야 원금이 나오므로 다른 금융기관에 가입했을 때와 비교할 때 실질적으로 손해를 많이 보는 것이다. 따라서 저축성보험은 가능하다면 만기까지 유지하는 것이 바람직하다.

9. 보험료 납입일자를 신중히 결정한다.

공시이율 등 변동이율을 적용하는 저축성보험은 보험료 납입일자 선정이 중요하다. 왜냐하면 이자계산 시 매월 1달을 기준으로 계산하지 않고 보험료 납입일자를 기준으로 해당수익률을 계산하기 때문이다. 따라서 매월 계약해당일 이전에 보험료를 내야만 보험회사에서 제시한 만기 시 수익금액을 보험기간 종료 시 제대로 받을 수 있다. 만약 계약해당일 이후에 보험료를 계속 납입하면 약정된 만기금을 지급받을 수 없다.

유예월로 계속보험료를 납입하면 많은 손해를 볼 수 있다. 반대로 계약 해당일 이전에 보험료를 계속 납입하면 더 많이 지급받는다. 예를 들어 20만 원짜리 저축성보험에 가입한 후 보험료를 납입해당월에 안 내고 납입 유예월에 계속 10년 동안 냈다고 한다면 10년 되는 시점에서의 만기 시 수령액은 2개월 치 보험료 이상 적게 나온다. 그러므로 반드시 보험료 납입일자를 확인하고 은행 잔고가 부족하지 않도록 체크하는 것도 약정수익률 보전의 지름길임을 유념한다. 납입일자를 급여소득자는 급여 수령일 + 1일 정도로 하고, 자영업자는 월말에는 자금회전이 안 될 경우도 있으므로 월 중순경으로 하는 것이 좋다. 상여금을 타는 등 여유자금이 있을 경우에는 선납보험료를 불입한다. 또 비월납 상품으로 가입하면 월납 상품보다 보험료가 적으므로 수익률이 그만큼 높다.

10. 추가보험료 납입기능을 최대한 활용하여 수익을 올린다.

영업보험료에는 기본보험료와 추가납입보험료가 있다. 기본보험료는 보험계약 체결 시 매월 계속 납입하기로 한 보험료를 말하고, 추가납입보험료는 기본보험료 이외 보험기간 중도에 추가로 납입하는 보험료를 말한다. 기본보험료만으로 보험료를 납입하는 것보다 추가보험료 납입기능을 적극 활용하여 반드시 추가로 보험료를 납입해야 더 많은 수익을 올릴 수 있다.

보험료를 똑같이 30만 원 납입할 경우 기본보험료로만 30만 원을 납입한 사람보다 기본보험료는 10만 원으로 설정하고 20만 원을 추가납입보험료로 납입한 사람의 적립금이 훨씬 더 많다. 그 이유는 추가납입보험료에는 보험관계비용 중 계약체결비용(신계약비)과 위험보험료가 부과되지 않아 그만큼 이익이기 때문이다. 물론 사업비(부가보험료) 중 계약유지관리비용(유지비)은 추가보험료에도 계속 발생하여 부과된다.

추가납입보험료는 보험기간 중 자유롭게 납입이 가능한데 중도에 납입하는 추가보험료 납입한도의 경우 적립형은 대개 연간한도가 연간 기본보험료(선납보험료 포함)의 200%이고, 총한도는 보험료 납입기간 동안 불입하는 기본보험료 총액(기본보험료×12×보험료 납입기간)의 200%이다. 거치형(일시납)의 경우에는 연간한도와 총한도가 같은 상품이 대부분이며 일시납기본보험료의 100~200%이다.

적립형의 경우 횟수에 관계없이 수시로 납입이 가능하다. 추가납입보험료의 1회당 최저납입한도는 1만 원 이상, 1,000원 단위이다. 보험료 추가납입 가능기간은 해당 상품계약일부터 보험료 납입기간 1개월 전까지이다. 추가납입보험료의 한도는 시중금리 등 금융환경에 따라 매년 약정 한도 이내에서 해당 보험회사가 정한 한도로 설정하는데 보험회사마다 보험료 납입경과기간 경과별로 달리 적용하고 또한 상품별 납입한도 적용률이 상이하므로 잘 살펴본다.

추가보험료를 납입기간 중도에 납입할 경우 당초 계약서상 매월 불입해야 하는 기본보험료는 반드시 납입해야만 추가 납입이 가능하다.

11. 보험료 할인방법을 자세히 알아본다.

가입하는 보험 상품은 어떠한 할인혜택이 있는지 눈여겨본다. 먼저 납입방법을 자동이체(또는 급여이체)로 하면 납입보험료에 대해서 거의 모든 보험회사가 할인혜택을 준다. 보통 자동이체 시의 보험료 할인혜택을 보면 1% 정도를 할인해준다. 또 5인 이상 단체로 가입할 경우에는 2% 정도 할인혜택이 주어진다.

12. 저축성보험 비교공시제도를 적극 활용한다.

저축성보험 가입 시 많은 요소를 고려해야 하지만 가장 중요한 부분은 향후 기대수익을 나타내는 지표인 납입보험료 대비 만기(해지) 시 돌려받게 되는 금액과 더불어 비용·수수료 등의 공제금액, 실질적인 적립이율 등을 미리 잘 파악하는 것이다. 이런 요소들을 잘 파악할 수 있는 가장 좋은 방법은 저축성보험 비교공시제도를 적극 활용하는 것이다.

저축성보험 비교공시제도는 금융감독원에서 운영하는 금융소비자정보 포털사이트인 파인(fine.fss.or.kr)과 생명보험협회에서 운영하는 사이트인 상품비교공시(pub.insure.or.kr)가 있다. 생명보험협회에서 운영하는 '상품비교공시'에는 모든 생명보험회사의 저축성보험에 대한 보험료, 공시이율, 비용 및 수수료 등 공제금액을 한눈에 비교하면서 조회할 수 있으므로 가입 전 꼭 클릭하여 자신에게 가장 잘 맞는 저축성보험을 올바로 취사선택한다.

▶ 입출금이 자유로운 다목적 유니버설보험

유니버설보험(Universal Life Insurance)은 적립금액이 공시이율로 운용되는 금리연동형 보험구조의 상품이다. 보험 고유의 사망보장 기능 외에 보험료의 자유납입 및 추가납입, 중도인출이 가능한 유니버설(Universal) 기능의 편의성과 유연성을 부여하여 설계된 종신형보험을 말한다. 보험의 본래 목적인 사고 및 질병에 대한 위험보장과 더불어 은행의 자유납입 및 중도인출 기능을 추가하고 추후 노후준비를 위한 연금으로도 활용할 수 있도록 자금운영을 유동적으로 자유설계(Order Made)할 수 있는 다목적 종합보장상품이다.

유니버설 기능이란, 일정기간 의무납입을 한 이후에는 가입자의 보험수요 변동에 맞춰 보험료 감액납입 및 납입중지, 추가납입 등 자유납입을 할 수 있고 해지환급금의 일정범위 내에서 중도인출을 할 수 있는 기능을 말한다. 유니버설보험은 보험료의 자유 입출금 기능이 있어서 급전이 필요할 때는 소정의 수수료를 납입하면 연 12회까지 이자부담 없이 계약자가 적립금 중 일부를 중도에 인출하여 사용할 수도 있다. 보험차익에 대한 비과세 혜택뿐만 아니라 라이프사이클에 맞춰 이미 결정한 가입금액과 보험료도 변경할 수 있다. 단, 중도인출할 수 있는 적립금이 0원이 되기 이전에는 보험료를 납입해야 한다.

다른 보험 상품은 보험료를 연체했을 경우 납입유예기간이 끝나면 자동으로 해당 보험의 계약이 효력 상실되지만 유니버설보험은 그렇지 않다. 가입한 후 맨 처음 약정한 기본보험료의 의무납입기간인 2년(24회 이상 불입)이 지나면 월대체보험료 충당 기능이 있어서 그 이후 나머지 유지기간은 가입자 마음대로 설정해서 운영할 수 있다.

따라서 가입 후 2년이 지난 다음 일시적으로 소득의 발생이 중지되거나 또는 갑자기 목돈이 들어가 보험료를 지불할 여력이 없을 경우에는 월대체보험료납입제도를 이용해 보험료 납입을 일시 중지하여 위기를 타개해 나갈 수 있다. 월대체보험료 납입제도는 유니버설 기능이 있는 상품에만 있는 제도이다. 이때 2년 이후 보험료를 납입하지 않으면 맨 처음 선택한 부가특약이 있을 경우 그에 대한 보험료는 그동안 적립된 계약자적립금에서 자동 인출되어 빠져나가 적립금액이 그만큼 줄어들게 된다는 점을 유의한다.

유니버설보험 상품구조는 무배당의 금리연동형 종신형상품으로 상품유형은 크게 펀드운용 수익률에 따라 보험금이 변동되는 변액유니버설보험과 보험료를 자유롭게 납입하면서 약정된 사망보장은 그대로 지급받을 수 있는 유니버설종신보험 등 2가지 종류가 있다.

가입요건을 살펴보면 가입나이는 15~70/75/80세까지 등이며 보험기간은 종신, 보험료 납입기간은 5/7/10/12/15/20년납 등 다양하다. 가입한도는 위험직급별 가입한도 이내로서 일반적으로 주보험 보험가입금액 기준 100만~1억/2억/5억/10억/20억 원 등이며 표준체의 경우 그 이상도 가능하다. 상품 형태는 보장니즈에 따라 적립형과 보장형으로, 보험료 납입방식에 따라 적립형과 거치형(일시납)으로 구분된다. 주보험은 주로 비갱신형이고 특약은 비갱신형, 갱신형 모두 있으며 대부분 전기납이다.

유니버설보험과 변액유니버설보험 상품 비교

모두 저축성보험 상품이고 월대체보험료 납입제도가 있어서 필요시 보험료 납입 의무기간이 경과한 이후에는 보험료 납입을 중지(유예)할 수 있지만 수익성과 안전성 측면에서는 약간 차이가 있다. 유니버설보험은 보험료가 회사에서 공시하는 공시이율로 운용되어 적립되는 연동형상품이다. 변액유니버설보험은 보험료를 펀드(특별계정 이체)에 투자 운용하여 투자수익이 발생하면 발생한 투자수익률에 따라 적립되는 실적배당형 상품이다. 원금손실의 위험 없이 투자와 보장을 동시에 원한다면 유니버설보험을, 원금손실 위험을 다소 감수하고라도 고수익을 원한다면 변액유니버설보험을 선택하여 가입하는 것이 바람직하다.

유니버설보험 가입 시 꼭 알아둘 핵심 꿀팁 7

1. 최소 10년 이상 장기저축 목적으로 가입한다.

유니버설보험은 은행 상품처럼 입출금 기능이 있지만 단기상품이 아닌 장기상품이다. 단기적으로는 수익률이 비용을 앞지를 수 없으므로 원금 손실이 올 수 있다. 또 보험 상품 특성상 납입보험료의 일부가 위험보험료와 사업비로 사용되고 나머지 부분이 저축보험료로 적립되는 구조로서 단기적으로는 저축보험료의 적립액이 그리 크지 않고 10년 이내 해지 시 보험차익에 대해 이자소득세 15.4%를 원천징수하므로 최소 10년 이상 장기 저축할 목적으로 가입한다.

2. 저축형으로 판매되고 있지만 종신형보험이다.

상품구조 및 조립 형태가 순수저축형이 아닌 장기종신형 상품으로 설계해 판매되고 있어서 초년도 사업비가 많이 지출되므로 중도해약 시 많은 손해를 볼 수 있다.

3. 높은 수익을 기대할 수 있지만 위험요소도 뒤따른다.

유니버설보험 상품 중 변액유니버설보험은 투자성과가 좋으면 높은 보장을 받을 수 있는 장점이 있지만 투자 방향에 따라 손실이 발생할 수도 있는 리스크도 상존하는 단점이 있다.

4. 입출금이 맨 처음부터 자유로운 것은 아니다.

보험료 추가납입 시 변액유니버설보험은 가입과 동시에 보험료를 납입할 수 있지만 일반유니버설보험은 2년 이후에만 가능하다. 그리고 자금의 중도인출은 일반적으로 2년 정도의 의무납입기간이 지나야 가능하다. 중도인출은 해약환급금의 범위 내에서 자금을 인출해 사용하는 것이므로 이자가 붙지 않는다.

5. 가입금액보다 추가납입금을 많이 설정해야 유리하다.

유니버설보험은 납입기간 중에 보험료를 추가로 자유롭게 납입할 수 있는 기능이 있으므로 이를 잘 활용하면 수익률을 극대화할 수 있다. 모든 보험은 상품설계 시 저축보험료와 위험보험료 등 가입자에게 돌아갈 순보험료와 더불어 계약체결 및 유지관리비용 명목으로 보험회사의 운영 및 모집자들의 수수료, 내근사원 인건비, 보험모집비 등으로 충당할 사업비(부가보험료)를 별도로 책정한다. 여기서 계약체결비용이 적게 들어갈수록 가입자한테는 유리한데 그 방법이 바로 보험료의 자유납입기능이다. 왜냐하면 보험을 유지하는 기간에 추가로 납입하는 보험료에 대해서는 사업비 중 신계약비 등 계약체결비용이 제외되고 나머지 계약유지관리비용만 보험료에 책정되기 때문이다. 보험회사에서는 가입자가 이를 역이용하는 것을 방지하기 위해서 추가납입할 수 있는 보험료 규모를 제한하고 있다. [* 보험료 추가납입에 대한 자세한 내용은 '저축성보험 잘 가입하여 수익 극대화하는 핵심 꿀팁 12'에서 10번 항목을 참조 바람]

6. 고액계약체결 시에는 반드시 보험료할인율을 체크한다.

보험가입금액 또는 납입보험료가 일정금액 이상일 경우에는 기본보험료를 할인해주는 보험료 할인혜택 서비스를 말한다. 일반적으로 월보험료의 규모와 납입기간에 따라 고액계약할인율이 차등 적용되고 있다. 특히 유니버설보험처럼 납입보험료의 규모가 상대적으로 큰 상품의 경우에는 고액의 월납 기본보험료 또는 고액의 보험가입금액에 대해 일정률의 보험료를 할인해준다. 예를 들어 고액보험료 할인율은 월납계약의 기본보험료를 기준으로 0.5~2.0%까지 다양하게 적용하고 있다. 또 보험가입금액을 기준으로 고액계약의 경우 3억 원 초과 시 기본보험료의 4.0%, 5억 원 이상 시 기본보험료의 5.0%, 10억 원 이상 시 기본보험료의 6.0%를 할인해주기도 한다. 할인율은 기본보험료만 적용하고 일시납 및 추가납입보험료의 경우 할인에서 제외하며 보험회사마다 적용방법과 적용률이 다르므로 꼭 확인한다. 보험료 할인율만큼 실질적인 기대수익을 올리는 것이므로 만약 목적자금을 마련하기 위해 가입한다면 반드시 할인폭이 큰 회사의 상품을 선택하도록 한다.

7. 월대체보험료 납입제도에 대해 잘 살펴본다.

월대체보험료 납입제도가 있어서 보험료납입 의무기간이 경과한 이후에는 보험료 납입을 중지(유예)할 수도 있다. 월대체보험료 납입제도는 보험가입자가 경제적 상황 등 피치 못할 사정으로 보험료 납입이 곤란할 경우 보험료 의무납입기간 이후 일시적으로 보험료 납입을 유예하여 중지할 수 있게 한 보험료 자동대체제도로서 유니버설 기능이 있는 상품에만 적용된다.

계약자가 보험료 납입유예(납입 중지)를 신청하면 신청한 날부터 납입 중지를 종료하는 날까지 이미 적립된 해지환급금 내에서 매월 소요되는 사업비(부가보험료)와 위험보험료 등 월대체보험료를 자동으로 공제한다. 즉 기존 책임준비금(적립금)에서 월대체보험료로 전환하여 자동 차감되므로 해지환급금이 적어지게 된다.

보험료 자동대체제도(월대체보험료 납입제도)는 미리 적립된 책임준비금 범위 내에서 월대체보험료를 차감하므로 나중에 자금여력이 있을 때에는 차감된 부분을 채워놓는 것이 보장 측면에서 유리하다. 보험료 자동대체제도의 신청은 보험료 의무납입 기간이 지난 이후부터 가능하다. 따라서 해당 회사에서 정한 보험료 납입의무기간 이내에 보험이 해지되면 계약이 소멸된 것으로 간주하므로 월대체보험료를 차감하지 않는다. 계약자가 중도인출, 보험료 미납입 등으로 주보험의 해지환급금에서 월대체보험료를 충당하지 못하면 계약이 조기 해지될 수 있으니 유의해야 한다.

보험테크 TIP

월대체보험료란, 보험료의무납입기간인 가입 후 2년(24회 납입) 이내에 해당월의 보험금 등을 보장하기 위한 보험료(위험보험료, 최저사망보험금 보증비용, 보험료 납입면제 부분을 말함)와 보험관계비용(계약체결비용, 계약관리비용), 특약이 부가된 경우 특약보험료(보험료 납입이 면제된 특약은 제외)의 합계액을 말한다. 월대체보험료는 해당월 기본보험료 납입 시 적립금액에서 공제한다. 단, 기본보험료를 해당 월계약해당일 이전에 납입 시에는 해당 월계약해당일에 적립금액에서 공제한다. 월대체보험료의 운용방식은 이를 적용하는 모든 보험 상품에 공통적으로 해당된다.

▶ 일상생활에 꼭 필요한 상해보험

　　일상생활에서 발생하는 여러 사고유형 중 가장 위험한 사고는 사망이 아니라 평생 동안 정상적인 활동을 못하고 타인에게 전적으로 의지해 살아가는 심각한 후유장해 상태이다. 사회가 점점 복잡 다원화되면서 사고도 많이 나고 그 후유증으로 오랫동안 심하게 고생하는 경우가 증가하는 추세이다. 자신과 가족을 위해서는 반드시 리스크 관리를 철저히 하여 가정의 삶이 언제나 순탄하게끔 만들어야 한다. 그 초석을 다지기 위해 상해보험 가입은 필수이다.

　　상해보험은 피보험자가 급격하고도 우연한 외래의 사고로 인하여 신체상에 상해를 입거나 또는 그 결과로 일상생활과 업무에 지장을 받는 장해를 입었을 경우에 보상해주는 상품이다. 즉, 교통사고, 산업재해사고, 화재, 폭발사고, 가스중독, 스포츠·레저 사고, 국내외 출장·여행 사고는 물론 피보험자와 그 가족의 일상생활 중 일어나는 각종 예기치 않은 사고로 신체를 다치거나(상해) 사망했을 경우 보상해주는 건강보험 상품이다.

상해보험을 생명보험, 손해보험과 구분지어 질병보험 또는 장기간병보험과 함께 제3보험(또는 제 3분야 보험)이라고 부른다. 요즈음 사람들은 사후(死後) 상속에 중점을 두었던 사망보장보다는 생전(生前) 치료비 중심의 생존급부형 생활보장 상품을 더 선호한다. 상해보험은 어느 보험보다도 일상생활에서 자주 접하는 보험사고로 인하여 보험회사 문을 많이 두드리는 상품이므로 가입 시 잘 살펴보고, 또 가입 이후에도 하자 없이 관리하고 대처해야 실속 있는 혜택을 볼 수 있다.

상해보험은 무배당상품으로 갱신형과 비갱신형 상품 모두 있고 환급 여부에 따라 순수보장형, 만기환급형, 무해지/저해지환급형 3종류로 구분된다. 금리부가 방식은 금리확정형이며 유니버셜 기능은 없다. 상품구조는 주보험에 정기특약, 질병·재해수술특약, 질병사망보장특약, 생활자금특약, 고도장해보장특약, 암진단 및 입원특약 등 다양한 선택특약과 일부의 제도성특약으로 설계되어 있다. 가입요건으로 가입나이는 15/20/30~60/65/70/75세 등이다. 보험기간은 비갱신형은 15/20년 만기 또는 60/70/80세 만기 등이고, 갱신형은 1/2/3년 만기 등인데 최대 100세까지 갱신 가능하다.

가입한도는 주보험 보험가입금액 기준(비위험직)으로 1구좌당 500만~1,000만/3,000만/4,000만/1억 5,000만 원 등 다양하다. 보험료 규모는 주계약 보험가입금액 1,000만 원, 20년 만기, 전기납, 월납, 비위험직, 비갱신형의 순수보장형 상품 기준으로 월보험료 보험가입금액 1억 원(질병 사망 시는 1,000만 원) 기준 시 약 5,000~1만 원 내외로 저렴하며 남자가 여자보다 비싸다. 단, 보험회사별 상품 조립방법에 따라 상이하므로 잘 살펴본다.

상해보험은 질병보험, 장기간병보험과 더불어 제3분야 보험으로서 상법에서는 인보험으로 분류하고 있어 언뜻 보면 생명보험과 같다. 사고가 발생하였을 경우 상해 정도에 따라 계약 당시에 약정한 일정한 보험금액을 지급하는 정액보험 상품이란 점에서는 생명보험과 같지만 실제로 소요되는 치료비 등 기타의 비용을 지급하는, 즉 실제로 입은 손실에 대하여 보상해주는 실손보상보험이므로 손해보험의 성격도 아울러 띠고 있어서 제3분야의 보험이라고 한다. 상해보험 상품은 정부에서 보장성보험으로만 판매할 수 있도록 규정하고 있다.

상해보험 올바른 가입요령 및 주의사항 핵심 꿀팁 9

1. 상해보험의 보험사고 성립요건을 알아둔다.

상해보험은 질병으로 인한 일반사망을 담보하는 상품이 아니라 재해로 인한 사망과 후유장해를 집중적으로 담보하는 상품이다. 따라서 상해보험은 급격성과 우연성, 외래성 등 3가지 기본요소가 복합적으로 이루어져야만 보험금지급 조건이 성립된다. 결과를 예측할 수 없는 급박한 상태로 우연히 외부의 원인으로 발생된 사고에 대해 보장해주는 보험이 상해보험이므로 이를 잘 알아야 보험사고 발생 시 스스로 상해 적합 여부를 판단할 수 있다.

2. 라이프 사이클에 따라 보장내용을 달리 선택한다.

다른 보험 상품도 그렇지만 상해보험은 자신 또는 가족의 라이프 사이클(Life Cycle)에 따라 상품의 보장내용을 선택하는 방법을 달리할 수 있다. 예를 들면 사무직 종사자라면 출퇴근이나 야간 또는 주말에 외부활동이 많아 이 시기에 재해사고에 노출될 위험이 많으므로 이런 시간대에 중점적으로 보장하는 상품을 선택하는 것이 바람직하다.

3. 보장 범위와 내용을 꼼꼼히 파악한다.

상해보험을 선택할 때는 실속 있는 보장을 받도록 설계한다. 모든 교통수단과 재해사고에 대해 포괄적으로 보장하는지, 일상생활에 밀접하게 관련되는 보상 내용인지, 가족 모두 해당하는지, 어떤 유형까지 몇 가지 보상을 해주는지를 먼저 체크한다.

교통사고나 재해사고의 경우 사망 또는 후유장해보다는 상해, 골절 등으로 수술하거나 입원 치료를 받는 빈도가 훨씬 많은데 이때 제대로 보장을 받지 못하면 실질적인 도움이 안 된다. 일상적인 재해사고 시 가장 많은 혜택을 봐야 하는 입원비, 수술비, 응급치료비, 골절수술비, 건강회복자금 등이 하자 없이 지급되는지 확인한다. 그리고 장기 입원 치료 시 또는 후유장해일 경우에는 언제까지 어떻게 지급되는지 확인한다.

4. 장해등급 판정 시 또는 사망 시에 대한 보장금액을 확인한다.

재해로 장해등급 판정을 받을 때 사망 시의 보장금액과 후유장해 판정을 받았을 때의 후유장해 보험금을 확인한다. 특히 재해나 교통사고로 후유장해등급 판정을 받게 되면 본인은 살아 있으면서도 경제적인 생활을 할 수 없어 전적으로 가족의 도움을 받으며 기약 없이 의지해야 하므로 보험금 규모는 매우 중요하다. 여생을 장해 상태로 살아가는 데 충분한 금액이 보장되도록 설계한다. 이런 사고를 당했을 경우 경제적인 여유라도 있으면 괜찮지만 그렇지 못하면 가족들은 육체적·정신적으로뿐만 아니라 경제적으로도 상당히 고통스러운 나날을 보낼 수밖에 없다. 재해사망보험금은 유족이 경제적으로 곤란하지 않은 적정수준으로 책정한다.

5. 보장 담보내용에 제약조건이 있는지 살펴본다.

상해보험은 보험 상품 가운데 저렴한 보험료로 가입 가능한 상품에 속한다. 그렇다 보니 보장을 담보하는 내용에 많은 제약조건이 따른다. 모든 교통수단에 대해 포괄적으로 보장하는 상품인지, 아니면 특정 교통수단(주말이나 대중교통 등 특정 요일 등)에 사고를 당해야 보장해주는 상품인지, 차량탑승 중 사고의 경우 어디까지 보상이 되는지, 무보험차량(뺑소니)에 의한 사고보장 여부 등을 반드시 확인한다. 이런 구체적인 내용은 해당 약관에 기재되어 있으므로 꼼꼼히 읽어본다. 보험가입 시 약관 내용 확인은 기본이다.

6. 남녀에 따라 보험료가 다른지 확인한다.

똑같은 보장내용인데도 남녀의 경우 보험료가 같은 상품도 있다. 보험료 책정 시 재해 또는 장해 보장은 남녀가 위험률을 같이 쓰기 때문에 보험료가 같게 책정된다. 보험료 규모가 다르면 다른 보장 급부 내용이 추가되는 것이므로 이를 잘 살펴본다. 이때 보험료는 여자보다는 남자가 더 비싸다. 따라서 남자의 경우는 여자와 보험료가 같은 회사의 상품을 선택하는 것이 더 유리하다. 물론 여자의 경우는 남녀별로 보험료가 다르게 책정된 상품이 더 좋다.

7. 보험기간 중 통지의무를 반드시 실천한다.

상해보험은 질병보험과 달리 가입 전 고지의무가 복잡하지 않다. 그러나 가입 후에는 약관에서 정한 통지의무는 꼭 실행해야 한다. 상해보험은 피보험자가 외부의 우연한 사고로 다친 경우 그 피해를 보장하기 때문에 피보험자의 직업 유무 및 피보험자가 어떤 직업·직무에 종사하는지(직업·직무의 성격) 등에 따라 사고를 당할 위험성이 크게 좌우된다. 이에 따라 상해보험은 직업·직무별로 상해위험등급을 구분하여 보험료를 산출하므로 계약체결 후에 피보험자의 직업·직무 변경 등으로 위험이 증가하거나 감소한 경우에는 그만큼 보험료도 증가하거나 감소해야 하므로, 보험회사로서는 알기 어려운 위험변경 사실을 보험가입자(피보험자)가 보험회사에 통지하도록 의무를 부과하고 있다.

상해보험약관에는 보험가입 당시의 직업(또는 직무)이 보험가입 후 변경되었을 경우 보험계약자(또는 피보험자)는 이를 보험회사에 서면으로 알리도록 규정되어 있는데 이를 통지의무 또는 계약 후 알릴 의무라고 한다. 통지의무 불이행 시 사고가 발생할 경우 자칫 보험금을 받지 못하거나 삭감 지급될 수 있다. 고의·중과실로 직업·직무 변경 통지를 이행하지 않은 경우 보험회사는 그 사실을 안 날부터 1개월 내에 보험계약을 해지할 수도 있다. 통지의무 이행 후 보험료 정산이 이루어질 수 있다.

통지의무 이행에 따른 계약변경으로 위험이 감소된 경우 보험료가 감액될 수 있으며, 이후 기간 보장을 위한 재원인 책임준비금 등의 차이로 인하여 발생한 정산금액이 환급될 수 있음을 유념한다.

반대로 위험이 증가된 경우에 보험회사는 보험료의 증액 및 정산금액의 추가납입을 요구할 수 있으며 이 경우 보험가입자는 납입해야 한다. 또 변경내용은 반드시 보험설계사가 아닌 보험회사에 알려야 법적 효력이 있음을 유념한다. 보험기간 중 아래와 같은 변경사실이 있는 경우 보험계약자 또는 피보험자는 지체없이 변경사실을 보험회사에 반드시 통지해야 한다. 또 추후 분쟁의 소지를 방지하기 위해서는 서면 등으로 변경사실을 통지하고 보험증권 등에 확인을 받아두는 것이 안전하다.

보험가입 후 변경사실 발생 시 통지의무 대상

① 보험청약서나 보험증권 등에 기재된 직업 또는 직무의 변경

　현재의 직업 또는 직무의 변경, 무직자의 취업 시, 현재 직업을 그만

둔 경우 등

② 보험청약서나 보험증권 등에 기재된 피보험자의 운전 목적 변경

자가용에서 영업용으로 변경 또는 영업용에서 자가용으로 변경된

경우

③ 보험증권 등에 기재된 피보험자의 운전 여부 변경

비운전자에서 운전자로 변경, 운전자에서 비운전자로 변경된 경우

④ 이륜자동차 또는 원동기장치 자전거를 계속적으로 사용하게 된 경우

보험약관에서는 이륜자동차 또는 원동기장치 자전거를 계속 사용하

게 된 경우도 직업·직무변경에 준하는 위험의 현저한 변경 또는 증

가된 경우로 규정하고 있다.

⑤ 기타 병역의무를 위한 군 입대 등은 통지의무 대상은 아니지만 판단곤란

시 보험회사에 확인한다.

8. 가입 시 보상이 안 되는 경우를 꼭 알아둔다.

상해보험에서는 아래 사유로 인해 생긴 손해는 그 원인을 불문하고 보

상하지 않는다.

- 보험계약자나 피보험자 또는 보험수익자의 고의 사고

- 피보험자의 자해, 자살, 자살미수, 범죄행위, 폭력행위, 형의 집행. 단,

정당방위로 인정되는 경우에는 보상

- 피보험자의 무면허운전 또는 음주운전. 단, 음주운전의 경우 법원에

서는 보상해야 한다고 판결

- 피보험자의 뇌질환이나 질병 또는 심신상실

- 피보험자의 임신, 출산 또는 외과적 수술과 치료. 단, 회사가 부담하는 위험의 결과로 상해를 치료하는 경우에는 보상
- 피보험자의 의수, 의족, 의안, 의치 등 신체 보조 기구에 입은 손해
- 지진, 분화, 해일 또는 이와 비슷한 천재지변
- 선박 승무원, 어부, 사공, 기타 선박에 탑승하는 것을 직무로 하는 사람이 직무상 선박에 탑승하고 있는 동안 일어난 사고
- 전쟁, 외국의 무력행사, 혁명, 내란, 사변, 폭동, 소요 기타 이들과 유사한 사태
- 핵연료 물질 또는 이에 의하여 오염된 물질의 방사성, 폭발성 또는 그밖에 유해한 특성에 의한 사고
- 기타 위 이외의 방사선 조사 또는 방사선 오염 등

다음과 같은 행위를 하는 동안에 생긴 손해에 대하여는 보상하지 않는다. 단, 미리 이에 해당하는 보험료를 받았을 때는 보상한다.
- 전문등반, 글라이더 조종, 스카이다이빙, 행글라이더, 스쿠버다이빙, 수상보트, 패러글라이딩 또는 이와 비슷한 운동
- 모터 보트, 자동차 또는 오토바이에 의한 경기, 시범 또는 시운전. 단, 공용도로상에서 시운전을 하는 동안 발생한 상해는 보상
- 항로의 항공기가 아닌 다른 항공기를 조종하는 동안 발생한 사고 등

9. 가입할 보험회사를 벤치마킹하여 잘 선택한다.

상해보험은 일반적으로 의료실비보험 안에 포함되어 상해 보장내용이

설계되는 경우가 많다. 따라서 일상생활에 보험사고 빈도가 가장 많고, 또한 큰 사고를 접할 경우가 많아 보험회사를 상대할 때도 많으므로 보험회사의 사후서비스 만족도는 매우 중요한 선택 요소이다. 그리고 보험회사 재무상태는 보험금의 지불능력과 신속성에도 영향을 미치므로 벤치마킹하면서 잘 살펴보고 결정한다.

보험테크 TIP

재해사망과 상해사망의 차이점과 보험 해석

재해란 자기의 의지와는 상관없이 외부에서 발생한 우연한 사고(우발적인 외래의 사고)를 말하고, 상해란 급격하고도 우연히 발생하는 외래의 사고를 말한다. 보험에서 재해 용어는 생명보험에서, 상해 용어는 손해보험에서 사용한다.

재해사망과 상해사망의 개념에서 대법원 판례를 기초로 금융감독원에서는 생명보험에서 사용하는 재해사망과 손해보험에서 사용하는 상해사망을 같은 의미와 범주로 해석하고 있지만 일반적으로 재해사망의 범위가 약간 더 넓다. 생명보험과 손해보험에서 해당상품의 약관에 따라 보험금을 지급하지 않는 사유에서 제외되는 부분에 서로 약간 차이점이 있으므로 가입 시 해당 약관을 꼭 확인한다.

임산부와 아기에게 꼭 필요한 태아보험

암 등 각종 질병이나 사고에 대해서는 조기검진이나 주의를 통해 사전 준비와 예방을 할 수 있지만 태아에 대해서는 현실적으로 쉽지 않은 경우가 많다. 신생아들은 면역체계가 어린이보다 약해 많은 질병에 노출되어 있으므로 예비 엄마들은 선천성 이상 징후에 대비하여 태아보험을 가입해놓을 필요가 있다.

태아보험(Fetal Insurance)은 아기 출생 시의 리스크 헤지(Hedge)와 어린이 보험을 겸한, 임산부만 가입할 수 있는 생존급부형 생활보장상품으로 산모보험이라고도 한다.

임신기간 중에 태아보험을 가입해야 하는 이유는 태아 출생 시에 혹시 일어날 수도 있는 선천성 이상 질병이나 신체마비로 인한 고액의 치료비용이 발생하게 되었을 때 경제적인 부담을 줄이기 위해서이다. 태아가 만약 조기에 출생한다면 미숙아 상태에서 인큐베이터 생활을 하게 되는데 미숙아이기 때문에 여러 가지 질병이 복합적으로 나타날 수 있으며 이 경우 비용이 많이 들어가게 된다. 태아보험 가입은 대부분의 상품이 임신 4개월(임신 16주)부터 출산 전까지 가능하도록 설계되어 있다. 태아보험을 가입해놓으면 출생 후 자라면서 입게 되는 각종 사고나 상해뿐만 아니라 유산이나 저체중아 출산 등에 대해서도 보장받을 수 있어 좋다.

태아보험은 임신 중 가입해서 출생 후 선천이상, 저체중아, 신체마비, 조기출산, 출산기 질환과 자녀가 성인이 될 때까지 암, 질병, 재해에 대해서 보장해준다. 출산 후 발생할 수 있는 대부분의 질병에 대해 국민건강보험의 적용대상에서 제외되는 선진 치료의료장비를 사용하거나 신약치료 시들어가는 많은 비용을 보장해주는 유일한 상품이다. 태아보험은 산모의 대리계약이 성립되며 출생한 이후에는 어린이보험으로 이어져 이름과 성별, 생년월일을 올바로 등재하여 정식보험계약으로 등재된다.

태아보험은 무배당상품으로 유니버설 기능이 없으며 갱신형과 비갱신형 모두 있다. 금리부가 방식은 금리확정형이며 환급 여부에 따라 만기환급형과 순수보장형, 무해지/저해지환급형이 있다. 태아보장 기간은 가입자녀인 피보험자가 태아일 경우에는 계약체결일부터 출생 시점(출산 또는 분만 과정에서 보험금 지급사유가 발생하는 경우 포함)까지의 기간인 1~10개월이다. [* 상품구조와 가입요건은 어린이보험 참조 바람]

태아가 어린이보험의 태아특약을 가입할 경우 주계약의 어린이보험과 분리하여 출생 전 태아 상태에서는 태아 보장에 대한 보험료만 납입하고, 출생 후부터 어린이보험 전체 보험료를 납입하도록 설계되어 있다 (2018년 4월 이후 가입상품 적용). 현재 국내에서 판매되는 태아보험은 어린이보험에 특약 형태로 설계되어 생명보험과 손해보험 회사에서 판매되고 있다.

임산부가 태아보험을 꼭 가입해야만 하는 6가지 이유

1 일상적인 보장을 더 쉽게 받기 위해서이다.

아기 때는 병원 갈 경우가 많은데 병원치료나 입원, 약물 투여 등이 있었을 경우에는 일정기간 동안 가입이 불가능하다.

2 아기의 선천적인 질병은 태아보험만 보장해준다.

3 혹시 마비증상을 보일 경우 보장받기 위해서이다.

4 선천적인 기형을 갖고 태어났을 경우 보장받기 위해서이다.

염색체이상, 언청이, 기타 외모기형, 뼈·내장기관의 기형 등 선천적인 기형이 발생할 경우 보장받을 수 있어야 한다.

5 저체중아 출산을 대비하기 위해서이다.

6 일부분은 가입 즉시 보험 혜택이 안 되기 때문이다.

태아보험 가입 시 꼭 알아둘 핵심 꿀팁 7

1 반드시 가입제한기간 내에 가입해야 한다.

일반적으로 16주에서 22주 사이에 가입하는 것이 좋다.

2 생명보험과 손해보험의 상품을 패키지로 가입한다.

생명보험과 손해보험 상품의 장단점을 보완하여 개발한 생·손보상품을 패키지로 가입하면 실속이 있어 도움이 된다.

3 어떠한 특약을 넣을지 신중히 결정한다.

입원특약, 선천성질병 수술비, 저체중과 인큐베이터 보장특약, 실손 의료비특약 등은 넣도록 한다.

4 청약서에는 반드시 직접 자필 서명한다.

태아보험은 특성상 보험계약자는 부양인, 피보험자는 태아로 된다. 피보험자란의 서명은 부양인이 대필할 수 있으나 보험계약자란에 는 보험계약자 본인이 직접 자필로 서명한다.

5 계약 전 알릴 의무 사항을 준수하여야만 불이익을 보지 않는다.

6 태아등재는 반드시 때맞춰 실시한다.

출산 후 자녀의 태아등재는 필수요건이므로 출산 후 곧바로 태아등 재를 신청한다.

7 출산 후에는 반드시 성별을 알려 보험료를 조정받도록 한다.

위험률이 낮은 여아가 남아보다 보험료가 상대적으로 저렴하므로 여아가 태어나면 확인하고 보험료 차액을 환급받으며 차후에는 조 정된 보험료를 납입한다.

보험테크 TIP

임신 중 남편 사망 시 태아의 보험금 수령 여부

보험계약체결 시 청약서에 사망 시 보험수익자를 특정인으로 지정하지 않으면 상속 인이 보험금 수령 권한을 갖는다. 상속 순위에 관해서 태아는 출생한 것으로 민법에 서는 간주하므로 임신 중 남편이 사망한 경우 태아도 사망보험금을 받을 수 있다.

요람에서 무덤까지 보장하는 어린이보험, 교육보험

　보험개발원 조사결과에 따르면 영아, 유아, 어린이의 사고발생률은 성인에 비해 무려 8배가 넘는다고 한다. 점점 예전에 알지 못했던 많은 어린이 질병이 환경오염, 잘못된 인스턴트 과다섭취, 비만, 면역력 결핍 등으로 발생하고 있다. 소중한 자녀를 잘 기르는 것도 중요하지만 각종 사고 및 질병을 종합적으로 보장하는 어린이보험을 준비하여 사랑하는 자녀의 안전을 지켜주는 것이 현명한 방법이다.

　부모가 어린이보험을 가입해야 하는 이유는 자녀의 사고와 질병으로 인한 일상생활상의 리스크를 헤지(Hedge)하면서 가정의 경제적 부담을 미리 헤지하는 데 있다. 자녀가 사고를 당하거나 미성숙기라 면역 기능이 약한 자녀가 다발성 질환 또는 자칫 큰 질병에 걸릴 경우 정신적 충격이 크고 경제적 부담까지 가중되면 부모로서 견디기 힘든 고통이 될 수 있다. 어린이보험은 성장기 자녀들에게 발생하기 쉬운 다양한 질병과 재해 등을 보장하는 질병보험 상품으로서 자녀보험이라고도 한다.

어린이보험은 주로 종합보험 형태로 구성되어 있다. 대부분 비갱신형 상품으로 금리부가 방식은 대개 금리확정형이고 유니버설 기능은 없다. 환급 여부에 따라 무해지/저해지환급형, 순수보장형, 만기환급형으로 구분된다.

가입요건의 경우 가입나이는 0(태아)~18세까지이며 보험기간(만기)은 20세부터 100세 만기까지 다양하다. 피보험자(가입자녀)가 태아일 경우에는 계약체결일부터 출생 시점(출산 또는 분만 과정에서 보험금 지급사유가 발생하는 경우 포함)까지의 기간을 보험기간으로 한다. 주보험 보험가입금액은 통상 500만~5,000만 원 정도이다.

참고로 20~30세형은 성장기에 꼭 필요한 필수보장과 성장지원금 등 핵심 보장에 중점을 두고 설계한 상품이고, 100세형은 100세 시대 성인기까지 발생 가능한 위험까지 포함하는 장기보장에 중점을 두고 설계한 상품이다. 보험료 규모는 주보험가입금액 1,000만 원, 5세, 30세 만기, 10년납, 월납 비갱신형 순수보장형 상품 기준으로 월 2만 원 정도인데 여자가 남자보다 저렴하다. 보험기간, 보험료납입기간, 특약이 의무특약인지 선택특약인지에 따라 보험료 규모가 다르므로 보장내역과 특약 부가방법 등을 잘 살펴본다. 어린이보험은 가입하는 목적과 부합되는 상품들을 비교하면서 장단점을 살펴보고 가장 적합한 상품을 선택한다.

어린이보험 가입 시 중점적으로 살펴야 할 핵심 꿀팁 13

1 가입 목적과 가장 부합되는 상품을 찾아 비교 선택한다.

2 어린이에게 흔히 발생되는 안전사고와 일반질병, 재해사고에 대한 집중보장 여부를 확인한다.

3 어린이보험의 주기능은 태아보험과 실손의료보험 기능 여부이므로 이를 잘 살펴본다.

4 성장기 발생되는 주요 질병에 대해 중점보장이 되는지 잘 살펴본다.

5 고액의 치료비가 들어가는 소아암과 백혈병, 소아당뇨 치료를 위한 체계적 보장 여부를 확인한다. 특히 소액암 진단이 의무부가인지 선택부가특약인지 확인한다.

6 일상생활에 따른 배상책임도 담보된 상품이어야 한다.

7 보장기간(긴 상품)과 보험료 규모(저렴한 상품)를 꼭 비교한다.

8 차후 갱신 시 갱신보험료가 얼마나 되는지 살펴본다.

9 입원금과 수술비의 보장비중이 큰 상품을 선택한다.

10 학교생활에서의 폭력 또는 집단 따돌림 등 일상생활에 대한 보상 여부도 확인한다.

11 판매 채널을 통해 생명보험과 손해보험 상품을 비교 검토한 후 가입한다.

12 다른 상품보다 선택특약이 매우 다양하므로 가입 목적에 맞춰 잘 선택한다.

13 장기간 운용해야 하는 상품인 만큼 보험서비스가 제일 좋은 건실한 회사를 선택한다.

교육보험

교육보험은 자녀의 교육자금을 종합적으로 마련할 수 있도록 설계된 생존보험으로서 부모 생존 시뿐만 아니라 사망 시에도 종합적으로 교육 자금을 마련할 수 있도록 설계된 연생보험 상품이다. 교육보험은 크게 부모 생존 시 지급하는 생존학자금과 부모 사망 시 지급하는 유자녀 학자금 으로 나눈다. 교육자금은 가입 후 2년이 지난 이후부터 지급되는데 교육 자금 지급의 기준이 되는 자녀 나이는 해당 보험 상품의 약관에서 정하는 보험나이를 기준으로 한다.

상품구조는 주계약은 30세 만기로 가입자녀가 주피보험자가 되고, 부모 또는 법률상 부양의무가 있는 자 중 1인이 종피보험자가 된다. 자녀인 주피보험자의 가입연령은 0~9세, 부모인 종피보험자는 25~45세이며 태아 가입은 불가능하다.

만약 종피보험자의 사망, 장해 또는 암진단으로 보험료 납입이 어려워진 경우에는 주계약 및 부가특약의 보험료를 보험회사가 대신 납입하여 자녀가 성장할 때까지 교육자금을 지원받을 수 있다. 보험기간이 끝날 때까지 가입자녀 또는 종피보험자 중 1명 이상이 살아 있을 경우에는 만기까지의 계약자적립금을 만기환급금으로 지급한다. 이 경우 만기환급금 및 이미 지급된 교육자금의 합계는 이미 납입한 보험료(특약이 부가된 경우 특약보험료는 제외)의 100.1%를 최저로 한다. 생명보험회사에서만 취급하며 현재 어린이보험 위주로 판매되고 있고 순수한 교육보험 판매회사는 많지 않다.

다목적 풀 서비스 통합보험

통합보험(Convergence Insurance)은 해당 특약 가입 시 건강, 상해, 질병, 사고, 사망 등 신체상의 위험과 화재, 자동차, 재물(재산), 배상책임, 비용손해 발생 등에 따른 생활상의 위험 등 사람에게 발생하는 모든 위험을 보장받을 수 있도록 설계된 원스톱 패키지(one-stop package) 상품이다. 통합보험은 통합계약 관리기능을 적용하여 생명보험과 손해보험 상품의 장점을 하나의 상품에 담아 ① 가정과 사회생활 관련 모든 위험을 하나의 상품으로 통합하여 보장하는 통합관리 기능 ② 동시에 하나의 상품으로 가족구성원별 위험관리와 가족 전체의 위험보장을 해주는 세대보장 기능 ③ 100세까지 연령에 따라 집중 보장이 필요한 시기에 관련 평생보장을 받을 수 있어 생애주기에 따른 맞춤 설계가 가능한 일생관리 기능 등을 두루 갖춘 생활보장형 컨버전시(Convergency) 상품이다.

통합보험은 피보험자의 범위를 본인뿐만 아니라 배우자, 자녀(최대 3명), 부모 등 가족구성원 모두로 확대할 수 있고 계약기간 중 피보험자나 피보험목적물을 추가할 수 있는 등 가입자의 니즈에 맞춰 나이와 생활여건

의 변화에 따라 언제든지 상품보장내용의 변경설계가 가능하며 실손의
료비와 LTC(장기간병)보험 등 무려 50여 개의 담보를 하나로 통합해 보험
계약관리를 해준다. 따라서 아직 보험을 가입하지 않은 사람이 각종 위험
에 대한 보장을 폭넓게 원한다면 통합보험을 가입하는 것이 바람직하다.

통합보험은 무배당의 금리확정형 상품으로 유니버설 기능이 있으며, 특
약은 주로 갱신형으로 환급 여부에 따라 일반형, 무해지/저해지형이 있
다. 상품 종류는 간편심사형과 일반심사형이 있는데 일반심사형은 표준
체에 해당하는 계약 전 알릴 의무 항목을 고지한 후 일반심사를 통과하여
가입하는 상품이고, 간편심사형은 일반심사 보험을 가입하기 어려운 고
객을 위해 계약심사 과정을 간소화한 상품이다.

가입요건의 경우 가입나이는 15~(100-보험기간)세, 납입기간은 전기
납이며, 보험기간은 10/15/20/25/30년, 100세 만기형 등으로 최초 가입
후 보험기간마다 갱신을 통해 최대 100세까지 보장받을 수 있다. 갱신형
의 경우 일정기간(기본계약의 보험기간)마다 갱신을 해서 최종갱신계약의 보
험기간까지 보장하며 갱신 시 보험료가 인상될 수 있다. 특약의 경우 특
약별로 보험기간이 다르다. 일반적으로 보험기간 종료 후 피보험자의 나
이가 100세(갱신종료나이)에 도달할 때까지 자동으로 갱신되는데 질병사
망특약, 중대한심혈관수술비특약 등은 갱신종료나이인 80세까지만 자동
갱신되므로 잘 살펴본다.

통합보험 상품은 종신보험 등 생명보험 성격뿐만 아니라 손실보상과 배

상책임 등 손해보험 성격을 폭넓게 보장해준다는 장점이 있으므로 기능적인 면에서 종신보험보다는 보장범위가 매우 넓어 그 궤를 달리한다고 볼 수 있다. 참고로 생명보험 상품은 종신이지만 손해보험 상품은 대개 100세 만기로 제한되어 있는데 이는 관련 규정에서 손해보험에서 취급하는 상품은 구조상 종신토록 설계할 수 없게 해놓았기 때문이다.

통합보험 올바른 가입요령 및 주의사항 핵심 꿀팁 10

1. 기본계약에 선택 부가하는 특약이 매우 많다.

통합보험은 하나의 보험으로 다양한 보장을 설계할 수 있는 통합형 상품으로서 다른 보험 상품보다 선택특약이 매우 많으므로 보장니즈를 정확히 인지하고 신중히 선택해야 한다. 보험료 납입주기에서 월납계약은 기본계약 중 신체관련 보통약관 및 상해, 질병, 재물, 배상책임, 비용손해 관련 담보특약이고, 일시납, 2회분납, 2~6회 연속 자동이체납 계약은 기본계약 중 자동차관련 보통약관 및 자동차관련 담보특약이다. 그리고 월납과 수시납은 보험료 충당특약이 있는 계약으로 구성되어 있다. 기본계약(신체관련, 자동차관련 보통약관) 및 자동차, 상해, 질병, 재물, 배상책임 담보특약은 만기환급금이 주어지는데 비용손해관련 담보특약은 소멸성이어서 만기환급금이 없다.

2. 100세까지 다양한 보장을 종합적으로 해주는 상품을 선택한다.

해당 만기 및 특약 가입 시 하나의 증권으로 사망, 후유장해, 상해/질병 진단(수술, 입원일당 포함) 등 다양한 종합 보장을 해주는 상품이다. 가능한 한 100세까지 보장되는 상품과 질병특약 업그레이드가 가능한 상품을 선택한다.

3. 향후 불입능력을 감안해서 설계한다.

통합보험은 고액의 보험료로 설계되는 맞춤식 보험이므로 가입 시에는 가정의 재무건전성을 토대로 생활치수에 맞도록 향후 불입능력을 감안해서 적의 선정한다. 특히 비례보상이 이루어지는 실손보상 상품이므로 기존의 보험료보다 과다하게 책정하면 오히려 손해이다.

4. 보장범위의 폭이 넓은지 살펴본다.

통합보험을 건강보장 위주로 가입할 경우 회사마다 적용기준이 다르므로 보장내용의 폭을 살펴본다. 뇌졸중의 경우 어느 회사 상품은 뇌출혈만 인정하고 뇌경색과 급성심근경색은 인정하지 않아 진단 시 진단자금을 지급하지 않는 경우도 있다. 또 암보장개시일을 보험계약일 또는 부활일부터 실시하는 상품이 있는가 하면 90일이 지난 날의 다음 날부터 실시하는 상품(단, 이 경우 경계성 종양, 제자리암, 기타 피부암 또는 갑상선(샘)암의 보장 개시일은 보험계약과 동일시하여 적용)도 있으므로 꼼꼼히 살펴봐야 한다. 생활밀착형 질환인 통풍, 대상포진 및 당뇨 등 진단 시 보장 여부도 확인한다.

5. 실손보상의 범위와 보장기간을 살펴본다.

입원 시 입원비가 언제까지 얼마나 지급되고 진단비와 수술비는 얼마나 되는지 살펴본다. 입원 시 평생 동안 모든 입원비를 기간에 관계없이 100% 모두 지급해주지는 않는다. 회사에 따라 해당 약관에서 정한 일정 금액을 120일(4개월) 한도로 지급하는가 하면 해당 금액을 일수제한 없이 무제한 지급해주기도 한다. 진단자금과 수술비도 회사마다 각기 적용 기준이 다르다. 어느 회사는 수술비의 경우 수술 횟수당 금액을 설정한 경우도 있고 진단자금도 초진 시에만 지급하는 회사도 있으므로 주의 깊게 살펴본다. 입원의료비와 통원비는 동일하게 보장되며 면책사유는 모든 보험회사의 공통사항이다.

6. 전환 시 특약이 자동 삭제되는 상품은 유의한다.

종신보험이나 연금 등 다른 상품으로 전환 시 선택 부가한 특약이 계속 살아 있는지 또는 소멸되는지를 꼭 살펴본다. 만약 다른 상품으로 전환 시 특약이 자동 삭제된다면 전환 시점부터 특약에 담보되어 있는 보장과 관련되는 보험사고를 당하였을 경우 보험금을 한 푼도 못 받을 수 있다.

7. 질병특약은 업그레이드 가능한 특약을 선택한다.

똑같은 보장이라 하더라도 주계약으로 처리되는 것보다 특약으로 부가하는 것이 유리하다. 예를 들어 운전자보험을 주계약으로 가입하는 것보다 통합보험의 특약을 선택 가입하면 보험료가 저렴하므로 다른 상품을 가입했다면 통합보험을 가입할 경우 종합적으로 보장내용과 보험료 규모를 잘 비교한 다음 통합보험의 특약으로 보험리모델링을 한다.

갱신 시 상해특약은 변경 가능하지만 질병특약은 대부분 맨 처음 가입한 특약에 대해서만 변경 가능하므로 특약 변경이 업그레이드가 가능한 상품으로 선택하여 가입하는 것이 좋다.

8. 담보종목별 만기 시점을 살펴본다.

대부분의 특약이 어느 일정 시점까지 유지된 후 그 시점이 지나면 자동 갱신되는 패키지 상품이다. 따라서 갱신되는 시점까지 아무런 사고가 없다면 보험료가 오르지 않고 그대로 자동 갱신되지만, 보험계약기간 중에 큰 사고를 당해 보험금을 받게 되면 그 이후 재계약(갱신) 시 보험료가 올라가고 쉽게 갱신하기 어렵다는 단점이 있다. 대부분 담보종목의 경우 상품에 따라 다소 차이가 있지만 주로 만기가 3~5년으로 제한되어 있으므로 중점적으로 필요로 하는 담보종목에 대해 갱신(또는 만기) 시점이 언제인지 살펴보면서 가입기간 중 리스크를 줄이는 방향으로 설계해야 차후 갱신 시 보험료 부담을 덜 수 있음을 유념한다.

9. 보험사 상품별 장단점을 확실히 파악한다.

통합보험은 손해보험회사와 생명보험회사에서 모두 판매하고 있다. 손해보험회사의 통합보험은 사망을 보장하는 생명보험과 의료실비, 재물보험, 자동차보험 등 보험의 순기능뿐만 아니라 일상에서 일어날 수 있는 모든 위험까지 하나로 보장 가능하다.

생명보험회사의 통합보험은 종신보험을 기반으로 의료실비보험, 암과 성인병을 보장하는 보험 그리고 연금보험까지 하나의 상품으로 보장이 가능하다. 통합보험은 한 보험증권에 여러 상품을 묶는 특징이 있으나 보험료 산출은 각각 되고 수많은 담보를 모두 보장해주므로 보험료가 상대적으로 비싸다는 것이 단점이다.

10. 보험서비스의 폭이 넓은지 살펴본다.

수시입출금이 가능한 유니버설 기능을 부가특약으로 설계한 상품은 보험료 납입경과 기간이 2년이 지나면 경제적 형편으로 보험료 납입을 일시적으로 중지하더라도 해당월의 보험료를 월대체보험료로 충당할 수 있으므로 선택하면 편리하다. 또 중도인출, 보험료추가납입, 연금 전환, 건강관리서비스 및 가족에게 힘이 될 수 있도록 상해 또는 질병으로 사망하는 경우 장례제휴서비스 등의 제공 여부를 확인한다.

노후의 수호천사
실버케어 LTC보험

일반적으로 사회보장제도를 완벽하게 시현한다는 취지로 표현할 때 영국의 경제학자 베버리지가 발표한 보고서인 '요람에서 무덤까지(From the Cradle to the Grave)'를 곧잘 인용한다. 그런데 요새는 이를 빗대어 우스갯소리로 '요람에서 치매까지(From the Cradle to the Dementia)'라 칭할 정도로 치매나 뇌졸중(중풍), 파킨슨병 같은 각종 노인성 중증질환의 발생은 그 순간부터 온 가족에게 먹구름을 드리운다.

그 까닭은 첫째, 일단 치매나 중풍에 걸리게 되면 일상생활이나 사회생활에서 많은 장애에 직면하게 되고 삶의 의욕을 거의 상실하게 된다는 점이다. 둘째, 질병치료기간이 너무 길어서 간병비와 치료비로 지출되는 돈이 어마어마하게 들어간다는 사실이다. 셋째, 이로 인해 온 가족이 경제적 늪에 빠져 모두 불행한 사태에 직면할 수 있다는 것이다.

일단 가족 중 중증치매나 중풍 환자가 발생하게 되면 최소한 5~10년은 고생해야 하는 것이 보통이어서 이 기간 동안 지불해야 할 병원비와 간병비는 어지간한 월급쟁이 소득으로는 감당하기 벅찬 실정이다 보니 환자 본인은 물론이고 행복했던 가족의 삶까지 그 시점부터 허물어뜨리는 나쁜 결과를 초래하게 된다.

특히 우리나라 사람들의 10대 사망 원인에 알츠하이머병이 포함될 만큼 날이 갈수록 노인성 중증질환 발생이 크게 증가하고 있으므로 실버케어보험으로 대비책을 강구해놓아야 한다.

실버케어보험(Silver Care Insurance)이란 신체적·정신적 장애로 활동불능이나 인식불명 상태가 되었을 경우 일상생활의 보조와 의료서비스를 장기간 제공하는 데 필요한 제반 비용 등을 보장하는 간병보험 상품을 말한다. 정부에서 운영하는 노인장기요양보험과 별도로 치매와 일상생활장해 상태를 보장하는 보험 상품으로 장기간병보험, 즉 LTC보험(Long Term Care Insurance)을 말한다.

재해사고, 뇌졸중(중풍), 치매 등 신체적·정신적 장애로 인하여 일상생활활동(ADLs, Activity of Daily Livings)을 수행할 때 타인의 도움이 필요한 장기간병 상태가 되었을 경우 간병보험금을 지급함으로써 본인과 가족의 육체적·경제적·정신적 고통을 덜어주는 노후건강보험이다. 그리고 치매보험이란 의학계에서 인정하는 검사방법(CRD척도)에 따라 치매로 진단될 경우 보험금을 지급하는 상품을 말한다.

장기간병보험(LTC보험)은 치매보험 등 어느 특정한 질병만 보장해주는 질병보험 상품과 달리 질병이나 상해로 인하여 일상생활이 어려워 장기요양 등급을 받는 경우, 즉 장기요양(간병, LTC) 상태가 되었을 때 약정 비율에 따라 보험가입금액의 일부(약 80~90%)를 미리 지급하여 갑작스러운

의료비 지출에 대비할 수 있도록 보장해주고 연금 기능도 부여하는 등 노후를 위한 다목적 상품으로 출시되고 있다.

LTC보험과 치매보험은 무배당형으로, 대부분 비갱신형 상품이며 금리 부가 방식에 따라 금리확정형과 금리연동형이 있다. 유니버설 기능은 없으며 환급 여부에 따라 순수보장형, 만기환급형, 무해지/저해지환급형 등 3종류가 있다.

가입요건에서 가입나이는 보험 종류 및 성별, 보험기간별, 납입기간별로 다른데 주로 30~65/70/75/80세이다. 보험기간은 90/95/100세 만기 등이다. 보험료납입주기는 월납이며 보험료 납입기간은 10/15/20년납 등이다. 보험가입금액의 주계약 가입한도는 나이에 따라 다르며 100만~3,000만 원까지 다양하다. 세부적인 내용은 생·손보사별 또는 보험사별로 보장범위와 특약 부가 대상에 따라 차이가 있으므로 잘 살펴봐야 한다. 보험료(예시기준: 40세, 90세 만기, 월납, 납입기간 20년납, 가입금액 1,000만 원)는 남자가 여자보다 비싸며 보험회사별로 차이가 많아 설명을 생략한다. LTC보험과 치매보험을 가입한 후 치매가 발생하기 전에 사망할 경우 책임준비금을 지급하므로 장례비로 활용도 가능하다.

중풍이나 치매도 초기에 발견하여 예방치료를 하면 완치율이 높다는 것이 전문가들의 소견이므로 사전에 중풍과 치매 검사를 해서 예방하고 미리 중풍과 치매보험을 가입하여 해당 질병으로 판정 시 초기부터 즉시 치료하여 노후를 편안히 보내도록 해야 한다. 특히 가족력이 있을 경우에는 미연에 방지하는 차원에서 반드시 가입해놓도록 한다.

2016년부터 건강보험료의 일정부분(6.5%)이 노인장기요양 보험료로 지출되어 노인장기요양보험제도를 운영하고 있다. 노인장기요양보험제도는 치매 등 노인성 질병 등의 사유로 일상생활을 혼자서 수행하기 어려운 노인 등에게 신체활동 또는 가사활동 지원 등의 장기요양급여를 제공한다. 장기요양신청 후에 혜택을 받을 수 있는데 하루 종일 간병해주는 것이 아니므로 장기간병보험이나 치매보험은 꼭 필요하다.

장기간병보험 주요 용어 정의

장기간병(요양) 상태란, 재해 또는 질병으로 생명유지에 필요한 일상생활의 기본동작을 스스로 할 수 없으며 장래에 호전을 기대할 수 없는 일상생활장해와 중증치매 상태를 말한다. 법적으로 장기간병(요양) 상태는 만 65세 이상 노인 또는 치매·뇌혈관성질환 등 노인성 질병을 가진 만 65세 미만의 자로서 거동이 현저히 불편하여 장기요양이 필요하다고 판단되어 노인장기요양보험법에 따라 등급판정위원회에서 장기요양 1등급 또는 장기요양 2등급으로 판정받은 경우를 말한다.

일상생활장해 상태란, 재해 또는 질병으로 인하여 특별한 보조기구(휠체어, 목발, 의수, 의족 등)를 사용하여도 생명유지에 필요한 일상생활의 기본동작들을 스스로 할 수 없는 상태로서 이동하기를 스스로 할 수 없으면서 동시에 ① 식사하기 ② 화장실 사용하기 ③ 목욕하기 ④ 옷 입기 중 어느 하나라도 스스로 할 수 없는 상태를 말한다. 중증치매 상태란, 노화와 밀접한 관련을 갖고 발생하는 신체적·정신적 노인성 질병인 치매, 뇌혈관 질환, 파킨슨병, 중풍, 기저핵의 기타 퇴행성 질환 등을 말한다.

▶ LTC보험 올바른 가입요령 및 주의사항 핵심 꿀팁 8

1. 관련 상품 여러 가지 수집해 꼼꼼히 비교분석

간병보험은 인정기준과 급여대상, 항목, 한도 등에서 정부가 운영하는 요양보험의 운영기준과 다르다. 가입한 해당 약관에서 정한 지급요건을 충족해야 보험금이 지급되는 만큼 간병보험 상품 가입 전 정부의 요양보험에서 지원하는 내용과 가입하려는 간병보험 상품의 보험금 종류, 지급 사유 등 지급조건의 차이를 꼼꼼히 살펴봐야 한다. 장기요양등급 판정을 받아 노인장기요양보험 대상수급자로 지정되면 보험료를 앞으로 내지 않아도 되는 납입면제 기능도 있으므로 자신에게 유리한 보장내용의 적용 여부를 잘 살펴본다.

2. 단독형으로 할지 특약형으로 할지 신중히 결정

장기간병보험은 상품 유형에 따라 주계약(주보험)이 장기요양 위주인 단독형과 간병보험을 부가특약으로 설계한 특약형(이 경우 주계약은 상해·질병보험으로 구성)으로 구분된다. 가계자금을 고려하여 단독형으로 할지 특약형으로 할지 가입 여부를 신중히 검토한다. 기존에 다른 보험 상품에서 보장받는 부분이 있고 실손의료보장만 원한다면 단독형을 선택하고, 다른 보험을 가입하지 않아 실손의료 보장만으로 부족하면 특약형을 선택한다.

3. 언제까지 어떠한 보장이 얼마나 주어지는지 확인

장기간병보험은 LTC(장기요양) 상태 발생 전에는 종신보험의 사망보장 기능을, LTC 발생 후에는 간병보험금(간병자금 + 간병자금 제외한 금액을 사망 보험금으로 지급)을 지급해준다는 장점이 있다. 단, 장기간병보험은 최초 진단일부터 더 이상 호전되기 어려운 LTC 상태가 일정기간 지속된 경우에만 보험금을 지급한다. 고령자들은 젊은 사람보나 신체기능이 저하되어 가벼운 질병이나 골절상을 당할 위험이 많고 치유능력도 떨어진다. 일단 사고가 나면 장기간 치료를 받는 경우가 많아 의료비용 부담이 가중되므로 노인성 질병뿐만 아니라 모든 질병과 상해에 대해서 평생 동안 의료비를 지원받을 수 있도록 보장범위는 넓고 보장기간은 긴 상품을 선택하여 가입해야 한다. 보험회사마다 상품별로 장기요양 상태의 판별 기준, 보장개시일, 보장내용, 보장범위, 보험금 지급사유 등이 각기 다르므로 꼼꼼히 살펴본다.

4. 대기기간과 보장 개시 시점을 정확히 체크

장기간병보험은 다른 보험과 달리 치매 또는 활동불능 상태가 최초 진단되더라도 곧바로 보험금이 지급되지 않고 일정한 대기기간이 경과해야 보험금을 지급한다. 일상생활장해 상태로 인한 보장개시일은 계약일 (부활일)부터 그날을 포함하여 90일이 되는 날의 다음 날로 한다. 단, 재해를 직접적인 원인으로 일상생활장해 상태가 발생한 경우에는 계약일(부활일)을 보장개시일로 한다. 중증치매 상태로 인한 보장개시일은 계약일 (부활일)부터 그날을 포함하여 2년이 되는 날의 다음 날로 한다. 단, 한국 표준질병사인분류 중 중증치매 분류표에서 정한 질병이 없는 상태에서 재해로 인한 뇌의 손상을 직접적인 원인으로 중증치매 상태가 발생한 경우에는 계약일(부활일)을 보장개시일로 한다. 상해 사고로 중증치매 또는 활동불능 상태가 된 경우에는 보험계약일부터 보장개시일이 되므로 곧바로 보장된다. 장기요양자금은 장기요양 상태 보장개시일 이후에 장기요양 상태로 진단 확정되고 장기요양진단보험금 지급사유 발생일부터 5년 후 장기요양자금 지급해당일을 최초로 하여 5년 동안 매년 장기요양자금 지급해당일에 살아 있을 경우에 지급하는데, 일반적으로 5회를 최고 한도로 지급하므로 잘 살펴본다.

5. 갱신형과 비갱신형의 장단점 분석 후 선택

갱신형은 보험기간이 끝날 때 자동 재가입되는 방식으로 갱신 시점에 피보험자의 나이와 위험률로 보험료를 다시 계산하기 때문에 가입초기 보험료가 싼 대신 연령 및 손해율 상승으로 갱신 시점에서 보험료가 인상될 수 있다. 비갱신형은 가입 시점에 확정된 보험료를 납입기간 중 동일하게 내는 대신 가입초기 보험료는 갱신형보다 상대적으로 비싸다. 치매 등 노인성질환이 발생하여 1~5등급 판정을 받으면 비갱신형의 경우 납입면제가 되고 보장은 만기까지 그대로 적용받는다. 보험기간이 길 경우에는 갱신형보다 보험료 변동이 없는 비갱신형을 가입하는 것이 바람직하다.

6. 보장내용이 약관에 정확하게 명기되었는지 반드시 확인

상품안내장은 해당 상품에 대한 전반적인 내용만 명시되어 있지만 해당 약관에는 상품내용 전반에 대해 명기되어 있으므로 보장내용이 약관에 정확하게 명기되었는지 반드시 확인한다. 또 약관을 살펴보면 다른 보험회사 상품과의 차이점도 알 수 있다. 예를 들어 보험금지급사유 발생 시 또는 만기 시 최저보장보험금 보증과 최저해지환급금 보증을 모두 해주는지, 또 이 경우 보증비용은 얼마인지 살펴본다. 참고로 최저보장보험금과 최저해지환급금 보증비용은 공시이율에 관계없이 지급 보증하며 일반적으로 최저보장보험금 보증비용은 매년 주보험 적립액의 0.75%(매월 0.0625%)를 부과하고, 최저해지환급금 보증비용은 주보험 납입보험료의 8.5% 정도를 부과한다. 이 경우 주보험의 경과기간을 10년 이내와 10년 초과로 구분하여 보증비용을 다르게 부과하는데 보험회사마다 약정기준이 다르므로 해당 약관을 주의 깊게 확인한다.

7. 장기상품인 점을 고려하여 신중히 선정

장기간 보험료를 납입해야 하는 간병보험 특성과 본인의 보험료 부담 능력을 감안해 신중히 결정한다. 특히 동일한 조건이라 하더라도 보험료가 보험회사마다 각기 다르다. 어느 경우엔 2배 이상 차이도 나므로 반드시 비교분석해 본다. 보험료 할인 및 면제 여부 등 자신에게 적합한 특약과 서비스가 구비되어 있는지 확인한다.

8. 도움이 되는 특약의 부가 여부 확인

장기간병보험의 특약은 대부분 가입자의 보장니즈에 따라 주보험에 질병, 재해, 상해 등의 보장을 추가할 수 있도록 한 선택특약으로서 종류가 다양하므로 어떠한 특약이 부가되는지 확인하고 필요한 특약만 가입하도록 한다. 나이가 들수록 그에 비례하여 병원에 갈 확률이 점점 늘어남을 고려하여 진단비특약, 입원비특약, 간병인특약, 간병인지원입원일당특약, 연금이 유족에게 지급되는 연금특약 등을 추가로 가입한다. 또 간병보장특약을 가입하여 피보험자가 건강보험공단에서 장기요양등급 판정 (1~5급)을 받은 경우 간병자금을 보장받는다. 만약 하나의 보험으로 본인, 배우자, 자녀까지 온 가족이 통합보장을 받기 원한다면 통합보험으로 설계된 상품을 가입하는데 이 경우 자녀는 몇 명까지 보장되는지 확인한다.

▷ 치매보험 올바른 가입요령 및 주의사항 핵심 꿀팁 10

1. 반드시 경증치매부터 보장하는 상품을 선택한다.

대부분의 치매보험은 중증치매를 보장하는데 경증치매부터 중증치매까지 계속해서 모두 보장받을 수 있는 보장범위가 넓은 상품이어야 한다. 우리나라 치매 환자 중 경도치매와 중등도치매 환자가 가장 많고 중증치매 환자비중은 매우 낮은 편이다. 특히 치매환자 중 경증(경도, 중등도)치매 환자가 전체의 80% 정도를 차지하므로 경증부터 보장되는 치매보험으로 준비해야 보장을 제대로 받을 수 있다. 중증치매만 보장하는 상품에 가입한 경우에는 추후 경증치매가 발생하더라도 보장받지 못하므로 가입 시 꼭 유념한다. 치매는 무엇보다 조기치료가 중요한 만큼 경증치매부터 보장을 받아 치료비에 사용할 수 있도록 도움을 받는 것이 좋다.

2. 치매보장과 암보장개시일이 언제부터인지 체크한다.

치매보장개시일이란 경도치매 상태, 중등도치매 상태 및 중증치매 상태에 대한 회사의 보장이 개시되는 날을 말한다. 치매보장개시일은 계약일

[부활(효력회복)일]부터 그날을 포함하여 만 1년 또는 2년이 지난 날의 다음 날부터이다(보험회사마다 보장범위와 내용에 따라 조금씩 상이).

단, 질병이 없는 상태에서 재해로 인한 뇌의 손상을 직접적인 원인으로 경도치매 상태, 중등도치매 상태 및 중증치매 상태가 발생한 경우에는 해당 약관에서 정한 보장개시일을 치매보장개시일로 하는데 일반적으로 계약일 또는 부활(효력회복)일을 치매보장개시일로 한다.

암보장개시일은 계약일 또는 부활(효력회복)일부터 그날을 포함하여 90일이 지난 날의 다음 날부터이다. 만약 피보험자가 치매보장개시일 전일 이전에 암 또는 경도치매 상태, 중등도치매 상태 또는 중증치매 상태가 발생한 경우에는 계약을 무효로 하며 이미 납입한 보험료를 환급해준다.

중증치매보장개시일을 설정한 이유는 치매가 갑자기 발병하는 질병이 아니라 깜빡하는 일시적 치매 상태부터 천천히 진행되어 중증치매로 발전하는 특성이 있기 때문이다. 피보험자가 일시적 치매 상태로 가입하면 1년 이내에 40%가 중증치매 상태가 되므로 가입 시기를 놓친 일시적 치매 상태인 노인의 역선택을 막기 위해 1년의 대기기간이 필요하다.

3. 어떠한 상태가 돼야 치매로 진단받는지 체크한다.

치매를 진단하고 평가하는 대표적인 방법에 CDR척도(Clinical Dementia Rating scale)가 있다. CDR척도(임상치매척도)는 치매환자를 진료할 때 치매의 등급을 평가하는 치매전용 평가지표로서 치매 등급을 경도치매, 중등도치매, 중증치매로 구분한다. CDR척도는 치매관련 전문의가 실시하는 전반적인 인지기능 및 사회기능 정도를 측정하는 검사로서 치매환자를 단계별 치매 증상에 따라 등급 구분 시 매우 중요하며 평가 진단은 반드시 필요한 과정이다. CDR척도의 점수 분류는 0, 0.5, 1, 2, 3, 4, 5의 7등급으로 구성되어 있으며 점수가 높을수록 치매 정도가 심한 것이다.(즉, CDR0은 정상, CDR0.5는 최경도 치매, CDR1은 경도치매, CDR2는 중등도 치매, CDR3,4,5는 중증 치매로 분류한다.) 보험회사에서는 CDR척도 점수를 근거로 치매보험의 보상처리 기준 및 보험금을 결정하여 지급한다. 기억력, 판단력, 사회활동, 일상생활 등 여러 부분에서 CDR 평가기준이 다른데 치매보험은 CDR1 점부터 단계별로 보장한다. 또 국민건강보험에서는 CDR 점수에 따라 노인장기요양등급에 따른 치료방법이 결정된다. CDR척도 점수에 따른 치매 구분 및 증상과 일상생활 수행능력 판단, 그리고 국민건강보험 노인장기요양보험법상의 노인장기요양등급 판단 적용을 살펴보면 다음 표와 같다.

4. 치매 진단별 보장금액이 얼마나 되는지 확인한다.

치매의 보장범위뿐만 아니라 치매 진단확정 시 진단비 등 보장금액이 얼마인지 꼭 확인하고 가입한다. 일반적으로 경증치매 진단보험금은 중증치매 진단보험금보다 훨씬 적게 책정되어 있다. 따라서 모든 진단 시 진단자금이 나오고 중증치매 진단 시에는 보험료 납입면제 및 생활비(간병비)까지 나오는 상품을 선택한다. 노인장기요양등급 1~5급 판정 시 간병비 보장특약이 있는지 확인한다. 참고로 진단급여금 및 간병생활자금의 경우 일반암 또는 중증치매 중 최초 1회에 한하여 보장 지급한다(중복보장 지급불가).

CDR척도 점수별 증상 및 장기요양등급

CDR 점수	치매 구분	증상	일상생활 수행 능력 판단	노인장기 요양등급
0	정상	없음	경미한 건망증이 때때로 나타나는 정도로 일상생활에 아무런 문제 없음	–
0.5	최경도 치매	지속적인 건망증	있을 수 있는 일이지만 걱정됨, 집안 및 사회생활에서 장애 의심	5등급*
1	경도 치매	기억장애	일상생활에 지장이 있는 기억장애로 지장이 나타나기 시작, 집안 및 사회생활에서 장애가 있지만 정상 활동가능	3~4등급 (경증치매)
2	중등도 치매	반복된 과거 기억	기억력 등의 인지기능 저하로 일상생활에 지장이 있는 상태, 시간에 대한 인지능력 상실, 새로운 기억 잊음, 간단한 집안일 및 간단한 외부활동만 가능	
3	중증 치매	심한 기억장애	사람에 대한 인지능력만 유지, 부분적이고 단편적인 사실만 기억, 문제해결능력 불가능, 대소변 실금 징조 보임, 정상적인 기능 불가능하며 외견상으로도 보임	1~2등급 (중증치매)
4		심한 기억 장애마저 상실	본인 이름만 기억하는 정도(이름을 부를 경우에만 때때로 반응), 단순 지시나 명령수행 어려움, 도움 없이는 이동 불가능	
5		기억력이 없음	자신에 대한 인식 없음, 어떤 활동에도 참여하기 힘듦, 식사 시 먹여주어야만 하며 늘 누워 지내는 상태	

* 주) 5등급은 치매환자로서 노인장기요양보험법(시행령 제2조)에 따른 노인성질병으로 한정함

5. 100세 이후까지 보장받을 수 있는 상품을 선택한다.

치매는 점차 상태가 나빠지는 진행성 질환으로, 중증치매 상태가 되어서도 보장받을 수 있도록 보험기간을 길게 선택하는 것이 좋다. 치매는 젊을 때보다는 65세 이상 노년기에 주로 발생하며 나이가 들수록 발생 위험이 커지는 질병으로 특히 80세 이후 발생할 위험이 크게 증가한다. 보장기간이 80세 이하인 상품은 정작 치매보장이 필요한 80세 이후에는 보

험 혜택을 받을 수 없으므로 100세 이후 또는 종신까지 보장하는 상품인지 반드시 확인한다. 또 당뇨나 고혈압 등 만성질환이나 치료 경력이 있는 경우에도 100세까지 보장받을 수 있는지 확인한다.

6. 보험회사별 상품 비교분석 후 알맞은 상품을 선택한다.

치매보험은 생명보험사와 손해보험사에서 모두 다루고 있다. 치매보험에 대한 니즈가 높아진 만큼 관련 상품도 많아져 회사와 상품을 선택하는 데에 어려움을 겪을 수 있다. 치매 정도에 따라 진단비가 많이 차이 나고 보험료도 다르므로 여러 보험회사에서 상품 견적을 받아보고 그중 자신에게 가장 맞는 상품을 선택한다.

7. 보험금 대리청구인을 반드시 지정해놓는다.

치매보험은 보험금 수령자가 매우 중요하다. 치매보험과 관련해서 가장 안타까운 점은 중증치매가 발생한 경우에 본인이 가입한 치매보험이 있더라도 가족이 모르고 있거나 가족이 없는 경우에는 보험금을 청구할 사람이 없어서 놓치는 경우가 발생한다는 점이다. 따라서 만약 치매보험을 가입하고 싶은 경우에는 자식들을 보험금 수령자로 지정하거나 보험계약자를 당사자가 아닌 자식 등 보호자로 지정해놓아 치매가 발생할 경우에 보험금을 지급받을 수 있도록 해야 한다. 보험금대리청구인지정제도란, 인지능력이 현저히 떨어진 치매 환자를 대신해 가족이 대리인으로서 보험금을 청구할 수 있도록 하는 제도이다. 치매로 진단받은 본인이 스스로 보험금을 청구하는 것이 어려워 보험을 가입하고도 보험금 신청이 힘

치매보험 생손보사별 상품 비교분석

구분	생명보험	손해보험
치매진단자금	경증치매 진단자금 소액(경도치매 300만 원)만 가능	경증치매 진단자금 1,000만 원까지 설정 가능
간병생활자금	생활자금 설정이 손해보험에 비해 상대적으로 저렴 (회사별 200만 원 한도까지 가능)	생활자금 설정은 가능하지만 생명보험 생활비 특약에 비해 상대적으로 비쌈
장점	• 각 CDR 점수(1, 2, 3 점)별로 보험금 지급 • 치매에 걸리지 않았을 시, 원금보다 더 많은 금액을 환급받을 수 있음. 납입도 중 사망 시에도 책임준비금 지급	
	중증치매(CDR 3점) 진단 시 종신토록 매월 간병생활자금 지급	생명보험보다 상대적으로 보장기준(CDR척도)은 낮고 보장금액은 큼
단점	1점에서 받은 진단금만큼을 빼고 2점의 진단금 혹은 3점의 진단금 지급 (2점에서 3점도 마찬가지)	생활비 불지급(점수별 진단금만 존재)

든 상황을 방지할 수 있는 제도이다. 신청 자격은 신청 본인이 보험계약자, 피보험자 및 보험수익자로 모두 동일해야 한다. 치매보장보험 약관상 대리청구인 지정시기가 계약체결 시 혹은 계약체결 후 2년 이내로 한정돼 있으므로 착오 없이 한다. 대리인을 미리 지정하지 않으면 보험금 청구시 많은 어려움을 겪을 수 있으니 반드시 체크해야 한다.

8. 해지 시 경과 기간별 환급률을 반드시 살펴본다.

치매보험의 해지환급금은 다른 질병보험보다 상대적으로 많은데 납입 보험료 대비 환급률(%)이 보험회사별로 차이가 있고 환급금 또한 다르므로 꼭 비교하고 선택한다.

환급률을 살펴보면 50년 만기(보험나이 90세) 기준으로 생명보험 상품은 가입 후 35년 무렵에 정점을 이루다가 점점 줄어들어 50년(90세)이 되면 환급률이 0이 되어 해지환급금이 없다. 손해보험 상품은 가입 후 40년 무렵에 정점을 이루다가 점점 줄어들어 50년(90세)이 되면 환급률이 거의 없어 해지환급금이 매우 작거나 없다.(중도해약할 경우 환급받는 금액이 납입한 보험료보다 매우 적을 수 있다.) 특히 치매 발생확률이 높은 노년기에 치매 보장을 받을 수 없게 되므로 중도에 해약할 경우에는 신중하게 결정한다.

9. 가입한 실손의료보험에서 치매보장이 되는지 확인한다.

치매는 현재 판매 중인 실손의료보험에서도 보장을 받을 수 있다. 정신과 질환의 경우에는 우울증 등 몇 가지 질병에 한해서만 실손보험에서 보장하고 있는데 치매도 보장되는 질병에 포함되어 있다. 그런데 모든 실손의료보험에서 보장되는 것은 아니고 가입 시기에 따라 보장이 안 되는 경우가 있다. 가입한 실손의료보험이 있으면 치매보험을 별도로 가입할 필요가 없을 수도 있으므로 확인한다.

10. 만기까지 유지 관리하도록 신경 쓴다.

치매보험은 노년기의 치매 보장을 위한 보장성보험이므로 치매 발병이 가장 심한 노후에는 다른 보험 상품보다 필요성이 증대된다. 따라서 자금이 궁하다고 또는 아직 건강하다고 해약하면 곤란하다. 특히 치매 발생확률이 높은 노년기를 대비해 가급적 만기까지 유지하는 것이 바람직하다.

특화된 질병상해 담보 후유장해보험

후유장해보험이란 질병과 상해 등으로 인한 후유장해를 모두 담보해주는 부가특약으로 설계된 건강보험 상품을 말한다. 후유장해의 정도는 산업재해보상법이나 보험관련법의 적용을 받아 판단하며 노동력의 기능 상실을 위주로 약관에서 정한 대로 평가받아서 보험금을 받을 때 준거가 된다. [* 후유장해(after-effect disability)란, 피보험자(피해자)가 어떤 사고나 질병, 상해 등으로 인하여 발생한 해당 부위에 대한 병원치료가 완료되었음에도 불구하고 치유된 후에도 완치되지 못하여 후유증이 신체에 남아 있거나 그로 인해 이전과 같은 노동력을 사용할 수 없거나 현저히 감소한 상태를 말한다. 후유장해는 법적인 개념이고 의학적으로는 후유장애라고 한다.]

질병후유장해보험은 사람의 신체 거의 모든 부위를 보장(치매까지 보장)하는 보장범위가 넓고 활용도가 높은 특약이다. 보장범위는 암, 뇌혈관질환, 간, 폐질환 등 신체 19개 부위 21개 장기로서 장기요양 1~4등급이 적용되며 장해율을 기준으로 보장해준다.

즉, 질병후유장해특약은 질병으로 인해 후유장해가 남았을 경우 남은 신체손해에 대해 보험가입금액 전부 또는 해당 장해지급률 계산방법인

146   PART 1

가입금액×지급률(%)에 따라 암진단비, 뇌·심장 진단비, 수술비 등의 보험금을 보장 지급해주는 특약이다.

질병후유장해보험금 지급 시 질병으로 인해 후유장해가 남았을 경우 질병후유장해가 80% 이상일 경우에는 보험가입금액 전부를 지급하고, 질병후유장해가 3~79% 사이일 경우에는 보험가입금액×해당지급률(%)을 지급한다. 따라서 질병후유장해 80% 이상 특약은 보험가입금을 100% 지급해주므로 진단금이나 입원비 등을 최초 1회만 지급하고 끝난다.

그러나 질병후유장해 80% 미만특약은 보험가입금액×해당지급률(%)을 지급하여 장해 부위별 담보에 대해 반복 및 중복 보장이 가능하므로 특약별 장단점을 면밀히 분석한 후 생활치수에 맞는 특약을 선택하여 가입한다.

특히 고혈압, 당뇨, 심근경색, 뇌졸중, 치매 등의 질병과 더불어 허리디스크, 치아 결손 등은 후천적인 요인으로 후유장해가 남을 가능성이 많으므로 가족력이 있거나 몸 상태가 안 좋을 경우에는 미리 꼭 가입해둔다. 후유장해보험을 가입할 경우에는 되도록 질병뿐만 아니라 상해도 담보하여 보장해주는 상해질병후유장해보험을 가입하는 것이 좋다. 이 경우 보장금액은 크고 면책기간은 짧고, 비갱신형 또는 갱신주기가 긴 갱신형, 간병비를 종신토록 지급하는 보험을 선택하는 것이 더 효율적이다.

후유장해보험특약의 종류는 지급률에 따라 질병후유장해 3%(3~100%), 질병후유장해 3~79%, 질병후유장해 80% 이상, 질병후유장해 80% 미만, 상해후유장해특약 등이 있으며, 손해보험회사와 생·손보를 함께 취급하는 공제회사에서 판매한다. 또 보험료 납입기간 중 해지환급금의 지급 여부에 따라 해지환급금이 지급되는 일반형과 해지환급금이 없는 무해지환급형이 있다. 보험료 규모는 일반형보다 무해지환급형이 상대적으로 저렴하고, 질병후유장해 시의 최대가입금액은 일반형이 무해지환급형보다 많다.

보험료가 저렴한
무해지/저해지환급형보험

　무해지형환급금과 저해지형환급금 보험 상품은 해당 보험의 기본형 상품과 동일한 보장을 받으면서 보험료는 적은 반면 보험료 납입기간 중도 해지 시 발생하는 해지(해약)환급금이 없거나 적은 보장성상품을 말한다.

　즉, 무해지환급형은 보험료 납입기간 중도해지 시 발생하는 해지환급금이 보험료 납입이 완료되는 시점까지는 발생하지 않는 상품이므로 무해지환급금보험이라고도 한다. 저해지환급형은 보험계약 해지 시 해지환급금이 발생하지만 기존 보험 상품보다 적은 상품을 말한다.

　무해지환급형은 일반적으로 보험료 납입기간 중도해지 시 발생하는 해지환급금이 보험료 납입이 완료되는 시점까지는 발생하지 않지만, 보험료 납입기간이 지난 이후에는 해지(해약)환급금이 발생한다. 일반적인 보험 상품은 보험료 납입기간 중 해약(해지)할 경우 납입한 보험료 중 일부가 해지환급금으로 지급된다.

　무해지환급형과 저해지환급형은 일반 보장성 상품과 달리 보험료 산출 시 해지율이 보험료 산출에 반영되어 중도해지하는 계약해지자의 해약환급금이 잔존계약자의 재원으로 사용된다. 이에 따라 무해지환급형은 보험료 규모가 일반형 보험 상품보다 30% 정도 저렴하고 저해지환급형은 10% 정도 저렴한데 상품구조 및 보험사별로 차이가 있을 수 있다.

무(저)해지환급형 보험 상품은 모든 보험에 적용되지 않고 주로 종신보험, 치매보험, 암보험 및 어린이(자녀)보험 등 보장성보험으로 판매하고 있으므로 가입 전 잘 살펴본다. 보험료 납입기간 중 중도해지할 의향이 없다면 동일한 보장을 받으면서도 보험료가 매우 저렴한 무해지환급형을 선택 가입하는 것이 바람직하다.

무(저)해지환급금 보험 상품에 가입할 경우 해지환급금이 전혀 없거나 일반 보험 상품보다 적다는 사실을 유념하고 향후 라이프 사이클 및 본인

보험료 및 해지환급금 비교

상품명	일반 보험 상품	저해지환급금 보험 상품	무해지환급금 보험 상품
해지환급금	보험료 납입 중 해지환급금 (기간별로 일정금액 지급)	보험료 납입 중 해지환급금 (일반상품 환급금의 50%)	보험료 납입기간 중 해지환급금은 없음(납입완료 후 발생)
보험료 규모	무(저)해지환급형보다 비쌈	일반상품 대비 약 10% 낮음	일반상품 대비 20~30% 낮음
시점별 해지환급금 구조			

* 주) 보험료 납입 완료 이후 해지환급금은 위 3상품 모두 동일함
* 자료: 금융감독원 참조

의 예상소득 등을 종합적으로 고려하여 보험계약을 계속 유지할 수 있을지 생각해보고 보험가입 여부를 신중하게 결정한다. 현재 장기보장성보험의 경우 10년 이내 중도해지율이 50%에 미치지 못한다는 점을 인식하고 중도해지 시 매우 큰 손실을 입을 것을 고려하여 반드시 장기 유지할 목적과 각오로 선택한다.

만약 목돈 마련이나 노후연금 마련을 목적으로 보험 상품을 가입할 경우에는 본래의 취지에 맞게 저축성보험이나 연금보험에 가입하는 것이 바람직하다.

무해지환급형의 경우 보험료 납입기간 중에는 해지환급금이 발생하지 않으므로 보험약관대출(약관대출)을 받을 수 없으며 경제 상황이 안 좋을 경우 월대체보험료를 공제하는 보험료 납입중지(유예) 기능이 없다는 점을 가입 전 꼭 알아둔다. 보험료 납입기간이 끝나면 경과 기간별 해지환급금 발생 시 약관대출이 가능하다.

만성질환자도 가입 가능한 유병자보험

(간편심사보험, 고혈압 및 당뇨병 특화보험, 무심사보험)

유병자보험이란 고혈압, 당뇨병 등 기존에 질병을 앓았던 병력 때문에 일반보험 가입이 어려운 사람을 대상으로 보장해주는 질병보험 상품을 말한다.

통상적으로 보험에 가입하려면 당뇨병, 고혈압 등 여러 가지 질병의 유무를 미리 보험회사에 알리고 심사를 받은 후 가입할 수 있다. 이에 따라 많은 사람이 질병을 앓고 있거나 수술, 입원 등 진료기록이 있는 경우에는 보험에 가입할 수 없는 것으로 인식하고 있다. 또 실제로 과거에는 보험회사들이 유병자의 보험가입을 거절한 경우도 많았다. 그러나 지금은 고혈압·당뇨병 등 만성질환이 있는 기저질환자도 가입할 수 있는 보험상품이 다양하게 판매되고 있다.

유병자보험은 일반보험보다 비교적 간편한 심사를 거친다. ① 3개월 이내에 추가검사소견이 없고 ② 2년 이내 수술 및 입원이 없으며 ③ 5년 이내 중대질병 진단이 없으면 가입 가능하다.

즉, 이 3가지 사항에 해당되지 않으면 자동으로 심사가 승인되는 간편한 보험이다. 비록 모든 질병을 보장받을 순 없을지라도 하나의 보험이라도 가입하길 원했던 이들에게는 아주 유용한 보험이다. 일반보험보다 보험료가 비싸지만 일반보험을 가입하기 힘든 만성질환자 등 유병자들에게는 매우 필요한 상품이다. 유병자가 가입할 수 있는 보험 상품 유형은 크게 간편심사보험, 고혈압·당뇨병 특화보험, 무심사보험 등 3가지로 구분된다.

유병자가 가입할 수 있는 보험 상품의 유형 비교분석

상품명	가입 대상	가입 요건	보장내용	보험료 규모
간편심사 보험	최근 2년(암은 5년) 이내 입원·수술 이력이 없는 유병자	① 계약 전 알릴 의무 간소화 (18개 항목 → 6개 항목) ② 입원·수술의 고지기간 단축(5년 이내 → 2년 이내) ③ 통원·투약 여부에 대한 계약 전 알릴 의무 면제	주로 입원비, 수술비 보장	일반보험 대비 2배 내외
고혈압·당뇨병 특화 보험	고혈압·당뇨병 유병자	고혈압과 당뇨병에 대한 계약 전 알릴 의무 면제	주로 암진단 보장	일반보험 대비 1.1배 내외
무심사 보험	모든 유병자	질병 및 치료내역에 대한 계약 전 알릴 의무 면제	사망보험금	일반보험 대비 5배 내외

* 주) 1. 보장내용의 경우 실손 보장이 아니라 수술 1회당 30만 원, 입원 1일당 3만 원, 암진단금 2,000만 원 등 미리 약정한 금액 지급
2. 고혈압·당뇨병 특화보험의 경우 가입 시 혈압 및 당뇨 수치를 확인하여 고혈압·당뇨병이 있는 사람만 가입할 수 있는 보험 상품도 있음(보험료는 일반보험의 약 2~3.5배)

간편심사보험

간편심사보험은 최고 2년 이내(암은 5년) 입원·수술 이력이 없는 유병자가 가입할 수 있는 보험으로, 질병 종류와 관계없이 입원비와 수술비를 보장받을 수 있다. 간편심사보험은 투약 사실 등 보험 계약 전 알릴 의무가 면제되는 특징이 있다. 간편심사보험의 가입요건은 계약 전 알릴 의무를 6개 항목으로 대폭 축소하고 입원·수술의 고지기간은 2년 이내, 통원·투약에 대한 계약 전 알릴 의무는 면제하고 있다. 따라서 약을 복용 중인 고혈압, 당뇨병 등 만성질환 보유자뿐만 아니라 심근경색증, 뇌졸중 등으로 오래전 수술·입원한 적이 있어도 가입할 수 있다. 보장내용은 질병 종류

일반보험과 간편심사보험의 계약 전 알릴 의무 비교분석

구분	일반보험	간편심사보험
전체 항목 수	통상 18개 항목	통상 6개 항목: ① 최근 3개월 이내 입원(또는 수술, 추가검사) 필요 소견 ② 최근 2년 이내 입원(또는 수술) 여부 ③ 최근 5년 이내 암진단, 암으로 입원(또는 수술) 여부 ④ 현재 직업 ⑤ 현재 운전 여부 ⑥ 월소득
입원, 수술 여부	최근 5년 이내 입원·수술 여부	최근 2년 이내 입원·수술 여부
통원, 투약 여부	최근 3개월 이내 통원·투약 여부, 5년 이내 7일 이상 통원 또는 30일 이상 투약 여부	계약 전 알릴 의무 면제
5년 이내 중대질병 발생 여부	암 등 10개 항목 질병: ① 암 ② 백혈병 ③ 고혈압 ④ 협심증 ⑤ 심근경색증 ⑥ 심장판막증 ⑦ 간경화증 ⑧ 뇌졸중(뇌출혈, 뇌경색) ⑨ 당뇨병 ⑩ 에이즈(AIDS) 및 HIV 보균	암 1개

에 관계없이 입원비와 수술비를 보장하고, 회사에 따라 암, 뇌출혈 등 중대질병에 대한 진단금을 보장하는 상품도 있다.

고혈압·당뇨병 특화보험

고혈압·당뇨병 특화보험은 고혈압과 당뇨병 등 관련 치료병력에 대해서 계약 전 해당 질환의 치료 병력 등을 보험사에 알릴 의무가 없는 보험상품을 말한다. 고혈압·당뇨병에 대한 계약 전 알릴 의무를 면제하므로 고혈압·당뇨병 유병자도 가입할 수 있다. 단, 고혈압·당뇨병 이외의 심사항목은 청약(계약체결) 시 고지의무를 해야 한다. 상품에 따라서는 보험회사가 정한 고혈압 및 당뇨병 유병자 기준에 해당하는 경우에만 가입할 수 있는 보험 상품도 있다. 고혈압·당뇨병 특화보험의 보장내용은 암, 뇌졸중, 급성심근경색증 등 특정 질병으로 진단되거나 사망한 경우 암진단금, 암사망보험금 등을 보장받을 수 있다.

무심사보험

무심사보험은 질병이 있어도 심사 없이 가입할 수 있는 사망보장보험상품을 말한다. 보험가입 당시 보험대상자(피보험자)로부터 질병 여부에 대한 고지를 받지 않고 별도의 심사절차 없이 무조건 가입 가능한 보험으

로 상품명에 무(無)심사, 무사통과, 바로가입 등을 표기하고 있다. 무심사
보험은 모든 질병 및 치료내역에 대한 계약 전 알릴 의무와 건강검진 절
차가 생략되고 보험회사는 보험가입을 거절할 수 없어 질병이 있는 유병
자도 손쉽게 가입할 수 있다. 무심사보험은 보험기간 중 사망하는 경우
에만 보장(사망보험금만 지급)받을 수 있으며 사망보험금을 통상 1,000만~
3,000만 원으로 정하고 있어 다른 상품의 사망보험금에 비해 적다. 가입
후 2년 이내에 질병으로 사망하는 경우에는 납입한 보험료를 반환해준
다. 무심사보험은 별도의 심사절차가 없어 누구라도 가입 가능한 반면 일
반보장성보험보다 보험료가 비싸다는 단점이 있으므로 건강체는 일반적
인 보험가입 심사절차를 거쳐 일반보장성보험을 가입하는 것이 보험 재
테크상 더 바람직하다.

무심사보험과 일반보장성보험 상품 비교분석

구분	무심사보험	일반보장성보험
상품 종류	정기보험, 종신보험	정기보험, 종신보험, 암보험, 기타 각종 질병보험
가입대상	고령자, 질병보유자	0~60세의 건강한 자
보장금액	1,000만~3,000만 원의 소액	1억~10억 원의 고액
심사항목	질병 및 치료내역에 대해 심사하지 않음	암·고혈압·당뇨 등 질병보유 여부 및 최근 치료내역에 대해 심사

무심사보험은 단순히 건강진단 절차만을 생략하는 무진단보험 상품과
는 다르다.

무심사보험과 무진단보험의 차이

구분	무심사보험	무진단보험
고지사항 유무	없음	있음
건강검진 유무	없음	없음(단, 필요시 가능)
보험가입거절 가능 여부	불가능	가능
보험료 수준	높음	일반보험 수준
주요 보장내용	사망 위주	상해 위주

유병자보험의 올바른 가입요령 핵심 꿀팁 6

1 일반보험 가입이 어려운 만성질환자(유병자)는 3개 유형의 상품 중 자신의 병력과 가입요건, 보험료 등을 비교한 후 선택하여 가입한다.

2 유병자보험은 가입요건이 완화된 반면에 일반보험보다 보험료가 비싸고 사망보험금은 1,000만~3,000만 원 사이로 다른 상품의 사망보험금에 비해 적다. 보장범위도 좁아 질병이 없는 건강한 사람이 유병자보험 가입 시 높은 보험료만 부담하는 등 부적절하다.

3 향후 연령 증가 등에 따라 갱신 시 보험료가 인상될 수 있으므로 보험료 수준 및 납입능력, 계약유지 가능성, 갱신주기 등을 충분히 고려하고, 가입 시 상품설명서 등을 통해 예상 갱신보험료 수준을 확인한 후 가입한다.

4 계약체결 후 더 이상 고혈압 또는 당뇨병 유병자가 아님을 증명하면 계약변경제도를 활용하여 보험료가 저렴한 일반상품으로 변경해 보험료 누수가 없도록 한다.

5 본인 스스로 보험가입 전에 자신의 건강상태를 고려하고 유병자 보험과 일반보험의 보장내용 및 보험료를 반드시 비교해보고 가입한다.

6 유병자보험은 유병자의 보험가입을 용이하게 하고자 일반보험에 비해 계약 전 알릴 의무를 일부 완화하고 있다. 그러나 완화된 사항 외에 계약 전에 반드시 알려야 할 사항을 사실대로 알리지 않거나 사실과 다르게 알린 경우 가입이 거절될 수 있고 가입되더라도 보장이 제한되거나 해지될 수 있으므로 계약 전 알릴 의무를 이행하도록 한다(단, 무심사보험의 경우 질병 및 치료내역에 대한 계약 전 알릴 의무가 없음).

▶ 저작기능과 심미성을 살려주는 치아보험

고령화 시대가 되면서 오복 중 하나인 치아의 건강과 치아수명이 더욱 중요해졌다. 치아나 잇몸질환으로 치료를 받는 환자가 매년 2,000여 만 명에 이를 정도로 많은데 대부분 치과 진료비에서 일반병원 방문 진료비, 종합병원 입원비나 간병비보다 큰 부담을 느낀다고 한다.

치아보험은 치아에서 발생하는 질병(충치 및 잇몸질환) 또는 상해(치아 손실)로 인하여 보철치료 또는 보존치료 등을 받을 경우 병원 의료비(치과진료비)를 보장받기 위해 가입하는 보험 상품을 말한다. 치아보험은 간단한 충치치료부터 단순발치는 물론 임플란트, 브리지, 틀니 등 고가의 치료비용이 드는 치과진료비를 모두 보장받을 수 있도록 설계된 치아전용 보장성보험이다. 주로 충치치료에 대한 부분보다는 임플란트, 틀니와 같은 보철물에 대해 보장한다.

보철치료는 소실된 치아를 대체하여 인공치아를 만드는 시술로 임플란트(Implant), 브리지(Bridge, 고정성가공의치), 틀니(Denture, 가철성의치)를 말하고, 보존치료는 충치 등으로 손상된 자연치아의 기능을 회복하는 시술로 충전(Filling of teeth)치료와 크라운(Crown)치료를 말한다.

치아보험 질병치료 상품구조

치료유형	치료대상	면책기간	50% 감액기간
보존치료	충전, 크라운	계약일부터 90일 또는 180일 이내	없거나 면책기간 이후 보험계약일부터 1년 이내
보철치료	틀니, 브리지, 임플란트	계약일부터 180일 또는 1년 이내	면책기간 이후 보험계약일부터 1년 또는 2년 이내

* 주) 질병으로 인한 브리지치료에 대하여 면책기간 180일, 50% 감액기간 2년인 치아보험에 가입할 경우 예시임

치아보험은 환급 여부에 따라 만기환급형과 순수보장형으로 구분되며 갱신형, 비갱신형 모두 있고, 금리부가 방식은 금리확정형 상품이고 유니버설 기능은 없다. 만기정액형(비갱신형)이 아닌 실손의료보험처럼 중도갱신형 상품이 더 많다. 비갱신형 상품의 경우 특약은 대부분 갱신형이다. 갱신형 가입 시에는 갱신 시마다 보험나이 증가와 해당 상품의 손해율 증가로 인해 갱신보험료가 인상될 수 있으므로 향후 갱신예상보험료 등을 가입 시 꼭 확인해야 한다.

치아보험 상품 가입요건을 살펴보면 가입나이는 0~60/65/70/75세 등이고, 보험기간은 최초계약은 10년 만기, 갱신계약 5년 만기이며 보험가입금액(가입한도)은 주보험가입금액 기준 500만~1,000만/2,000만/3,000만/5,000만 원 등이다.

보험료 규모는 주계약 보험가입금액 1,000만 원, 40세, 10년 만기, 전기납, 비위험직급, 월납, 비갱신형, 만기환급형 기준 시 남녀 모두 3만 원 내

외인데, 특약의 조립방법에 따라 보험료 규모는 많은 차이가 난다. 치아보험은 상품 종류에 따라 보장범위와 면책기간이 다르고 상품구조와 보장범위, 보상내용 등이 매우 복잡하다. 치아보험 가입 시에는 자신의 치아상태를 고려하여 가입 목적에 가장 잘 부합하는 치아보험을 선택하여 가입하는 것이 바람직하다.

치아보험 올바른 가입요령 및 주의사항 핵심 꿀팁 8

1. 면책기간과 감액기간을 꼭 확인한 후 가입한다.

치아보험의 면책기간(일정기간 동안 보장하지 않는 기간)은 질병으로 인한 치료 시 상품구조 및 보험회사에 따라 차이가 있는데 통상 가입 후 3개월(90일)이고 1년까지 가는 상품도 있다. 또 치아보험 가입 후 1~2년 미만은 약정한 보험금 중 50%만 보장하는 감액기간이 있으므로 언제부터 100% 완전히 지급되는지, 가입 후 면책기간은 언제까지인지 확실히 알아둔다. 단, 상해 또는 재해로 인하여 치료를 받았을 경우에는 별도의 면책기간이나 감액기간 없이 보험가입일부터 보험금을 지급받을 수 있다.

2. 약관상 보장하지 않는 항목을 꼼꼼히 체크한다.

치아보험의 경우 보험용어가 의료용어로 난해하고 보험금이 지급되지 않는 항목도 매우 많고 보상기준도 헷갈릴 수 있다. 예를 들어 1개 치아에 대해 동일한 사유로 복합형태 치료를 받을 경우에는 해당 치료 중 보험금이 가장 큰 한 가지 항목만 보장[브리지 치료(보험금 30만 원)를 하였는데 양 옆의 이가 약하여 브리지를 제거하고 임플란트 치료(보험금 60만 원)를 한 경우에는 임플란트 치료 보험금만 지급]한다. 따라서 보험가입 전 해당 보험 약관을 꼼꼼히 살펴보면서 어떤 경우에 보장을 안 해주는지 정확히 확인한 후 자신에게 가장 알맞은 상품을 선택한다. 세부내용은 보험회사 상품별로 상이하니 보장범위를 보험회사별로 확인한다.

보험금을 지급하지 않는 경우

- 보험계약일 전 과거 5년 동안 충치(치아우식증) 또는 치주질환(잇몸질환)을 진단 확정받은 치아에 대하여 보철치료, 보존치료 또는 치수치료(신경치료)를 받거나 영구치 발치를 받은 경우
- 보험계약일 전에 발치한 영구치에 대하여 보철치료를 받은 경우
- 보험계약일 전에 발생한 재해를 직접적인 원인으로 보철치료, 보존치료 또는 치수치료(신경치료)를 받거나 영구치 발치를 받은 경우
- 연간보장한도(발치한 영구치 개수 기준 3개)를 초과하여 발치한 부위에 보철치료(브리지, 임플란트)를 받은 경우
- 치아우식증(충치) 또는 치주질환(잇몸질환)의 진단확정일 또는 영구치발치일이 확실하지 않거나 알 수 없는 경우
- 치아우식증(충치), 치주질환(잇몸질환) 또는 재해 이외의 원인(치아교모증, 치경부 마모증, 치열교정 준비 등)으로 보철치료, 보존치료, 치수치료(신경치료)를 받거나 영구치 발치를 받은 경우

- 이미 보존치료, 치수치료(신경치료)를 받은 부위에 대하여 새로운 치아우식증(충치), 치주질환(잇몸질환) 또는 재해에 기인하지 않는 수리, 복구, 대체 및 치료를 받은 경우
- 이미 보철치료를 받은 부위에 대하여 수리, 복구, 대체 및 치료를 받은 경우
- 매복치(Embedded teeth) 및 매몰치(Impacted teeth) 또는 제3대구치(사랑니, Wisdom teeth)에 대하여 보철치료를 받은 경우
- 치아성형(Odontoplasty) 또는 라미네이트(Laminate) 등 미용 목적의 치료를 받은 경우
- 영구치 발치를 전제로 하지 않는 보철치료(선천적으로 영구치가 없는 경우에 보철치료를 받는 경우 포함)를 받은 경우
- 다른 치과치료를 위하여 임시 치과치료를 받은 경우
- 사랑니 치료, 치열교정 준비, 미용상 치료, 이미 보철치료를 받은 부위에 대한 수리비와 복구비 및 대체치료비의 경우 등
- 보험기간 중 진단 또는 발치한 치아를 보험기간 종료 후 치료하는 경우에는 보상하지 않음. 단, 보험기간 중 의사의 진단에 따라 협의된 계속치료의 경우에는 보험기간 종료일 이후 180일 이내의 치료에 한하여 보상

3. 보장개시일, 보장기간 및 보장범위, 보장내용을 꼼꼼히 체크한다.

가입 시 몇 세까지 보장되고 어디까지 보장해주며 어느 경우에 보상이 안 되는지 반드시 살펴본다. 소멸성 상품인지, 만기 시 환급금이 있는지 또는 얼마나 되는지도 비교한다. 상해로 인한 치료는 제외하고 질병으로 인한 치아치료만 보장하는 치아보험도 있으므로 가입 시 확인한다. 가입

후 연차에 따라 보상금액이 다르며 치아 관리비용이 많이 들어가는 60세 이후에도 보장되는 상품을 선택하여 가입한다. 젊은 사람은 충전치료, 크라운치료 등을 보장해주는지 확인한다. 대부분의 치아보험은 한국표준질병사인분류상 특정 분류번호[[K02] 치아우식증(충치), [K04] 치수 및 치근단 주위조직의 질환, [K05] 치은염(잇몸염증) 및 치주질환(잇몸질환) 등]에 해당하는 질병에 대해서만 보상한다.

4. 갱신조건에 대해 정확히 확인한다.

비갱신형(만기형)과 갱신형 상품 중 본인에게 더 도움이 되는 상품을 선택하는데 대부분 갱신형이다. 갱신형은 연령 증가 등에 따라 갱신할 때마다 보험료가 인상될 수 있으므로 가입 시 상품설명서 및 보장플랜 등을 통해 예상 갱신보험료 수준을 반드시 확인하고 보험료 수준 및 갱신주기 등을 충분히 고려해 자동갱신 상품의 경우 횟수에 관계없이 갱신 가능한 상품을 선택한다.

5. 향후 10년 이내 치아교정이 필요하면 꼭 가입한다.

10년 이내에 보철치료(임플란트, 브리지, 틀니)를 하게 될 가능성이 높다고 판단되는 경우 가입하면 더 많은 도움을 받을 수 있다.

6. 어린이가 있는 가정은 신속히 가입한다.

성장 시기 단계별로 치아와 관련된 보장을 해주는 어린이 치아보험을 가입하면 도움이 된다. 치아에 대한 손상 중 상해로 인한 경우가 제일 많고 충치도 많은 시기이므로 많은 비용이 들어간다. 치아파절특약 등을 선택하면 도움이 된다.

7. 피보험자의 치과 병력을 정확히 고지한다.

과거의 치아 상태 또는 치료 이력 등 최근 5년 이내 치과치료를 받은 기록이 있을 경우 계약 전 알린 의무사항을 정확히 고지해야 올바른 보장을 받을 수 있다. 그렇지 않으면 정작 치아치료 시 보장받기 힘들 뿐만 아니라 계약을 일방적으로 해지당할 수 있다.

8. 전문용어를 정확히 이해하고 가입한다.

치아보험은 치과치료 시 사용하는 의학 전문용어를 보험약관에 그대로 명기하였다. 보장내용에 대해 자칫 오해하거나 혼동할 수 있으므로 가입 전에는 반드시 의학전문용어와 약관에 기재된 전문용어를 충분히 숙지한다.

운전자의 필수품
운전자보험

운전자보험은 운전 중 발생할 수 있는 각종 상해 사고로 인한 신체상해 위험(사망·후유장해 및 수술비·치료비 등)과 법률관련비용 및 기타비용 손해를 종합 보장하는 상해보험 상품을 말한다. 운전자보험은 자동차보험으로 보장하기 어려운 형사적 책임을 보완하기 위해 개발된 상품으로 본인에게 들어가는 사고비용을 집중 보장해주는 보장성보험이다. 즉, 자동차보험으로는 부족할 수 있거나 또는 보장할 수 없는 보상내용인 교통사고처리지원금(형사합의금), 벌금, 자동차사고변호사선임비용(방어비용), 구속 시 생활비, 면허정지 및 취소위로금, 보복운전피해보장 등 자동차보험료 할증료 등에 대한 비용손해를 보전해주어 운전자 피해구제를 위한 자기책임보험이다.

자동차보험은 타인의 신체 또는 재물에 손괴를 입힐 경우 배상하는 타인을 위한 보험이고, 운전자보험은 자동차사고 및 일반상해에서 자신을 보호하기 위해, 즉 본인이 받게 되는 신체적 피해와 민사적·형사적·행정적 처분에 따른 피해를 보장받기 위해 가입하는 상품이다.

예를 들어 속도위반이나 신호위반, 앞지르기 등 비정상적인 차량운행 시 발생하는 사고에 대해 자동차보험은 보장되지 않지만 운전자보험으로는 해결할 수 있다. 무면허운전이나 음주운전의 경우만 아니면 모든 중과실 사고를 보장해준다.

운전자보험을 가입하는 가장 큰 이유는 과실이나 기타 사정으로 12대 중과실 사고로 인해 피해자가 중·상해를 입어 기소당할 경우 형사합의가 의무화되었는데 이때 운전자보험에서 나오는 보험금(형사합의금)으로 합의를 수월하게 할 수 있기 때문이다. 기소되었을 경우 형량을 최대한 낮추려면 합의와 변호사선임이 필수인데 운전자보험에 가입되어 있으면 운전자보험에서 나오는 교통사고처리지원금으로 사고를 더 원만하게 해결할 수 있으므로 자기 차량이나 남의 차량을 운전한다면 운전자보험은 반드시 가입해놓는다.

[* 교통사고처리특례법에 따라 보험가입 여부와 관계없이 형사처벌되는 12대 중과실 사고는 ① 신호위반 ② 중앙선 침범 ③ 제한 속도보다 20km 초과하여 과속 ④ 앞지르기 방법, 금지시기, 금지장소 또는 끼어들기 금지 위반 ⑤ 철길건널목 통과방법 위반 ⑥ 횡단보도에서 보행자 보호의무 위반 ⑦ 무면허운전 ⑧ 음주운전 ⑨ 보도 침범 ⑩ 승객추락 방지의무 위반 ⑪ 어린이보호구역 안전운전의무 위반 ⑫ 자동차 화물이 떨어지지 않도록 필요한 조치를 하지 않고 운전 등이다.]

운전자보험은 상해보험을 주계약으로 하며 특약으로는 벌금, 형사합의금, 변호사선임비 등을 가입할 수 있는데 생명보험과 손해보험에서 모두 취급하고 있다. 운전자보험에서 보장하는 상해담보의 유형은 크게 상해,

교통상해, 운전 중 상해 등 3가지 담보이며 3가지 담보의 보장범위는 상해〉교통상해〉운전 중 상해 순서이다. 참고로 상해담보는 피보험자가 보험기간 중 급격하고도 우연한 외래의 사고로 신체에 상해를 입었을 때 생긴 손해를 보상하는 것이고, 교통상해담보는 운전 중 상해, 탑승 중 상해, 보행 중 상해로 인한 손해를 보상하는 것이며, 운전 중 상해 담보는 자동차를 운전하던 중 발생한 상해로 인한 손해를 보상하는 것이다.

[* 교통상해란, 피보험자가 보험기간 중 해당 약관에 정의된 교통사고로 신체(의수, 의족, 의안, 의치 등 신체보조장구는 제외하나 인공장기나 부분 의치 등 신체에 이식되어 기능을 대신할 경우는 포함)에 입은 상해를 말한다.]

운전자보험은 무배당 금리연동형으로 상품 종류는 순수보장형과 만기환급형이 있다.

가입요건을 살펴보면 가입대상은 자가용 및 영업용 운전자이고 상품구조는 주보험(보통약관)과 특약으로 구성되며 특약은 갱신형, 비갱신형이 있다. 가입나이는 만 18/19~55/60/65/70/80세 등이고 보험기간은 주계약은 5/10/15/20/25/30년 만기 또는 70/80/90/100세 만기 등이다. 특약은 비갱신형은 주보험의 보험기간과 동일하고 갱신형은 주로 1, 2, 3년 등이다. 보험료납입기간은 전기납, 보험료납입주기는 월납, 연납, 일시납 등이다. 보험료 규모는 가입기준 20년 만기 전기납, 40세, 보험가입금액은 상해사망 또는 상해후유장해 시 1억 원(질병사망 또는 질병후유장해 시 1,000만 원, 상해 1급, 자가용운전자) 기준으로 약 5,000~2만 원 정도로서여자가 남자보다 저렴하다.

운전자보험 올바른 가입요령 및 주의사항 핵심 꿀팁 9

1. 가성비를 고려하여 효율적 가입요건 모색

운전자보험은 주보험으로 가입이 이루어지지만 특약을 활용할 수도 있다. 실손의료보험 가입 시 또는 통합보험 가입 시 운전자보험특약을 부가하면 된다. 또 강제보험인 자동차보험 가입 시 특약을 추가하여 가입하면 해당 자동차에 한해 운전범위 내 모든 운전자가 보장받을 수 있다. 특약 형태로 가입하면 보험료도 저렴하므로 실손의료보험, 자동차보험 등 꼭 필요한 보험을 가입하지 않았으면 운전자특약 부가를 선택한다.

2. 중복 가입하지 않도록 기존 보험 내용 체크

운전자보험은 실손의료보험과 동일하게 비례보상을 적용하므로 중복 가입의 경우 중복보장이 되지 않는다. 따라서 자동차보험이나 실손의료보험 등 기존에 가입된 보험에 운전자담보 특약이 부가되어 있는지 확인한다. 특히 자동차보험과 중복되는 보장이 많으므로 운전자보험 가입 시에는 자동차보험과 중복되는 내용이 없도록 내용을 살펴본다.

3. 자신에게 유리하도록 보장 설계

자동차 사고 시 가해자가 피해자와 합의했다고 형사적인 책임이 없어지는 것은 아니므로 벌금, 형사합의금(음주, 무면허, 도주는 제외), 방어비용 등의 보장이 큰 상품을 선택하고 상해의료비가 부가되도록 설계한다. 또 사고 시 치료 보장도 되는지 체크한다.

4. 보험기간이 무조건 긴 상품 선택

운전자보험은 자동차보험처럼 매년 소멸하는 상품이 아니라 만기까지 보장해주는 보장성보험이다. 보험기간을 짧게 설정할 경우 나중에 중대한 과실로 많은 보험금을 받을 경우 다시 보험에 가입하기가 힘들거나 갱신 시 보험료가 올라가므로 보험만기가 15, 20년 등 확정형보다는 80세, 100세 등으로 긴 상품을 선택하는 것이 좋다.

5. 순수보장형을 선택하여 보험료 지출규모 축소

장기보험은 물가상승률 때문에 만기환급금의 가치가 하락하므로 적립금 없이 순수보장형으로 가입해 월보험료를 줄이는 것이 효과적이다.

6. 운전자담보 이외의 필요한 특약 신중 선택

운전자보험은 단순 상품 같지만 복합형이므로 자신에게 적합한 특약을 선택한다. 운전자담보 이외에 일반 상해사망 및 질병·상해 시 입·통원의료비, 배상책임담보 등을 선택하여 일상생활에서 발생할 수 있는 사고에 대해 종합적으로 보장받도록 한다.

7. 상품구조와 특약의 조립방법을 잘 살펴본다.

운전자보험은 특약의 종류가 매우 많다. 보험회사마다 상품구조 및 조립방법이 각기 다르므로 가입 목적과 보장니즈를 고려하여 선택한다. 특히 보험료 규모는 주보험(기본계약)의 보장범위 및 보험기간, 필수가입(의무) 특약의 범위, 각종 특약의 갱신형·비갱신형 여부, 보험료납입기간 등에 따라 차이가 많으므로 여러 회사 상품을 비교한 후 선택한다.

8. 보험료할인제도가 다양한 상품을 선택한다.

　무사고 시 보험료를 할인해준다. 무사고판정대상기간은 보장개시일부터 매년 계약해당일이 속한 달의 3개월 전 말일까지로 이 기간 동안 보험금 지급사유가 발생하지 않은 경우 월납은 해당월보험료의 8%, 연납은 0.6% 정도를 할인해주는데 연납할인은 적용하지 않는 등 보험회사마다 적용기준이 다르므로 꼭 체크한다. 또 자동차보험 기가입 시 보험료 할인 적용 여부를 확인한다. 보험계약 체결 시 가입자(피보험자)가 해당 보험회사의 자동차보험 정상계약(보험기간 1년, 개인용/업무용/영업용에 한함)에 체결되어 있는 기가입자(기명피보험자 본인)인 경우 초회 영업보험료를 10% 할인해준다. 이 경우 피보험자 수를 2인 이상으로 한정하는 회사도 있으므로 미리 알아본다.

9. 서비스 좋은 보험회사와 전문담당자 선택

　실손의료보험처럼 보험금을 청구할 일이 다른 보험보다 많으므로 보험금 지급절차가 까다롭지 않고 빠른 보험회사와 사고처리를 대신해줄 전문담당자를 선택한다. 사고를 당해 보험금 지급관련 서류를 접수하고 수령까지 전문가가 아니면 일일이 챙길 수 없는 경우가 많아 불편하다. 사고처리를 신속히 해줄 좋은 보험회사와 담당자를 잘 만나는 것이 경제적·시간적 측면에서 효율적이다.

강제성 필수 가입상품 자동차보험

　자동차보험은 피보험자가 자동차를 소유하거나 사용(운전) 또는 관리(주차 등)하는 동안에 생긴 피보험자동차의 사고로 인하여 남을 다치게 하거나 사망케 한 경우 또는 남의 재물을 없애거나 훼손하여 손해를 입혔을 경우 등 자동차 운행으로 남에게 인적(대인)·물적(대물) 피해를 입혔을 경우 법률상 손해배상책임을 짐으로써 그 손해를 보상해주는 배상책임보험이다. 자동차 소유자를 둘러싼 위험은 크게 운전 중 사고를 일으켜 ① 타인을 죽게 하거나 부상을 입힐 위험 ② 다른 차나 타인의 물건을 손상시킬 위험 ③ 자기 자신이 죽거나 다칠 위험 ④ 자신의 차가 부서지거나 도난당할 위험 등의 4가지인데, 이와 같은 4가지 위험에 대비하여 가입하는 상품이 자동차보험이다.

　자동차보험은 크게 의무적으로 가입해야 하는 의무(강제)보험인 책임보험과 가입이 자유로운 임의보험인 종합보험으로 구분된다. [* 의무보험이란, 자동차사고 발생 시 손해배상을 보장하는 제도로 피해자를 보호하기 위해 의무적으로 가입해야 하는 강제보험을 말한다.] 의무(강제)보험인 책임보험 미가입 시에는 과태료가 부과되므로 자동차보험 갱신일을 꼭 체크하여 갱신해야 불이익이 없다.

자동차보험은 일반적으로 6가지 기본담보와 다양한 특약상품으로 구성되어 있다. 기본담보에는 운전자가 다른 사람에게 끼친 인적·물적 피해를 보상하는 담보인 ① 대인배상Ⅰ ② 대인배상Ⅱ ③ 대물배상 ④ 운전자 본인의 피해를 보장하는 담보인 자기신체사고 또는 자동차상해 ⑤ 자기차량손해 ⑥ 무보험자동차에 의한 상해가 있다. 대인배상은 보장범위에 따라 대인배상Ⅰ과 대인배상Ⅱ로 나누며, 대인배상Ⅰ과 대물배상(보장한도 2,000만 원)은 모든 운전자의 의무가입 사항이다. 대인배상Ⅱ는 대인배상Ⅰ에 가입하는 경우에 한하여 가입할 수 있다.

자동차보험 상품구성

분류	담보 종류		보험가입 범위			가입 형태
인사사고	자손사고		자기신체사고 (자동차상해)		무보험 자동차 상해보험	임의가입
	대인 사고	대인배상Ⅰ (책임보험)	대인배상 책임사고	배상책임 사고		의무가입
		대인배상Ⅱ(책임보험 초과손해담보)				임의가입
대물사고	대물사고		대물배상 책임사고			
	자차사고		자기차량 손해사고			

* 주) 의무(강제)보험 = 대인배상Ⅰ + 대물배상(2,000만 원)

특약상품은 기본담보 상품의 보장범위나 내용을 확대(자동차상해특약, 긴급출동서비스특약, 법률비용지원특약, 형사합의금특약, 보험료분납특약 등) 또는 운전자 범위와 연령을 부부운전/가족운전 한정특약, 운전자 연령 21세/43세 이상 한정특약 등으로 제한하거나 각종 보험료 할인조건(마일리지특약, 블랙박스특약, 첨단안전장치특약, 안전운전특약, 대중교통이용특약, 교통안전교육이수특약 등)을 제시함으로써 운전자가 본인의 운전특성이나 환경에 적합한 자동차보험을 설계할 수 있게 해주는 부가상품을 말한다. 선택 부가특약의 종류는 개인용 자동차의 경우 70여 가지 이상으로 매우 많다.

자동차보험 종목 및 가입대상

보험종목	가입대상
개인용자동차보험	법정 정원 10인승 이하의 개인 소유 자가용 승용차. 다만, 인가된 자동차학원 또는 자동차학원 대표자가 소유하는 자동차로서 운전교습, 도로주행교육 및 시험에 사용되는 승용자동차는 제외
업무용자동차보험	개인용 자동차를 제외한 모든 비사업용 자동차
영업용자동차보험	사업용 자동차
이륜자동차보험	이륜자동차 및 원동기장치자전거
농기계보험	동력경운기, 농용트랙터 및 콤바인 등 농기계

자동차보험의 피보험자 범위

자동차보험에서 피보험자는 보험회사에 보장을 청구할 수 있는 사람으로 범위는 다음과 같다.

① 피보험자동차를 소유·사용·관리하는 자 중에서 보험계약자가 지정

하여 보험증권에 기재된 기명피보험자

② 기명피보험자와 함께 살거나 살림을 같이하는 친족으로서 피보험자
동차를 사용 또는 관리 중인 친족피보험자

③ 기명피보험자의 승낙을 얻어 피보험자동차를 사용하거나 관리 중
인 승낙피보험자

④ 기명피보험자의 사용자 또는 계약에 의하여 기명피보험자의 사용자
에 준하는 지위를 얻은 사용피보험자. 단, 기명피보험자가 피보험자
동차를 사용자의 업무에 사용하고 있는 경우 해당

⑤ 상기 ①~④에서 규정하는 피보험자를 위하여 피보험자동차를 운전
(운전보조자 포함) 중인 운전피보험자

단, 대인배상Ⅰ의 경우 자동차손해배상보장법상 자동차보유자의 손해
배상책임이 발생한 경우를 말함. 대인배상Ⅱ나 대물배상의 경우 자동차
정비업, 주차장업, 급유업, 세차업, 자동차판매업, 자동차탁송업, 대리운전
업(대리운전자 포함) 등 자동차를 취급하는 것을 직업으로 하는 자(이들의 피
용자 및 이들이 법인인 경우에는 이사와 감사도 포함)가 업무로서 위탁받은 피보험
자동차를 사용 또는 관리하는 경우에는 피보험자로 보지 않는다.

참고로 가족운전자한정운전특약에서 기명피보험자의 가족은 기명피
보험자의 ① 부모, 양부모, 계부모 ② 배우자의 부모, 양부모, 계부모 ③ 법
률상 배우자 또는 사실혼 관계에 있는 배우자 ④ 법률상 혼인관계에서 출
생한 자녀, 사실혼 관계에서 출생한 자녀, 양자녀 ⑤ 며느리 또는 사위 등
이다. 따라서 기명피보험자의 형제·자매, 사실혼 관계의 계부모 및 계자

녀는 가족운전한정특약의 가족에 포함되지 않으므로 이들이 차량을 운전할 경우 자동차보험 가입 시 누구나 운전가능 조건으로 가입해야 한다.

운전자 과실로 사고 발생 시 형사책임 여부

자동차운전 시 원칙적으로 운전자 과실로 사고가 발생했다면, 가해운전자는 형법 제268조에 따라 형사책임(업무상과실치사상/중과실치사상)이 발생한다. 그러나 종합보험을 가입한 경우 형법의 특별법인 교통사고처리특례법에 따라 과실사고이고 피해자와 원만히 합의하거나 합의한 것으로 간주될 때에는 '공소권 없음'으로 처리하여 형사적 책임을 면하게 하고 있다. 단, 교통사고처리특례법에 따라 형사책임을 면하려면 다음 5가지 요건을 충족해야 한다.

① 사망사고가 아닐 것
② 사고 발생 후 도주 또는 유기 후 도주하는 경우, 즉 뺑소니 사고가 아닐 것
③ 11대 중과실 사고(신호지시위반, 중앙선침범, 속도위반, 앞지르기방법위반, 건널목통과방법위반, 횡단보도보행자 보호위반, 무면허운전, 음주운전, 보도침범, 개문발차, 어린이보호구역내상해사고)가 아닐 것
④ 앞의 3가지 요건을 모두 충족해도 피해자가 중상해를 입지 않을 것
    피해자가 중상해를 입은 경우 교통사고처리특례법상 중과실 및 사망, 뺑소니 사고가 아닌 일반 교통사고라 하더라도 형사책임이 발생하므로 유의한

자동차보험 담보종목별 주요 보상내용

담보종목	보상내용	가입금액(보상한도)
대인배상 I (책임보험)	자동차사고로 다른 사람을 죽게 하거나 다치게 한 경우 실제손해액 보상	① 사망: 사망자 1인당 실제손해액(장례비, 위자료, 상실수익액) 지급-최대 1억 5,000만~최저 2,000만 원 ② 후유장애: 장애등급별 실제손해액(위자료, 상실수익액, 간호비) 지급-1급(1억 5,000만 원)~14급(1,000만 원) ③ 부상(상해): 부상등급별 실제손해액(치료비, 위자료, 휴업손해) 지급-1급(3,000만 원)~14급(50만 원)
대인배상 II	자동차사고로 다른 사람을 죽게 하거나 다치게 한 경우 책임보험(대인배상 I) 초과손해 보상	피해자 1인당 보험가입금액: 5,000만/1억/2억/3억 원/무한보상 중 선택 가입
대물배상	자동차사고로 다른 사람의 재물을 없애거나 훼손한 경우 입은 손해 보상	1사고당 보험가입금액: 2,000만/3,000만/5,000만/7,000만/1억/2억/3억/5억/10억 원 중 선택 가입
자기신체사고	피보험자가 피보험자동차의 사고로 인하여 죽거나 다친 경우 보상	1인당 사망기준 보험가입금액 ① 자기신체사고: 1,500만/3,000만/5,000만/1억 원 중 선택 가입 ② 자동차상해: 1억/2억/3억 원 중 선택 가입
자기차량손해	자동차사고로 차체 손상이나 도난 등이 발생한 직접적인 손해 보상-자기차량손해의 보험가입금액은 별도로 정한 차량가액임	자차 손해액의 20% 또는 30% 선택 가입 * 자기부담금 범위: ① 손해액의 20% 선택 시-최소 물적사고 할증기준금액의 10%/최대 50만 원, 최소 30만 원/최대 100만 원 ② 손해액의 30% 선택 시-최소 30만 원/최대 100만 원, 최소 50만 원/최대 200만 원 중 선택 가입
무보험자동차에 의한 상해	무보험자동차에 의해 피보험자가 죽거나 다친 경우 손해 보상	피보험자 1인당 2억/3억 원 등을 한도로 보상 2억/3억/5억 원 중 선택 가입

다(헌법재판소 2009년 결정).

⑤ 앞의 4가지 요건을 모두 충족해도 대인배상 종합보험과 대물 2,000만 원
이상 가입된 경우 등

자동차보험과 운전자보험 상품내용 비교분석

	구분	자동차보험	운전자보험
상품 형태	가입목적	자동차사고 대비	운전자 피해구제
	상품성격	배상책임보험(타인을 위한 보험)	자기책임보험 (자신을 보호하기 위한 보험)
	가입선택	강제성(국가지정 강제보험, 대인 I , 대물 I : 1,000만 원)	선택보험(개개인 자율성)
	가입대상	자동차 소유자	운전자
	피해보상	대부분 보상	일부 보상
	납입기간	1년(단기)	장기: 10/20년, 00세 만기 등
	납입방법	일시납, 2회납	매월
	만기환급금	없음(소멸성)	있음(장기저축성보험 형태. 단, 순수보장형은 없음)
자동차 사고 시 보상	타인 사망 또는 상해 시	손해금액 전액: 대인 I , 대인 II 로 보상	피해자 1명당 최고 1억 원
	타인 재물 손해 시	대물보상: 보험가입 한도액 보상 (약 3,000만 원)	없음
	운전자 차량 손해	차량가입금액 이내	20만~100만 원
	본인 상해 시	과실비율에 따라 지급 사망 시: 1,500만 원, 부상 시: 일부 지급, 후유장해 시: 최고 1,500만 원	과실과 상관없이 지급-사망 및 후유장해 시: 보험가입금액(1억 원 이상), 부상 시: 치료비 지급 (1일당 계산)

형사 책임	벌금	없음	대인: 최고 2,000만 원, 대물: 가입금액 한도
	형사합의 지원금	없음	교통사고 지원금: 약정금액 지급 (최고 3,000만 원)
	방어(변호사 선임)비용	없음	가입금액 한도(최고 1,500만 원)
	구속 시 생활비	없음	(1일당) 1만~4만 원
부가 서비스	운전자	긴급출동서비스	입원 시 임시생활비, 면허정지취 소위로금, 자동차보험할증지원 금, 긴급견인비, 사고처리 긴급 비용, 교통사고위로금 등 지급

* 주) 위 예시 표는 표준안이므로 실제 가입 플랜과 다를 수 있음

▶ 자동차보험 잘 가입하여 도움받는 핵심 꿀팁 13

자동차보험은 운전자라면 반드시 가입해야 하는데 이때 가입자가 신경 써서 챙기지 않으면 손해보는 경우도 있고 이해하기 힘든 조항도 많다. 자신이 어떤 조건을 선택했으며 사고가 발생하였을 때 보상범위와 보상수준은 어느 정도인지, 또한 신속정확하게 보상처리가 잘되도록 서비스제도는 잘 구비되어 있고 실제로 잘해주고 있는지 등을 사전에 꼼꼼히 살핀다.

1. 보험료 할인에 변수로 작용할 요소를 살펴본다.

자동차보험의 보험료는 여러 가지 요소가 복합적으로 작용하여 산출된다. 즉, 자동차 종류에 따른 보험회사의 손해율은 기본이고 운전자의 나이는 물론 운전경력, 사고이력, 보험개발원에 등록된 운전자의 보험등급, 주행거리, 차량정보(차량가액, 수리 시의 부품과 공임비 등) 등을 토대로 보험료가 다르게 산출된다. 특히 해당 보험회사의 손해율에 따라 매년 기본보험료가 다르게 책정되므로 주의 깊게 살펴본다. 일반적으로 보험회사에서 적용하는 자동차보험료를 산정하는 방법(자동차보험료 계산 기본공식)은 다음과 같은데 자동차보험료 산출 시에는 보험회사가 금융감독원에 신고한 후 사용하는 자동차보험요율서에서 정한 방법에 따라 계산한다.

※ 자동차보험료 책정방법

납입할 보험료 = 기본보험료×특약요율×가입자특성요율(보험가입경력요율 ± 교통법규위반경력요율)×특별요율×우량할인·불량할증요율×사고건수별 특성요율

기본보험료	차량의 종류, 배기량, 용도, 보험가입금액, 성별, 연령 등에 따라 미리 정해 놓은 기본적인 보험료
특약요율	운전자의 연령범위를 제한하는 특약, 가족으로 운전자를 한정하는 특약 등 가입 시에 적용하는 요율
가입자특성요율	보험가입기간이나 법규위반경력에 따라 적용하는 요율
특별요율	자동차의 구조나 운행실태가 같은 종류의 차량과 다른 경우 적용하는 요율
우량할인·불량할증요율	사고발생 실적에 따라 적용하는 요율로서 사고크기(부상 정도, 손해규모)별로 점수(0.5~4점)를 매겨 차등 할증하고 사고 후 3년간 무사고 시 할인
사고건수별 특성요율	직전 3년간 사고유무 및 사고건수에 따라 적용하는 요율로서 사고건수를 기준으로 사고자의 보험료는 할증하고 무사고자의 보험료는 할인

2. 여러 보험회사 상품을 비교분석한 후 선택한다.

자동차보험은 보험회사마다 보장내용과 보장수준은 거의 비슷하지만 보험료는 천차만별이므로 꼭 여러 보험회사 상품을 비교분석한 다음 자신의 조건에 맞으면서 보험료가 상대적으로 저렴한 보험회사의 상품을 선택하는 것이 가장 바람직하다.

3. 보험회사의 재무건전성과 신뢰성이 양호한지 살펴본다.

자동차보험은 동일한 보장을 한다 해도 보험회사의 재무건전성과 신뢰도에 따라 보험료 차이는 물론 향후 보험사고 발생 시의 보상과 서비스에도 영향을 미칠 수 있다. 따라서 보험회사의 실적과 손해율과 민원 발생 건수, 신뢰도 등을 반드시 체크한 다음 선택하여 가입한다. 또 보장내용이나 보험료 규모도 중요하지만 신속 보상처리 등 보험회사의 서비스도 매우 중요하다. 이왕이면 다양한 부대서비스제도가 구비되어 자신에게 유익한 서비스를 제공해줄 보험회사를 선택한다.

4. 담보별 보상내용을 자세히 파악하고 선택한다.

자동차종합보험은 각 담보종목을 계약자의 편의에 따라 선택할 수 있다. 대인배상Ⅱ, 대물배상, 자기신체사고(자손사고), 무보험차량상해, 자기차량손해(자차사고)를 전체 담보로 하여 모두 가입하는 것도 좋지만 대인배상Ⅱ, 대물배상만 부분적으로 가입해도 형사처벌 면제 등 종합보험 혜택을 받을 수 있다. 대인배상Ⅱ, 대물배상, 자손사고, 자차사고 등의 각 담보종목을 전부 가입하거나 일부 종목만 선택하여 가입할 수 있다. 그러나 자손사고는 반드시 대인배상Ⅱ 또는 자차사고와 함께 가입해야 한다. 그렇지 않을 경우 자동차 사고 시 교통사고처리특례법에 따라 혜택을 받을 수 없다.

무보험차 상해보험은 자동차 사고의 피해자가 되었을 때 가해자가 배상능력이 없고 종합보험도 안 들었을 경우에는 반드시 필요하다.

천재지변 태풍, 홍수, 해일로 인한 피해의 경우 자기신체사고(자동차상해)와 자기차량손해는 보상받을 수 있다. 그러나 차량의 소유, 사용, 관리 상에 문제가 있었다면 대물로 다른 차량 수리를 하는 대물보상은 보험으로 보상받을 수 없다. 자세한 사항은 해당 보험회사의 보상센터로 문의하여 확인한다.

5. 운전자 범위를 신중히 결정한다.

자동차보험은 운전할 수 있는 사람의 범위를 어떻게 한정하느냐에 따라 보험료 차이가 크다. 운전자의 범위를 가족, 부부 등으로 한정하거나 자동차를 실제 운전할 사람을 만 21세 이상, 26세 이상, 30세 이상 등으로 한정하는 운전자연령제한특약에 가입하면 연령에 관계없이 누구나 가입할 수 있는 상품보다 보험료가 낮아진다. 다만, 이 경우 한정된 자 이외의 자가 운전하여 사고를 일으키면 책임보험(대인배상 I)에 한해서 보장받을 수 있으므로 유의한다.

6. 주운전자를 선정한다.

개인용 자동차종합보험의 가정용 출퇴근 자동차의 경우 고용운전자가 있으면 고용운전자를 주운전자로 한다. 고용운전자가 없으면 운전면허 소지자 중에서 기명피보험자, 배우자, 자녀, 부모, 기타 형제자매 순으로 주운전자를 선정한다. 개인사업용 및 기타 용도 자동차의 경우 고용운전자가 있으면 고용운전자를 주운전자로 하고, 고용운전자가 없으면 기명피보험자, 그밖의 자동차를 운전하는 자를 주운전자로 한다.

7. 보험금과 보험료에 대한 과실비율 적용방법을 알아둔다.

자동차보험 가입 시 미리 보험금과 보험료에 크게 영향을 미치는 과실비율을 잘 알아둔다. 자동차보험의 과실비율이란 자동차사고 발생 시 가해자와 피해자 간 책임의 크기를 나타내는 것으로 사고운전자가 보상받는 자동차보험금과 갱신계약 보험료에 모두 영향을 미친다.

보험금에 대한 과실비율 적용방법	사고운전자는 본인의 과실비율만큼 사고책임을 부담하기 때문에 과실비율만큼 상계처리한 금액을 상대방에게 보상받으므로 과실비율이 커지면 보상받는 보험금도 줄어든다. 단, 상계 후 사망보험금이 2,000만 원 미만이면 2,000만 원을 보상하고 부상보험금은 치료관계비만큼 보상받는다.
보험료에 대한 과실비율 적용방법	자동차보험은 운전자의 사고위험도를 평가하여 보험료를 산출하는데, 과거 사고횟수와 손해액의 크기가 반영되므로 사고운전자의 과실비율이 커질수록 보험처리 시 본인이 부담하는 손해액이 증가하여 갱신할 때 보험료가 더 많이 할증될 수 있다. 자동차사고 시 과실비율 50% 이상인 운전자(가해자)와 과실비율 50% 미만인 운전자(피해자)의 보험료 할증이 달리 적용된다. 가해자는 보험료 할증폭이 동일하지만 피해자는 자동차보험료를 산출할 때 사고 1건에 한하여 사고위험 평가대상에서 제외하므로 보험료 할증폭이 줄어든다.

8. 주요 사고유형별 과실비율 적용 방법을 알아둔다.

❶ 음주·무면허·과로·과속운전 시 과실비율 20%p 가중

자동차사고가 발생했을 경우 보험회사는 사고장소, 차량의 진행행태 등의 사고 상황을 고려하여 가해자·피해자 간 기본적인 과실비율(0~100%)을 산정하고, 여기에 교통법규 위반 여부 등의 수정요소를 가감하여 최종 과실비율을 산정한다. 도로교통법에서는 음주, 무면허, 과로, 과속운전 등을 금지하고 있는데, 만약 운전자가 이러한 교통법규를 위반

하여 사고를 일으킨 경우 기본 과실비율에 20%p만큼 추가로 가중된다. 과실비율이 20%p 가중될 수 있는 사유는 (1) 졸음 및 과로 운전 (2) 무면허운전 (3) 마약 등 약물운전 (4) 음주운전(혈중알코올농도 0.05% 이상): 평균 소주 2잔(50ml), 맥주 2잔(250ml) 정도를 마시고 1시간 정도 지나 측정되는 수치 (5) 시속 20km 이상의 제한속도 위반 (6) 2대 이상의 자동차가 정당한 사유 없이 앞뒤 또는 좌우로 줄지어 통행하면서 다른 사람에게 위해를 끼치거나 교통상의 위험을 발생시키는 행위 등이다. 과실비율이 증가하면 보험금이 줄어들 뿐만 아니라 법규위반 사고경력 때문에 보험료도 대폭 할증되므로 유념한다.

❷ 어린이·노인·장애인 보호구역 내 사고 시 과실비율 15%p 가중

도로교통법에서는 어린이, 노인, 장애인 등 교통사고 취약자를 보호하기 위해서 도로의 일정구간을 보호구역으로 정하고 있으며, 운전자는 이러한 보호구역 내에서는 시속 30km 이내로 서행하는 등 교통법규 준수를 위해 각별히 유의한다. 만일 보호구역에서 어린이 등이 포함된 사고가 발생한 경우 운전자에게 과실비율이 15%p 가중된다.

❸ 운전 중 휴대전화, DMB 시청 시 과실비율 10%p 가중

도로교통법에서는 시각장애인이나 지체장애인이 도로를 건널 때 일시정지 의무, 운전 중 휴대전화 사용이나 영상표시장치(DMB) 시청 금지, 야간에 전조등을 점등할 것 등을 정하고 있다.

만약 운전자가 이를 위반하여 사고를 발생시킨 경우 과실비율이 10%p

가중된다. 이밖에도 한눈팔기, 방향지시등을 켜지 않고 진로 바꾸기 등 운전자가 무심코 행하기 쉬운 부주의한 행동들도 과실비율이 10%p 가중된다. 과실비율이 10%p 가중될 수 있는 사유는 (1) 한눈팔기 운전 등의 현저한 전방주시의무 위반 (2) 도로교통법상 음주운전 기준(혈중알코올농도 0.05%) 미달 음주운전 (3) 핸들, 브레이크 조작이 현저하게 부적절한 경우 (4) 시속 10km 이상 20km 미만의 제한속도 위반 (5) 야간(일몰 후부터 일출 전까지) 전조등, 미등을 켜지 않은 경우 (6) 방향지시기 작동을 하지 않은 경우 (7) 시각장애인, 지체장애인 횡단 시 일시정지의무 위반 (8) 차량유리의 틴팅(선팅)이 도로교통법 기준을 초과한 경우 (9) 운전 중 휴대전화 사용 및 영상표시장치 시청, 조작 행위 등이다.

9. 과실비율 분쟁예방 위해 사진 등 객관적 자료를 확보한다.

과실비율은 사고당사자 간에 책임의 크기를 정하는 것으로 불필요한 분쟁을 줄이려면 사고 당시 상황에 대한 정확하고 객관적인 자료를 확보할 필요가 있다. 따라서 사고현장과 차량 파손부위 등에 대한 사진, 동영상 등을 촬영해두면 향후 발생할지 모르는 과실비율 분쟁을 예방할 수 있다. 물론 2차 사고 예방을 위해 사고증거 확보를 신속히 마무리하고 갓길 등 안전한 장소로 이동하는 것이 중요하다.

10. 자기부담금제도를 적절히 활용한다.

자기부담금제도란 종합보험가입자가 자기차량이 파손되었을 때 차량수리비 중 일부를 자신이 부담하는 제도이다. 부담금액은 액수에 따라 5만/10만/20만/30만/50만 원 등 5종류로서 이 중 한 가지를 선택할 수 있으며 금액이 많을수록 보험료 할인혜택이 적용되어 납입보험료는 그만큼 저렴해진다. 사고가 났을 경우 선택한 자기부담금은 반드시 본인이 부담해야 한다.

11. 보험금 청구 시 필요서류를 꼭 알아둔다.

자동차 사고 시 피보험자는 보장종목별로 다음의 서류 등을 구비하여 보험금을 청구해야 한다.

자동차보험 보장종목별 보험금 청구 시 필요 서류

보험금 청구 시 필요 서류	대인배상	대물배상	자기차량손해	자기신체사고	무보험자동차에 의한 상해
1. 보험금 청구서	○	○	○	○	○
2. 손해액을 증명하는 서류(진단서 등)	○	○	○	○	○
3. 손해배상의 이행사실을 증명하는 서류	○	○			
4. 사고가 발생한 때와 장소 및 사고사실이 신고된 관할 경찰관서				○	○
5. 배상의무자의 주소, 성명 또는 명칭, 차량번호					○
6. 배상의무자의 대인배상II 또는 공제계약의 유무 및 내용					○
7. 피보험자가 입은 손해를 보상할 대인배상II 또는 공제계약, 배상의무자 또는 제3자로부터 이미 지급받은 손해배상금이 있을 때에는 그 금액					○
8. 전손보험금 청구 시	도난으로 인한 전손사고 시 말소사실증명서			○	

8. 전손보험금 청구 시	전손사고 후 이전매각 시 이전서류		○	○		
	전손사고 후 폐차 시 폐차인수증명서		○	○		
9. 그밖에 수리개시 전 자동차점검·정비견적서, 사진 등 보험회사가 꼭 필요하여 요청하는 서류*		○	○	○	○	○

* 주) 수리개시 전 자동차점검·정비견적서의 발급 등에 관한 사항은 보험회사에 구두 또는 서면으로 위임할 수 있으며, 보험회사는 수리개시 전 자동차점검·정비견적서를 발급한 자동차 정비업자에게 이에 대한 검토의견서를 수리개시 전 회신

12. 특약 구성은 잘되어 있는지 세밀히 체크한다.

특약 구성방식에 따라 보상금액에 많은 차이가 발생한다. 그리고 보험료 할인 혜택도 다르므로 특약을 꼼꼼히 잘 살펴본다.

13. 교통사고 시 현장 증거자료 확보 요령을 알아둔다.

사진 및 동영상 촬영 시 파손부위뿐 아니라 사고정황이 나타날 수 있게 차량에서 5~10걸음 정도 떨어져 촬영한 자료도 필요하다. 촬영대상은 상대방 차량번호판 및 블랙박스 유무를 확인할 수 있는 전면사진, 차량과 차선이 함께 나오도록 전후좌우 네 방향에서 촬영, 차량 진행흔적(스키드마크, 기름·흙 자국 등), 파손부위 확대 촬영 등이다. 사고정보 기록 확보를 위해 상대방 차량번호 확인 후 당사자 간 명함이나 이름·연락처를 교환하고, 사고일시는 오전·오후를 구분한 시간까지 최대한 구체적으로 기재한다.

사고장소는 주변 큰 건물이나 차로를 중심으로 기재, 구체적인 차량위

치나 접촉상황 및 기타 날씨, 각 차량의 탑승인원수도 자세히 기록해놓으면 도움이 된다.

▷ 음주운전을 하면 받게 되는 자동차보험 불이익 7가지

음주운전이란 도로교통법이 정한 술에 취한 상태(혈중알코올농도 0.05% 이상)에서 운전하거나 음주측정에 불응하는 행위를 말한다. 혈중알코올 농도 0.05%란 평균적으로 소주 2잔(50ml), 양주 2잔(30ml), 포도주 2잔 (120ml), 맥주 2잔(250ml) 정도를 마시고 1시간 정도가 지나 측정되는 수치 이다. 음주운전을 하면 자동차보험에서 엄청난 불이익을 받게 되고 개인 에 따라 음주로 인한 신체적·심리적 영향이 훨씬 더 클 수 있으므로 아무 리 적은 양이라도 술을 마셨으면 절대 운전하면 안 된다. 음주운전을 하 면 받게 되는 자동차보험 불이익 7가지는 다음과 같다.

1. 음주운전 적발만 돼도 보험료 20% 이상 할증

보험회사는 보험계약자의 과거 2년간의 교통법규 위반경력을 평가하 여 자동차보험료 산정 시 교통법규위반경력요율을 반영하고 있다. 사고 발생 여부와 상관없이 교통법규 위반이력이 있으면 보험료가 할증되는데 음주운전의 경우 1회 적발 시 10% 이상, 2회일 때는 20% 이상 보험료가 할증될 수 있다. 만약 음주운전 사고를 일으키면 사고로 인한 할증뿐 아니라 음주이력으로 인한 보험료 할증도 추가된다.

2. 보험료 할증 피하려 기명피보험자 변경 시 50% 이상 특별 할증

자동차보험은 각 보험가입자(기명피보험자)의 사고발생 위험을 평가하여 이에 맞는 적정 보험료를 산출한다. 만약 음주운전으로 행정처분을 받거나 사고를 일으킨 보험가입자가 보험료 할증을 피하기 위해 기명피보험자(사고위험 평가의 기준이 되는 운전자로 보험증권에 기재된 사람)를 다른 사람(가족, 소속업체)으로 바꿔 자동차보험을 갱신하는 경우 보험료는 본인 명의 시보다 30%가 더 높은 50% 이상으로 할증될 수 있음도 알아둔다.

3. 음주운전 사고 시 최대 400만 원 자비 부담

음주운전 사고로 인해 자동차보험 처리를 하는 경우 운전자 본인이 최대 400만 원에 이르는 사고부담금을 보험회사에 직접 납부해야 한다. 음주사고로 인해 피해자가 사망 또는 부상한 경우 사고 1건당 300만 원, 피해자의 차량 등 대물 파손에 대해서는 100만 원의 사고부담금을 각각 납부해야 한다.

4. 음주운전 차량 동승자, 보험금 40% 이상 감액 지급

음주사고 시 차량에 동승하고 있던 사람이 피해를 입었을 경우 산정된 보험금에서 40%만큼 감액된 금액만 보상받을 수 있다. 만약 동승 과정에서 운전자의 과속, 난폭, 졸음운전을 방치하고 안전운전을 촉구하지 않은 경우 또는 정원초과나 장난 등으로 안전운전을 방해한 경우 등의 과실이 인정되면 10~20%까지 추가로 보험금이 감액될 수 있으므로 절대 음주 차량에 동승해서는 안 된다.

5. 자기차량손해담보의 보험처리 불가

일반적으로 사고로 인해 운전자 본인의 차량이 파손된 경우, 본인의 과실에 해당하는 손해는 자신의 자동차보험에서 자기차량손해담보를 이용하여 보험 처리한다. 그러나 음주운전으로 인한 사고는 자기차량손해담보의 보험처리가 불가능하여 자신이 차량수리비용을 전액 부담해야 한다.

6. 형사합의금·벌금 등 특약 상품도 보험처리 불가

보험가입자는 만약의 사고에 대비하여 더욱 확대된 자동차보험의 보장을 받기 위해 다양한 특약에 가입하지만 음주운전 사고의 경우에는 보상하지 않는 특약이 많다. 특히 자기차량손해에 대한 보상을 확대하거나 형사합의금이나 벌금 등 사고처리 시 필요한 비용을 보장하는 특약의 경우 보험금을 전혀 받을 수 없다. 음주운전 사고 시 보상이 되지 않는 특약은 다음 표와 같다.

7. 다음 해 자동차보험 가입이 불가능한 상황 발생

음주운전 경력이 있는 사람은 높은 보험료 할증과 일부 담보의 보험처리 불가능 등 불이익 외에도 향후 자동차보험에 가입할 때 제한을 받게 된

음주운전 사고 시 보장하지 않는 자동차보험 특약 상품 및 내용

특약 명칭	보장하지 않는 특약 내용
임시운전자담보특약	다른 사람이 임시로 운전하던 중 발생한 사고
고장 수리 시 렌터카 운전담보 추가특약	자동차 수리로 렌터카 이용 시 발생한 사고
차량단독사고보장특약	자기차량손해담보의 보장범위 확대
다른 자동차 차량손해특약	보험가입자가 다른 사람의 차량 운전 중 발생한 사고로 인한 차량 손해
자녀운전자담보추가특약	다른 자동차 차량손해 특약의 보장범위 확대
법률비용지원금특약	형사합의금, 변호사선임비용, 벌금 등
친환경부품사용특약	친환경부품으로 차량 수리 시 부품비의 일정 금액 환급

* 주) 특약 명칭이나 구체적인 보장내용은 보험회사에 따라 상이할 수 있음

다. 보험회사들은 과거 1~3년간 음주운전 경력이 있는 경우 임의보험 상품의 가입을 거절하고 있고, 특히 과거 2년 동안 음주운전 경력이 2회 이상 있는 운전자는 자동차손해배상보장법에 따라 의무보험가입도 제한될 수 있다. 이 경우 자동차보험에 가입하려면 보험료가 크게 할증되고 가입할 수 있는 담보도 제한되는 공동인수제도를 이용하도록 한다.

음주운전은 자동차보험의 불이익뿐만 아니라 면허 정지 및 취소, 벌금, 징역 등 다양한 행정처분과 형사처벌이 따른다. 음주운전 시 3년 이하 징역이나 1,000만 원 이하 벌금이 부과된다. 특히 인명 사고 시 부상은 10년 이하 징역 또는 3,000만 원 이하 벌금, 사망은 1년 이상 유기징역 처벌이 따른다. 음주운전은 다른 사람뿐 아니라 운전자 본인의 신체·재산 및 생계에도 큰 타격을 입히는 아주 위험한 불법행위이므로 일절 삼간다.

상시 필요한
일상생활배상책임보험

일상생활배상책임보험이란 피보험자(가해자)가 타인(피해자)에게 인명 또는 재산상의 피해를 입혔을 때 발생한 법률상 배상책임에 따른 손해를 보상하는 보험을 말한다. [* **법률상 배상책임이란 위법행위로 인하여 타인에게 끼친 손해를 보상하여 손해가 없었던 것과 동일한 상태로 복귀시킬 책임으로서 고의로 인한 배상책임은 보상에서 제외한다.**] 일상생활배상책임보험의 상품 유형은 크게 3종류로 피보험자의 범위에 따라 일상생활배상책임보험, 가족일상생활배상책임보험, 자녀일상생활배상책임보험 등이 있다.

자신의 차량 앞에 이중 주차된 차를 밀다 접촉사고가 발생하는 사고 등 운전 중에 일어난 사고가 아니라서 자동차보험으로 처리하기 곤란한 경우에는 일상생활배상책임보험에 가입되어 있으면 보험금을 청구하여 자기부담금을 제외한 수리비를 보상받을 수 있다.

통상 월 몇천 원 정도의 비교적 적은 보험료로 일상생활 중 발생할 수 있는 다양한 배상책임을 보장받을 수 있으므로 잘 활용하면 매우 유익하다. 현재 주로 손해보험사의 상해보험, 주택화재보험, 어린이보험 등에서

일상생활배상책임보험에서 주로 보상하는 손해(예시)

보상 항목	손해 보상 조건
피해차량 수리비	피보험자가 자전거를 타고 가다가 실수로 넘어지며 아파트 주차장에 주차되어 있던 자동차를 파손한 경우
휴대전화 수리비	피보험자가 길을 걷다 실수로 행인의 손을 쳐서 행인의 휴대전화가 바닥에 떨어져 파손된 경우
피해자 치료비	피보험자가 키우는 애완견을 산책시키던 중 애완견이 지나가던 행인을 물어 다치게 한 경우
아랫집 수리비	피보험자가 거주하고 있는 주택에서 누수가 발생하여 아랫집에 피해를 준 경우

* 주) 대물 등 일부 보상의 경우에는 자기부담금(예: 20만 원)을 제외하고 보상

특약형태로 판매되고 있다.

일상생활배상책임보험 가입 시 유의사항 꿀팁 5

1. 비례보상하므로 중복가입 여부를 반드시 확인한다.

일상생활배상책임보험은 가입자가 실제 부담한 손해배상금만 보장하는 보험 상품이다. 중복보장이 안 되므로 두 개 이상 가입하더라도 실제 부담한 손해배상금을 초과하여 보장받을 수 없다. 만약 가입자가 두 개의 일상생활배상책임보험에 가입한 경우에는 실제 부담한 손해배상금 내에서 두 보험회사가 보험금을 비례분담하여 지급한다. 예를 들어 보장한도 1억 원인 일상생활배상책임보험을 두 개(A사, B사) 가입하였는데 실제 부담한 손해배상금(치료비)이 300만 원인 경우에는 두 보험회사에서 각각 150만 원씩 받게 된다. 단, 중복가입 시 보장한도는 늘어난다(보장한도 1억

원인 경우 치료비가 1억 6,000만 원 발생하면 각 회사에서 8,000만 원씩 총 1억 6,000만 원을 지급받을 수 있음).

2. 고의나 천재지변으로 발생한 배상책임은 보장하지 않는다.

일상생활배상책임보험은 자녀가 놀다가 친구를 다치게 한 경우, 기르던 애완견이 남을 다치게 한 경우 등 보장대상이 다양하지만 고의나 천재지변으로 발생한 배상책임은 보장하지 않는다. 또 회사나 상품마다 보장범위가 다르기 때문에 약관내용을 충분히 살펴본 후 가입해야 나중에 보험금 청구 시 불필요한 분쟁을 줄일 수 있다.

보상하지 않는 주요 손해

약관 내용	보험사고 예시	유의사항
계약자 또는 피보험자의 고의로 발생한 배상책임	방화, 다른 사람과 싸워 상해를 입힌 경우 등	고의로 인한 배상책임은 원칙적으로 보상 제외
지진, 분화, 해일 또는 이와 비슷한 천재지변으로 인한 배상책임	지진으로 거주주택 창문이 떨어져 행인을 다치게 한 경우	천재지변으로 인한 배상책임은 원칙적으로 보상 제외(단, 과실비율 산정을 통해 천재지변으로 인한 부분을 제외하고 보상액 결정 가능)
피보험자가 사용하고 있는 재물의 손해에 대하여 그 재물에 대하여 정당한 권리를 가진 사람에게 지는 배상책임	친구에게 빌려 사용하는 노트북을 파손한 경우	피보험자가 사용하는 물건의 원래 소유주에 대한 배상책임은 보상에서 제외될 수 있음

* 주) 실제보험금 지급 여부는 개별계약의 약관과 구체적인 사실관계에 따라 달라질 수 있음

3. 주택은 피보험자가 주거용으로 사용하는 경우만 보장한다.

보험가입자가 일상생활배상책임보험을 통해 다수 보상받는 사례는 주택 관리 소홀에 따른 배상이다. 그러나 보험회사에서 보장해주는 주택은 원칙적으로 피보험자가 주거용으로 사용하는 주택에 한한다. 따라서 피보험자 본인이 거주하는 주택의 누수로 인하여 아래층에 피해를 입힌 경우에는 보상을 받을 수 있지만, 비록 피보험자 소유의 주택이라 하더라도 임대한 경우에는 누수로 인한 배상책임에 대해 보상받을 수 없다.

4. 보험가입 후 이사 시 반드시 보험회사에 통지한다.

일상생활배상책임보험은 보험증권에 기재된 주택의 소유·사용·관리 중 발생한 배상책임만 보상하므로 보험가입 후 청약서의 기재사항에 변동사항이 있을 경우에는 반드시 보험회사에 통보하여 보험증권에 확인을 받도록 한다. 만약 이사를 한 경우 보험회사에 별도의 통지를 하지 않으면 나중에 보상을 못 받을 수도 있으므로 이사한 후에는 반드시 보험회사에 이사 사실을 알리고 보험증권에 기재된 주택을 변경하도록 해야 한다.

5. 특약형식으로 가입된 경우 가입 여부를 꼭 확인한다.

일상생활배상책임보험은 단독상품으로 가입하기보다는 손해보험사에서 판매하는 상해보험에 특약형식으로 가입하는 경우가 일반적이므로 자신이 일상생활배상책임보험에 가입하고도 그 사실을 모르거나 잊어버려 보상을 받지 못하는 경우도 발생한다.

일상생활배상책임보험에 가입되었는지를 확인하려면 본인이 가입한 보험회사의 콜센터에 전화하여 가입한 보험 상품에 일상생활배상책임보험이 포함되어 있는지 문의하면 된다. 또 금융감독원에서 운영하고 있는 금융소비자정보 포털사이트인 파인(fine.fss.or.kr)에서 보험가입조회 코너를 클릭하여 본인이 보험가입자 또는 피보험자로 되어 있는 보험 상품을 파악하고 해당 보험의 보험증권을 확인하여 가입상품에 일상생활배상책임보험이 포함되어 있는지 살펴보면 된다.

재물손해를 종합적으로 보상해주는
화재보험

화재보험이란 화재로 인하여 재물에 손해가 발생할 우려가 있을 경우 경제생활의 불안정을 제거하거나 경감해주는 손해보상보험을 말한다. 가입자의 소유물이 화재(폭발, 파열 포함), 낙뢰, 스프링클러 누수, 폭풍, 홍수, 폭발, 소요사태 등으로 인하여 손해를 당한 경우 그 손해와 소방 손해, 피난 손해를 보상해주는 보험이다. 화재보험의 목적은 화재사고로 인한 손실이 가능한 것이므로 토지나 무형의 영업권, 지적재산권 등은 보험목적물이 될 수 없다.

화재보험은 무배당 금리연동형으로 상품 유형은 순수보장형, 만기환급형이 있다. 본인 또는 배우자 및 자녀 모두 가입이 가능하다. 상품구성은 기본계약과 특약으로 구성되는데 특약은 재물손해관련특약, 배상책임관련특약, 비용손해관련특약, 기타특약 등 매우 많으며 자세한 사항은 반드시 해당 약관 및 상품설명서를 참조한다.

가입요건을 살펴보면 가입나이는 0세 또는 15/18~70/80/90세 등이고, 보험기간은 5/10/15/20/30년 만기 등이다. 보험료납입주기는 월납

화재보험 주계약 보상범위와 주요 보상내용

보상대상	보험금 지급사유	보상금액
상해사망 및 고도의 후유장해	화재사고(벼락, 폭발, 파열 포함)와 붕괴, 침강 또는 사태 사고로 사망 또는 80% 이상 후유장해가 발생한 경우	가입금액 한도
일반후유장해	화재사고(벼락, 폭발, 파열 포함)와 붕괴, 침강 또는 사태 사고로 80% 미만 후유장해가 발생한 경우	가입금액의 80% 한도
화재손해 (실손보상)	화재(폭발, 파열 포함)로 인한 건물이나 가재의 손해 및 소방·피난손해가 발생한 경우	1사고마다 합계액을 보험가입금액한도로 실제 손해액 보상
잔존물제거비용	화재, 폭발, 파열로 인하여 잔존물의 해체비, 청소비, 상차비 등 잔존물제거비용이 발생한 경우	손해액의 10% 한도로 보상(단, 화재손해보험금과 합산하여 가입금액을 초과할 수 없음)

* 주) 보험회사마다 상품설계 방식에 따라 주계약(기본계약)의 범위가 다를 수 있음

이며 보험료납입기간 5/10/20년납, 전기납 등이다. 적용이율은 공시이율을 적용하며 연단위 복리로 운용되고 최저보증이율이 있다(현재 적용되는 평균공시이율은 2~2.5%, 최저보증이율은 연단위 복리 0.5%선임).

보험료 산출 시 적용위험률은 화재손해와 도난손해(일반가재), 붕괴침강사태손해에 따라 달리 적용하며 도난손해(일반가재)가 가장 높고 그다음 화재손해, 붕괴침강사태손해 순이다.

보험료 규모는 순수보장형 상품의 필수가입 담보만 하는 경우 건물급수 1급(100m²), 10년 만기 전기납, 기본계약(화재손해 1억 원), 월납 기준으로 1,000~3,000원 정도인데 기본계약의 보장범위 및 선택특약의 정도에 따라 차이가 많다. 화재보험은 가입 시 피보험자의 가입나이 및 건강 상

태, 직무 등 또는 보험회사가 정하는 기본계약 및 선택계약의 기타 세부적인 사항에 따라 보험가입대상의 건물구조, 영위직종, 과거 사고유무, 소재지 등으로 인하여 가입금액이 제한되거나 가입이 불가능할 수 있으므로 잘 살펴본다.

화재보험에서 보상하는 손해와 보상하지 않는 손해

화재보험에서 보상하는 손해

1 사고에 따른 직접손해

2 사고에 따른 소방손해(화재진압 과정에서 발생하는 손해)

3 사고에 따른 피난손해(피난지에서 5일 동안에 보험의 목적에 생긴 손해 포함)

4 상기 1~3항에서 보장하는 위험으로 인하여 손해발생 시 계약자 또는 피보험자가 지출한 아래의 비용 추가 지급

가. 잔존물 제거비용: 사고현장에서의 잔존물 해체비용, 청소비용(사고현장 및 인근 지역의 토양, 대기 및 수질 오염물질 제거비용과 차에 실은 후 폐기물 처리비용은 미포함) 및 차에 싣는 비용. 단, 보장하지 않는 위험으로 보험의 목적이 손해를 입거나 관계법령에 의하여 제거됨으로써 생긴 손해에 대하여는 보상하지 않음

나. 손해방지비용: 손해의 방지 또는 경감을 위하여 지출한 필요 또는 유익한 비용

다. 대위권 보전비용: 제3자로부터 손해의 배상을 받을 수 있는 경우에는

그 권리를 지키거나 행사하기 위하여 지출한 필요 또는 유익한 비용

라. 잔존물 보전비용: 잔존물을 보전하기 위하여 지출한 필요 또는 유익한 비용. 단, 잔존물에 의해 회사가 잔존물을 취득한 경우에 한함

마. 기타 협력비용: 회사의 요구에 따르기 위하여 지출한 필요 또는 유익한 비용

5 보험의 목적으로 보험증권에 기재된 아래의 물건

가. 통화, 유가증권, 인지, 우표 및 이와 비슷한 것

나. 귀금속, 귀중품(무게나 부피가 휴대할 수 있으며, 점당 300만 원 이상), 보옥, 보석, 글·그림, 골동품, 조각물 및 이와 비슷한 것

다. 원고, 설계서, 도안, 물건의 원본, 모형, 증서, 장부, 금형(쇠틀), 목형(나무틀), 소프트웨어 및 이와 비슷한 것

라. 실외 및 옥외에 쌓아둔 동산

마. 건물인 경우는 ① 건물의 부속물(피보험자 소유인 칸막이, 대문, 담, 곳간 및 이와 비슷한 것)과 ② 건물의 부착물(피보험자 소유인 간판, 네온사인, 안테나, 선전탑 및 이와 비슷한 것)

바. 건물 이외 경우는 피보험자 또는 그와 같은 세대에 속하는 사람의 소유물(생활용품, 집기·비품 등)

화재보험에서 보상하지 않는 손해

1 계약자, 피보험자 또는 이들의 법정대리인의 고의 또는 중대한 과실

2 화재가 발생했을 때 생긴 도난 또는 분실로 생긴 손해

3 보험 목적의 발효, 자연발열, 자연발화로 생긴 손해. 단, 자연발열 또는 자연발화로 연소된 다른 보험의 목적에 생긴 손해는 보상

4 화재에 기인되지 않은 수도관, 수관 또는 수압기 등의 파열로 생긴 손해

5 발전기, 여자기(정류기 포함), 변류기, 변압기, 전압조정기, 축전기, 개폐기, 차단기, 피뢰기, 배전반 및 그밖의 전기기기 또는 장치의 전기적 사고로 생긴 손해. 단, 그 결과로 생긴 화재손해는 보상

6 원인의 직접, 간접을 묻지 않고 지진, 분화 또는 전쟁, 혁명, 내란, 사변, 폭동, 소요, 노동쟁의, 기타 이들과 유사한 사태로 생긴 화재 및 연소 또는 그밖의 손해

7 핵연료물질(사용된 연료 포함) 또는 핵연료물질에 의하여 오염된 물질(원자핵 분열 생성물 포함)의 방사성, 폭발성 그밖의 유해한 특성 또는 이들의 특성에 의한 사고로 인한 손해 및 그 이외의 방사선을 쬐는 것 또는 방사능 오염으로 인한 손해

8 국가 및 지방자치단체의 명령에 의한 재산의 소각 및 이와 유사한 손해

화재보험 주요 선택특약의 보상범위와 보상내용

구분	특약 종류	보험금 지급사유	보상금액
재물 손해 관련 특약	주택복구 비용	주택에 화재(폭발, 파열 포함) 및 붕괴, 침강, 사태로 손해가 발생하였을 경우	가입금액 한도(손해가 생긴 시기 및 장소에서 주택의 재조달 가액과 보험가액을 각각의 가액에 따라 계산한 손해액 차액 보상)
	특수건물 풍수재손해	특수건물이 태풍, 회오리바람, 폭풍, 폭풍우, 홍수, 해일, 범람 및 이와 비슷한 풍재 또는 수재, 항공기 또는 그로부터의 낙하물 등의 위험으로 손해가 발생한 경우	1사고마다 가입금액 한도로 실제손해액 보상
	화재 및 붕괴 등의 임시 거주비	주택의 화재(폭발, 파열 포함), 붕괴, 침강 및 사태로 주택에 손해가 발생함으로써 주택 내에 거주할 수 없게 되어 임시거주비가 발생한 경우	1사고마다 손해발생 후 1~4일째부터 1일당 10만 원 한도(90일을 한도로 복구기간 동안 발생한 숙박비 및 식대를 임시거주비로 지급)
	도난손해	보험의 목적이 강도 또는 절도로 인해 도난, 망가짐, 훼손 및 파손된 손해를 보상	가입금액 한도
	임대인의 임대료 손실	임대인이 화재(폭발, 파열 포함) 및 붕괴, 침강 사태로 인하여 임대해준 주택에 손해가 발생함으로써 임차인이 거주할 수 없게 되어 임대료 손실이 발생한 경우	1개월당 가입금액 한도(최장 90일을 한도로 복구기간 동안의 임대료 월환산액을 지급. 단, 임대료 월환산액은 월세 + 전세금 또는 임차보증금의 0.9%로 계산하며 가입금액을 한도로 함)
	급배수 시설 누출 손해	수조, 급배수설비 또는 수관이 우연한 사고로 인해 누수 또는 방수됨에 따라 보험의 목적에 생긴 직접손해 보상	가입금액 한도(자기부담금 공제)
배상 책임 관련 특약	화재배상 책임	화재 또는 폭발 사고로 타인을 사망케 하거나 부상을 입혀, 혹은 타인의 재물을 망가뜨려 법률상의 배상책임을 부담함으로써 입은 손해 보상	대인(1인당)은 사망 및 후유장해 시 최고 1억 원, 부상 시 최고 2,000만 원. 대물(1사고당)은 가입금액 한도
	가족일상 생활 중 배상책임	본인, 가족의 일상생활 및 주택의 소유, 사용 또는 관리에 기인하는 사고(화재폭발 제외)로 타인의 신체에 장해 또는 재물의 손해에 법률상 배상책임이 발생한 경우	가입금액 한도(대물사고 시 자기부담금 20만 원 공제, 대인사고 시 자기부담금 공제 없음)

배상책임 관련 특약	임차자 배상책임	임차인이 임차한 부동산이 화재, 폭발, 파열 및 소요·노동쟁으로 손상되어 소유주에게 법률상 배상책임을 부담함으로써 입은 손해가 발생한 경우	가입금액이 임차건물 가액보다 작은 경우 비례보상
	특수건물 신체손해 배상책임	특수건물의 화재로 타인이 사망하거나 부상함으로써 건물소유자 배상책임에 따라 피보험자가 부담해야 할 손해가 발생한 경우	1명당 사망 1억 5,000만 원 한도, 후유장애 1억 5,000만 원 한도, 부상 3,000만 원 한도
	특수건물 화재대물 배상책임	특수건물의 화재로 타인의 재물을 망가뜨려 건물소유자 배상책임에 따라 피보험자가 부담해야 할 손해가 발생한 경우	가입금액 한도
	임대인 배상책임	임대해준 주택에 생긴 우연한 사고로 타인의 신체 피해 또는 재물의 손해에 대한 법률상의 배상책임을 부담함으로써 입은 손해가 발생한 경우	1억 원 한도, 사고당 자기부담금: 대인 없음, 대물 20만 원(주택에서 발생한 화재·폭발 사고로 발생한 배상책임은 제외)
비용손해 관련 특약	화재벌금	벌금형의 원인이 되는 화재가 발생하고 피보험자가 형법 제170조(실화), 제171조(업무상실화, 중실화)에 따른 벌금 확정판결을 받았을 경우	형법 제170조에 의한 벌금: 1,500만 원 한도, 형법 제171조에 의한 벌금: 2,000만 원 한도
	6대가전 제품 수리 비용손해	주택 구내에 있는 6대 가전제품(TV, 세탁기, 냉장고, 김치냉장고, 에어컨, 전자레인지)에 고장이 발생하여 이를 수리하여 생긴 실제 수리비 손해 보상	가입금액 한도(자기부담금 공제)
기타 특약	강력범죄 피해보장	보험기간 중 일상생활 중에 강력범죄에 의하여 사망하거나 신체에 피해가 발생한 경우	가입금액 한도

* 주) 상기 보상금액은 해당 보험회사의 주보험 설계 및 특약 약정 기준에 따라 차이가 있음

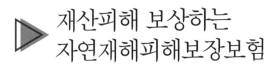

재산피해 보상하는
자연재해피해보장보험

자연재해피해보장보험이란 폭우, 태풍, 폭풍, 한파 등의 자연재해로 인한 재산피해를 보상하는 보험 상품을 말한다. 정부에서 관할하는 정책성 보험으로 지역에 따라 정부 및 지자체에서 일정의 보험료를 지원해주고 있다.

자연재해로 인한 재산피해를 보상받으려면 ① 국가에서 보험료를 지원하는 풍수해보험 ② 주택화재보험 가입 시 풍수재특약 ③ 농업인은 농작물재해보험, 축산인은 가축재해보험, 어업인은 양식수산물재해보험 등의 상품에 주보험 또는 특약으로 가입하면 된다.

풍수해보험은 다세대, 아파트 등 주택과 온실 등의 자연재해로 인한 재산피해를 보상하는 자연재해 특화보험이다. 소상공인도 일부 시범지역의 경우 소상공인용 풍수해보험을 가입하면 자연재해로 인한 상가나 공장의 피해를 보상받을 수 있다.

주택화재보험에 풍수재특약이나 지진특약을 추가하면 별도 보험에 가입해야 하는 불편함 없이 화재뿐 아니라 자연재해로 인한 주택피해를 보상받을 수 있다. 단, 보험 상품마다 보장하는 자연재해의 범위에 차이가 있으므로 꼭 확인하고 적합한 보험 상품을 선택 가입하도록 한다. 농작물재해보험, 가축재해보험, 양식수산물재해보험에 가입하면 해당 농작물이나 가축, 양식수산물 등이 자연재해로 입은 피해를 보상받을 수 있다. 농작물재해보험 등은 파종시기 등을 고려해 보험가입 시기 및 가입지역에 제한이 있으며, 해당 품목 및 가축 등의 특성에 따라 동상해, 폭염 등 담보하는 재해의 범위가 다르므로 해당 보험 상품을 취급하는 농협손해보험 및 수협중앙회공제 등에 관련 내용을 문의하고 가입해야 한다.

농작물재해보험은 NH농협손보, 양식수산물재해보험은 수협중앙회공제, 가축재해보험은 일부 손해보험회사에서 취급 판매하고 있다. 풍수해보험, 주택화재보험, 농작물재해보험 등은 실제손해를 보상하는 비례보상보험으로 여러 보험에 가입하여도 중복 보상되지 않는다.

자연재해피해보장보험 상품 유형별 비교

상품명		가입대상	보상하는 자연재해
풍수해보험		주택, 온실, 소상공인 상가·공장	태풍, 홍수, 호우, 강풍, 풍랑, 해일, 대설, 지진
주택화재보험	주계약	주택	벼락(화재보험에서 보상)
	지진특약		지진
	풍수재특약		태풍, 회오리바람, 폭풍, 폭풍우, 홍수, 해일, 범람 및 이와 유사한 풍재·수재
농작물재해보험		사과, 벼 등 57개 작물	태풍, 우박 등
가축재해보험		돼지, 닭 등 16개 가축	풍해, 수해, 설해, 폭염 등
양식수산물재해보험		넙치, 전복 등 27개 어패류	태풍, 폭풍, 해일, 적조 등

나들이길 동반자
여행자보험

멀리 나들이를 할 경우 큰 사고부터 작은 사고까지 예측이 불가능하므로 유비무환의 마음 자세로 미리 여행자보험을 가입해두는 갈무리가 필요하다.

여행자보험이란 여행 도중(거주지 출발 시점부터 복귀까지의 전 과정) 발생하는 불의의 사고(신체의 상해)나 질병 또는 휴대품의 도난, 파손, 배상책임 등 각종 사고가 발생하였을 때 그 손해를 보상해주는 상해보험을 말한다. 여행자보험은 성별, 연령 등에 제한 없이 여행자라면 누구나 보험회사 또는 여행사, CM 등 판매 채널을 통해 가입할 수 있다. 단, 산악등반이나 탐험 등 순수여행이 아닌 전문 레포츠여행은 일반여행자에 비하여 사고발생 위험도가 높기 때문에 보험회사가 계약선택 기준에 따라 선별, 인수한다.

여행자보험은 보험가입기간이 여행기간으로 한정돼 있어 보험료가 매우 저렴하며 기본계약이 상해사망을 담보로 이루어진 소멸성보험이다. [* 보험금 지급사유가 되는 사망의 유형은 크게 4가지 유형으로 담보대상에 따라 생명보험은 일반사망과 재해사망으로 구분하고 손해보험은 질병사망과 상해사망으로 구분한다.] 상품 유형은 여행대상지에 따라 국내여행자보험과 해외여행자보험 등으로 구분된다. 국내여행자보험은 주로 여행, 출장, 워크숍 등 국내 여행 중 발생하는 각종 위험을 보상해주는 상품이고, 해외여행자보험은 해외에서 발생할 수 있는 상해, 질병, 배상책임 등의 손해를 보상해주는 상품이다.

여행자보험 올바른 가입요령 및 주의사항 핵심 꿀팁 7

1. 여행자보험 가입요건을 정확히 알아둔다.

가입시기는 최소한 국내여행자보험은 여행 3일 전에, 해외여행자보험은 여행 1주일 전에 가입하는 것이 좋다. 여행자보험을 가입할 경우에는 보험가입 시의 일반적인 사항 이외에 여행기간(출발일자, 도착일자), 여행목적, 여행자의 직업, 다른 보험의 가입 여부 등을, 해외여행은 여행지와 탑승시간 및 탑승 비행기도 알려주어야 한다. 단체여행일 때에는 여행사에서 일괄적으로 가입하는 것이 일반적인데 출발 전에 보험가입 내용을 확인해둔다.

2. 보험가입 시 청약서에 사실대로 기재한다.

보험가입 시 청약서에 여행목적 등을 사실대로 기재하여야 하며 이를 위반할 경우 보험금 지급이 거절될 수 있다. 여행지(전쟁지역 등) 및 여행목적(스킨스쿠버, 암벽등반 여부 등) 등 사고발생 위험에 따라 보험인수가 거절되거나 가입금액이 제한될 수 있다.

3. 보험사고 대상 및 유형별 보상범위를 확인한다.

여행자보험은 여행하는 지역이 국내 또는 해외인가에 따라 보상범위가 다소 다르다. 국내여행자보험은 ① 여행 중 불의의 사고로 가입자가 사망하거나 후유장해가 생긴 때 ② 상해사고로 치료비가 발생한 때 ③ 여행 중 발생한 질병으로 30일 이내에 사망한 때 ④ 가입자의 잘못으로 다른 사람에 대해 배상책임손해가 생긴 때 ⑤ 여행 중 휴대품이 도난, 파손된 때 등이다. 해외여행자보험은 국내여행자보험의 보상범위에 ① 보험가입자가 행방불명되어 구조, 수색, 숙박, 교통비 등 특별비용이 발생한 때 ② 항공기가 납치된 때 등이 별도로 추가된다. 단기 해외여행인 경우에는 휴대품 도난 손해와 의료사고가 가장 많이 발생하는데 본인의 부주의로 생긴 휴대품 분실은 보상되지 않는다. 여행자보험은 상해사망의 위험을 기본계약으로 하므로 보험계약자나 피보험자의 고의적인 자살 또는 범죄행위, 폭력행위, 음주운전, 무면허운전 등으로 인한 손해와 전쟁, 혁명, 내란, 기타소요 등으로 인한 손해는 보상하지 않는다.

4. 생명보험과 손해보험별로 사고 시 보상금액을 확인한다.

보험사고 발생 시 보상범위와 보상금액이 일반적으로 손해보험 상품이 생명보험 상품보다 넓고 다양하다. 단, 손해보험 상품의 경우 80세 이상 고령자는 질병사망 시 보상이 잘 안 된다는 취약점이 있다. 그 이유는 보험업법 시행령(제15조)에 따라 손해보험회사가 질병을 원인으로 하는 사망을 제3보험의 특약 형식으로 담보하여 영업할 경우 ① 보험만기는 80세 이하일 것 ② 보험금액의 한도는 개인당 2억 원 이내일 것 ③ 만기 시에 지급하는 환급금은 납입보험료 합계액의 범위 내일 것 등 3가지 요건을 충족해야 하기 때문이다. 따라서 80세 이상 고령자는 해외여행 도중 질병사망 시에는 보장이 안 되므로 가입 전 반드시 건강 상태를 체크하고 다른 질병보험 가입상품이 있는지 확인한다.

5. 필요한 부가특약을 잘 선택한다.

여행자보험 가입 시에는 기본계약에서 취급하지 않는 손해발생 시의 보상이 무엇인지 꼼꼼히 체크하고 배상책임손해, 레저보험 등 추가로 필요한 해당 부가특약을 선택 가입하여 폭넓은 보장을 받도록 한다.

6. 계약 후 통지내용을 지킨다.

계약 후 보험가입요건이 변경되었을 경우에는 즉시 그 사실을 보험회사에 알려야 불이익을 당하지 않는다.

7. 사고 시 필요한 조치 및 보험금청구 방법을 알아둔다.

해외여행 중 사고가 발생한 때에는 각 손해보험회사들이 외국의 전문 손해사정업체와 업무협정을 맺고 있기 때문에 해외 업무제휴업체에 보험금을 청구하면 현지에서 보상받을 수 있다. 사고가 경미하거나 여행 일정이 짧아 보험금 청구에 어려움이 있을 때에는 치료비 영수증 등 사고입증서류나 물품 도난신고서 등을 구비하여 귀국한 후에 청구하면 된다. 상해사고 등으로 현지 병원 통원치료 등을 했을 경우 귀국 후 진단서, 영수증, 처방전 등 관련 증빙서류를 챙겨 보험회사에 보험금을 청구한다.

여행 시 사고 유형별 필요한 조치사항

사고 유형	상해(질병)사고	도난사고
필요 조치 사항	① 보험회사에 연락하여 사고 접수 ② 사망 시 사고사실확인원과 사망진단서 발급 ③ 의료기관 진료 시 보험금 청구 위해 진단서 및 영수증 등 발급	① 도난 사실을 현지 경찰서에 신고하고 사고증명서 발급받음 ② 수하물·휴대품 도난 시 공항안내소 또는 호텔 프런트에 신고하여 확인증 수령

보험테크 TIP

해외여행 실손의료보험

해외여행 실손의료보험은 해외여행 중에 피보험자의 상해 또는 질병으로 인한 의료비를 보상하는 상해보험 상품을 말한다. 해외여행 실손의료보험 기본형의 보장종목은 상해의료비, 질병의료비 등 2가지로 구성되어 있다. 상해의료비는 해외와 국내(상해입원 및 상해통원)로 구분되고, 질병의료비는 해외와 국내(질병입원 및 질병통원)로 구분된다.

해외여행 실손의료보험의 선택특약으로는 피보험자가 해외여행 중에 입은 상해 또는 질병의 치료를 목적으로 병원에 입원 또는 통원할 경우 비급여에 해당하는 의료비를 보상해주는 ① 비급여 도수치료·체외충격파치료·증식치료 해외여행 실손의료보험 특약 ② 비급여 주사료 해외여행 실손의료보험 특약 ③ 비급여 자기공명영상진단(MRI/MRA) 해외여행 실손의료보험 특약 등 3가지 종류가 있다.

해외여행 실손의료보험 기본형의 주요 보상내용은 해외의 경우 피보험자가 보험증권에 기재된 해외여행 중에 입은 상해 또는 질병으로 인하여 해외의료기관(해외소재 의료기관을 말하며 해외소재 약국 포함)에서 의사(치료받는 국가의 법에서 정한 병원 및 의사의 자격을 가진 자에 한함)의 치료를 받아 의료비가 발생한 경우에 보험가입금액 한도로 피보험자가 실제 부담한 의료비를 보상한다. 단, 상해치료 또는 질병치료를 받던 중 보험기간이 끝났을 경우에는 보험기간 종료일부터 180일까지(보험기간 종료일 제외) 보상한다.

국내의 경우에는 피보험자가 보험증권에 기재된 해외여행 중에 입은 상해 또는 질병으로 인하여 국내 의료기관에 입원 또는 통원하여 치료를 받거나 또는 약국에서 처방조제를 받은 경우 보상한다. 단, 보험기간이 1년 미만인 경우 해외여행 중에 피보험자가 입은 상해로 보험기간 종료 후 30일(보험기간 종료일 제외) 이내에 의사의 치료를 받기 시작했을 때에는 의사의 치료를 받기 시작한 날부터 180일 이내에 외래는 방문 90회, 처방조제비는 처방전 90건의 한도 내(보험기간 종료일 제외)에서 보상한다.

웰다잉 완결짓는
상조보험

고령화 시대로 접어들면서 사회적 트렌드가 멋지게 사는 웰빙(Well-being)과 사람답게 늙어가는 웰에이징(Well-aging) 못지않게 아름답게 죽음을 맞이하는 웰다잉(Well-dying)에 관심이 높아지는 방향으로 바뀌어가고 있다. 죽음은 누구나 한 번은 언젠가는 반드시 맞이해야만 하는 필연이므로 '어떻게 삶을 잘 마감할 것인가'를 고민하면서 그 방책으로 죽었을 때 장례비 걱정을 자식들에게 끼치지 않기 위해 상조보험을 선호하는 추세이다. 아름답게 삶을 마무리하는 웰다잉의 가장 중요한 조건은 가족들에게 경제적인 부담을 주지 않고 삶의 마무리 작업을 깨끗하게 하는 것이므로 장례비용과 장례절차 등에 대한 경제적·심리적 부담을 최소화하여 유가족에게 도움을 주는 것이 중요하다. 이의 해결책으로 적합한 상품이 상조보험이다.

상조보험은 고연령층 고객을 대상으로 피보험자가 사망했을 경우 장례에 필요한 장례금을 보험금으로 지급하거나 상조서비스를 제공하는 사망보장상품으로 장례보험이라고도 한다. 상조보험을 가입하면 보험회사가 사망보험금을 지급하고 업무제휴를 맺은 상조회사에서 피보험자 사망 시 약정한 상조상품으로 상조(장례)서비스까지 제공해준다. 상조보험의 장점은 예금자보호가 되면서 상조회사보다 안정성과 신뢰도가 높다는 점과 더불어 보험료 납입횟수 여부와 상관없이 보험효력이 발생한 다음에는 언제 사망하더라도 추가부담 없이 약정된 상조서비스를 모두 제공받을 수 있다는 점이다. [* 상조회사의 상조서비스계약은 중도 사망 시 장례서비스를 받으려면 잔액을 전부 일시 납부해야 함]

상조보험의 상품구조는 사망보장을 담보하는 무배당 종신형 상품으로 주로 금리연동형으로 유니버설 기능은 없다. 주로 비갱신형이고 순수보장형과 만기일부환급형이 있다. 가입요건은 가입연령 40/45~70/75/80세 등이다. 보험료 납입주기는 월납, 일시납이 있고, 보험기간은 주계약은 종신이며 특약은 종목별로 종신 또는 10/15/20년 및 70/80/100세 만기 등으로 구분된다. 가입한도는 300만/500만~1,000만/2,000만/3,000만 원 등으로 보험료는 최저가입보험료 약 2만 원 이상으로 저렴하다. 상조 상품을 판매하는 회사는 보험회사와 은행, 우체국, 새마을금고 등 금융회사와 상조회사가 있다. 이 중 보험회사와 우체국, 새마을금고에서는 상조보험으로, 은행은 예·적금 형태의 상조 상품으로, 상조회사는 상조서비스계약 형식으로 상품을 개발하여 판매하고 있다.

상조보험 가입 시 꼭 알아둘 핵심 꿀팁 6

1. 가입 목적에 맞는 상품 비교 검토 후 선택

상품 종류가 다양하므로 어떠한 목적과 용도로 활용할 것인지 정한 후 그에 맞는 상품을 선택해 가입한다. 가입 전 약관을 꼼꼼하게 살펴보면서 제공되는 상조서비스와 혜택을 체크한 다음 자신에게 유리한 상품을 선택한다. 만기환급형의 경우 혹시 있을지 모르는 경제적 상황을 대비하여 적용 공시이율 및 해약환급금 규모 여부도 체크한다.

2. 폭넓게 보장해주는 양질의 상품 선택

보장범위와 가입대상 범위가 넓은 상품을 선택한다. 보험기간에 관계없이 종신까지 현물상조(장례)서비스를 해주는지 살펴본다. 보험을 가입한 다음 일정 기간 동안 감액 또는 면책 기간을 두고 있는 경우도 있으므로 가입 전 약관 내용을 꼼꼼히 확인한다. 월납입보험료의 규모 및 가입경과 기간에 따라 장례행사에 필요한 장례용품을 무상 지원(피보험자, 배우자, 양가 부모 사망 시 제공)해주는데 월보험료의 규모와 언제부터 어떻게 지원해주는지 체크한다. 생명보험과 손해보험의 상조보험 보장내용이 서로 약간씩 다르므로 비교 검토 후 보장니즈에 맞는 상품을 선택한다.

3. 상품 유형 면밀히 분석하여 적합한 상품 선택

상조보험은 현물지급형과 제휴형, 소멸형과 만기환급형, 만기일부환급형, 무진단 상품과 진단상품, 80세 또는 100세 만기형 등 다양하게 개발되어 출시되므로 향후 라이프 스타일을 고려하여 적합한 상품을 선택한다. 단순제휴형 상품은 보험회사가 피보험자 사망 시 상조지원금을 지급한 후 상조서비스를 위해 상조회사를 단순히 소개하는 형태이다. 보험회사가 상조회사와 단순한 제휴관계 외에는 법적 책임관계를 갖고 있지 않기 때문에 상조회사가 가입자에게 서비스를 제대로 이행하지 않을 경우 보험회사가 이를 강제할 방법이 없다. 보험금 일부를 장례비용으로 지급하는 현물지급형 상품은 실질적으로 상조회사와 연계해 운영하지만 보험회사가 장례물품 등 상조서비스를 전적인 책임을 지고 직접 운영하여 제공하므로 안전하다.

4. 상조회사와 제휴 시 건전성과 혜택 여부 확인

보험회사가 상조회사와 업무를 제휴할 경우 신뢰도와 건전성이 양호한 상조회사와 제휴를 맺었는지, 서비스 할인을 얼마나 해주는지를 체크한다. 전문장례지도사가 장례상담과 의전을 해주고 장례용품을 현물로 지급해주는지도 살펴본다. 장례서비스의 경우 보험회사에서 업무 제휴한 장례서비스 제공업체의 장례서비스를 이용할 수 있다. 이 경우 가입자가 서비스 이용을 별도로 선택할 경우 서비스 이용과 관련한 제반 비용을 가입자가 부담하므로 미리 확인한다.

5. 보험료를 절약할 수 있는 방법 모색

월납 계약의 경우 부부 가입 시, 부모 또는 조부모를 피보험자(계약자의 배우자 부모 포함)로 하여 가입 시 또는 급여이체 시 보험료를 약 1~1.5% 할인하고, 피보험자 수가 10인 이상인 단체 가입 시 보험료의 3%를 할인(단, 초회보험료는 제외하며 할인 대상별로 중복 적용하지 않음)해주므로 계약 시 보험료 할인 대상과 할인 폭 및 제약조건 등을 눈여겨본다. 갱신형의 경우 갱신 주기와 갱신 시 보험료 증가 여부를 꼼꼼히 확인한다.

6. 상조서비스 혜택 많은 상품 선택

부가적으로 도움이 되는 선택할 특약이 많은 상품, 상해나 입원 등 일상생활이나 장례 시 담보해주는 대상이 많은 상품, 부가서비스가 많은 상품을 고른다. 재산을 직접 관리하기 힘든 사람들을 위한 유언신탁, 특별부양신탁, 생전증여신탁 등의 서비스 상품도 있으므로 눈여겨본다.

상조보험과 상조서비스계약 상품 비교분석

구분	상조보험	상조서비스계약
회사명징	보험회사	상조회사
보장내용	사망보험금 + 상조서비스	장례물품 + 상조서비스
피보험자	피보험자 지정	피보험자 미지정(중도변경 가능)
법적근거	상법(보험편)	할부거래에 관한 법률
감독기관	금융위원회, 금융감독원	공정거래위원회
계약 시 인수 심사	있음[가입 전 유병 시 가입거절 또는 보장 일부제한(부담보 계약)]	없음
계약만기	80세, 100세 등 상품별로 상이(환급형은 만기환급금 지급)	별도 만기 없이 사망 시 장례서비스 제공
시장진입	엄격(최소자본금 100억 원 이상)	없음(자본금 부실로 인한 도산 및 파산 위험 상존)

양도양수 여부	원칙적으로 불가능(보험회사 승낙 얻어 피보험자 변경 가능하나 상조서비스에 비해 어렵고 보험료 변동 가능성 있음)	가능(회사 동의 얻어 회원양도, 명의 변경 가능. 단, 명의 변경 시 실비수준 수수료 부담)
피보험자 사망 시 보험료 납입 여부	보험료 납입기간 내 사망 시 차회 이후 보험료 납입 면제, 계약 시 약정한 보험금 + 상조서비스 제공	사망과 관계없이 납입보험료 동일, 납입기간 내 사망 시 약정금액 중 남아 있는 금액 완납해야 상조서비스 제공
자살 등 고의 사망	보장 제외	보장
가입제한	보험연령, 병력 등 약관 내용에 따라 제한	제한 사항 없음
기타 부가서비스	각종 보장: 장기요양비 지급, 추가 장례비 등을 특약으로 보장	불가능(계약 당시 용품만 제공)
해약 시 환급 여부	경과 기간별, 보험회사별로 차이	경과 기간별, 상조회사별로 차이
가입자보호	보호(예금자보호법에 따라 5,000만 원까지 가능)	보호 안 됨(금융상품이 아니므로 예금자보호대상이 아님)
세액공제	보장성보험 보험료 세액공제 가능	불가능
장점	신뢰도 높음, 가입 후 보험사고 발생 시 보험금 지급, 상품과 부가특약 종류 다양, 보험료 할인	가입 조건 없이 누구나 가능, 상품의 대여 및 양도 가능
단점	양도 및 대여 불가능	신뢰도 낮음, 사망 시 차액분 발생 시 잔액 의무납입, 불입금 할인 없음

* 주) 상기내용은 예시로서 보험회사 및 상조회사의 상품설계 방식에 따라 차이가 있음

▶ 외국통화로 이뤄지는 외화보험

　외화보험이란 보험료 납입 및 지급이 모두 외국의 해당 통화로 이루어지는 보험 상품을 말한다. 주로 달러보험이 많은데 달러보험은 환율 수준에 민감한 고객에게 선보이는 적립식 상품으로 매월 US$를 적립식 또는 거치식으로 투자하여 통화분산을 통한 코스트 에버리징 효과(DCA, Dollar Cost Averaging Effect)를 발생시켜 수익성과 안전성을 추구하는 상품이다.

　외화보험은 은행의 예·적금처럼 금리연동형 보험 상품의 적립금에 공시이율을 적용하는데 은행의 외화예금보다 공시이율이 상대적으로 약간 높게 형성되는 구조로 상품이 설계되어 있다.

　외화보험의 종류는 미국달러형, 중국위안화형 등 두 종류로서 가입자는 환율변동과 통화별 수익률 등을 고려하여 미국달러형 또는 중국위안화형 중에서 한 가지를 선택하여 가입할 수 있다. 달러보험은 외화보험 중 가장 큰 비중을 차지하고 있다. 외화보험의 보험료 납입 및 지급, 연금지급, 보험계약대출 등 모든 금전의 수수는 미국달러형은 미국의 통화인 미국달러로, 중국위안화형은 중국의 통화인 위안화로 한다.

상품구조는 일반저축성보험 및 일반연금보험과 동일하며 상품 기본구조는 다음과 같다.

외화보험의 상품구조

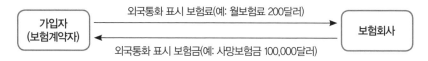

유니버설 기능이 있는 외화보험은 금리확정형과 금리연동형으로 구분되며 주로 금리연동형상품이다. 일부 상품은 가입 후 5년, 10년 등 일정기간은 확정금리, 그 기간이 경과된 후에는 변동금리를 적용한다.

상품 종류는 적립형과 거치형이 있다. 적립형의 경우 계약자적립금에 대한 적립이율은 공시이율로 하며 연 2.5% 정도이고 최저보증이율은 경과기간에 따라 10년 이하는 연복리 1.5%, 10년 초과는 연복리 0.5% 정도를 적용한다. 가입요건은 보험기간은 10년 이상, 보험료 납입기간 5/10년, 가입연령은 15~50/60/65/70세, 납입보험료의 한도는 달러형 기본보험료 기준으로 적립형은 월납보험료 100~1,000,000달러까지이고, 일시납은 30,000~5,000,000달러까지이다. 추가납입보험료의 한도는 일반상품과 동일하게 적용된다. 외화보험의 상품 유형은 저축성보험, 연금보험, 변액보험, 종신보험 등과 결합되어 다양한 형태로 출시되고 있다.

외화보험의 상품 공시이율은 일반상품과 달리 미국, 중국 등 해당 국가의 국고채 금리 등 시장금리를 기반으로 결정되므로 이에 따라 만기보험금과 해지환급금이 변동된다.

외화보험은 운용방식과 적립금 부리방법, 최저보증이율 적용 등 취급 보험회사마다 상품내용이 조금씩 다르므로 비교한 후 선택한다. 저축성 보험과 동일하게 10년 이상 유지 시 비과세혜택이 주어지며 예금자보호 대상 상품이다. 외화보험은 주로 방카슈랑스 채널 또는 대면 채널을 통해 판매되고 있다.

외화보험 상품 가입 시 꼭 알아둘 핵심 꿀팁 3

1. 외화보험은 환율변동 위험성이 있으므로 신중히 선택한다.

외화보험은 환율변동에 따라 납입보험료와 수령하는 보험금의 원화가치가 달라진다. 보험료와 보험금을 주로 미국 달러 등 외국통화로 주고받으므로 가입자가 보험료를 납입할 때는 원화를 외화로 환전하게 되고, 보험금을 받을 때에는 외화를 원화로 환전하는데 이때 당시의 환율에 따라 원화가치가 달라질 수 있다. 만일 보험료 납입 시 환율이 상승하면 가입자의 보험료 부담이 늘어나고 보험금 수령 시 환율이 하락하면 보험금의 원화환산금액이 하락할 위험이 있고 환율변동에 대한 위험은 귀책사유가 적용되어 모두 가입자가 지게 되므로 신중히 선택한다.

2. 환리스크와 금리변동 가능성을 반드시 확인한다.

외화보험은 환차익을 얻기 위한 환테크 목적수단으로 가입하는 금융

상품이 아님을 유념한다. 환테크란 환율의 변동 방향을 예측하고 그에 따라 자금을 운용하여 수익을 얻는 것을 말한다. 외화보험 가입 후 환율이 하락하면 계약해지 외에는 환율변화에 능동적으로 대처할 만한 마땅한 방법이 없고 계약을 중도해지할 경우 해약환급금이 원금보다 적을 수 있다. 외화보험은 환차손 또는 환차익의 환율 리스크와 금리변동 가능성 등 오퍼레이션 위험(Operation risk)이 항상 존재하므로 가입 시 대처 수단이 있는지 상품안내장을 꼼꼼히 살펴본다.

3. 해지환급금 지급 시 시장가격조정률(MVA)을 적용한다.

외화보험 거치형의 경우 일반 상품과 다르게 만기지급형 상품은 보험기간 중 해지 시 시장가격조정률을 적용하여 해지환급금을 지급한다는 점을 알아둔다. 외화보험은 보험기간 동안 보험계약자에게 가입 시점의 공시이율을 적립이율로 확정해 지급하기 위해 동일 만기구조를 갖는 자산 포트폴리오를 구성하는데 만일 보험기간 중 계약이 해지되는 경우 보험회사는 해당 자산을 매각하게 되며 이때 금리가 상승(하락)할 경우 해당 자산의 시장가격은 하락(상승)하게 되고 그로써 자산의 매각손익이 발생하게 된다. 이러한 자산의 매각손익을 해지환급금에 반영하기 위한 비율을 시장가격조정률(MVA, Market Value Adjustment)이라고 한다. 해지환급금은 계약자적립금에 1-시장가격조정률을 곱하여 계산한 금액이다.

해지환급금은 시장가격조정률이 20% 이상인 경우는 20%를 최고한도로 하여 계산하므로 해지시점 계약자적립금의 80%는 보장된다.

3장

종신보험과 CI/GI보험
종합분석 및 가입 꿀팁

보험은 단순히 보험금이라는 돈을 물려주는 것이 아닌 가족에게 따뜻한 사랑을

전달해주는, 가족 사랑을 위한 최소한의 실천수단이다.

가족 위한 최고의 웰다잉 상품 종신보험

가정은 가장을 중심으로 ① 가장의 출생 → ② 배우자와 결혼 → ③ 가정의 탄생 → ④ 가족의 형성 → ⑤ 가족의 독립 → ⑥ 가정의 소멸 등 자연의 법칙에 따라 일정한 라이프 사이클을 그린다. 가장은 배우자를 만나 결혼하여 탄생된 자신의 가정이 아기를 낳아 양육과정을 거치고 결혼시켜 완전히 독립하고 난 이후 자신과 배우자의 사망으로 인하여 가정이 소멸되는 그날까지 자신이 만들어놓은 가성에 머문 가족들의 삶이 언제나 편안하도록 경제적 안정망을 구축해놓아야 한다. 어느 가정이든 만약이라는 불확실성에 따른 재정위기는 항상 존재하며 아내는 일반적으로 가장인 남편보다 평균수명이 길므로 가장의 일생과 가정의 소멸 시점이 일치하기는 불가능하다.

따라서 가장은 현재의 재무 상태를 기초로 어떤 유형의 삶의 리스크가 발생하더라도 가정의 행복과 안정을 책임지고 지킬 수 있도록 생활보장 자산을 하자 없이 마련해놓아야 하는데 그 첩경이 바로 종신보험이다. 내가 세상을 떠나더라도 나의 사랑하는 가족이 나로 인해 행복하다면 그것이 진정한 가족 사랑의 실천이다. 아름다운 웰다잉(well-dying)을 이루는 가장 좋은 방법은 종신보험을 가입하여 가족에게 영원히 경제적 안심을 심어주는 것이다.

사망원인 관계없이 보장받는 유일한 상품

종신보험(Whole Life Insurance)이란 주로 가장이 사망하게 될 때 유가족들이 최소한의 삶을 안정적으로 누리기 위해 필요한 생활비용을 보장해주기 위하여 가입자 본인이 사망한 경우 보험금이 지급되는 사망급부형의 순수보장성보험을 말한다.

보험계약이 계속 유지되는 동안에는 어떤 형태의 이유로 언제 사망을 하고 무슨 이유로 장해를 당했든 간에 사망사유에 관계없이 언젠가는 반드시 약정된 사망보험금이 모두 다 지급되는 사망보험 상품이다. 또 보장욕구에 맞춰 주계약의 기본적인 사망보장 이외에 암, 질병, 재해, 입원 등 각종 위험에 대한 다양한 특약을 자유롭게 조립하여 맞춤설계를 할 수 있는 주문형(Order Made) 상품이다.

종신보험은 ① 사망원인과 관계없이 당초 약정한 보험금을 100% 지급해주고 ② 질병으로 인한 일반사망 시에는 재해사망 시와 동일하게 보험금을 지급해주는 유일한 상품이다. 따라서 종신보험은 일반보험보다 일반사망 시의 위험보장금액이 훨씬 크다. 다른 보험 상품은 보장기간이 일정기간(나이)으로 제한되어 있고 대형사고 시 지급되는 보험금액이 1억~ 3억 원 수준으로 한정되어 있다. 그러나 종신보험은 일반사망보험금을 최저 1,000만 원에서 10억, 20억 원까지(이상도 가능) 자유롭게 선택하여 가입할 수 있다. 단, 보험료 납입기간이 적을 경우 해지환급금이 매우 적어 손해의 폭이 큰 상품이므로 가입에 앞서 요모조모 꼼꼼히 잘 따져본다.

종신보험은 상품 종류가 매우 다양해 선택의 폭이 매우 넓다. 종신보험 상품은 상품 구성방법, 상품내용, 운용방법에 따라 7가지 상품으로 구분된다.

종신보험 상품 유형 7가지

① 약정된 보험금을 언제든지 지급해주는 정액형 상품인 전통형 종신보험

② 종신보험과 CI보험이 결합된 상품으로 종신보험의 단점(사망 시 보험금 지급)과 CI보험의 단점(보험료가 상대적으로 비쌈)을 보완한 상품인 CI종신보험

③ CI종신보험보다 보장범위가 넓은 GI종신보험

④ 변액보험과 종신보험이 결합된 실적배당형 상품으로 전통형 종신보험과 가장 큰 차이점은 보험료를 펀드에 투자하는 'Middle Risk Middle Return' 형의 보험투자 상품인 변액종신보험

⑤ 유니버설보험의 기능과 종신보험의 기능을 합한 상품인 유니버설종신보험

⑥ 보험과 은행, 투자증권(펀드)이 결합된 다기능 종신보험인 변액유니버설 종신보험

⑦ 생존 시에는 연금이나 의료비 지급 기능을 하다가 사후에는 남은 종신보험금으로 장례비 지급 등이 가능하도록 설계한 연금선지급형 종신보험(연금 전환 종신보험)

전통형종신보험은 약정된 보험금을 언제든지 지급해주는 정액형의 비갱신형 무배당상품이다. 또 최저보증이율을 적용하는 보증비용부과형 상품이다. 금리부가 방식은 금리가 고정돼 있는 확정금리형과 적용이율이 변동되는 변동금리형 등으로 구분된다. 유니버설 기능이 있는 상품과 기능이 없는 상품이 있으며, 환급금 여부에 따라 일반형과 무해지/저해지환급형이 있다. 해지환급금 보증 여부에 따라 해지환급금보증형과 해지환급금미보증형이 있다. 해지환급금보증형은 최저사망보험금과 최저해지환급금을 모두 보증해주는 상품이고, 해지환급금미보증형은 최저사망보험금만 보증하고 최저해지환급금은 보증하지 않으므로 보험료는 해지환급금보증형이 해지환급금미보증형보다 다소 비싸다.

CI종신보험과 GI종신보험은 사망보험금과 중대한 질병 또는 중증질환 발병 시 주계약 사망보험금의 일부(50~80%)를 앞당겨 치료비로 받을 수 있는 보험금선지급 상품이다. [* CI종신보험과 GI종신보험 상품에 대한 분석과 가입비법은 2장에 별도로 기재하였다.]

종신보험 가입요건은 가입나이는 15/20/30~70/75/80세 등이며 보험기간은 종신이다. 가입한도는 보험가입금액 주계약 기준으로 1,000만/2,000만~1억/2억/3억/5억/10억/20억 원 등 다양하며 위험직급별 가입한도는 별도로 설정한다. 보험료 납입기간은 가입나이에 따라 다른데 5/

7/10/15/20년납 또는 55/60/65/70/80세납 등이다.

보험료 규모는 비갱신형, 금리연동형, 유니버설 기능형으로서 주계약 보험가입금액 1억 원, 40세 가입, 20년납, 월납, 특약 제외, 표준체 기준 가입 시 남자는 약 25만 원, 여자는 약 21만 원 내외인데 특약조립방법에 따라 많이 차이 나므로 해당 상품의 약관을 꼼꼼히 살펴본다.

종신보험은 정기보험과 달리 해약환급금이 지급되므로 향후 가정의 경제준비자금 설계 시 부족한 자금과 연계하여 장기저축으로도 활용이 가능하다. 또 세액공제와 상속 및 증여 등 세테크 기능을 적극 활용하여 세테크 효과와 더불어 상속재원 마련을 위한 상속플랜으로도 안성맞춤이다. 그리고 종신보험은 연금 전환 기능이 있어서 활동기에는 일반사망과 재해사망 구분 없이 고액을 보장받고, 은퇴 이후에는 연금 전환을 통하여 그간 납부한 보험료(해약환급금)를 노후생활자금으로 전환해 활용할 수 있다.

특히 은행 기능을 살린 유니버설종신보험과 종신보험 중 특별계정(Separate Account) 부분을 펀드로 운용하는 변액종신보험 및 변액유니버설종신보험은 10년 이상의 장기재테크 상품으로도 손색이 없다. [* 변액종신보험 및 변액유니버설종신보험에 대한 세부내용은 5장의 변액보험 종합분석 및 가입 꿀팁 참조]

▶ 보장과 저축 겸한 유니버설종신보험

유니버설종신보험이란 유니버설(Universal)보험, 즉 은행의 적금(목적자금설계) 기능과 종신보험의 보장자산(위험보장설계) 기능을 접목한 다목적(Universal) 보험 상품을 말한다. 유니버설종신보험은 기본적으로 사망보장 이외에 저축을 겸비하여 긴급자금이 필요할 경우 보장기간 중에는 적립금을 매년 생활자금 형식으로 은행 통장과 같이 중도인출하여 활용할수 있고, 경제적 여유가 생길 경우 보험료 추가납입을 통해 보장자산 규모를 늘릴 수 있다. 또 월대체보험료납입제도가 있어서 보험료 납입 의무기간이 경과한 이후에는 보험료 납입을 중지(유예)할 수도 있다. 연금 전환 기능도 있어서 미래의 라이프 사이클 변화에 따라 가입 후에도 목적자금 플랜이 가능하다.

유니버설종신보험은 시중금리와 해당 보험회사의 자산운용 수익률을 반영한 공시이율을 적용하는 변동금리형 상품으로 계약자 적립금액이 변동된다. 즉, 금리가 올라갈 경우 사망보험금이 증가한다. 공시이율은 연1회 복리로 운용되고 최저보증이율을 적용하므로 금리가 하락하더라도 최저이율은 보장해준다. 10년 이상 유지 시 보험차익에 대해 전액 비과세 혜택과 연간납입보험료 중 100만 원까지 보장성보험 세액공제 혜택이 주어진다.

유니버설종신보험은 경제적 능력에 따라 납입액을 많게 또는 적게 조정이 가능하므로 경기 상황에 따라 수시납입 및 추가납입을 통해 사업자금의 유연성 확보를 원하는 자영업자나 사업주 등에게 유리한 상품이다. 또 상속설계 차원에서 고액의 자금을 일시금으로 또는 매월 예치하려는 고연령층 자산가에게 적합한 상품이다. 단, 의무납입기간과 약관대출의 한도가 보험회사마다 다르고 또한 중도에 필요시 출금 가능한 금액의 범위가 연 X회, 해약환급금의 X% 이내로 인출 가능하도록 설계되어 있고 선택특약은 갱신형과 비갱신형이 있으므로 가입 시 잘 살펴본다.

▶ 종신보험 올바른 가입요령 및 주의사항 핵심 꿀팁 10

1. 종합적인 재무상태 확인 및 보험증권분석 실시 후 맞춤설계

종신보험 가입 전 먼저 가입해놓은 생명보험과 손해보험, 공제, 우체국 등 모든 보험 상품에 대하여 증권분석을 한 후 가정의 경제 규모와 재무상태 및 향후 변화추이를 고려하여 재설계한다. 종신보험은 해약 시 리스크(납입보험료 대비 환급금)가 매우 크므로 보험료를 과도하게 지출하면서 가입하면 향후 가정경제에 상당한 압박요인으로 작용한다. 장기간 보험료를 꾸준히 낼 수 있는지 가정의 재무 상태 및 라이프 스타일, 가정의 주소득원인 가장의 소득 등을 고려하면서 보험료 지불 여력을 충분히 따져보고 결정하는 것이 가입 시 선결조건이다. 즉, 자신의 보험치수와 생활치수와 가장 알맞은 상품을 적절히 선택하는 것이 현명한 보험 재테크이다.

2. 각종 종신보험 상품 비교분석 후 최적의 상품 선택

종신보험은 상품 종류가 많고 성격도 각기 다르다. 종신보험을 취급하는 보험회사의 상품을 취합하여 살펴보면서 전문가의 도움을 받아 그중 어떤 상품이 제일 좋은지 자문을 하고 최종 선택은 본인이 한다. 그리고 향후 소득이나 지출의 규모가 달라지고, 화폐가치가 달라지는 것을 예상하여 종신보험가입 후 일정시기(주로 5년)마다 정기점검을 통해 보장내용을 리모델링할 필요가 있다.

3. 생활보험 상품과 균형을 맞춰 설계

종신보험은 어디까지나 사망을 전제조건으로 계약이 성립되는 까닭에 살아 있을 때에는 별로 도움이 되지 않으므로 생활보장상품으로 역할을 충분히 하면서 노후간병보장도 되는 상품을 골라 가입하는 것이 바람직하다. 가정의 기본 인프라로 종신보험을 깔아놓되 그 위에 노후와 평상시 건강한 삶, 사회생활 시 대두되는 비용손해와 배상책임이 뒷받침될 수 있도록 일정 부분을 할애해서 다른 생활보장보험 상품과 균형을 맞추도록 한다.

4. 연금보험이나 저축성보험의 대체 상품으로 가입은 금물

종신보험은 목돈 마련이나 노후자금 마련을 위한 장기 저축성보험 상품이 아니다. 상품구조가 사망을 담보로 설계되었기 때문에 경과기간이 길 경우 해약환급금이 발생하더라도 적립보험료가 저축성보험이나 연금보험보다 훨씬 적다. 그 이유는 납입보험료 중 사망보험금의 자원이 되는 위험보험료의 규모가 크고 신계약비(계약체결비용)와 유지비(계약유지관리비용)가 더 많이 발생하여 해약환급금의 재원이 상대적으로 작기 때문이다. 즉, 종신보험 가입 후 매월 납입한 보험료에서 사망보험금 지급을 위한 재원인 위험보험료와 보험관계비용인 신계약비, 유지비 등 사업비(부가보험료)의 비용과 그 외 각종 수수료가 차감되고 난 나머지 금액이 저축보험료로 분리되어 적립(적립보험료)되기 때문에 10년 이상 보험료를 납입해도 적립금(해지환급금)이 이미 납입한 보험료(원금)에 미치지 못할 가능성이 높다.

그리고 종신보험의 보험료 추가납입 기능은 저축성보험과 유사할 것이라 생각하지만 다르다. 보험료 추가납입제도는 일반적으로 기본보험료 2배 이내에서 보험기간 중 보험료를 추가로 납입하는 기능을 말한다. 그런데 종신보험은 이미 기본보험료에서 높은 위험보험료와 사업비(비용·수수료)가 차감되기 때문에 추가납입보험료를 활용한다 해도 환급률이 위험보험료와 사업비가 상대적으로 낮은 저축성보험의 환급률을 초과하기는 어렵다. 따라서 순수한 저축과 연금을 목적으로 가입할 경우에는 바람직하지 못하다는 점을 유념해야 한다.

5. 자신에게 가장 알맞은 특약 선택

종신보험은 주계약과 정기특약, 재해사망특약, 암특약, 배우자보장특약, 의료비특약 등 선택 가능한 여러 가지 부가특약으로 구성돼 있다. 이때 기존에 가입한 다른 보험 상품에 동일한 보장내용이 있으면 제외한다. 특약의 보험기간은 대개 종신이 아니고 일정 기간으로 한정하도록 설계되어 있다. 배우자보장특약은 보험료 할인효과를 볼 수 있기 때문에 선택하는 것이 유리하다. 특약은 보험회사마다 부가 내용과 보장범위가 각기 다르므로 잘 살펴본다.

6. 가급적 젊은 시절 상령월 전 일찍 가입

나이가 들수록 질병을 포함해 사망 위험에 대한 노출빈도가 높고 이에 비례하여 보험료가 올라가기 때문에 한 살이라도 젊었을 때 가입하는 것이 보험료를 조금이라도 적게 내면서 오랫동안 보장을 받을 수 있는 방법이다. 가급적 상령월(보험가입 때 적용되는 나이가 바뀌는 달)을 기억하는 것이 유리하다.

7. 건강체할인, 무해지환급형 등 보험료 절약방법 심층 모색

종신보험의 보험료는 정기보험보다 훨씬 비싸다. 더구나 보험료 불입기간이 매우 길므로 경제적으로 부담도 생길 수 있다. 이럴 경우 보험료를 줄일 수 있는 효과적인 방법은 건강체할인특약을 적극 활용하거나 무해지환급형 또는 저해지환급형 종신보험에 가입하는 것이다.

건강체할인특약이란 보험회사가 정한 건강 상태 요건을 충족할 경우 보험료를 할인해주는 제도이다. 건강체의 경우 보험료 할인율은 보험회사별로 보험 상품 구조 및 가입요건 등에 따라 다른데 일반적으로 5~10% 정도의 보험료를 할인받을 수 있다. 보험회사에 따라 건강체할인특약을 설정하지 않거나 건강 상태 충족 요건이 다를 수 있으므로 보험가입 전 가입하고자 하는 상품이 건강인 할인특약 대상인지 등을 미리 살펴본다.

무해지환급형 종신보험이란 보험계약을 보험료 납입기간 중 해지할 경우 해지환급금이 지급되지 않는 상품을 말하고, 저해지환급형 종신보험이란 보험료 납입기간 중 일반종신보험보다 낮은 해지환급금을 지급하는 상품을 말한다. 일반종신보험보다 보험료가 무해지환급형은 20~30%

정도, 저해지환급형은 10~20% 정도 저렴하므로 보험계약을 중도에 해지하지 않고 지속적으로 유지할 수 있다면 무해지 또는 저해지 종신보험을 가입하는 것이 경제적으로 유리하다. 무해지 또는 저해지 환급형 종신보험은 보험료납입기간이 완료되면 일반종신보험 상품과 동일한 환급률이 적용된다.

8. 보험회사는 재무건전성을 고려하여 선택

보험은 가입할 때는 까다롭지만 나중에 보험사고가 발생하였을 때 신속 정확하게 보상처리를 해주는 회사가 가장 좋은 것임을 꼭 알아둔다. 특히 종신보험은 평생을 보장받는 상품이므로 회사의 재무건전성과 안정성은 대단히 중요한 선택요소이다. 보험회사를 선택할 경우에는 ① 보험회사의 안정성과 신뢰성 ② 보장내용과 보장범위, 계약 조건 ③ 보험가입금액 대비 보험료 규모 ④ 경과연도별 해약환급금 규모 ⑤ 보험사고 발생 시 업무처리의 신속성 등 각종 부대 서비스의 질 ⑥ 담당설계사의 지속적 서비스 여부 등을 종합적으로 확인한 후 가장 적합한 회사를 선택한다. 보험회사의 안정성은 지급여력비율(RBC, Risk Based Capital)로 판단할 수 있으며 여러 신용평가기관의 자료를 참고한다.

9. 가입 후 유지 곤란 시 보험료조정제도 적극 활용

종신보험은 평생 동안 유족생활자금을 보장하는 예비자산인 만큼 가급적이면 해약하지 않아야 한다. 종신보험은 가입한 금액만큼의 사망보험금을 종신토록 보장받기 때문에 가입한 계약은 계속 유지하는 것이 좋다.

만약 어쩔 수 없는 경제적 어려움을 당하여 해약할 수밖에 없는 처지라면 보험료 조정제도를 적극 활용한다. 우선 보험계약대출(약관대출)을 이용한다. 그리고 추가적인 보험료 납입 없이 보장을 이어갈 수 있는 보험료 납입중지 및 유예제도 등을 활용한다.

10. 전문컨설턴트 잘 만나 상담받고 신중히 결정

사람의 살아가는 모습이 제각기 다른 것과 같이 종신보험도 각자의 경제적 상황과 생활조건에 맞게 설계되어야 하므로 전문상담사를 잘 만나 자문을 받고 난 다음 신중히 결정한다. 보험전문가의 능력에 따라 종신보험의 보장내용이 달라지고 보험료 규모가 다르게 산출될 수 있기 때문이다. 주문형 조립상품은 좋은 보험컨설턴트를 만나 자신에게 적합한 상품이 무엇인지 조언을 받고 가입하는 것이 중요하다.

종신보험 가입 여력 안 되면 정기보험 선택

'가족보장을 위해서는 반드시 종신보험만 가입해야 하나? 지금 형편으로는 종신보험 보험료가 너무 비싸 가입할 엄두가 안 나는데 이럴 때 마땅한 보험은 없을까? 정기보험을 가입하면 안 될까?'

만약 위와 같은 문제로 고민한다면 가장의 경제활동기에 집중적으로 가족에 대한 보장을 해주는 정기보험을 선택하는 것이 바람직하다.

보험가입자(피보험자)의 사망을 보장하는 사망보험의 유형은 크게 가입 후 평생 동안 사망을 보장하는 종신보험과 일정 기간(10년, 20년, 70세, 80세까지 등) 동안 사망을 보장하는 정기보험 등 2가지로 구분된다. 종신보험은 평생 동안 보장해준다는 장점이 있지만, 보험기간이 길다 보니 정기보험보다 보험료가 훨씬 비싼 단점이 있다. 반대로 정기보험은 짧은 기간의 사망을 보장해주므로 종신토록 보장받지 못한다는 단점이 있지만, 보험료가 종신보험보다 훨씬 저렴한 장점이 있다.

보험은 어디까지나 가계자금의 흐름에 따라 그에 맞춰 가입하는 것이 제일 현명한 선택이다. 즉, 생활치수와 보험치수를 맞춰나가야만 오래도

종신보험과 정기보험 비교

구분	종신보험	정기보험
보험성격	사망 시까지 사망보장성 보험	정해진 기간의 사망보장성 보험
보장기간	평생(가입 후~사망 시까지) 보장, 만기 없음	보장기간 설정, 약정기간까지 보장, 만기 있음
보장내용	사망 시 보험금 발생	약정기간 내 사망 시 보험금 발생
보험료	상대적으로 매우 비쌈	상대적으로 매우 저렴
해약환급금	적립금 발생, 해약 시 지급	소멸성보험(해약 및 만기 시 환급금 없음)

록 가입한 보험을 잘 유지해 보험 만족과 기쁨을 맛볼 수 있다. 따라서 경제적 능력이 있는 활동기간 중 사망할 경우를 대비하여 유가족의 경제적 보상을 위해 가입하는 경우에는 보장기간은 짧지만 보험료가 저렴한 정기보험을 선택하는 것이 바람직하다.

가족을 위한 보장자산 확보는 필수불가결한 요소이지만 현실적으로 가계 운영상 종신보험 가입 시 보험료가 부담이 되는 사람들에게는 정기보험이 안성맞춤이 될 수 있다.

특히 새내기 직장인이나 결혼 초기 가장의 경우 종신보험에 가입할 여력이 없다면 일단 정기보험으로 가족보장을 받다가 경제적으로 여유가 생기는 시점에서 인생 5L(Life Cycle, Life Style, Life Stage, Life Scale, Life Way)을 토대로 필터링을 하면서 라이프 디자인을 하고 보험 포트폴리오 리밸런싱을 다시 실시해 종신보험으로 전환 또는 가입 문제를 심도 있게 검토하는 것이 바람직하다.

평생을 보장하는 종신보험과 달리 정기보험은 피보험자가 보험기간 중에 사망한 경우에만 보험금을 지급하므로 보장성보험 가입 시 최선책은 종신보험을 선택하는 것이지만 여건이 안 될 경우에는 차선책으로 정기보험을 선택하는 것이다.

종신보험은 보장성보험이란 측면에서 볼 때에는 나무의 줄기와 같은 상품이므로 가지에 해당되는 부분은 해결하기 어려운 면도 있을 수 있다. 따라서 종신보험은 가정의 기본 인프라로 깔아놓되 그 위에 자녀 독립 후 부부만의 골드인생과 평상시의 건강한 삶이 뒷받침될 수 있도록 일정 부분을 할애해서 반드시 다른 보험 상품으로 부족분을 채워놓아야 한다.

100세 시대, 특히 노후가 자기 책임인 시대에는 보장자산의 과부족 없는 확보와 더불어 은퇴 이후의 연금자산도 반드시 미리 확보해놓아야만 한다.

따라서 종신보험을 가입할 여력이 안 된다면 대안으로 정기보험을 가입하여 가족보장 자산을 마련해가면서 연금보험으로 노후보장을 받는 방법도 고려해보는 것이 바람직하다.

실제로 경제활동기보다 노후생활이 더 길게 형성되어가는 추세이므로 경제활동기에는 가족을 중점적으로 보장해주는 정기보험이 종신보험보다 더 알뜰한 보험 재테크가 될 수도 있다.

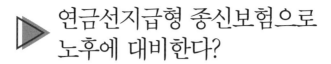

연금선지급형 종신보험으로 노후에 대비한다?

연금선지급형 종신보험은 연금전환특약이 부가된 종신보험으로 생존 시에는 연금이나 의료비 지급 기능을 하다가 사후에는 남은 종신보험금 으로 장례비지급 등이 가능하도록 설계한 위험보장과 장기저축을 결합한 하이브리드형 보험 상품으로 연금전환종신보험이라고도 한다.

전통적인 종신보험은 가장이 사망할 경우 사망보험금을 통해 남겨진 가족들의 생계를 보장하는 것이 주목적이기 때문에 보험가입자가 노후생 활자금 마련을 위해 연금으로 전환할 경우에는 사망보장이 사라져 사망 보험금을 받을 수 없도록 설계되어 있다. 그래서 전통형 종신보험을 가입 한 후 은퇴할 경우 연금 전환 시 사망보험금의 일부를 미리 연금으로 받 고 사망할 경우에는 남은 적립금으로 사망보험금을 지급해주는 연금선지 급형 종신보험이 필요하다.

연금선지급형 종신보험은 수령하는 연금을 당시 목적자금의 필요 수 요에 맞춰 자녀학자금, 질병치료자금 등의 명목으로 다양하게 활용할 수 있다.

그러나 노후에 수령하게 될 연금자산의 파이 규모만을 놓고 생각할 경우 연금선지급형 종신보험은 일반연금보험 상품과는 다음과 같은 3가지 차이점이 있으므로 신중히 선택해야 한다.

첫째, 종신보험은 연금 전환 기능은 있지만 상품구조 자체가 노후자금 마련 목적으로 설계된 연금 상품이 아니다.

연금선지급형 종신보험은 보험가입자가 사망할 경우 유가족 등에게 사망보험금이 지급되는 보장성보험으로 설계된 관계로 순수한 연금보험 상품보다 사업비 규모가 크고 이에 따라 적립보험료가 적기 때문에 순수한 연금자산 확보 수단으로는 적합하지 않다.

둘째, 연금선지급형 종신보험의 상품이율 적용방식은 연금저축보험 및 일반연금보험과는 다르게 공시이율이 아닌 최저보증이율이 적용된다.

연금선지급형 종신보험은 종신보험의 가입금액인 사망보험금을 연금으로 받는 형식이므로 기존 종신보험과 달리 생전보장을 강화했지만 일반연금보험 상품과 비교했을 때는 연금수령액이 적은 구조이다. 따라서 동일한 보험료를 납입한 연금보험보다 적은 연금액을 수령하게 될 가능성이 높다.

셋째, 종신보험이나 변액종신보험 등 연금 전환 기능이 부가된 상품은 은퇴 이후 적절한 시점에 연금 전환을 할 경우 연금 전환 시점의 경험생명표를 적용받기 때문이다.

즉, 현재 적용하고 있는 경험생명표가 아닌 연금 전환 당시에 작성한 경험생명표를 적용하여 연금지급준비금을 계상하게 된다. 그렇게 되면 경험생명표상 연금생존율이 자연히 높아지게 된다. 평균수명이 길어짐에 따라 새로운 경험생명표를 적용할 때마다 경험생명표상의 생명률이 2년 정도 늘어나게 되는데 이 늘어난 기간만큼 종신토록 지급받을 수 있는 연금총액은 상대적으로 줄어들게 된다.

따라서 경험생명표가 변경될 때마다 은퇴 시점에서의 생존율은 높아지고 사망률은 점점 낮아지게 되므로 연금지급률 및 지급되는 연금액도 자연적으로 낮아지게 되는 것이다. 만약 연금사망률이 현재 추세대로 5년마다 10% 안팎으로 줄어든다고 가정할 경우 연금 전환을 하면 연금수령 금액 또한 매년 약 10%씩 줄어들게 되는 셈이다.

그러나 연금보험 상품은 연금 전환 시 연금 전환 시점의 경험생명표를 적용받지 않고 가입 당시의 경험생명표가 그대로 적용되기 때문에 당초 약정한 연금지급률에 변함이 없다. 이에 따라 연금을 지급받는 기간이 길어지면 길어질수록 종신보험을 연금 전환을 하였을 경우와 연금보험을 가입한 후 연금 전환을 하였을 경우 지급받게 되는 총연금수령액의 규모가 점점 더 벌어지게 된다.

위 3가지 차이점을 유념하면서 단순히 노후자금 마련을 위해 종신보험에 가입할 생각이라면 종신보험이나 연금선지급형 종신보험(연금 전환 종신보험)보다는 일반연금보험을 선택하는 것이 바람직하다.

▶ 중증질환을 보장하는 CI보험과 GI보험

가장에게 치명적이거나 또는 매우 심한 중증질환이 발생하면 어느 가정이나 막론하고 ① 실직으로 인한 소득 상실과 허탈감 ② 고액치료비 부담에 따른 경제적·심리적 압박감 등 2가지 위급한 상황이 발생한다. 이로 인해 사후보다 생존을 위한 비용이 환자에게는 물론 가족에게도 더 큰 부담으로 대두된다. 최근 통계를 보더라도 특히 치명적인 중증질병 발생 시 사망보다는 생활보장이 절실하게 요구되는 상황이다.

종신보험은 사망해야만 보험금이 지급되는데 현실적으로는 후유장애 상태가 지속되어 병치레로 고액치료비, 실직에 따른 생활비, 신체장해에 따른 간병비, 채무변제, 요양비 등 거액의 돈이 지출될 상황에 처할 경우 지급되는 보험 상품이 더 필요하다.

이런 상황이 발생하지 않도록 미리 경제적·정신적 부담을 줄일 수 있도록 중증질환을 집중 보장하여 약정한 비율에 따라 보험금을 선지급해주는 생활보장형 보험 상품을 가입해둘 필요가 있다. 중증질환을 보장하는 대표적인 보험 상품으로는 CI보험과 GI보험이 있다.

CI(Critical Illness)보험은 암 말기, 뇌졸중, 심근경색, 신부전증 등 중대한 질병에 걸렸을 경우 사망보험금을 선지급해주고, 사망 시에는 잔여보험금을 유가족에게 미리 지급하여 다목적자금으로 가정의 생활안정에 기여할 수 있도록 설계된, 질병보험과 종신보험을 결합한 보장형 상품을 말한다.

GI(General Illness)보험은 CI보험에서 '중대한'이라는 부분을 제외하고 일반적인 질병을 보장하는 종신보험 상품을 말한다. 유방암 및 전립선(샘)암 이외의 일반암, 뇌출혈, 급성심근경색증, 말기신부전증, 말기만성폐질환, 말기간질환이 발생하거나 또는 일상생활장해 상태, 중증치매 상태로 최종진단 확정 시 질병진단자금을 지급함으로써 실질적인 생활 및 치료를 가능하게 하여 안정적인 삶을 영위할 수 있도록 하는 종합생활보장(Total Life Care)보험이다.

CI보험과 GI보험의 가장 큰 장점은 중대한 질병에 걸렸을 경우 사망보험금의 일부를 선지급해주고 그 시점부터 차회 이후의 보험료가 모두 면제된다는 점이다. '중대한'의 정의는 보험회사가 판매하는 개별 약관에 별도로 정의된 내용을 말하며 해당 약관에 명시되어 있는 대로 중대한 질병과 중대한 수술 시 보험금 지급이 가능하다. 가족력이 있다거나 또는 건강상 특정 부위가 약하여 향후 질병 발생 소지가 다분하여 중병에 걸릴 고위험군이라 판단되면 CI보험은 그를 대비할 수 있는 적합한 상품이다. CI보험에서 보험금을 선지급하는 주요 질병과 수술의 보장범위는 다음과 같이 크게 5가지로 구분된다.

246

CI보험과 GI보험의 선지급보험금 지급 대상 및 보장범위

지급 대상	사망보험금을 선지급하는 주요 질병 및 수술 보장범위
중대한 질병	CI보험은 중대한 암, 중대한 뇌졸중, 중대한 급성심근경색증 GI보험은 암, 뇌출혈, 급성심근경색증 및 말기신부전증, 말기간질환, 말기폐질환, 원발성 폐동맥 고혈압, 중증 세균성수막염, 다발경화증, 루게릭병(근위축성측삭경화증), 중증재생불량성빈혈, 중증루푸스신염 등
중대한 수술	관상동맥(심장동맥)우회술, 대동맥인조혈관치환수술, 특정심장판막수술, 5대 장기이식수술(심장, 간장, 폐장, 췌장, 신장) 등
중대한 화상 및 부식 (화학약품 등에 의한 피부 손상)	중대한 화상 및 부식(화학약품 등에 의한 피부 손상)의 정의에서 정한 중대한 화상 및 부식(화학약품 등에 의한 피부 손상)을 의미하며 일반적으로 신체표면적 20% 이상의 3도 이상 화상 또는 부식
기타 중증 상태	일상생활장해 상태, 중증치매 상태, 재해를 직접적인 원인으로 장기요양 상태가 발생한 경우 등

* 주) 보험회사 상품에 따라 선지급 대상과 범위가 조금씩 다르므로 해당 약관 반드시 확인

CI보험과 GI보험의 상품 유형은 전통형 상품 이외에 CI 완치 이후 발생하는 2차 질병을 보장하는 상품, 당뇨치료 상품, 소아암·백혈병 등을 집중 보장해주는 어린이 상품, 연금형 상품, 고도장해 시 월급처럼 소득보상자금을 지급하는 상품, 종신보험의 사망보장 기능과 CI보험의 고액치료비보장 기능을 상호 유기적으로 결합한 맞춤형 상품 등 가입자의 쓰임새에 맞춰 부가설계가 가능한 다양한 상품이 출시되고 있다.

CI보험과 GI보험은 종신형 무배당 상품으로 금리부가 방식은 금리가 고정돼 있는 확정금리형과 적용이율이 변동되는 변동금리형 등으로 구분된다. 유니버설 기능이 있는 상품과 없는 상품이 있으며 환급 여부에 따라 일반형과 무해지/저해지환급형이 있다.

CI보험과 GI보험의 상품 유형은 주보험은 비갱신형 상품으로 보장형계약과 적립형계약으로 구분되며, 특약은 의무특약과 선택특약, 제도성특약으로 구분된다. 선택특약은 갱신형과 비갱신형이 있다. 갱신형특약은 특약별로 3/5/15년 등 갱신되며 피보험자의 최종갱신계약의 보험기간까지 적용된다. 만약 주보험계약의 만료일이 갱신기간 미만일 경우에는 그 남은 기간을 특약의 보험기간으로 한다. 고정부가특약 및 선택특약의 납입주기는 주보험의 납입주기와 동일하다. 제도성특약은 보험료가 없다.

CI보험과 GI보험 상품의 가입요건을 살펴보면 가입나이는 보험회사별, 성별, 납입기간별로 다른데 주로 만 15~60/65/70세 등이고, 보험기간은 종신이다. 보험료 납입기간은 5/10/15/20년납 또는 55/60/65세납 등이고, 주계약 가입한도는 보험가입금액 1,000만~1억/2억/3억 원 등이다. 특약의 가입한도는 의무부가특약은 500만~5,000만 원, 선택특약은 2,000만~1억 5,000만 원 정도이며, 일반적으로 1구좌당 1,000만 원이다. 선택특약은 매우 많으며 보험회사별로 개별 특약마다 다르게 설계 책정하고 있다. 가입한도는 기존 다른 보험 상품의 가입 유무 및 가입금액, 다른 특약의 가입금액, 피보험자의 나이 또는 직업에 따라 달라질 수 있다. 단, 보장급부별 기존 보험계약 통산금액 및 계약사항에 따라 주계약 가입한도 및 특약별 가입한도가 다를 수 있다.

보험료 규모는 비갱신형, 유니버설형, 금리연동형, 일반형으로서 주보험 보험가입금액 1억 원, 기본형, 40세 만기, 표준체, 20년납, 월납 기준으로 남자는 32만 원 내외, 여자는 27만 원 내외인데, 특약의 고정특약 여부에 따라 차이가 많으며 무해지/저해지환급형은 일반형보다 보험료가 저렴하다. CI보험과 GI보험의 보험료 규모는 다른 종신보험 상품뿐만 아니라 다른 유형의 상품에 비해 보험료가 상대적으로 비싸다.

CI보험과 GI보험의 선지급보험금은 여러 가지 선지급 사유 중 최초로 발생하는 한 가지에 대해서만 선지급하고 그 이후 발생하는 사고에 대해서는 선지급하지 않는다. 사망보험금은 피보험자가 보험기간(종신) 중 사망하였을 경우 지급되는데, 일반적으로 보장형은 직전 월계약해당일의 계약자적립금×101%(기본보험금)와 이미 납입한 보험료 중 큰 금액을 지급하고 적립형은 보험가입금액 + 사망 당시의 계약자 적립금액을 지급한다. 단, 이미 지급한 선지급보험금은 차감한 후 지급한다. 보장형의 경우 소득보장형은 은퇴 전과 은퇴 이후로 구분하여 은퇴나이 전 보험기간에 보험금 지급사유 발생 시에는 보험가입금액의 50%를 지급하고 은퇴나이 후 보험기간에 보험금 지급사유 발생 시 직전 월계약해당일의 계약자 적립금×101%(기본보험금)와 이미 납입한 보험료 중 큰 금액을 지급한다.

CI보험과 GI보험에서 보험금은 피보험자가 보험기간 중 중대한 질병 및 수술 보장개시일 이후에 중대한 질병으로 진단 확정을 받거나 또는 중대한 수술을 받았을 때 최초 1회에 한하여 지급한다. 이 경우 유방암과 일반암을 차등 지급하는데 예를 들어 유방암 보험금이 400만 원이라면 유방암을 제외한 일반암은 더 큰 1,000만 원을 지급한다. 소액질병진단보험금도 차등 지급한다. 피보험자가 보험기간 중 양성뇌종양, 갑상선

(샘)암, 전립선(샘)암, 소액악성흑색종, 기타피부암, 경계성종양 또는 중등도 화상으로 진단 확정을 받았을 때에는 300만 원을 지급하지만 비침습 방광암, 대장점막내암, 제자리암으로 진단 확정을 받았을 때는 100만 원을 지급한다.

CI보험과 GI보험의 추가보장특약은 다른 보험 상품보다 상대적으로 많으며 주요 선택특약은 암진단특약, 소액암진단특약, 암수술항암치료특약, 암입원특약(요양병원 제외), 급성심근경색증진단특약, 뇌출혈진단특약, 뇌출혈 및 뇌경색증진단특약, 유방암 및 남녀생식기암보장특약, 유방암 절제수술특약, 자궁난소암절제수술특약, 특정부인과질환수술특약, 정기특약, 수입보장특약, 장기간병특약, 고액암진단특약 등 매우 많다.

피보험자가 보험료 납입기간 중 장해분류표 중 동일한 재해 또는 재해 이외의 동일한 원인으로 여러 신체 부위의 장해지급률을 더하여 50% 이상인 장해 상태가 되었을 때 또는 진단보험금 지급사유가 발생하였을 때에는 차회 이후부터 보험료 납입기간 종료일까지의 보험료 납입을 면제한다.

이 경우 기본보험료만 면제하고 다른 선택특약 보험료는 납입하는 경우도 있으므로 관련 사유 발생 시 꼭 확인한다. 보험료는 GI보험이 CI보험보다 다소 비싸다.

CI보험과 GI보험의 공통점과 차이점 6가지

CI보험은 피보험자가 보장개시일('중대한 암'은 중대한 암 보장개시일) 이후에 중대한 질병 또는 중대한 화상 및 부식(화학약품 등에 의한 피부손상) 등으로 진단 확정받거나 중대한 수술을 받았을 경우 최초 1회에 한하여 보험금을 선지급해주는 상품이다. GI보험은 CI보험의 '중대한'의 여부를 떠나 더욱 포괄적으로 보험금을 선지급해주는 구조로 설계된 상품이다. GI보험은 CI보험과 비교했을 때 보장범위가 좀 더 확대된 것으로, 질병의 심각성을 고려하지 않고 진단 병명에 따라 보험금을 지급하는 것이 특징이다. CI보험과 GI보험의 공통점과 차이점을 살펴보면 다음과 같다.

1. CI보험과 GI보험은 질병보험과 종신보험의 결합 상품이다.

CI보험과 GI보험은 피보험자의 중증질환을 집중적으로 보장하면서 보험금을 약정비율에 따라 선지급해주는 생활보장형 상품으로, 질병보험과 건강보험과 종신보험의 특징을 모두 지닌 상품이다. 질병보험은 피보험자가 중증질환으로 진단 확정되었을 경우 진단보험금을 지급하고 종신보험은 피보험자가 사망하였을 때 사망보험금이 지급되지만, CI보험이나 GI보험은 해당 약관에 정한 특정 중증질환이 발병하였을 경우 사망보험금 중 일부를 선지급해준다. 경우에 따라서는 사망보험금 전부를 선지급해주기도 한다.

2. CI보험과 GI보험의 보장범위는 비슷하다.

CI보험과 GI보험에서 중증질환 보장 대상과 범위는 비슷하다. 일반적으로 주로 보장하는 항목은 우리나라 사람들의 주요 사망 원인인 암, 뇌출혈, 급성심근경색증, 말기신부전증, 말기간질환, 말기폐질환, 원발성 폐동맥 고혈압, 중증 세균성수막염, 다발경화증, 루게릭병(근위축성측삭경화증), 중증재생불량성빈혈, 중증루푸스신염, 관상동맥(심장동맥)우회술, 대동맥인조혈관치환수술, 특정심장판막수술, 5대 장기이식수술(심장, 간장, 폐장, 췌장, 신장), 중대한 화상 및 부식(화학약품 등에 의한 피부 손상), 일상생활장해상태, 중증치매 상태 등이다. 단, 일부 중증질환 보장의 경우 보험회사마다 주보험과 특약 구성방법이 다르게 설계되어 있음을 유념한다.

3. 암에 대한 개념과 보장범위가 다르다.

CI보험에서의 중대한 암에 대한 보장범위는 포괄주의 방식을 택하여 보장되지 않는 악성신생물만 열거해 암의 정도에 대한 접근으로 보장범위를 정하고 있어서 의학적으로 암 진단으로 판명되더라도 중대한 상태에 해당되는 추가 요건을 반드시 갖추어야만 지급된다. 즉, CI보험은 질병분류코드상 C(Cancer, 암) 코드로 진단받게 되더라도 암의 중등도를 따지기 때문에 보험금 지급 조건이 까다로워 침윤 정도가 낮은 갑상선(샘)암, 악성흑색종 등은 보장대상에서 제외된다. 예를 들어 동일한 암이라 하더라도 그 악성종양세포가 주위 조직으로 침윤, 파괴적으로 증식하거나 다른 부위로 전이되는 암인 경우에만 보험금이 선지급된다.

GI보험은 암에 대한 보장범위를 열거주의 방식을 택하여 보장되는 악성신생물만 열거하였다. GI보험에서는 의학적으로 암으로 진단받게 되면 대부분 보험금이 지급된다. 단, 유방암, 남녀생식기암, 기타피부암 등 일부 소액암은 주보험에서는 제외하고 특약으로 소액 보장한다.

그리고 CI보험은 유방암 또는 자궁암, 난소암, 방광암, 전립선(샘)암 등 남녀생식기암이 발생하였을 경우 보험금이 선지급되지만 GI보험은 이 경우 선지급하지 않는다. 그러나 GI보험은 보험회사에 따라 CI보험의 선지급 진단사유에 포함되지 않은 중증갑상선(샘)암(소액암)과 남성유방암(특정암)을 일반암으로 분류하여 주보험 보장범위에 포함하여 보험금을 선지급한다. 유방암은 CI보험에서는 침윤 정도에 따라 보장 여부를 판단하지만 GI보험에서는 질병분류코드상 암 코드로 진단 시 보험금을 지급한다.

4. 뇌혈관질환인 뇌졸중 발생 시 보장범위가 다르다.

뇌혈관질환인 뇌졸중은 크게 뇌혈관의 파열로 인해 뇌조직 내부로 혈액이 유출되어 발생하는 뇌출혈(출혈성 뇌졸중)과 뇌혈관이 막혀서 발생하는 뇌경색(허혈성 뇌졸중) 2가지로 나뉜다. 가장 예후가 안 좋고 치명적인 뇌혈관질환은 뇌출혈이다. 발병률은 뇌출혈보다 뇌경색 환자가 훨씬 많다. CI보험의 중대한 뇌졸중은 전체적인 뇌졸중 범주에서 진단 평가하며 뇌졸중으로 인해 뇌출혈과 뇌경색으로 영구적인 신경학적 결손이 생겨 일상생활 기본동작에서 25% 이상의 후유장해 상태가 발생하였을 때 보험금이 선지급된다. GI보험은 뇌출혈이 발생했을 때 영구적인 신경학적 결손이 없어도 보장받을 수 있지만 뇌경색에 대한 보장이 대부분 적거나 제외되어 있다. 뇌출혈은 사고로 인한 외상성 뇌출혈과 질병으로 인한 비외상성 뇌출혈로 구분되는데, 보험회사에서는 대부분 비외상성 뇌출혈만 보장한다.

5. 급성심근경색 시 보장범위가 다르다.

CI보험의 중대한 급성심근경색증은 급성심근경색증(I21) 진단을 받으면 중대한 급성심근경색증에 포함되는데 흉통이 있어야 하며 심전도검사와 심근효소검사를 통해서 진단을 받아야 하는 조건이 있다. 즉, 관상동맥이 폐색되어 흉통과 함께 심전도 변화가 새롭게 출현해야 하고 트로포닌을 제외한 CK-MB를 포함한 심근효소가 새롭게 상승하여 심근이 괴사되는 상태가 되어야 보험금이 선지급된다. CK-MB 수치 상승 여부는 채혈해서 측정하는데, 보통 급성심근경색이 발생한 후 약 5시간 이상 지나야 측정 가능하다. 만약 급성심근경색 발병 시 병원에서 응급조치를 받으면 다행이지만 발병 후 병원 이송 도중에는 심근효소가 상승하지 않으므로 측정이 불가능하여 보장이 되지 않는다. GI보험의 급성심근경색증은 급성심근경색증, 후속심근경색증(I22), 급성심근경색증 후 특정현존합병증(I23)까지 보장하므로 범위가 넓다.

6. 질병 보장범위가 다르다.

GI보험은 중대한 질병이 발생할 경우에만 보험금이 지급되는 CI보험의 단점을 보완한 상품으로 피보험자가 3대 질병인 암, 뇌혈관질환, 심장질환 등 질병코드상의 일반적인 질병(General illness)으로 진단되거나 수술 시 사망보험금의 일부를 미리 지급하는 사망보험 상품이다. CI보험보다 폭넓은 질병보장을 원한다면 GI보험 중 통합 보장하는 상품을 선택하여 가입하는 것도 좋다.

CI보험과 GI보험의 상품내용 종합 비교분석

구분	CI보험	GI보험
상품구조	유니버설 기능 있는 무배당 종신형 상품, 주보험 비갱신형, 특약은 의무특약은 비갱신형, 선택특약은 갱신형이 많음, 환급 여부에 따라 일반형(표준형), 저해지/무해지환급형, 금리확정형과 금리연동형 모두 있음	
상품특징	중대한 3대 질병 또는 중대한 수술 사유 발생 시 사망보험금 일부 선지급	3대 질병 또는 중대한 수술 사유 발생 시 사망보험금 일부 선지급
보장범위	중대한 질병(Critical illness)	일반적 질병(General illness)
진단 방식	질병코드와 중증도 판단-약관 정의에 따른 세부사항 개별 판단	질병코드 판단-KCD에 따른 병원진단코드
암 보장	중대한 암에 대한 보장범위를 포괄주의 방식 선택, 악성종양세포가 존재하고 주위 조직으로 침윤, 파괴적으로 증식하거나 다른 부위로 전이되는 악성종양일 경우 보험금 지급(상품에 따라 초기진단 시 해당 안 됨, 선택특약으로 보장)	암에 대한 보장범위를 열거주의 방식 선택, 질병분류코드상 암 코드로 진단 시 보험금 지급(단, 유방암, 남녀생식기암 등 일부 소액암은 제외, 특약으로 소액 보장)

뇌졸중, 뇌출혈 보장	뇌내출혈, 뇌경색 등이 발생하여 영구적인 신경학적 결손(언어장애, 운동실조, 마비 등)이 동반되어야 하며 신경계에 장해가 남아 일상생활 기본동작에 제한을 남긴 때로 25% 이상 장해 상태가 나타난 경우 보험금 지급	질병분류코드상 뇌출혈(I60~62)에 해당되어 진단받은 경우 (뇌경색 제외) 보험금 지급
급성심근경색 보장	관상동맥이 폐색되어 흉통과 함께 전형적인 급성심근경색의 심전도(ST분절, T파, Q파 등) 변화가 새롭게 출현되고 동시에 CK-MB(creatine kinase) 수치를 포함한 심근효소가 발병 당시 새롭게 상승하여 심근이 괴사 상태일 경우[단, 트로포닌(troponin) 수치는 제외] 보험금 지급	질병분류코드상 급성심근경색(I21~23)에 해당되어 진단받은 경우 보험금 지급
공통점	암, 심근경색은 보장범위와 보험료 수준 비슷, 뇌혈관과 허혈성은 해당 안 됨, 선지급보험금은 선지급 사유 중 최초 발생하는 한 가지에만 선지급	
장점	뇌졸중 가족력이 있는 경우 유리, GI보험보다 보험료 저렴, 유방암이나 남녀생식기암 발병 시 선지급	CI보험 대비 넓은 보장범위, 보장기준 완화, 피부암 가족력이 있는 경우 유리
단점	GI보험 대비 보장범위 좁음, 보장기준이 다소 까다로움	유방암이나 남녀생식기암 발병 시 선지급 안 됨, CI보험보다 보험료 비쌈

* 주) 남녀생식기암은 자궁암, 난소암, 방광암, 전립선(샘)암 등을 말함

CI보험과 GI보험 가입 시 꼭 알아둘 핵심 꿀팁 10

1. 가족력 등 건강상 취약한 질병 집중 담보

암 등 가족력이 있거나 허약한 체질, 특정 신체 부위 건강이 의심되어 중병에 걸릴 위험이 있는 고위험군은 반드시 가입한다. 자신과 가족의 취약한 질병 부위에 중점 보장되도록 맞춤 설계를 하고 배우자와 자녀도 함께 보장받을 수 있는지 알아본다.

2. 생활보장형보험 가입 후 후순위로 선택

CI보험은 모든 질병과 사고에 대한 보장은 아니고 중대질병에 대해서만 사망보험금의 일부(예: 50~80%)를 선지급해주고 잔액은 사망 시 지급해주는, 실손의료비 기능이 없는 정액형보험이다. GI보험은 CI보험보다 보장범위가 넓지만 실손의료비 기능이 없는 정액형보험 상품임은 동일하다. 따라서 실손의료보험, 암보험 등 실생활에 도움이 되는 생활보장형 상품을 가입하고 난 후 추가로 가입하는 것이 바람직하다. 피보험자가 중증질환으로 수술 입원 시 치료과정에서 회복하지 못하고 사망하게 될 경우 유가족의 생활안정에 기여할 수 있게 잔여보험금을 유족에게 지급해 주도록 설계된 생활보장형 CI보험 또는 GI보험이 있는지 확인하고 이를 가입하는 것이 좋다.

3. 보장내용에 대해 정확히 파악

3대 질병인 암, 뇌혈관질환(뇌졸중, 뇌출혈 포함), 허혈성심장질환(협심증, 급성심근경색 포함)뿐만 아니라 말기신부전증, 말기간질환, 말기폐질환 등도 보장되는지 체크한다. 뇌혈관질환의 경우 뇌출혈만 보장하는 경우가 많으므로 반드시 확인한다. 뇌출혈은 뇌혈관이 터진 경우를 말하는데 뇌관련 진단비 중 보장범위가 가장 좁다.

특히 중대한 암, 중대한 뇌졸중, 중대한 급성심근경색 등 '중대한'이라는 단서조항 때문에 보험금 지급이 까다롭고 초기전립선(샘)암 등 일부 암은 제외되는데, 보험회사의 상품마다 보장 적용 기준과 세세한 보장내용도 다르므로 잘 살펴본다. 또 중대한 질병이 연속적으로 발생할 경우 중복보장이 안 되는 등 중대한 질병에 대한 보장범위가 제한적인 상품이 많다. 첫 번째 CI 발생 후 뇌졸중 등 2차로 발생하는 다른 그룹의 두 번째 CI가 발생할 경우 보장되는지, 또는 동일 부위가 중복 보장되는지 꼭 확인한다.

허혈성심장질환의 대부분을 차지하는 발병 질환은 급성심근경색이 아닌 협심증이다. 따라서 협심증 발병 시 보상받으려면 허혈성심장질환특약을 선택해야 한다. 급성심근경색특약을 선택하면 보상이 적다. 중대한 수술의 경우 CI보험은 개흉, 개두, 개복을 해야만 보험금이 나올 수 있는 조건에 해당된다. 레이저나 광명학 기술 등 첨단기술을 이용한 수술은 보험금이 나오지 않는다. GI보험은 보장범위를 확대하여 중등도질환보장 특약을 활용해 중등도·중증 질환도 폭넓게 보장하는 상품을 선택한다.

4. 보험료 규모 및 보험금 지급방법 확인

보험료는 성별, 위험도, 가입 시 나이뿐만 아니라 보장범위와 보장기간 에 따라서도 달라지기 때문에 보험료 규모에 맞도록 가입 목적에 부합되는 필수적인 보장니즈 관련 특약을 잘 선택한다. 보험금 규모는 종신보험 에 가입하지 않았을 경우 종신보험 기능도 수행할 수 있도록 1억 원 이상 고액 계약 시에는 보험금 지급 비율을 적정 배분한다.

질병에 대해 진단 및 수술 시 보험가입금액의 몇 퍼센트까지 보험금이 선지급되는지 꼭 확인한다. 100%까지 진단비를 선지급하는 상품도 있다.

5. 암에 대한 기본 정의와 보장범위 꼭 확인

CI보험과 GI보험에서 암(악성신생물)의 경우 한국표준질병·사인분류 중 분류번호 C50(유방암), C51~C58(여성생식기관암), C60~C63(남성생식기관 암), C44(기타피부암), C73(갑상선(샘)암) 및 암으로 변하기 이전의 전암 상태 (Premalignant condition or condition withmalignant potential)는 암의 정의에서 제외하므로 보장하지 않으며 보험료납입면제 또한 없다. 단, 보험회사마다 다소 차이가 있으므로 잘 살펴본다.

6. 다른 보험 상품과 연계 가능 여부 확인

실손의료보험을 가입하지 않았으면 실손의료보험 기능이, 종신보험을 가입하지 않았으면 종신보험 기능이, 연금보험을 가입하지 않았을 경우 연금 전환 기능이 있는 상품을 선택한다. 이 경우 연금 전환 시기의 경험생명표가 아닌 가입 당시의 경험생명표를 적용하는 상품이어야 한다.

[* 경험생명표는 모든 보험회사의 경험 통계를 바탕으로 산출한 위험률인 참조위험률을 기초로 정기적으로 작성하여 모든 보험 상품의 보험료 산정 기준 시 적용하는데 2019년 4월부터는 제9회 경험생명표를 적용하고 있다.]

7. 특약은 생활보장 위주로 선별 가입

특약이 의무부가인지 선택부가인지 먼저 확인한다. 선택특약 가입 시에는 이미 가입한 다른 보험 상품에 해당 특약이 있는지 확인하고 과거 병력 및 가족력 등을 고려하여 선택한다. 특약 중 암진단특약, 암추가보장특약, 재진단암보장특약, 실손의료비특약, 재해·입원·수술보장특약, 당뇨 및 합병증보장특약, 고도장해보장특약, 정기사망보장특약, CI보장특약, CI추가보장특약, 암직접치료간호특약, 요양병원암입원특약, 성인특정질환입원특약, 항암약물·방사선치료특약, 뇌출혈 및 뇌경색증 진단특약, 재해(교통)사망특약, 특정질병보장특약, CI보험료납입면제특약 등이 있는지 살펴보면서 가입 목적과 라이프 사이클에 맞춰 실생활에 도움이 되도록 선택한다.

8. 약관 내용을 세밀하게 살핀 후 가입

CI보험은 일반 질병보험 상품과 달리 약관에서 정의한 중대한 질병 및 중대한 수술 등을 보장하는 상품으로 CI보험에서 보장하는 질병 및 수술의 정의, 보장범위, 보장에서 제외되는 항목 등과 같이 보험금 지급과 관련이 있는 중요한 사항은 반드시 약관에서 확인한다.

특정 암과 특정 질병에 대한 보험범위와 내용이 다른 경우가 많다. 중대한 암으로 중증치매 상태가 되었을 경우에는 보험금을 지급하지만, 일상생활장해 상태에서 중증치매 상태가 되었을 경우에는 보험금을 지급하지 않는 상품도 있다. 중대한 질병 발생 시 고액의 보험금이 지급되는 까닭에 보험 상품 중 보험금 지급 내용에 대한 단서조항이 매우 까다로운 상품 중 하나이므로 미리 해당 약관을 참조하면서 철저히 살펴보고 가입한다.

9. 여러 상품 꼼꼼히 비교분석 후 결정

CI보험은 일반종신보험보다 보험료가 비싸다. CI보험은 중대한 질병에 걸린 경우 사망보험금의 일부를 미리 지급받아 치료자금으로 활용할 수 있다는 장점이 있지만, 반대로 사망보험금을 미리 지급받는 기능 때문에 동일한 사망보험금을 지급하는 종신보험보다 보험료가 약 30~40%(회사·상품별로 상이) 비싸다. 납입기간이 매우 길어 누적보험료가 많이 들어가므로 동일한 조건이라면 보험료가 가장 저렴한 보험회사의 상품을 선택한다.

또 CI보험은 매우 심각한 질병 등에 걸리거나 그로 인해 수술을 한 경우에만 사망보험금의 일부가 미리 지급되기 때문에 실손의료보험 등과 같은 질병보험에 비해 보장범위가 제한적이다. 따라서 가입 목적과 자금여력 등을 고려하여 사망을 담보로 하는 여러 주문형 상품을 비교한 후 신중히 선택해 가입한다. 그리고 보험료 할인 여부와 신체장해율에 따른 납입면제 조건, 기타 부대서비스를 자세히 알아본다.

CI보험과 GI보험은 생명보험회사 및 손해보험회사에서 모두 취급하는데 일반적으로 사망보험금 보장은 생명보험이 좋고 질병 또는 상해 시 보장은 손해보험이 더 좋다. 예를 들어 진단금의 경우 암은 차이가 없지만 뇌졸중의 경우 생명보험회사는 주로 혈관이 터지는 뇌출혈을 보장하고 혈관이 막히는 뇌경색은 보장하지 않는다. 손해보험회사는 뇌출혈과 뇌경색뿐만 아니라 뇌혈관질환도 보장해준다. 따라서 생명보험과 손해보험 고유의 장점을 잘 살려 지급 보장 확률을 높이도록 혼합 설계하는 것이 바람직하다.

10. 발병률 높은 질병의 집중 보장 원하면 GI보험 선택

중증질환 보험인 CI보험과 GI보험 가입 시에는 보장범위와 지급요건을 꼼꼼히 따져보고 어느 상품을 선택할지 신중히 결정한다. 만약 가장 많이 발병하는 3대 질병인 암, 뇌혈관질환, 심장질환에 대하여 폭넓은 보장을 원한다면 CI보험보다 GI보험을 가입하는 것이 바람직하다. CI보험은 3대 질병에 대하여 중대한 질병일 경우에만 보장하지만 GI보험은 '중대한' 조항이 없이 해당 약관에서 정한 사유에 따라 보장한다. 그러나 암에 대한 보장범위는 GI보험보다 CI보험이 유리한 조항도 있으므로 잘 살펴본다. GI보험에서 일반적인 질병을 보장한다고 해서 모든 질병이 해당되는 것이 아니라 보험회사별로 약관 조항에 따라 부분적으로 보장하지 않는 질병 항목이 달라질 수 있으므로 확인한다. CI보험과 GI보험의 차이점과 장단점을 확실하게 인지하고 자신의 보장니즈에 적합한 상품을 선택해 가입하도록 한다.

중대한 질병 및 중대한 수술 종류별 용어 해설

구분		용어 해설
중 대 한 질 병	중대한 암	주위 조직을 파고들며 증식하는 악성종양 중에서 악성흑색종(피부암의 일종) 중 침범 정도가 낮은 경우, 초기전립선(샘)암, 초기갑상선(샘)암, 악성흑색종 이외의 모든 피부암, 인간면역바이러스(HIV) 감염과 관련된 악성종양 등을 제외한 암
	중대한 급성 심근경색증	관상동맥(심장동맥)이 막혀 심근(심장근육)으로 혈액 공급이 급격히 감소되어 전형적인 가슴 통증이 있고, 해당 심근조직이 회복될 수 없을 정도로 괴사(세포나 조직이 죽거나 죽어가는 상태)되는 질병을 말함. 발병 당시 해당 약관에서 정한 심전도 및 효소의 변화가 있어야 하며 협심증은 보장에서 제외
	중대한 뇌졸중	거미막(뇌를 덮고 있는 막 중 하나)밑출혈, 뇌출혈, 뇌경색증이 발생하여 뇌혈액순환의 급격한 차단으로 영구적인 신경학적 결손이 나타나는 질병을 말함. 단, 외상, 뇌종양 또는 뇌수술의 합병증으로 인한 뇌출혈, 신경학적 결손을 가져오는 안동맥(눈안의 동맥)의 폐색(막힘) 등은 보장에서 제외(*영구적인 신경학적 결손이란, 장해분류표에서 정한 신경계에 장해가 남아 일상생활 기본동작에 제한을 남긴 때의 지급률이 25% 이상인 장해 상태)
	말기 신부전증	양쪽 신장 모두가 회복 가능성이 없을 정도로 기능이 저하되어 혈액투석이나 복막투석을 지속적으로 받고 있거나 받은 경우를 말함. 단, 일시적으로 투석치료를 필요로 하는 신부전증은 말기신부전증에서 제외
	중대한 화상	전신 피부의 20% 이상이 3도 화상을 입은 경우
	중증 만성간질환	만성간질환으로 간기능이 저하되어 회복가능성이 없는 질환을 말함. 즉, 영구적인 황달이 있으면서 간성혼수(간 부전으로 정신이 혼미해지는 증상) 또는 지속적인 복수(배 속에 고인 액체)가 존재한 상태의 질병
	중증 만성폐질환	양쪽 폐 모두가 회복될 가능성이 없을 정도로 기능이 저하되어 걷는 동작이 지속적으로 현저히 제한되고 평생 일상생활 기본동작의 제한을 받는 질병을 말함. 단, 중증 만성폐질환으로 진단 확정되기 위해서는 1초간 노력성 호기량(최대한 공기를 흡입해 내뱉는 양)이 정상치의 30% 이하로 지속되거나 동맥혈액의 산소분압(폐의 산소화 능력을 측정하는 지표)이 60mmHg 이하일 경우에 해당되어야 함

중대한수술	관상동맥 (심장동맥) 우회술	관상동맥(심장 위아래를 둘러싸고 있는 두 줄기 동맥)질환의 근본적인 치료를 직접 목적으로 개흉술(가슴을 가르고 하는 수술)을 한 후 자기 신체의 다른 혈관을 이식해서 관상동맥(심장동맥)의 협착이 있는 부위를 우회하여 연결하는 수술을 말함. 단, 카테터(고무 또는 금속제의 가는 관)를 이용한 수술이나 개흉술을 동반하지 않는 수술은 모두 보장하지 않음
	대동맥류인 조혈관 치환수술	대동맥류(대동맥이 혹처럼 부어오르거나 혈관 내벽이 벗겨져 그 사이로 혈액이 흐르는 상태)의 근본적인 치료를 직접 목적으로 개흉술 또는 개복술(배를 가르고 하는 수술)을 한 후 대동맥류 병소를 절제하고 인조혈관으로 치환하는 수술을 말함. 단, 카테터를 이용한 수술은 보장하지 않음
	심장판막 개심술	심장판막질환의 근본적인 치료를 직접 목적으로 인공심장판막 또는 생체판막으로 치환해주는 수술을 하거나 판막성형술을 하는 수술을 말함. 단, 심장판막개심술은 반드시 개흉술 및 개심술(심장을 가르고 하는 수술)을 동반하여야 함
	5대장기이식 수술	간장, 신장, 심장, 췌장, 폐장에 대하여 장기이식을 하는 것으로 타인의 내부 장기를 적출하여 장기부전 상태에 있는 수혜자에게 이식한 수술을 말함. 단, 랑게르한스 소도 세포(췌장에서 인슐린을 분비하는 세포) 이식수술은 췌장이식이 아니므로 보장하지 않음

연금보험
종합분석 및 가입 꿀팁

젊은 시절부터 노년의 불행과 궁핍함에 대비하라. 노년의 불행과 궁핍함으로

우리 지난날의 삶을 평가할 수 있다. -새뮤얼 스마일스(Samuel Smiles)

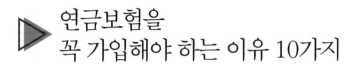

연금보험을 꼭 가입해야 하는 이유 10가지

평균수명 100세 장수의 호모헌드레드(Homo-hundred) 시대가 열렸지만 세계은행(World Bank)이 앞으로 인류에게 닥칠 재앙의 하나로 '생각보다 오래 살아야 하는 장수 리스크(Longevity Risk)'를 꼽았을 정도로 노후 문제는 심각하다. 오래 사는 것이 축복이 아닌 자칫 늘 돈 걱정하며 지내야만 하는 기나긴 고통의 연속인 스크랩 인생(Scrap Life) 속의 노후로 전락할 개연성이 도사리고 있는 것이 젊은 세대들이 안고 있는 미래 노후의 자화상이다.

현재의 30~50대를 일컬어 샌드위치 세대라고 한다. 부모님을 봉양하는 마지막 세대이자 자식에게서 떨어져 나와 노후를 스스로 책임지며 살아가야 할 첫 번째 세대이기 때문에 붙여진 서글픈 명칭이다. 그렇다고 정부의 사회복지 서비스에 기대할 수도 없다.

노후준비 수단으로 가장 적합한 국민연금의 소득대체율은 40%도 되지 않는다. 더구나 소득대체율 40%는 국민연금 가입기간을 40년으로 가정했을 때이므로 향후 국민연금의 실질 소득대체율은 약 25~30%에 불과할 것으로 전문가들은 추산하고 있다. 그러므로 은퇴자산을 마련하려면 결국 개인연금과 퇴직연금을 적극적으로 활용할 수밖에 없다. 젊은 시절 가정 형성기부터 자녀교육과 결혼 등 양육에는 최선을 다하되 기나긴 노후를 위해서는 아낌없이 희생하면서 평생토록 연금이 지급되는 연금보험으로 은퇴자산의 종잣돈을 갈무리하려는 슬기로운 지혜가 필요하다. 인생의 30% 이상을 차지하는 경제력 없는 기나긴 노후생활에 대한 준비를 미리 하지 않으면 안 된다는 위기위식을 갖고 은퇴 이후 노후에 소득 크레바스(Income crevasse)가 생기지 않도록 해결방안을 경제력 있는 젊은 시절 연금자산 확보에 두면서 구체적인 실천로드맵을 적극 모색해야 한다.

노후 지켜줄 확실한 월급통장은 반드시 필요

'은퇴 후 경제적으로 안정된 노후생활을 하려면 ① 목돈이 많아야 더 좋을까? ② 매월 일정한 소득이 있어야 더 좋을까?'

정답은 ②번이다. 물론 몇십억 이상 유동성자금을 확보한 부자라면 매월 일정한 소득이 없어도 많은 목돈만으로도 행복할 수 있을 것이다. 그런데 간과해선 안 될 사실은 목돈은 완전히 나만 쓸 수 있는 노후자금이 아닐 수 있다는 것이다. '제 자식 이기는 부모 없다'고, 목돈이 있으면 자녀의 사업자금이나 빚 청산 등 다른 명목으로 전용되기 십상이다.

'노후에는 돈벌이도 마땅치 않은데 월급통장을 무슨 수로 만드나? 평생

동안 월급통장 역할을 무엇이 해줄 수 있나?'

평생 월급통장 역할을 해줄 좋은 상품이 딱 하나 있다. 바로 연금보험이다. 공적연금 말고 다른 금융기관에서 취급하는 모든 개인연금 상품은 은퇴 이후 지급받는 연금이 어느 일정기간 동안만 나오는 기간형 상품이다. 평생 동안 연금이 지급되는 상품이 아니다. 오로지 보험회사에서 취급하는 연금보험 상품만 100세 이상을 살아도 평생 동안 연금을 지급해준다. 따라서 반드시 종신토록 연금이 지급되면서 매월 연금이 나오는 종신형 연금을 보험회사의 연금보험을 통해 가입해야 평생토록 노후걱정 없이 행복한 삶을 이룰 수 있다. 은퇴 이후의 노후가 웰에이징(Well-aging)으로 신바람 나는 삶이 될 수 있도록 인생 2모작 노후를 위한 은퇴자금 마련의 첫걸음은 연금보험으로 하는 것이 가장 바람직하다.

연금보험(General annuity insurance)은 가장의 주 활동기인 연금지급 전에는 각종 위험에 대한 보장으로 가족의 안정된 경제생활을 보장하고, 노후생활 기간에는 종신토록 연금을 지급하는 생존급부형 보험으로서 다른 일반적인 보험 상품과 달리 피보험자의 사망이나 장해 등 보험사고 발생 시 당시 책임준비금을 기준으로 하여 급부금과 사망보험금이 지급되는 제1보험기간과 연금 개시 이후 평생 동안 생존보험금인 일정액의 연금(매년 보험계약 해당일에 살아 있을 때 연금지급 개시시점의 책임준비금을 기준으로 계산한 금액을 매년 계약해당일에 지급)을 계속 지급해주는 제2보험기간 등으로 완전히 구분되어 있다.

따라서 보험료 불입은 연금을 수령받기 전인 제1보험기간 내에서만 이루어지고 연금을 수령하는 제2보험기간에는 보험료를 불입하지 않는다. 연금보험에 대해서 원금보장이라 함은 제2보험기간 연금 전환 시점에서의 원금보장을 의미한다.

연금보험은 상품구조에 따라 크게 일반연금보험, 연금저축보험, 변액연금보험, 퇴직연금보험 등 4가지 유형으로 구분된다. 이 외에 주가연동형 연금보험, 즉시연금보험, 외화연금보험 등 특화연금보험이 있다. 구체적인 상품내용은 다음 장에서 설명한다.

연금보험을 꼭 가입해야 하는 10가지 이유

1 생애소득이전제도인 연금보험으로 미래 시점 고정적인 급여소득의 상실에 대한 대안을 마련할 수 있다.

2 평균수명과 기대여명 증가로 노후 시기의 연장에 따라 은퇴 이후의 노후생활비가 계속적으로 증가한다.

3 공적연금(국민연금, 공무원연금, 사학연금)에 대한 불신과 불안감이 증가하고 있다. 특히 국민연금의 소득대체율은 안정적인 은퇴자산 마련에 한참 못 미친다.

4 퇴직연금은 중간정산 등으로 노후목적자금으로의 연결이 퇴색할 수 있다.

5 가족구조에 대한 급변화로 노부모에 대한 책임의식이 날이 갈수록 희박해져 지금은 노후가 자기책임인 시대가 되었다.

6 생활과 문화 수준 향상으로 노후생활 시의 씀씀이 폭이 점점 증가

하고 있다.

7 사회생활 복잡화와 미세먼지 등 환경오염으로 각종 노후질환 발생과 이에 따른 장기 치료비가 필요하다.

8 노후에는 사람답게 평안하고 떳떳하고 가치 있게 늙어가는 삶, 즉 웰에이징(Well-aging)이 중요한데 이를 실현하게 도와주는 것이 바로 연금보험이다.

9 개인연금 상품 중에서 평생 동안 종신형으로 매월 월급 형식으로 연금을 지급해주는 상품은 연금보험밖에 없다.

10 연금수급을 받다가 사망할 경우 보험금이 자동 상속되므로 연금혜택과 상속효과를 동시에 충족해준다.

개인연금 형태별 상품 종합 비교분석

구분	연금저축계좌			일반연금보험	변액연금보험
	연금저축보험	연금저축신탁	연금저축펀드		
취급 기관	보험, 은행, 농협, 우체국, 새마을금고	은행	은행, 증권	보험	보험
상품 성격	원리금보장형	실적배당형	실적배당형	금리연동형	실적배당형
상품 구성	단일	복합(안정형, 채권형)	복합(채권형, 주식형, 혼합형 등)	단일	복합(채권형, 주식형, 혼합형 등)
가입 대상	개인(소득발생자) 누구나 가능			만 15세 이상	
가입 한도	연간 총 1,800만 원까지(연금계좌가 2개 이상인 경우 합계액)			자유납입	
납입 방식	고정(정기납)	자유납		고정(회사별 규모 설정, 판매)	

270

납입 기간	최소 5년 이상			5년 이상 불입, 10년 이상 유지	
중도인출	중도인출 불가능			중도인출 가능	
적립금 운용방법	공시이율(변동금리)	실적배당		공시이율 (변동금리)	실적배당
가입 적격자	근로소득자, 자영업자(사업소득 발생자)			평생연금수급	장기 재테크자
세제 혜택	연간납입보험료의 400만 원(단, 50세 이상은 600만 원) 한도에서 최대 16.5%까지 세액공제			10년 이상 유지 시 비과세	
중도해지 시 과세 여부	중도해지 시 기타소득세 16.5% 원천징수			10년 이내 해약 시 이자소득세 전액 과세	
연금수령기간	평생, 약정기간	약정기간(55세 이후 연 단위)		45세 이후 본인 선택 시점부터	
연금수령 시 과세	연금소득세(3.3~5.5%) 부과 후 종합과세(계약자와 수익자 반드시 동일)			10년 이상 납입 후 수령 시 연금소득 비과세	
연금지급방식	확정형, 상속형, 종신형	확정형(중도 연장 가능)		확정(기간)형, 상속형, 종신형	
예금자 보호	○	○	×	○	△(최저보증보험금, 특약 보호)

* 주) 연금저축의 경우 총급여 1억 2,000만 원 이상 또는 종합소득금액 1억 원 초과 시 세액공제 한도는 연간 300만 원

가장 안정적인 비과세 연금보험

　일반연금보험은 보험료 세액공제 혜택이 없는 대신 10년 이상 유지하면 보험차익에 대해 완전 비과세 혜택이 주어지며 중도해약 시 가산세 추징 등 불이익도 없다(소득세법 시행령 제25조). 가입 이후 10년이 경과하든지 또는 그 이후 일정 시점에서 연금을 수령할 경우에 비과세가 적용되는 유일한 연금상품이다. 또 은퇴 이후 수령하는 연금액에 대해서도 연금소득세가 없다. 연금저축은 세액공제를 받는 대신 과세이연(Tax Deferred)에 따라 연금소득세가 붙지만 연금보험은 연금소득세가 붙지 않는다. 즉, 비과세 면제기간인 10년 이상의 유지기간이 지난 다음에는 가입자가 적립금을 연금 형태로 받든지 또는 일시금으로 받든지 간에 모두 비과세 혜택이 유지되는 완전 비과세 상품이다. 특히 누구나 가입할 수 있어서 가입요건이 까다롭지 않다는 장점이 있다. 일반연금보험은 주로 세액공제 혜택과 관계없이 노후대비를 주된 목적으로 가입하는 사람들에게 안성맞춤이다.

　일반연금보험은 장기저축성보험에 포함되므로 비과세 한도가 일시납 기준으로는 1억 원, 월납일 경우에는 매월 150만 원(연간 1,800만 원)까지

5년 이상 납입하면서 10년 이상 유지하면 연금수령 시 이자소득세에 대해 비과세 혜택이 부여된다. 단, 보험차익에 대한 비과세 조건을 충족하지 못하면 연금수령 시 과세하므로 유의한다. 종신형연금은 55세 이후 연금을 수령할 경우 해당 연금에 대해 가입한도 제한 없이 비과세한다.

연금보험 상품 유형은 종신연금형, 확정기간연금형, 상속연금형 등 3종류이다. 이는 다시 개인형과 부부형으로 구분되고, 보험료 납입방법과 약정기간에 따라 매월 보험료를 납입한 후 연금을 수령하는 적립형(월납), 목돈을 일시납으로 불입한 후 일정기간 또는 일정 연령에 도달 시 연금지급이 시작되는 거치형(일시납), 납입 즉시 일정 기간 후부터 매달 연금을 받을 수 있는 즉시형으로 분류된다. 연금지급 규모에 따라 정액형과 체증형으로 구분한다. 공시이율을 적용하며 최저보증이율이 있으며 중도인출이 가능하다.

가입요건을 살펴보면 가입나이는 15~(연금지급개시나이-5)세인데 45/50/60/65/70/75/80세까지 등 매우 다양하다. 가입한도는 1구좌당 적립형은 월납보험료(기본보험료) 10만~150만 원 이하, 거치형은 100만 원 이상이다.

보험기간은 모든 연금 상품이 연금개시 전 제1보험기간은 계약일부터 연금지급개시나이(세) 계약해당일의 전일까지이다. 연금개시 후 보험기간은 연금지급(유형) 형태별로 상이한데 ① 종신연금형은 연금지급개시나이(세) 계약해당일부터 종신까지이고(단, 20/30년, 80/100세 보증지급) ② 확정기간연금형은 연금지급개시나이(세) 계약해당일부터 최종연금지급기간 (5/10/15/20/30/50/60년)까지이며 ③ 상속연금형은 연금지급개시나이(세) 계약해당일부터 종신까지이다. 단, 상속연금형의 경우 환급플랜 상품은 계약일부터 약정된 10/15/20년 만기 등이다.

연금보험은 안정성을 고려하여 상품부리이율(공시이율 적용)에 최저보증 제도를 도입하여 운용하고 있다. 일반연금보험은 모든 보험회사뿐 아니라 은행과 증권 창구에서도 판매되고 있다.

전통형 일반연금보험의 장점 7가지

1. 보험료 세액공제 혜택은 없는 대신 중도해약 시 가산세 추징 등 불이익이 없다.
2. 보험료 납입한도가 거의 없어 불입금을 자유롭게 설정할 수 있다.
3. 중도인출이 가능하며 일정기간이 지나면 언제든지 찾아서 내 맘대로 쓸 수 있다.
4. 10년 이상 유지할 경우에는 비과세 혜택이 적용되어 이자소득세가 전액 면제된다.
5. 연금수령 시에는 연금소득세가 한 푼도 없다.
6. 누구나 가입할 수 있어서 가입요건이 까다롭지 않다.
7. 연금수령 시기가 45세부터 가능하여 인생의 5대 자금(가족생활자금, 자녀의 교육과 결혼자금, 노후생활자금, 주택마련자금, 긴급예비자금 등) 설계가 가능하다.

연금개시 전 보험금 지급 및 개시 후 연금지급방법

　　연금개시 전 보험기간 중 피보험자가 사망하여 보험금 지급사유가 더 이상 발생할 수 없는 경우에는 약정된 사망보험금을 지급한다. 사망보험금의 산정방법과 보험금 규모는 보험회사마다 적용기준 및 사망보장특약의 담보 여부에 따라 각기 다르다. 일반적으로 연금개시 전 사망보험금은 주보험의 경우 사망 당시의 연금계약 적립금액과 이미 납입한 보험료 중 큰 금액을 계약자에게 지급하며 해당계약은 그때부터 효력을 상실한다.

　　그리고 피보험자가 연금개시 전 보험기간 중 장해분류표 중 동일한 재해로 여러 신체 부위의 장해지급률을 더하여 80% 이상인 고도의 후유장해 상태가 되었을 때에는 재해장해보험금(고도후유장해보험금)을 지급한다. 단, 최초 1회에 한하여 지급하며 지급금액은 1,000만 원×해당 장해지급률(1구좌 기준) 또는 매월 약정된 일정금액을 분할 지급하는데 보험회사별 상품구조 및 보험가입금액에 따라 각기 다르다.

연금개시 후 급부명칭별 지급사유 및 연금지급내용

급부명칭		지급사유	지급내용
종신형 연금	개인형	연금개시 후 보험기간 중 피보험자가 매년 계약해당일에 살아 있을 경우	연금개시 시점의 계약자적립금(책임준비금)을 기준으로 계산한 연금연액을 보증지급기간 동안 매년 보험계약해당일에 생존연금으로 보증지급, 보증지급기간 이후부터 사망 시까지 약정 연금액지급 ※ 보증지급기간: 10년(10회), 20년(20회), 30년(30회) 또는 100세 등
	부부형	① 주피보험자 지급사유 개인형과 동일	개인형과 동일
		② 종피보험자 지급사유 연금개시 후 보험기간 중 주피보험자가 사망하고, 종피보험자가 연금지급 개시일부터 보증지급기간 이후에 매년 계약해당일에 살아 있을 경우	보증지급기간 이후 주피보험자 연금지급 해당액(50%, 70%, 100% 등) 지급 ※ 단, 피보험자가 모두 사망한 경우에도 보증지급 횟수까지의 잔여분은 지급
확정기간형 연금		연금개시일에 피보험자가 살아 있을 경우	연금개시 시점의 계약자적립금(책임준비금)을 기준으로 계약자가 선택한 확정기간연금의 연금지급기간 동안 연금연액을 분할 계산하여 피보험자의 생존 여부에 관계없이 매년 보험계약 해당일에 지급 ※ 연금지급기간: 5년, 10년, 15년, 20년, 25년, 30년 등
상속형 연금		연금개시 후 보험기간 중 주피보험자가 매년 보험계약해당일에 살아 있을 경우	연금지급개시 시점의 계약자적립금(책임준비금)을 기준으로 계산한 연금연액을 연금지급개시 시점부터 매년 계약해당일에 지급(피보험자 사망 시에는 사망 시점 연금계약의 책임준비금 지급) ※ 단, 주피보험자가 사망한 경우에는 사망 시점의 연금계약 적립금액 지급

* 주) 1. 연금개시 시점의 계약자적립금은 해당 연금보험 상품의 보험료 및 책임준비금 산출방법서에서 정한 방법에 따라 계산되는 책임준비금을 말하며 이미 납입한 보험료의 100.1%를 최저로 적용함
2. 연금연액이란 연금지급개시 시점의 적립금액을 기준으로 연금사망률 및 공시이율을 적용하여 산출방법서에 따라 나누어 계산한 책임준비금을 말함
3. 연금개시 후 보증지급기간(종신연금형) 또는 연금지급기간(확정기간연금형) 내에 피보험자 사망 시 보증 지급되지 않은 연금액(생존연금)을 보험료 및 산출방법서에 따라 공시이율로 할인하여 일시금으로 선지급할 수 있음(단, 상속연금형은 제외)
4. 피보험자가 연금개시 후 보험기간 중 동일한 재해로 장해분류표 중 여러 신체 부위의 장해지급률을 더하여 50% 이상 80% 미만인 장해 상태가 되었을 경우에는 매월 보험금 지급사유 발생 해당일에 재해장해연금을 지급하는데 규모는 보험회사마다 상이함

세액공제 및 계약 이전 가능한 연금저축보험

연금저축보험(Annuity savings insurance)은 개인연금보험 중 세액공제 혜택이 있는 대표적인 연금계좌이다. 연금계좌란 연금취급기관인 금융회사와 체결한 계약에 따라 연금저축이라는 명칭으로 설정하는 계좌를 말한다. **[* 개인연금은 연금저축계좌, 퇴직연금은 퇴직연금계좌로 구분하여 명칭 사용]** 연금저축보험 가입대상은 개인으로 직장인, 자영업자, 금융소득 종합과세자, 공무원 등 누구나 가입할 수 있다. 무직자도 연금저축계좌를 가입할 수 있지만 연말정산을 받지 않기 때문에 가장 이익이 되는 세액공제 혜택을 받을수 없어 메리트가 별로 없다.

연금저축보험은 공시이율을 적용하는 금리연동형 무배당 상품으로서 상품 종류는 연금지급방법에 따라 10년, 20년 등 연금지급을 보증지급하는 종신연금형과 연금지급기간을 10년, 15년, 20년으로 확정하는 확정(기간)연금형으로 구분된다. 가입요건을 살펴보면 적립형 기준으로 가입나이는 0세(태아 가입 불가), 20~75/80세, (연금개시나이-5/10/20)세 등인데 연금개시나이 및 납입기간별로 가입 가능 나이가 다르다. 보험료납입주기는 기본보험료는 월납, 추가납입보험료는 수시납이다. 가입금액은 월보험료 기준 5만~150만 원 이하(은행은 매회 1만 원 이상도 가능), 가입한도는 전 금융기관 합산(퇴직연금계좌 및 연금저축계좌 포함)하여 연간 총 1,800만 원까지(연금계좌가 2개 이상인 경우 합계액) 불입할 수 있다.

보험료 납입기간은 5/7/10/20년, 전기납(10년 이상) 등이며 최소 거치기간은 납입기간 및 월납입보험료의 규모에 따라 다르다. 연금개시나이는 만 55~85세이다. 보험기간은 연금개시 전에는 보장개시일(계약일)부터 연금개시나이 계약해당일 전일까지이고, 연금개시 후에는 종신연금형은 연금개시나이 계약해당일부터 종신(단, 연금지급 형태별로 상이), 확정기간연금형은 연금개시나이 계약해당일부터 최종 연금지급일까지이다. 연금지급방법의 경우 종신연금형은 10/20/30년 또는 75/80/85/90/100세 등 보증지급이고, 확정기간연금형은 5/10/15/20/30/40년 또는 100세 확정 등으로 선택 가능하다.

생명보험, 손해보험, 공제 등 보험회사에서 판매하는 연금저축보험은 원금보장형상품으로 공시이율로 운용된다. 은행에서 판매하는 연금저축신탁은 원금보장형상품으로 시중금리에 연동되어 운용되고, 증권사에서 판매하는 연금투자신탁은 펀드로 운용되는 실적배당형 상품이다.

연금저축은 세제적격 상품으로 어느 금융회사에 가입하든 연말정산 또는 종합소득세 신고 시 연간 납입금액의 400만 원(단, 50세 이상은 600만 원)

한도에서 최대 16.5%까지 세액공제를 해준다(소득세법에 따라 2014년부터 연금저축 세제 혜택 방식을 소득공제에서 세액공제 방식으로 전환하였음). 단, 세액공제를 받기 위해서는 연금수령요건을 충족해야 한다.

연금수령요건은 ① 최소 5년 이상 납입해야 하고 ② 55세부터 최초 10년간 수령연차별 한도액 이내에서 연금수령을 의미하며, 이 경우 연금

연금저축보험 납입 시 및 연금소득 시 세제 혜택 및 과세 여부

구분	연금저축 보험료 납입 시	연금수령 시	연금 외 수령 시
적용 세제	세액공제	연금소득세	기타소득세
세액공제 인정한도 및 과세 적용률	해당연도 보험료 납입액의 400만 원(50세 이상은 600만 원) 한도 내에서 13.2% (16.5%) 세액공제	세액공제받은 납입액과 운용수익 합한 금액의 3.3~5.5% 과세	세액공제받은 납입액과 운용수익 합한 금액의 16.5% 과세

* 주) 세액공제율의 경우 근로소득 총급여 5,500만 원 초과 근로자 또는 종합소득금액 4,000만 원 초과자는 13.2%, 근로소득 총급여 5,500만 원 이하 근로자 또는 종합소득금액 4,000만 원 이하 자는 16.5%를 공제하며 세액공제 및 세금에는 지방세 포함(이하 동일 적용)

연금저축보험 세액공제대상자별 세액공제율 및 절세금액 비교분석

세액공제 대상자	세액공제대상 기준 소득구간		세액공제율			연간 최대 절세금액
			소득세	지방소득세	합계	
근로소득자 (급여생활자)	연간 총급여액	5,500만 원 이하	15%	소득세의 10%	16.5%	660,000원
		5,500만 원 초과	12%		13.2%	528,000원
사업소득 발생자	연간 종합 소득금액	4,000만 원 이하	15%		16.5%	660,000원
		4,000만 원 초과	12%		13.2%	528,000원

* 주) 1. 세액공제한도 기준: 연간납입보험료 400만 원 한도 적용 시
2. 연금저축 세액공제 인정한도액은 근로소득 총급여 1억 2,000만 원 이하 자 또는 종합소득금액 1억 원 이하 자는 400만 원(단, 50세 이상은 600만 원), 근로소득 총급여액 1억 2,000만 원 초과자 또는 종합소득금액 1억 원 초과자는 300만 원

소득세를 저율과세(3.3~5.5%)한다. 연금소득은 과세이연효과가 발생하므로 과세 폭이 적다. 그러나 연금수령요건을 충족하지 못하면 기타소득세(16.5%)가 부과된다. 중도해지 시에는 기타소득세로 중과세 부과한다.

운용수익률 저조 시 계약 이전 적극 추진

연금저축보험, 퇴직연금을 포함한 모든 연금계좌는 상호 이전이 가능하다. 즉, 연금저축(보험, 펀드)계좌 간 이체는 물론 연금저축계좌와 개인형 퇴직연금(IRP)계좌 간 계약 이전도 가능하다. 계약 이전 시에는 해지에 따른 세제상의 페널티 없이 어디로 이체하든 각각 동일한 세제 혜택을 받을 수 있다.

따라서 연금저축보험 가입 이후 운용수익률이 저조하게 나타날 경우 언제든지 다른 보험회사 또는 금융기관의 연금저축상품 또는 IRP계좌로 상품 계약 이전을 한다. 연금저축계좌 상호 간 또는 연금저축계좌와 IRP계좌 간 이체조건은 연금저축(보험, 펀드)계좌는 가입자의 나이가 만 55세 이상으로 연금수급요건을 충족하고 연금불입기간이 가입일부터 5년 이상 경과한 연금저축계좌나 IRP계좌를 전액 이체할 경우에 한해서만 가능하다(전액 아닌 일부 자금이체는 제한됨).

IRP계좌는 퇴직소득이 있을 경우 가입일부터 5년이 지나지 않아도 이체가 가능하다. 또 이미 실효되었으나 아직 해지환급금을 받지 않은 계약을 다른 연금계좌로 이전할 경우에는 부활(효력회복) 없이 계약을 이전할 수 있다.

연금저축보험의 특별계정 설정운용

연금저축보험의 적립보험료 부분인 책임준비금(계약자적립금)은 보험감독규정에 따라 원리금보장형 연금저축특별계정으로 설정하여 운용한다. 특별계정 운용대상 적립보험료는 영업보험료(기본보험료 및 추가납입보험료) 중 보험료 및 책임준비금 산출방법서에서 정한 방법에 따라 사업비(계약유지관리비용)를 차감한 금액이다.

특별계정과 일반계정 간의 자금이체는 특별계정에 속하는 보험료 등의 납입이 있는 경우에는 정해진 금액을 보험회사가 정한 날(납입일이 매월 1일부터 15일 중에 발생한 때에는 당월 마지막 날까지, 16일부터 매월 마지막 날까지 발생한 때에는 다음 달 15일까지) 일반계정에서 특별계정으로 이체한다. 단, 각 이체일이 영업일 이외의 날에 해당하는 경우에는 직후에 도래하는 영업일에 이체하는 것으로 본다.

특별계정에서 일반계정으로 이체하는 경우에는 ① 보험금 등의 지급이 있는 경우 ② 해지환급금 또는 계약자적립금 지급이 있는 경우 ③ 기타 회사가 인정하는 경우 등인데 이체방법은 일반계정에서 특별계정으로 이체하는 방법과 같다. 각 계정 간의 이체에 따른 기간경과 이자는 보험회사의 대출우대금리를 적용하여 계산한다.

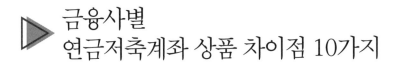

금융사별 연금저축계좌 상품 차이점 10가지

연금저축계좌는 똑같은 연금저축 상품이라 하더라도 취급하는 금융회사에 따라 상품구조 및 상품성격, 운용방법 등이 다르다. 연금저축계좌의 종류는 3가지로 보험회사의 연금저축보험과 은행의 연금저축신탁(2018년 1월 1일부터 판매중지), 증권사 및 자산운용사의 연금저축펀드로 구분된다. 이들 연금저축상품을 선택할 경우 도움을 주기 위해 가장 큰 차이점과 장단점을 자세히 살펴본다.

1. 예금자 보호대상 포함 여부

연금저축보험은 보험회사에서만 취급하는 상품으로서 확정금리형과 변동금리형이 있는데 모두 납입원금 5,000만 원까지 보장해주는 예금자보호대상에 포함된다(단, 보험계약자 및 보험료 납부자가 법인인 경우에는 제외함). 은행에서 판매하는 연금저축신탁은 주식 10% 미만의 안정형 상품과 채권 100%의 채권형 상품 등 2종류가 있는데, 보험회사의 연금저축보험과 같이 예금자보호대상이다. 증권사에서 판매하는 연금저축펀드는 자산운용 형태에 따라 국내외 채권형과 주식형, 혼합형 등으로 펀드 운용되는 실적배당형 상품이므로 예금자보호법을 적용받지 않아 예금자보호대상에서 제외되어 원금이 보장되지 않을 수 있다.

2. 연금보험료 납입방법의 상이점

가입요건은 매회 1만 원 이상, 연간 1,800만 원 한도 내에서 자유롭게 적립 가능하도록 설정되어 있는데 은행은 이대로 적용하고 있다. 연금저축보험은 상품구조상 보험료 납입규모의 융통성에서 정해진 금액을 매달 불입해야 하기 때문에 자유적립이 가능한 은행의 연금저축신탁과 달리 자유적립이 불가능하다는 단점이 있다. 다른 금융기관의 연금저축신탁과 연금저축펀드는 매월 납입금액을 달리 적용할 수 있는 자유납입식이다.

3. 상품운용방법의 차이

보험회사의 연금저축보험은 대부분 연금수급액이 고정금리나 확정금리를 약속하는 정액 상품이다. 연금저축신탁은 보험회사 상품과 비슷하지만 실적배당 상품이다. 약정금리를 제시하지는 않지만 원금손실 가능성을 최소화하기 위해 국공채, 금융채, 기업어음 등 안전자산 중심으로 운용하기 때문에 안정성은 다른 연금저축 상품보다 상대적으로 높다. 연금저축펀드는 완전히 실적배당형 상품으로 10년 이상 장기간 적립하면 평균매입단가 하락 효과가 발생하여 고수익 실현이 가능하지만 펀드수익률이 저조할 경우에는 그만큼 손해의 폭도 큼을 유념해야 한다.

4. 원금보장 여부

은행의 연금저축신탁은 원금이 보장된다. 증권사에서 운용하는 연금저축펀드는 펀드 운용성과에 따라 원금손실 위험이 있다. 보험회사의 연금저축보험은 가입 초기에는 사업비가 들어가므로 일정기간 경과 전까지는 중도해지할 경우 원금손실 위험이 있다.

5. 최저보증이율 적용 문제

보험회사 상품은 거의 모든 연금저축상품이 2~3%의 최저보증이율을 적용한다. 최저보증이율 적용으로 10년 이상 운용 시 향후 금리가 떨어진다 하더라도 최저이율만큼은 보장받을 수 있어 안정적이다. 다른 금융권의 신탁 상품은 최저보증이율이 대부분 0%로 보증이 거의 없든지 적용되지 않는다.

6. 해약할 경우 손해의 폭

연금저축보험은 납입보험료에 사업비와 보험 성격상 위험보험료가 들어가므로 은행 등 다른 금융기관에서 취급하는 연금신탁이나 연금저축펀드보다 중도해지 시 해약환급금이 상대적으로 적다. 그러나 보험회사 연금저축 상품은 다른 금융기관 상품과 달리 불입액에 대한 할인혜택이 주어진다. 자동이체 또는 급여이체, 단체계약 시에는 일정한 할인율이 적용된다.

7. 연금수령방법의 차이

보험회사 상품은 확정기간형과 종신연금형, 상속형 등이 있어 선택의 폭이 넓다(단, 손해보험 상품은 종신형이 없음). 은행과 증권의 연금저축신탁은 확정형, 기간정액형 상품만 있다. 펀드로 운용되는 연금저축신탁은 연금 지급을 펀드보유좌수의 분할방식으로 한다. 장수 시대에는 연금수급의 안정성 확보가 매우 중요하므로 10년, 15년 등 수령시기를 확정한 상품 보다 평생 동안 연금이 지급되는 종신형 상품을 선택하는 것이 가장 바 람직하다.

8. 입출금의 차이

은행과 증권사에서 운영하는 연금저축계좌는 월납입액의 제한이 없 다. 일정한 금액을 매월 납입해야 하는 것이 아니라 원하는 만큼 자유롭 게 납입할 수 있기 때문에 부담이 적다. 보험회사의 연금저축계좌는 납 입방법이 정액정립식이므로 기본보험료의 자유로운 납입은 불가능하다. 단, 추가납입보험료제도를 통해 기본보험료와 별도로 연간 기본보험료의 200% 이내에서 1회당 최저 납입한도 1만 원 이상, 1,000원 단위로 보험 료를 추가납입할 수 있다. 기본보험료와 추가납입보험료의 보험료 납입 한도액은 연간 1,800만 원 한도(연금계좌를 취급하는 금융회사에 가입한 연금계 좌의 합계액)이다. 출금은 은행이나 보험사의 경우 마련한 자금을 중도인출 하려면 특별한 사유가 있어야 하거나 불가능한 경우가 있지만, 증권사의 경우 비교적 쉽게 중도인출이 가능하다.

9. 연금 수익률 차이

증권사의 연금저축펀드는 공격적으로 운용하면서 주로 주식형펀드의 투자 비중이 높으므로 채권에 투자 운용하는 은행의 연금저축신탁이나 보험회사의 연금저축보험보다 상대적으로 기대수익률이 높다.

10. 납입금액에 대한 할인 여부

연금저축보험은 다른 금융기관의 연금저축 상품과 달리 연금저축 불입액에 대하여 할인 혜택이 주어진다는 장점이 있다. 자동이체 또는 급여이체, 단체계약 시에는 일정한 할인율이 적용된다. 연금저축 상품의 상품구조와 내용, 수익률, 수수료, 유지율 등의 자세한 지표는 각 금융회사 및 해당협회 홈페이지에서 확인할 수 있다.

연금저축계좌 금융사별 상품 유형 종합 비교분석

구분	연금저축신탁	연금저축펀드	연금저축보험
판매사	은행	자산운용사, 증권사	보험회사 (생명보험, 손해보험)
가입대상	종합소득이 있는 거주자 또는 근로소득자		
납입기간	5년 이상(금액 납입 여부 상관없이 상품 가입일부터 기산)		
가입금액	연간 1,800만 원(모든 금융기관 합계액)		
상품성격 (이율형태)	실적배당(신탁형) 최저보증이율 없음	실적배당(펀드형) 최저보증이율 없음	공시이율적용(변동금리형), 최저보증이율 적용
가입형태	개인형	개인형	개인형, 부부형
납입방식	자유납(1만 원 이상 자유, 추가납입 가능)		정액적립(추가납입가능)
기대수익률	낮음(저수익)	높음(고수익)	낮음(저수익)

운용방법	안전자산 위주 운용	공격적 운용, 비교적 높은 투자위험	안정적 운용
상품구성 (운용자산)	채권형, 안정형 (주식 10%까지 가능)	국내외 주식형(주식 80% 이상), 채권형(채권 60% 이상), 혼합형	금리연동형(월 변동공시이율), 확정이율형
리스크 정도	저위험	고위험	저위험
연금지급방법	정액형, 확정형 중 선택 (중도연장 가능)	정액형, 실적배당형 중 선택	생명보험은 종신형, 확정형, 손해보험은 확정형
수수료 공제	신탁보수 공제	신탁보수 공제	사업비(부가보험료) 공제
연금수급요건	5년 이상 납입, 만 55세 이후부터 연금으로 지급받을 것(연금 개시 후 추가납입 불가)		
계좌이체	계약자 요청에 따라 타 금융기관으로 이체 가능(단, 전부 이체만 가능)		
계좌승계	가입자 사망 시 배우자의 안정적 노후소득 보장 위해 계좌 승계 가능		
예금자보호	보호(5,000만 원 한도)	적용대상 제외	보호(5,000만 원 한도)
운영책임	은행	가입자	보험회사
특약 부가	기능 없음		별도 부가 가능
해약환급금	원금보장	납입기간에 따라 원금보다 적을 수 있음	
장점	납입금액 자유 설정, 납입원금 보전, 연금수령 시 원금보장	납입금액 자유 설정, 다양한 펀드투자 포트폴리오, 높은 기대수익률	최저보증이율 수준 원리금 보장, 종신연금 지급 가능
단점	낮은 운용수익, 상품 단일화로 수익제고 한계	원금보장 안 됨, 펀드변동성 따른 수익률 변화	해약 시 손해, 자산 리밸런싱 불가능
세액공제	연간납입액의 400만 원(단, 50세 이상은 600만 원) 한도 내에서 13.2%(16.5%) 세액공제		
적용 과세	중도해지 시 해지수수료 부과, 연금수령 시 연금소득세 부과—5.5%(55~69세), 4.4%(70~79세), 3.3%(80세 이상), 연금 외 수령 시 기타소득세 16.5% 원천징수, 연간수령액 1,200만 원(공적연금 제외) 초과 시 종합과세		

* 주) 은행의 연금저축신탁 상품은 2018년 1월 1일부터 판매중지

펀드로 운용하는
변액연금보험

변액연금보험(Variable Annuity)은 일반연금보험 본래의 성격에 펀드를 추가하여 보험회사가 계약자의 보험료를 받아 특별계정으로 운용하여 주식, 채권, 파생상품 등 펀드종목에 대한 투자로 발생한 펀드 운용성과에 따라 연금지급액이 달라지는 실적배당형의 연금보험 상품이다.

일반연금보험의 경우 미래에 지급되는 연금이 물가상승에 대한 헤지(Hedge)가 불가능하여 연금가치를 하락시킬 우려가 있는 데 비해 변액연금보험은 실적배당형 상품이므로 연금의 미래가치 보전과 상승효과를 가져다주므로 연금자산 파이를 키워나가는 데 안성맞춤이다.

최저지급 보장과 최저연금적립금보장제도 운영

변액연금보험은 실적배당형의 성격상 리스크가 존재하므로 이를 커버하기 위해 다양한 헤징(Hedging) 대상 보증옵션제도를 운영하고 있다. 상품설계 시 연금개시 시점에서 적립한 금액(기납입보험료 중 특별계정 부분의 펀드투자금액)이 이미 납입한 보험료보다 적을 경우에는 이미 납입한 보험료(주계약보험료 부분만 해당)를 최저보증하여 지급해주도록 명시되어 있다. 또 사망보험금의 경우 특별계정의 운용실적과 관계없이 사망 시점의 이미 납입한 주계약보험료 전액은 항상 최저보증 지급해준다. 또 최저연금적립금보증제도에 따라 펀드운용 수익률이 저조하더라도 연금지급이 개시되면 기납입보험료 중 주계약보험료에 대해서는 전액 연금으로 전환해주는 안전장치가 마련되어 있다.

변액연금 상품의 주요 헤징대상은 최저연금적립금보증(GMAB, Guaranteed Minimum Annuity Benefit), 최소연금지급액보증(GLWB, Guaranteed Lifetime Withdrawal Benefit), 최저지급보증(GMWB, Guaranteed minimum withdrawal benefit) 등의 보증옵션이다. 최저연금적립금보증(GMAB)이란 연금지급 개시 시점에서 펀드운용 결과와 상관없이 회사가 보장하는 최저한도의 계약자 적립금을 말한다. 최저지급보증(GMWB)이란 특별계정의 운용성과에 관계없이 약정한 기간이 도래할 경우 약관상에 정한 최저금액을 보증해주는 제도로서 최저지급보증은 최저연금지급보증기간이 반드시 지나야 이루어진다. 최소연금지급액보증(GLWB)은 투자수익과 상관없이 약정된 적용이율로 연금재원을 지급보증하는 것을 말한다.

투자실적이 아무리 악화되어도 가입자가 낸 보험료(연금적립금액)를 노후생활자금의 안전보장을 위해 보증해준다는 것은 매우 큰 장점이다. 단, 보험회사별로 헤징 대상이 다를 수 있으므로 가입 전 보증옵션을 잘 살펴봐야 한다.

연금자산 확보 목적을 위해서는 변액연금보험이 적격

변액연금보험은 연금 전환 시 연금 전환 시점의 경험생명표를 적용받지 않고 가입 당시의 경험생명표가 그대로 적용된다. 그러나 변액종신보험, 변액CI/GI보험, 변액유니버설적립형 및 보장형 등 연금 전환 기능이 부가된 보험 상품은 은퇴 이후 적절한 시점에서 연금으로 전환할 경우 연금 전환 시점의 경험생명표를 적용받는다. 즉, 현재 적용하고 있는 경험생명표가 아닌 연금 전환 당시의 신규 경험생명표를 적용하여 연금지급준비금을 계산한다. 그렇게 되면 경험생명표상 연금생존율이 자연히 높아지게 된다.

평균수명 증가에 따라 새로운 경험생명표를 적용할 때마다 경험생명표상의 생명률이 2년 정도 늘어나는데 이 기간만큼 종신토록 지급받을 수 있는 연금총액은 상대적으로 줄어들게 된다. 경험생명표가 변경될 때마다 은퇴 시점에서의 생존율은 높아지고 사망률은 점점 낮아지게 되므로 연금지급률 및 지급되는 연금액도 자연적으로 낮아지게 되는 것이다. 따라서 연금자산 확보가 가입 목적이라면 변액유니버설보험을 통한 연금 전환보다는 변액연금보험을 가입하는 것이 훨씬 유리하다.

변액연금보험은 일반연금보험과 같이 비과세 혜택과 더불어 적립금액을 자유로이 인출해도 과세 적용이 되지 않는다. 연금저축보험은 일단 가입하면 중도에 자금 인출이 불가능하지만, 변액연금보험은 필요할 경우 일정기간만 경과하면 언제든지 중도인출이 가능하므로 은퇴 이후부터 연금개시 시점까지 발생할 수 있는 소득의 공백 기간을 커버해주는 브리지 자금(Bridge loan)으로 유용하게 활용할 수 있다.

변액연금보험은 보험료 납입기간이 종료되고 연금으로 전환할 경우 연금개시 시점까지 일반적으로 5년 이상의 일정한 거치기간을 두는데 그 이유는 만기(보험료 납입기간)가 있어 연금개시 이전에 적립금액(연금 전환준비금)을 더 많이 불려주기 위해서이다. 펀드운용기간이 길어야만 더 많은 수익을 창출할 수 있다. 연금 전환 시에는 거치 시점에서 가입자의 보험료 납입은 중지되고 특별계정에 있던 적립금액은 연금 시기까지 그대로 특별계정에 남아 거치식 펀드로 운용된다. 그 이전은 적립식펀드였지만 거치기간에는 거치식펀드가 된다.

변액연금보험은 만기가 있는 상품으로 유니버설 기능은 없다. 변액유니버설보험은 만기가 없는 종신형 상품이고 연금 전환특약 형태로 운용되기 때문에 거치기간 없이 곧바로 연금 전환이 가능하다.

반드시 10년 이상 장기 유지하도록 설계

변액연금보험은 가입자의 연금자산을 안정적으로 확보하기 위한 전형적인 'Middle Risk Middle Return' 형식의 보수적 펀드운용으로 똑같은 펀드로 운용되는 간접투자 상품인 적립식펀드보다 상대적으로 안전하다. 그러나 중도해약 시 신계약비의 이연상각에 다른 초기사업비 발생으로 해약환급금이 적으며, 해약 시점의 펀드운용 수익률이 좋지 못하면 손해가 발생할 수 있는 취약점이 있다. 또 투자리스크가 가입자에게 귀속되고 펀드 운용을 잘못할 경우 원금손실 가능성이 따르는 실적배당형 상품이라는 점을 유념한다.

따라서 최소한 10년 이상 장기간 유지하면서 기대수익을 높이려면 변액연금보험을 가입하는 것이 바람직하다. 그러나 10년 이내에 어떤 변수가 있을 것 같은 불안감이 든다면 변액연금보험보다는 일반연금보험을 가입하는 것이 바람직하다. 즉, 노후자금을 목적으로 가입하되 단기저축을 원한다면 일반연금보험을, 장기저축을 원한다면 연금저축보험을 가입하는 것이 좋고, 장기투자를 원한다면 변액연금을 가입해야 가장 바람직하다.

▶ 직장인에게 꼭 필요한 퇴직연금

　퇴직연금(Retirement pension)이란 회사(사용자)가 근로자에게 지급해야 할 퇴직급여를 사외의 금융기관에 적립하였다가 근로자가 퇴직할 때 지급하도록 설계한 연금제도를 말한다. 근로자퇴직급여보장법에 따라 근로자의 퇴직금 지급을 위한 재원을 외부의 금융회사(퇴직연금사업자)에 적립하고 이를 기업 또는 근로자가 운용하며 근로자 퇴직 시 적립된 퇴직급여(퇴직금)를 연금 또는 일시금(연금 외 수령) 형태로 지급함으로써 퇴직 후 근로자의 안정적인 노후생활을 보장하기 위해 마련된 기업복지제도이다. [* 퇴직연금사업자란, 퇴직연금의 운용관리업무 및 자산관리업무를 수행하기 위하여 퇴직급여법에 따른 재무건전성, 인적·물적 요건 등을 갖추어 고용노동부에 등록한 은행, 보험회사, 증권회사, 근로복지공단 등을 말한다.]

　퇴직연금의 유형은 크게 ① 적립금 운용주체 및 방식에 따라 퇴직 시 지급받는 연금액이 정해진 확정급여형(DB형) ② 적립금의 운용 결과에 따라 연금액을 지급받는 확정기여형(DC형) ③ 근로자가 자신의 퇴직금을 복수로 선택한 DB형과 DC형에 동시에 가입하여 운영할 수 있는 혼합형(DB +

DC) ④ 개인이 자유롭게 적립금을 운용할 수 있는 개인형퇴직연금(IRP계좌, 개인형, 기업형) 등 4가지 제도로 구분된다.

퇴직연금은 모든 근로자가 가입 가능하며, 상품은 사업장별로 노사가 합의하여 DB형과 DC형, 혼합형(DB + DC) 중에서 선택할 수 있다. 비용 부담은 회사가 지며 근로자 개인이 선택 가입한 퇴직연금운용기관(퇴직연금사업자)의 IRP계좌로 입금되어 운용된다.

예금보호의 경우 원리금보장형 상품(DC형과 IRP형에 한함)은 예금보호대상 금융 상품으로 운용되는 적립금에 한하여 예금자보호법에 따라 예금보험공사가 보호하되, 보호 한도는 가입자의 다른 예금보호대상 금융 상품과는 별도로 부보금융회사별로 예금보호한도(1인당 5,000만 원)까지 보호받을 수 있다. 단, DC형과 IRP계약이 2개 이상인 경우에는 합산하여 예금보호한도를 적용한다. DB형 상품(원리금보장형, 실적배당형) 및 DC형과 IRP형의 실적배당형 상품은 예금자보호가 되지 않는다. 퇴직연금은 근로자의 퇴직연금 수급권을 보장하기 위해 퇴직연금 관리를 외부의 금융회사(퇴직연금사업자)에 위탁하여 운영하며, 금융회사(퇴직연금사업자)는 운용관리업무와 자산관리업무로 구분해 업무를 수행한다. 퇴직연금사업자(판

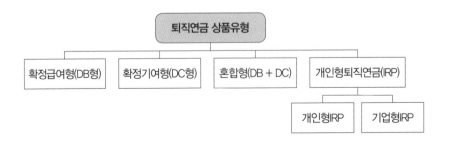

매사)는 증권사, 자산운용사, 은행, 보험회사 등이다.

비용부담 손비처리, 세액공제 및 비과세 적용

퇴직연금은 퇴직연금계좌로 운용되는 근로자 본인이 납부한 보험료 금액에 대해서만 세액공제로 인한 세금환급이 이루어진다. 세액공제 적용대상인 퇴직연금계좌는 ① 확정기여형(DC형) 계좌 ② 개인형퇴직연금(IRP) 계좌 등 2종류이다. 즉, 개인이 운용하는 DC형의 개인 추가납입분과 IRP의 납입분만 세액공제가 적용된다. 회사에서 직접 운용하는 DB형(확정급여형)은 세액공제 대상에 해당되지 않는다.

퇴직연금에서 개인이 IRP계좌에 자기부담으로 납입 가능한 최고 금액은 연금저축을 합산하여 연간 1,800만 원까지이다. IRP계좌의 세제 혜택으로 연간 700만 원(단, 50세 이상은 최대 900만 원)까지는 세액공제되고 공제율은 13.2%(연소득 5,500만 원 이하 근로자는 16.5%)이다.

세액공제 한도액을 초과한 납입분은 세액공제 혜택은 없으나 비과세가 적용되므로 소득세 절감효과를 얻을 수 있다. 기업이 부담한 보험료는 전액 손비 인정하여 처리된다. 퇴직연금은 연금수령 시 연금수급요건을 충족해야 하며 운용수익(이자소득 및 배당소득)에 대해서는 과세이연을 적용하여 장래 연금수령 시 연금소득세로 연 3.3~5.5% 저율과세한다.

퇴직연금 상품구조 및 연금지급, 자금 운용방법

퇴직연금보험의 상품 종류는 원리금보장형(이율보증형, 금리연동형)과 실적배당형으로 구분된다. 이율보증형은 확정된 기간 동안 약정된 금리로 부리되는 고정금리형 상품으로 은행 예금과 비슷한 형태이다. 금리연동형은 매월 금리가 변동하는 상품으로 가입 이후 언제든지 상품을 변경할 수 있다. 실적배당형은 변액보험처럼 펀드(특별계정)로 운용되는 상품으로 펀드의 운용실적을 반영하여 향후 급여지급금액을 적립한다. 특별계정펀드의 주요 투자대상은 주식과 채권으로 유가증권 운용 시 기본포트폴리오는 ① 주식 및 주식관련 파생상품, 주식형수익증권 등은 펀드순자산의 60% 이상이고 ② 채권 및 채권관련 파생상품, 채권형수익증권, 유동성자산 등은 펀드순자산의 40% 이내로 설정한다.

상품구조는 DB형, DC형, IRP계좌의 기업형이 모두 동일하다. 급여지급은 운용관리기관의 통지에 따라 가입자의 개인형 퇴직연금보험 계정으로 지급한다. IRP계좌의 개인형은 주계약으로 운용되는 제1보험기간(연금개시 전)과 연금 전환특약으로 운용하는 제2보험기간(연금지급개시 후)으로 구분된다.

제1보험기간의 주계약은 펀드의 운용실적을 반영하여 향후 급여지급금액을 적립한다. 제2보험기간의 연금 전환특약은 연금지급개시 시점의 일시금을 기준으로 연금지급기간에 따라 계산한 연금액을 지급하는데 적용이율은 금리연동형이다.

퇴직연금의 연금수급요건은 연금수령과 연금 외 수령(일시금)으로 구분된다.

수급연령은 55세 이상이어야 하며 가입기간은 10년 이상이고 연금지급기간은 5년 이상이어야 한다. 개인형 IRP는 가입기간과 상관없이 수급연령이 55세 이상이면 가능하다. 연금 외 수령(일시금)은 연금수급요건을 갖추지 못하거나 일시금 수급을 원하는 가입자에게 지급된다. 연금지급기간은 확정형(5/10/15/20/25년 등)과 종신형이 있다. 보험기간은 계약일부터 해지일까지이고, 납입기간은 일시납 또는 전기납이다. 부담금은 ① 일시부담금(가입자가 퇴직급여제도에서 수령한 일시금 중 납입하는 금액)과 ② 개인부담금(가입자가 추가로 납입하는 금액) 등 2가지 종류가 있다. 연금 외 수령 수급요건은 연금수령 수급요건을 갖추지 못하거나 일시금 수급을 원하는 가입자에게 지급되므로 본인이 원할 경우 모두 가능하다. 퇴직연금의 지급방법은 가입자가 지정한 IRP계좌로 이전하는 방법으로 지급된다. 단, 다음에 해당하는 경우에는 IRP계좌로 이전하지 않아도 된다.

① 가입자가 55세 이후에 퇴직하여 급여를 받는 경우

② 가입자가 급여를 담보로 대출받은 금액 등을 상환하기 위한 경우

③ 퇴직급여액이 300만 원 이하인 경우 등

퇴직연금은 중도인출 및 담보대출의 경우 DC형 및 IRP계좌는 모두 가능하다. DB형은 중도인출은 불가능하고 담보대출은 가능하다. 담보대출은 적립금의 50% 내에서 가능하다. 중도인출 및 담보대출의 조건은 ① 무주택자인 가입자가 주택 구입 및 전세금/임대보증금 부담 시 ② 가

입자 또는 그 부양가족이 6월 이상 요양 시 ③ 개인회생절차 개시결정 또는 파산선고 시 ④ 천재지변으로 인한 재산피해 등 고용노동부장관이 정하여 고시하는 사유발생의 경우로서 세부적인 운영방법은 보험회사마다 조금씩 다르다.

퇴직연금 상품
유형별 세부 내용

확정급여형(DB형, Defined Benefit Pension Plan)

확정급여형(DB형)은 회사가 근로자의 퇴직금을 운용하다가 퇴직 시 수령할 퇴직급여를 기존에 정해진 산식(근로자의 퇴직 직전 30일분의 평균임금×근속연수×지급률)을 기준으로 산정하여 지급(퇴직연금계좌에 납입)하는 제도로서 기존의 퇴직금 개념과 유사하다. 적립금은 회사가 주체가 되어 책임지고 운용하므로 연금자산의 운용성적이 나빠 지불해야 할 퇴직급여보다 연금자산 평가액이 적을 경우에는 회사가 그만큼 추가로 부담한다. 연금액 산정의 기초가 되는 산출기초율(운용수익률, 승급률, 이직률 등)에 변동 발생 시 사용자가 위험을 부담하므로 운용성과는 모두 회사에 귀속된다.

근로자가 퇴직할 때 받을 퇴직금의 액수와 계산방식은 노사 합의로 결정된다. 회사에서는 매년 발생하는 퇴직금분의 60% 이상에 해당하는 금액을 퇴직연금운용기관인 퇴직연금사업자(은행, 증권사, 보험사 등 금융회사)

에게 보관하므로 퇴직금이 안정적으로 보호되며 개인이 관리하기 위해 별도로 신경 쓰지 않아도 된다는 장점이 있다. 퇴직연금계좌는 회사 소유의 계좌이므로 개인이 돈을 입출금할 수 없다. DB형은 근로자 퇴직 시점의 평균임금이 매우 중요하므로 임금상승률이 높은 대기업 근로자와 장기 근속자에게 유리하다. DB형의 장점은 퇴직급여 수준이 확정되어 있어 손실 위험이 없다는 것이고, 단점은 회사에서 직접 운용하여 개인의 추가 납입분이 없어 세액공제 혜택이 없다는 점이다. 투자에 관심 없거나 임금 인상률이 높을 경우에는 DB형을 선택하는 것이 좋다. 현재 DB형의 가입 비중이 가장 높다.

확정기여형(DC형, Defined Contribution Pension Plan)

확정기여형(DC형)은 회사가 매년 약정된 부담금(연간임금총액의 1/12 이상)을 근로자의 계좌에 적립해주고 근로자가 적립금의 운용방법을 결정하여 운용하다가 일정 연령에 도달하면 운용 결과에 따라 퇴직급여를 지급받는 제도이다.

기업이 매년 부담할 기여금 수준을 노사가 사전 확정하고 회사는 근로자의 퇴직금을 산정하여 근로자 개인 계정에 1년마다 연간임금총액의 1/12 이상을 부담금으로 지급하고, 근로자는 적립금을 자신이 선택한 퇴직연금운용기관의 IRP계좌에 넣어 자기 책임으로 운용하고 운영성과에 따라 퇴직급여를 받는 방식이다. 따라서 퇴직 후의 연금수령액이 증가 또는 감소하게 되며 적립금 운용과 관련한 위험은 모두 근로자가 부담한다.

　DC형은 근로자가 보험료를 추가로 불입할 수 있으며 적립금의 운용방법을 매 반기 1회 이상 변경할 수 있고 운용결과 책임을 모두 근로자가 지므로 연금운용수익 또한 근로자에게 귀속된다. DC형은 단기근속에 유리하며 주로 중소기업에서 많이 운영하고 있다. DC형의 장점은 근로자 입장에서는 퇴직금을 미리 받아 본인 의사대로 투자할 수 있다는 점이고, 회사 입장에서는 사후 관리할 필요가 없다는 점이다. 단점은 투자손실이 모두 근로자 본인의 책임(귀책사유 적용)이라서 항상 직접 투자관리에 신경을 써야 한다는 점이고, 회사는 퇴직금을 사전에 지급해야 하는 부담이 있다. 임금인상률이 거의 없거나 퇴직금을 추가로 적립하여 자신이 직접 적극적으로 운용하여 늘리려는 근로자는 DC형을 선택하는 것이 바람직하다. 개인 추가납입분에 대해서는 세액공제가 주어진다.

혼합형(DB형 + DC형)

　혼합형(DB + DC)은 근로자가 자신의 퇴직금을 복수로 선택한 확정급여형(DB형)과 확정기여형(DC형)에 동시에 가입하여 운영할 수 있는 퇴직연금제도를 말한다. 혼합형(DB + DC) 가입 시 근로자는 DB형과 DC형의 장점을 모두 누릴 수 있다. DB형으로는 확정된 퇴직금을 보장받을 수 있으며, DC형으로는 근로자가 직접 투자하여 투자수익을 더 높일 수 있는 장점이 있다.

혼합형(DB + DC) 가입설계 시 DB형과 DC형 간의 비율 설정에서 일괄된 비율을 모든 근로자에게 적용하므로 개별 근로자가 별도로 설정하는 것은 불가능하며 하나의 사업장엔 하나의 설정비율만 가능하다.

혼합형(DB + DC) 가입 시 상품설계 방법을 예시하면 DB형 40%와 DC형 60%의 비율로 혼합형(DB + DC)에 가입하는 경우 ① DB형 퇴직급여는 '퇴직 전 30일분 평균임금×근속연수×40%의 금액'을 퇴직 시 지급하고 ② DC형 부담금은 '연간임금총액×1/12×60%의 금액'을 기업이 가입자의 DC형 계좌에 매년 납입한다. 이 경우 DB형 연금 급부 수준과 DC형 연금 부담금 수준은 법정 DB형 연금 및 DC형 연금에 대한 해당 보험회사의 연금비율 설정비율을 적용하므로 산식이 약간씩 다르다.

혼합형 제도를 선택한 직원은 DB형에 가입된 퇴직금은 회사가 운용하고, DC형에 가입된 퇴직금은 근로자가 원하는 금융 상품으로 직접 투자하여 운용한다. 근로자가 55세 이전에 퇴직할 경우 DB/DC형에서 각각 퇴직금이 근로자의 개인형퇴직연금(IRP)계좌로 자동 이전되어 노후까지 지속적으로 운용할 수 있다. 55세 이후 퇴직 시에는 DB/DC형에서 각각의 퇴직금을 연금 또는 일시금으로 선택하여 받을 수 있다.

개인형퇴직연금(IRP, Individual Retirement Pension)

개인형퇴직연금(IRP)계좌는 근로자가 퇴직하거나 이직 시 받은 퇴직금을 자기 명의의 퇴직계좌에 적립한 후 적립금을 운용하기 위하여 금융기관에 설정한 퇴직연금전용계좌로서 약칭하여 IRP계좌라고 한다. IRP계좌는 적립금 운용 및 급여 등은 확정기여형(DC형)제도를 준용하며 DB/DC형 가입자가 퇴직하면 퇴직금은 자동적으로 은행계좌가 아닌 가입자가 지정한 금융기관의 IRP계좌로 입금된다. IRP계좌는 퇴직연금수령 개시연령에 도달하지 않더라도 이전에 받은 퇴직일시금을 개인퇴직계좌를 통해 계속 적립 운용할 수 있다.

상시근로자 10인 미만인 사업장에서 개별 근로자의 동의를 받거나 근로자의 요구에 따라 개인형퇴직연금제도를 설정하는 경우에는 특례로 해당 근로자에 대하여 퇴직연금제도를 설정한 것으로 간주한다. 가입자가 자기부담금으로 납입한 금액(추가납입보험료)은 확정기여형(DC형)처럼 세제적격 연금저축계좌의 납입액과 합산하여 연간 700만 원(단, 50세 이상은 최대 900만 원)까지 세액공제가 가능하다. IRP계좌로 이전할 경우 퇴직일시금에 대한 세금은 적립금 인출 시점까지 과세이연된다.

개인형퇴직연금(IRP)의 상품 유형은 기업형과 개인형이 있다. 기업형 IRP는 상시 근로자 수 10인 미만 사업장에서 모든 근로자의 동의하에 IRP계좌를 설정하는 제도로서 운영방법은 확정기여형(DC)과 동일하다. 개인형IRP는 근로자가 이직 시 퇴직연금을 유지하기 위한 연금통산 장치로서 근로자가 적립금의 운용방법을 결정한다.

IRP계좌는 2017년 7월부터 자영업자 등 소득이 있는 모든 취업자가 가입 가능하다. 즉, 근로소득자(퇴직급여제도의 일시금을 수령 또는 DB/DC형 가입자), 자영업자, 자유직업종사자 등 개인사업자, 직역연금 가입자(공무원, 군인, 교직원, 별정우체국 직원 등), 계속근로기간 1년 미만 근로자, 주15시간 미만 근로자, 퇴직연금 미가입 회사 직원 등 소득 발생자는 모두 IRP계좌를 개설할 수 있다. IRP계좌는 퇴직금을 중간정산하거나 잦은 이직자 또는 단기근속자, 그리고 사업소득자에게 적합하다.

퇴직연금 중 DC형과 IRP계좌는 최소 1년에 한 번씩 정기적으로 운용상태를 체크하면서 전문가의 도움을 받아 리모델링 방법을 모색하는 것이 안정적인 수익률 확보 차원에서 바람직하다. IRP계좌 가입 이후에는 언제든지 해지할 수 있으며 의무가입기간은 없다. IRP를 해지하여 일시금으로 수령할 경우에는 퇴직 시점에 IRP로 과세이연되었던 퇴직소득세가 일시에 과세되고 운용수익에 대해서는 기타소득세 16.5%가 부과된다. IRP계좌는 연금보험 상품과 달리 가입자가 제공한 근로에 대한 후불임금을 금원으로 운용하는 퇴직연금계좌로서 피상속인의 고유재산이므로 수익자를 지정할 수 없다.

개인형퇴직연금(IRP계좌) 운영방법

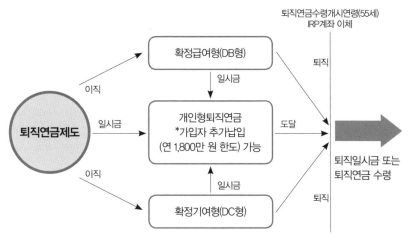

* 주) 자료: 금융감독원 참조

퇴직연금보험 유형별 종합 비교분석

연금 종류	확정급여형(DB형)	확정기여형(DC형)	IRP계좌	
			기업형	개인형
상품구조	퇴직 시 지급할 급여 수준을 노사가 사전 약정, 사용자가 적립금 운용방법 결정, 사용자는 근로자 퇴직 시 사전 약정된 퇴직급여 지급	퇴직급여 기업부담금 사전 확정, 근로자가 적립금 운용방법 결정, 연금수급 연령 도달 시 운용결과에 따라 퇴직급여 수령	근로자 동의하에 개인퇴직계좌 설정, 퇴직급여제도 설정 인정, DC형에 준하여 관리	근로자 이직 시 퇴직연금 유지 위한 연금통산장치, 개인이 적립 운용방법 결정
상품 종류	원리금보장형(금리연동형, 이율보증형), 실적배당형[펀드(특별계정) 운용]			
가입 적용대상	모든 사업장 장기근속 근로자(주로 대기업)	단기근속 근로자 및 젊은 층, 중소기업 및 연봉제 운영기업	10인 미만 영세 사업장의 근로자	퇴직일시금 수령자(소득 발생자 모두 가능)
납입한도	연금저축 합산하여 연 1,800만 원까지			

적립금 부담	기업 부담: 산출기초율(운용수익률, 승급률, 이직률 등)에 따라 부담금 변동규정에서 정한 최소 수준 이상 납부	① 기업 부담(매년 기업의 부담금은 근로자 임금의 일정비율로 확정: 가입자의 연간임금총액의 1/12에 해당하는 금액 이상) ② 개인 추가납입 가능		기업 부담 없음
퇴직급여 산정방식	30일분의 평균임금×근속연수(퇴직급여 지급액의 최저 60% 이상)	근로자별 운용실적 따라 상이, 연간임금총액의 1/12±운용수익		이직 시 수령한 퇴직급여와 추가납입금±투자손익
운용 주체	기업	근로자	근로자	개인
적립방식	부분적 사외적립	전액 사외적립		
연금수급요건	수급연령 55세 이상, 가입기간 10년 이상, 연금수급 5년 이상, 단 IRP계좌는 가입기간 없음			
연금 외(일시금) 수급요건	연금수급 요건을 갖추지 못한 경우 또는 일시금 수급을 원하는 경우			55세 이상 일시금 수급 원하는 경우
퇴직금 중도인출	불가능, 담보대출 가능(적립금의 50%)	가능, 담보대출 가능(적립금의 50%)		
세제혜택 세액공제	세액공제 없음	개인 추가납입분에 한하여 연금저축과 합산 연간 최대 700만 원(단, 50세 이상은 최대 900만 원) 한도에서 13.2~16.5% 세액공제		
세제혜택 비과세	–	700만 원(900만 원) 초과하여 납입한 1,100만 원(900만 원)에 대해 중도해지 또는 연금수령 시 비과세		
지급보장	의무적립금제도(퇴직부채 60%) 건전성 감독, 예금자보호 안 됨	지급 보장 없지만 안정적 운영지도, 원리금보장형은 1인당 5,000만 원까지 예금자보호		

* 주) 상기 연금 종류 이외에 혼합(DB + DC)은 확정급여형(DB형)과 확정기여형(DC형)을 동시에 일정한 비율로 가입하여 운영할 수 있는 퇴직연금제도로 상품성격은 DB형과 DC형 참조

▶ 투자 궁합에 맞는
특화연금보험 선택

주가연동형 연금보험(ELA, Equity linked Annuity)

주가연동형 연금보험(ELA)이란 주가지수 및 주식가격 등 특정지표를 기초자산으로 하여 금융상품에 투자하고 운용실적에 연계하여 적용이율이 결정되며, 이에 따라 투자성과를 보험금 또는 연금액에 반영하여 지급하는 실적배당형 변액보험 상품을 말한다. 하이브리드형 상품으로 자산연계형보험(Asset linked insurance)의 일종이다.

주가연동형 연금보험은 특정 종목의 주식에 펀드를 형성하여 직접 투자하는 것이 아니고 주가지수를 기초자산으로 하여 운용하므로 주식시장의 변동에 직접적인 영향을 받지 않도록 상품이 설계되어 있다.

주가연동형 연금보험은 변액보험에 편입된 투자대상 자산에 따라 주로 주가연계증권(ELS, Equity-Linked Securities), 주가연계예금(ELD, Equity Linked Deposit), 주가연계펀드(ELF, Equity Linked Fund), 상장지수펀드(ETF, Exchanged Traded Fund) 등의 상품과 연계하여 설계 판매된다.

일반적인 변액보험은 납입보험료 중 저축보험료 부분을 특별계정으로 운용하여 유가증권(주식·채권·혼합) 펀드에 투자하므로 개별 종목의 하락은 물론 주가지수가 하락하면 펀드수익률에 좋지 않은 영향을 미친다. 그러나 주가연동형연금보험은 특별계정을 펀드투자가 아닌 주가지수 등 특정지표를 기초자산으로 하여 운용하므로 더 안정적인 투자수익을 기대할 수 있다. 개별 종목의 주가변동에도 수익률의 변동성이 그리 크지 않으므로 펀드수익률 달성 시 실적배당에 공시이율을 적용하여 안정성을 높이는 스텝업(Step up) 기능을 적용한 주가연동형 연금보험을 가입하는 것도 장기 목적자금의 기대치를 상승시키는 보험 재테크 방법이다.

주가연동형연금보험은 대부분 방카슈랑스 채널 상품으로 가입요건 시 가입나이는 만 15~70세까지이고, 보험료 납입방법은 일시납과 적립형이 있는데 일시납은 1,000만 원 이상, 적립형은 10만 원 이상부터 가능하다. 리스크 헤징을 위해 최저보증이율을 적용한다. 3/5년 등 일정기간 경과 후 특별계정에서 계약자적립금을 일반계정(금리연동형)으로 전환하여 운용할 수도 있다. 실적배당형 상품이므로 귀책사유가 적용되어 투자리스크는 모두 가입자의 책임이다.

10년 이상 유지 시 비과세 혜택이나 주식연계운용 등은 변액보험과 비슷하다. 단, 중도해약 시에는 원금보장 기능이 없고 원금보장 등을 위한 보증옵션의 비용(수수료)으로 특별계정적립금에서 매년 보증옵션별로 약 1.0~1.5%를 차감하기 때문에 가입 초기 중도해약 시 일반연금보험에 비해 해약환급액이 적다는 점을 유의하면서 상품별 특징을 잘 살펴보고 가입한다.

단, 달러 등 외화에 투자하여 달러로 지급되기 때문에 환차손 또는 환차익의 환율 리스크가 존재하며, 리스크 책임은 가입자 몫임을 유의한다.

외화연금보험

외환연금보험(외화연계연금보험)의 상품구조는 비과세 혜택을 받는 등 일반연금보험과 같지만 보험료를 원화뿐만 아니라 외화로 납입할 수 있고 연금 또한 원화뿐만 아니라 외화(달러, 위안화)로도 지급받을 수 있는 연금상품이다. 보험기간 및 연금지급방법, 보험금 지급사유 등은 일반연금보험과 동일하다.

달러변액연금보험은 특별계정펀드의 투자수익률 제고를 위해 달러로 환전하여 미국의 국공채와 회사채 등 채권시장에 투자하는 변액연금보험을 말한다. 보험료의 납입과 지급, 연금의 지급 및 보험계약대출 등 보험계약과 관련한 금전의 수수는 모두 미국 통화로 한다. 변액보험과 같이 자기책임원칙이 뒤따르는 상품이다.

외화연금보험 가입 시 주의할 점은 달러 등 외화에 투자하여 외화로 지급되기 때문에 환율변동에 따른 환차익의 환율리스크 발생 시 위험을 계약자가 모두 부담해야 한다는 것이다.

목돈예치에 안성맞춤인 즉시연금보험

목돈이 있는 자산가나 퇴직금을 일시금으로 수령하는 샐러리맨들이 안전하게 돈을 예치해 연금을 수령하면서 비과세 혜택과 자녀 상속까지 염두에 두고 돈을 예치하려 한다면 즉시연금보험을 가입하는 것이 바람직하다. 부동산이나 주식 등에 직접 투자하면 위험이 따르고 정작 필요한 시기(노후)에 현금화할 수 없는 단점이 있다.

즉시연금을 가입(목돈을 한꺼번에 예치)하면 매월 불입하는 연금보험처럼 일정기간을 기다리지 않고 가입 익월부터 매달 일정액의 연금을 수령할 수 있으며, 지급받는 연금에 대해서는 이자소득세 면제 및 종합과세 제외 등 세제 혜택이 있다. 가입요건은 일시납 보험료 1,000만 원 이상이고 대부분 공시이율을 적용하며 연금지급은 종신형, 상속형, 확정형 등 3가지 방법이 있다. 종신형은 중도해지가 불가능하다. 확정형과 상속형은 중도 해지하면 감면받은 세금을 추징당하므로 보험차익 비과세 충족요건인 10년 이상 유지해야 한다.

최적의 연금보험 상품설계비법
핵심 꿀팁 12

1. 노후생활 자금의 규모를 파악한다.

노후의 생활패턴을 미리 구상하면서 은퇴 이후 필요한 자금이 얼마나 되는지 따져본다. 이때 앞으로의 금리상황, 물가변동, 화폐가치, 소득상승, 생활상태, 자녀독립 등을 종합적으로 분석하여 계산해야 하는데 이런 주변요소는 유동적이므로 정확히 산출하기는 곤란하다. 노후생활비 계산 시 표준적으로 사용되는 현재 가족 전체 월생활비의 50~70%(부부는 70%, 나 홀로는 50%) 정도를 은퇴 이후부터 자신과 배우자의 기대수명 때까지로 환산하면 종합적인 노후생활자금이 나온다. 이 자금을 마련해나가면 어느 정도 편안한 노후를 보낼 수 있다.

2. 현재 저축할 수 있는 보험료 규모를 산출한다.

경제적 소득이 거의 발생하지 않는 은퇴 이후 자금 마련에 필요한 보험료를 산출하는 것이므로 매월 얼마를 불입할 수 있는지 잘 계산한다. 장기납입 상품이므로 보험료 규모가 너무 크면 가계에 부담되어 계속 유지할 수 없는 상황도 발생하므로 매월 지출되는 보험료(저축성보험료 제외)가 연소득의 10% 이상이면 이를 조정하고 난 후 연금보험을 가입한다. 현재 가입한 보험이 실손의료보험, 질병보험, 암보험, 운전자보험, 종신보험 등 여러 가지가 있다면 실손의료보험은 기본으로 두되 위험보장은 보장자산의 과부족이 발생하지 않는 선에서 최소화하고 연금보험료 납부액을 키우는 방향으로 보험 포트폴리오 리밸런싱을 한다.

연금보험료 납입규모는 나이에 따라 다르지만 국민연금을 제외하고 일반적으로 본인 소득의 10% 이상으로 책정하는 것이 바람직하다. 특히 자영업자는 퇴직연금 가입이 불가능하고 국민연금의 보험료도 전부 본인이 부담해야 하므로 반드시 본인 소득의 10% 이상으로 책정하여 연금보험을 가입해야만 어느 정도 안락한 노후가 보장될 수 있다.

3. 나에게 맞는 최적의 상품을 선택한다.

다양한 연금 상품 중 어떤 유형의 연금을 선택할 것인지 투자성향과 보장니즈, 위험 헤지방법 등을 고려하여 신중히 선택한다. 맨 처음 어떤 연금보험 상품을 선택하느냐에 따라 보장 규모나 연금액이 달라지므로 꼼꼼하게 따져보면서 시드머니의 미래가치가 가장 많이 나오는 양질의 상품을 잘 선택하여 가입한다.

세액공제를 원한다면 연금저축보험을, 비과세 혜택과 연금개시 시점에서 목돈 마련을 우선시한다면 일반연금보험을 선택한다. 약간의 위험을 감수하고라도 고수익을 시현하고 싶다면 변액연금보험이나 주가지수연동형연금보험, 외화연금보험 등 특화연금보험을 선택한다. 변액연금보험은 가입자가 자유로운 펀드포트폴리오 리밸런싱으로 효율적인 펀드변경과 자산배분을 통해 기대수익을 올릴 수 있도록 자산운용옵션 등 다양한 서비스 체계가 구축된 펀드 상품을 고르는 게 중요하다. 현재 가입한 보장성보험이 없다면 위험보장과 노후연금보장을 합한 확정금리형연금보험을 선택한다.

연금지급기간 중 연금을 수령하다가 중도해지할 경우 확정연금형과 상속연금형은 해지가 가능하지만 종신연금형은 경험생명표를 적용하여 가입자의 예상수명, 연령 등 다양한 조건을 고려해 연금수령액이 연금개시 시점에 결정되기 때문에 해지가 불가능하다는 점도 유념한다.

특히 고혈압 또는 당뇨 등 만성질환자의 경우에는 연금지급 시점에 건강한 사람(표준체)보다 연금이 더 많이 지급되는 상품을 선택하여 가입하면 유리하다. 가입 시 해당 상품에 만성질환자에게 더 많은 생존연금을 지급하는 실적배당형 연금 전환특약이 부가되어 있는지 꼭 살펴본다. 단, 실적배당형 연금 전환특약 선택 시에는 최소연금지급액보증(GLWB, Guaranteed Lifetime Withdrawal Benefit)을 위한 비용으로 특별계정적립금의 연 1.5% 정도를 차감한다는 점을 알아둔다.

연금계좌는 최소한 5년 이상 납입해야 하며 만 55세 이후 일시금이 아닌 연금으로 매년 연금수령한도 이내에서 분할 지급받아야 한다는 법적 요건을 갖추어야 한다. 만약 중도해지하거나 또는 만기가 되더라도 연금 형태로 수령하지 않고 일시금 등으로 수령하는 경우(연금 외 수령)에는 세금이 부과된다. 연금계좌는 가입 시 세금혜택이 큰 만큼 납입기간, 연금수령방법 등 반드시 지켜야 할 전제조건과 함께 만약 이를 어길 경우 일정한 페널티(penalty)를 적용받게 된다는 점을 유의한다.

4. 연금수익률을 높일 수 있는 방법을 모색한다.

연금 상품을 가입하는 목적은 경제적 활동이 없는 노후에 연금을 많이 받기 위해서이다. 따라서 연금수익률이 높아야 지급받는 연금총액이 많아진다. 보험료 추가납입 이외에 연금수익률을 높이는 가장 중요한 요소는 크게 3가지이다.

첫째, 사업비 부과 규모가 작아야 한다. 연금재원이 되는 적립금액의 크기는 납입보험료 중 저축보험료의 규모로 결정된다. 만약 사업비인 부가보험료가 상대적으로 크면 클수록 저축보험료는 적어지므로 책임준비금이 작아 연금수익률은 낮아진다. 따라서 사업비 규모가 작아야 더 높은 수익을 올릴 수 있다. 대면 채널의 경우 사업비 규모는 동일 가입요건일 경우 변액연금보험이 제일 많고 그다음 외화연금보험, 연금저축보험, 퇴직연금보험, 일반연금보험 순이다.

둘째, 적용이율인 공시이율이 높아야 한다. 공시이율은 저축보험료 부분의 적용이율로서 공시이율이 높아야 적립금액(책임준비금)이 많아지고 연금수익률이 높아진다.

셋째, 적립금액(책임준비금)의 연금운용기간이 길어야 한다. 연금보험의 공시이율은 복리를 적용하여 운용되는데, 가입 초기에는 부가보험료(사업비)로 공제되는 금액이 많아 적립금액이 작아서 복리 효과가 별로 없다. 그러나 연금운용기간이 10년 이상 지나면 적립금액이 많아져 복리 효과가 크게 나타나므로 연금수익률이 높아진다. 따라서 연금운용기간을 가능한 한 길게 설정하는 것이 유리하다.

즉, 연금수익률을 높이려면 예정사업비율이 낮고 적용이율인 공시이율이 높아야 하며, 연금개시 전까지 적립금액(책임준비금)의 연금운용기간이 길어야 한다는 3가지 조건이 부합되어야 한다. 그래야만 지급되는 실질연금총액이 많아진다. 따라서 이런 조건을 갖춘 상품을 잘 찾아서 가입해야 한다. 먼저 생명보험과 손해보험협회의 홈페이지를 방문, 공시실에서 각 보험회사 상품별 직전 3년 연간 수익률, 장래 예상적립률, 최저보증이율, 공시이율, 평균공시이율, 원금 또는 적립금 대비 경과기간별 수수료율, 기간별 유지율(1/3/5/7/10년 등) 등을 꼼꼼히 비교분석하고 연금수령 시기의 실질연금수령액을 보험회사 상품별로 비교 검토하여 수익률 제고에 도움이 되는 좋은 상품을 선택한다.

퇴직연금보험은 해당 사업장의 연간 임금상승률과 연간 투자수익률을 비교하여 임금상승률이 더 높은 경우에는 DB형이 유리하고 투자수익률이 더 높은 경우에는 DC형이 더 유리하다. 퇴직연금보험을 통해 투자하는 금융 상품(적립금운용방법)별 수익률은 퇴직연금사업자의 홈페이지 사이트[은행 예금 상품(www.kfb.or.kr), 자산운용회사펀드 상품(www.amak.or.kr), 보험 상품은 생명보험협회(www.klia.or.kr)와 손해보험협회(www.knia.or.kr)], 그리고 금융감독원의 퇴직연금종합안내사이트(pension.fss.or.kr)에서 모든 금융권역의 퇴직연금 비교공시 상황을 쉽게 파악할 수 있다.

5. 종신형 중 부부가 함께 보장받을 수 있도록 설계한다.

연금보험은 보험료 구성체계상 사업비와 위험보험료가 발생하므로 배우자가 없을 경우에는 개인형을 선택하지만, 배우자가 있을 경우에는 부부형으로 가입하는 것이 보험료를 더 절약할 수 있고 위험보장을 받으면서 연금도 길게 수령할 수 있으므로 효율적이다. 특히 종신연금형의 경우 보증지급기간을 넘어서 생존할 경우 약정금액을 계속 지급하다가 피보험자가 사망한 시점에서 개인형은 모두 보험회사로 연금잔액이 귀속되지만 부부형은 다른 배우자에게 지급된다.

이 경우 배우자가 사망할 때까지 연금을 지급하므로 종신형 중 개인형보다는 부부형 가입이 더 유리하다. 만약 배우자가 이미 연금보험을 가입했다면 위험보장은 최소화하여 가입한다. 여자가 남자보다 7세 정도 더 오래 살고 일반적으로 남편보다 아내가 4세 정도 적으므로 남편이 먼저 사망한 이후 아내의 노후를 고려하여 주소득원을 주피보험자로 하고 배우자를 종피보험자로 하여 설계한다. 종신연금형의 상품 종류(개인형과 부부형 등) 및 보증지급기간을 살펴본다. 그리고 제1보험기간 동안 보험금 지급사유가 발생하였을 경우 보장내용을 확인한다.

6. 보험료 납입기간은 길게 하고 연금수령방법을 결정한다.

보험료 납입기간이 짧으면 노후자금 수령액이 적다. 따라서 납입기간은 노후생활자금 수령액과 밀접한 관계가 있으므로 신중히 결정한다. 특히 연금저축보험은 가능한 한 납입기간을 길게 가져가야 세액공제 혜택을 더 많이 오랫동안 받을 수 있다. 또 연금운용기간이 길어야 적용이율에 대한 복리 효과가 나타나 책임준비금이 많아지고 이에 따라 연금수익률이 높아져 지급되는 연금총액이 많아지게 된다. 일반적으로 직장인 등 봉급생활자는 퇴직연금을 지급받는 시점 이후부터, 자영업자나 전문직 종사자 및 공무원은 65세 이후로 연금시기를 정하는 것이 바람직하다.

연금수령(지급)방법은 크게 ① 10/20/30년 등 확정기간(연금지급기간)에만 연금이 지급되는 확정연금형 ② 보증지급기간 동안에는 보증 지급하고 그 이후 생존 시에는 사망할 때까지 평생 동안 연금이 지급되는 종신연금형 ③ 생존 시에는 가입자 본인이 연금을 수령하다가 사망 후에는 유가족에게 목돈을 물려주는 상속연금형 등이 있다.

확정기간형, 종신형, 상속형 모두 적립된 연금 재원은 동일하지만 해당 연금지급기간 동안 생존율(경험생명표)을 반영하여 연금액을 산정한다.

연금지급기간이 정해져 있는 확정연금형은 연금수령 초년도에 나오는 연금액이 다른 연금형 상품보다 많은 게 장점이다. 확정형으로 30년 연금 수령 시 종신형으로 30년간 지급받는 연금보다 연금총액은 더 많다. 사망할 때까지 평생 동안 계속 연금을 받을 수 있는 종신연금형은 점점 오래 사는 기간이 늘어가고 있는 현 추세를 고려할 때 지급되는 연금총액이 가장 많아 장수리스크를 대비할 수 있다는 장점이 있다. 특히 부부형의 경우 주피보험자 사망 시 배우자도 계속 연금을 받을 수 있다는 장점이 있다. 반대로 일찍 사망할 경우 확정형이나 상속형보다 지급되는 연금총액이 적다는 단점이 있다.

상속연금형은 노후생활자금과 상속자금을 동시에 마련할 수 있는 장점이 있다. 상속연금형은 ① 납입한 원금과 이자가 함께 지급되어 사망 시 소멸되는 연금과 ② 연금지급개시 시점의 적립금을 공시이율로 계산한 이자부분만 연금으로 지급하고 나중 사망 시에는 적립금이 상속되도록 설계된 연금으로 구분된다. 확정형과 상속형은 연금보험을 취급하는 모든 기관에서 판매하고 있지만 종신연금형은 상품 성격상 생명보험회사에서만 취급하고 있다.

7. 추가납입보험료 규모를 최대한 늘려 가입한다.

추가납입보험료란 계약자가 기본보험료의 납입주기와 달리 수시로 납입할 수 있는 보험료를 말한다. 추가납입보험료에는 기본보험료에 들어가는 계약체결비용이 안 들어가고 소정의 계약관리비용만 저축으로 적립되는 금액(적립보험료 부분)이 그만큼 커 연금액이 많아지게 된다. 따라서 보험료를 최대한 추가로 납입해야만 수익률이 높아지고 연금액이 많아진다. 보험료 추가납입은 적립형과 거치형 모두 가능하다(단, 연금저축보험은 거치형이 없음).

연금보험의 보험료 추가납입 가능기간은 해당 상품 계약일부터 일반연금보험은 연금지급개시나이-3세(연금저축은 연금지급 개시나이)의 연계약해 당일의 1개월 전까지이다.

추가보험료 납입한도의 경우 연간한도는 연간 기본보험료의 200% 이내이고, 총한도는 보험료 납입기간 동안 불입하는 기본보험료 총액(기본보험료×12×보험료 납입기간)의 200%이다. 이 경우 추가납입보험료의 한도는 시중금리 등 금융환경에 따라 매년 약정 한도 이내에서 해당 보험회사가 정한 한도로 하는데 보험회사마다 상이할 수 있다. 추가납입보험료의 1회당 최저 납입한도는 1만 원 이상, 1,000원 단위이다. 연금저축보험은 기본보험료와 추가납입보험료의 보험료 납입한도액은 연간 1,800만원 한도로서 이 금액은 연금계좌를 취급하는 금융회사에 가입한 연금계좌의 합계액이다. 세액공제를 받는 연금계좌 상품인 연금저축보험은 기본보험료가 많아도 연간납입보험료 한도인 1,800만 원까지만 추가납입이 가능하다.

8. 공시이율과 최저보증이율이 높은 상품을 선택한다.

연금보험 상품은 모두 금리연동형 상품으로서 적용이율은 공시이율과 최저보증이율이다. 공시이율과 최저보증이율은 가입한 보험 상품의 향후 만기보험금, 중도해지환급금 등 지급되는 보험금에 직접적인 영향을 미치는 적용이율이다. 적립금액의 규모에 직접적으로 작용하므로 향후 목적자금 마련에 매우 큰 요소로 작용하는데 보험사의 상품마다 이율 편차가 많이 난다.

공시이율은 예정사업비율 및 연금운영기간과 함께 연금보험 수익률에 영향을 미치는 주요한 요소이다. 공시이율은 저축보험료 부분의 적용이율로서 공시이율이 높아야 적립금액(책임준비금)이 많아지고 연금수익률이 높아진다.

금리연동형 보험에 적용하는 공시이율은 매월 1일 해당 보험회사가 정하는 이율로 회사 운용자산 이익률과 객관적인 외부지표금리를 반영하고 향후 예상수익 등 경영환경을 고려하여 책정한다. 매월 1일부터 당월의 마지막 날까지 1개월간 확정 적용하며 공시이율이 변동될 때에는 적립금액 및 해지환급금도 자동으로 변동된다. 평균공시이율은 금융감독원장이 정하는 바에 따라 산정한 전체 보험회사 공시이율의 평균을 말하므로 평균공시이율보다 높으면 해당 연금보험 상품 운용을 잘한다고 볼 수 있다. 2019년 현재 적용되는 평균공시이율은 연복리 2.5%이다. 최저보증이율은 연복리를 경과기간별(0.75~1.25%)로 다르게 적용하고 있다.

따라서 가입 전 미리 해당 상품의 적용이율별 공시이율의 수익률과 평균공시이율, 그리고 최저보증이율을 꼭 살펴보고 특히 공시이율은 평균공시이율보다 높은 상품을 선택한다.

9. 보험료 대비 사업비율 및 공제되는 비용을 꼭 체크한다.

노후를 위한 장기목적자금 마련 시에는 눈송이 굴리듯 원금이 커져나가야 수익이 창출된다. 보험은 납입되는 돈이 모두 저축보험료가 아닌 위험보험료와 부가보험료로 구분되어 보험관계비용으로 공제된다. 이 중 위험보험료는 장래 보험사고 발생 시 보험금 지급 등 보장을 위해 공제되는 보험료이고, 부가보험료는 보험 모집 및 계약유지 관리에 필요한 사업비로 공제되는 보험료이다. 위험보험료는 경험생명표를 토대로 산출되므로 보험회사별 차이가 그리 크지 않다. 부가보험료는 보험회사마다 편차가 크다.

따라서 보험가입 전 보험료 대비 사업비율이 어떤지를 반드시 체크해야 한다. 일반적으로 연금보험의 보험료 대비 사업비율 책정 시 신계약비(계약체결비용)는 신계약비의 이연상각인 가입 후 10차 연도까지 발생하고 10년 초과 시에는 발생하지 않는다. 이 경우 10차 연도까지 균일 적용하든지 또는 1~7차 연도까지와 8~10차 연도를 구분하여 신계약비를 책정하는 회사가 있는데 1~7차 연도의 공제비용이 8~10차 연도 공제 비용의 2배 이상으로 많다.

유지비(계약유지관리비용)는 보험기간 동안 내내 발생한다. 즉, 제1보험기간의 보험료 납입기간뿐만 아니라 제2보험기간 연금수령기간 중에도 계약유지관리비용이 발생한다. 보험료 납입기간 이내에는 보험료 납입기간 이후보다 약 3배 더 많이 발생한다. 참고로 매년 연금수령 시마다 종신연금형은 연금연액의 약 1.0%를, 확정기간연금형과 상속연금형은 연금연액의 0.7%를 계약유지관리비용으로 공제한다. 그리고 해지 시에는 해지공제비용으로 보험계약 체결 이후 7년 동안 공제한다. 해지공제비율(%)은 이미 납입한 기본보험료 대비 해지공제금액의 비율로서 가입 초년도에 가장 많이 발생하고 순차적으로 적게 발생하며 7차 연도에는 거의 발생하지 않는다. 보험료 추가납입 시 계약체결비용은 공제하지 않지만 계약유지관리비용을 보험료 납입 후 도래하는 매월 계약해당일에 공제한다(추가납입보험료의 1~2% 공제). 그리고 중도인출 시 인출수수료를 공제한다.

퇴직연금보험의 총비용(운용관리수수료, 자산관리수수료, 펀드 총비용)에 대한 상품 유형별 총비용부담률(해당연도 총비용을 평균적립금으로 나눈 비율)은 개인형퇴직연금(IRP)이 제일 작고 그다음으로 확정기여형(DC형), 확정급여형(DB형) 순이다. 퇴직연금보험은 사업비 이외에 운용관리수수료, 자산관리수수료, 펀드 총비용(판매보수, 운용보수, 수탁보수, 사무보수펀드 등의 총보수비용, 판매수수료, 재간접펀드의 피투자펀드 비용 등) 등의 각종 비용이 발생한다. 사업비율 및 총비용 부담률, 발생 비용규모가 보험회사마다 다르므로 잘 비교해본다. 퇴직연금보험의 경우 퇴직급여제도 설정 및 운영과 관련하여 발생하는 비용과 수수료는 모두 사용자가 부담한다. 단, DC제도와 기업형IRP에서 가입자가 스스로 부담하는 추가부담금에 대한 수수료는 가입자가 부담한다.

10. 적립금액에 대한 최저보증 설정 여부를 체크한다.

연금보험은 노후자금 마련을 목적으로 10년 이상 장기간 보험료를 납입하는 은퇴자산 마련 상품이므로 계약자 적립금액에 대한 안전장치가 마련되어 있어야 하는데 그 제도가 바로 최저보증제도이다. 최저보증이란 연금지급개시 시점(경과기간의 마지막 시점)의 적립금액(해지환급금)이 이미 납입한 보험료의 100.1%보다 작을 경우 이미 납입한 보험료의 100.1%를 최저로 보증하여 지급해주는 것을 말한다. 단, 보험료납입 일시중지를 신청한 계약의 이미 납입한 보험료가 연금지급개시 시점까지 납입하기로 한 기본보험료 누계액에 미달한 경우 및 보험료 납입 종료를 신청한 경우에는 연금지급개시 시점의 적립금액을 최저보증하지 않는다. 가입 전 반드시 최저보증이 설정되어 있는지, 구체적으로 최저보증은 어떻게 해주고 있는지 꼭 살펴본다. 또 부득이한 경우를 고려하여 경과기간별 해약환급금은 얼마나 되는지 확인한다.

11. 보험료 할인과 장기유지 시 어떤 메리트가 있는지 확인한다.

연금보험은 최소한 10년 이상 보험료를 납입한 후 연금을 수령해야 목적자금이 규모화되어 연금수령액이 커지고 비과세 혜택으로 실질수령액이 늘어난다. 장기간 유지하는 상품의 특성상 보험회사에서는 장기유지 가입자 우대 차원에서 각종 메리트를 제공하고 있는데 대표적인 메리트가 고액보험료 할인과 장기유지보너스 지급 등이다.

고액보험료를 납입한 경우 할인혜택은 적립형의 경우 계약자가 매월 납입하는 주계약 기본보험료를 기준으로 5년 이상 납입하면 금액별로 기본보험료 할인금액을 적용하여 기본보험료 중 30만 원 초과금액에 대해 50만 원, 100만 원, 200만 원, 500만 원, 1,000만 원 등 구간을 설정하여 초과금액의 2~3% 정도를 할인해준다. 이때 보험기간 중 기본보험료가 변경될 경우 변경된 보험료를 기준으로 적용하며, 보험료납입일시중지제도 신청 시 납입일시중지기간 동안에는 적용하지 않는다.

장기유지보너스 지급은 적립형 계약에 적용되는데 보험계약일 기준으로 5년과 10년 시점에서 장기유지보너스를 지급하고 보험료납입완료 시점 또는 제1보험기간 종료 후 제2보험기간이 시작되는 시점에서 납입기간종료 및 연금개시축하보너스 형식으로 기본보험료 납입에 따른 기본적립액(최저연금기준금액)에 일정 기준율을 적용하여 지급한다. 이 경우 보험회사 상품별로 고액보험료 할인과 장기유지보너스 지급제도가 다르므로 잘 살펴본다.

장기유지보너스 종류 및 기간별 기준지급률

지급 종류	장기유지보너스 발생일	장기유지보너스 기준지급률
5년 장기유지보너스	보험계약일부터 5년이 되는 시점의 연계약해당일	보험계약일부터 5년이 되는 시점의 계약해당일 전일 계약해당일 기본적립액의 1~3%
10년 장기유지보너스	보험계약일부터 10년이 되는 시점의 연계약해당일	보험계약일부터 10년이 되는 시점의 계약해당일 전일 기본적립액의 2~4%
납입완료 장기유지보너스	납입기간 종료일 이후 최초로 도래하는 계약해당일	납입기간 종료일 이후 최초로 도래하는 계약해당일 기본적립액의 1~3%
연금개시 장기유지보너스	연금지급개시나이 연계약해당일	연금지급개시나이 계약해당일 기본적립액의 2~4%

* 주) 1. 연금개시 전 보험기간이 10년 미만 계약인 경우 10년 장기유지보너스는 발생하지 않음
2. 지급 종류의 경우 5년 장기유지보너스와 납입완료 장기유지보너스 중 하나만 해당되고, 10년 장기유지보너스와 연금개시 장기유지보너스 중 하나만 해당(각각 중복하여 지급하지 않음)

12. 사업비가 낮은 우량보험회사와 전문컨설턴트를 선택한다.

연금보험은 한번 가입하면 최소 10년 이상 불입해나가야 하는 장기 상품이므로 반드시 안정성과 수익성을 신중히 고려하여 지급준비율이 높은 우량보험회사를 선택 가입한다. 연금 파이를 키우려면 듀레이션(Duration)을 상대적으로 짧게 가져가야 더 많은 적립금이 쌓이는데 보험회사에 따라 동일 경과기간이라 해도 적립금액의 규모에 편차가 심하게 나타난다.

가장 큰 이유는 사업비 부과 규모의 차이 때문이다. 모든 연금 상품은 저축보험료(변액연금보험은 특별계정)와 위험보험료 이외에 부가보험료(사업

비)를 책정하는데 사업비 부과 규모가 보험회사마다 차이가 있다. 특히 변액연금보험은 실적배당형 상품이라서 모든 책임소재가 전적으로 가입자에게 귀결되므로 어떠한 연금보험 상품보다도 우량보험회사 선택을 가장 우선시해서 판단해야 한다.

좋은 보험회사 선택기준은 자산 규모, 자본의 적정성, 재무건전성(지급여력비율), 상품의 수익성, 사업비 부과 규모의 최저성(보험료 규모), 보험컨설턴트의 전문성과 직업성, 신뢰성, 보험서비스 등을 종합적으로 판단하고 신뢰도가 높은 회사의 상품을 선택하는 것이 바람직하다. 변액보험은 펀드종목과 수탁회사, 운용회사, 자산운용옵션 등을 살펴본다. 그리고 연금지급과 관련된 각종 우대서비스를 보험회사별로 비교해본다.

연금보험은 단순히 노후생활자금 확보를 위해서만 아니라 제1보험기간 동안에는 가족보장을 위한 보장자산 확보도 이루어지므로 맨 처음 연금보험 컨설팅을 잘 받아 가입한 후 보험사고 발생 시나 연금수급 시 차질 없이 처리해줄 담당자를 잘 만나야 한다. 지속적으로 잘 관리해주면서 가계의 금융주치의 역할을 수행해줄 전문설계사는 효율적인 자산 관리와 형성 측면에서도 필요하다. 특히 변액연금은 펀드변동성에 따라 적립금액이 달라지므로 주가 트렌드에 신속히 대처하면서 자산운용옵션을 유효적절하게 이용하여 연금수익을 높여주는 펀드전문가의 도움이 꼭 필요하다.

5장

변액보험
종합분석 및 가입 꿀팁

많은 사람이 기적을 바라며 리스크를 향해 뛰어든다. 하이 리턴(High Return)이라는 기적을 바라는 사람에게는 냉철함이 없어 그런 행동이 하이 리스크(High Risk)라는 사실을 깨닫지 못한다. 로 리스크(Low Risk)를 부담하는 것이 최고의 하이 리턴을 거둔다. −오카모토 시로(岡本史郎, 마케팅컨설턴트)

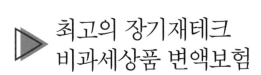

최고의 장기재테크
비과세상품 변액보험

'달걀을 여러 바구니에 나누어 담지 말고 한 바구니에 잘 담은 다음 지켜보라.'

주식투자의 황제라 일컫는 워런 버핏(Warren Buffett)이 한 이 말은 간접투자의 기본원리를 잘 알려준다. 개인이 어느 한 주식종목에 집중적으로 투자하는 직접투자방식은 위험부담이 너무 크므로 선진국에서는 다양한 우량주식들로 포트폴리오를 구성하여 투자리스크 헤지(Hedge) 기능이 있는 간접투자를 더 선호한다. 달걀을 담은 바구니는 간접투자이고, 달걀은 펀드종목이다. 세부적으로 들어가면 펀드 안에 있는 선택된 벤치마크(Bench Mark) 초과수익을 달성해주는 우량종목들이다. 펀드 자체가 여러 주식에 이미 분산투자를 하도록 설계되어 있다. 특히 펀드 상품 중 펀드변경 등 투자리스크 헤징(Hedging)을 위한 다양한 운용옵션 기능을 갖고 있는 상품, 10년 이상 운용 시 완전비과세 혜택이 주어지는 상품은 오직 변액보험밖에 없다. 보험도 펀드 상품인 변액보험을 가입해야만 더 빨리 목적자금을 마련할 수 있고 더 많은 보장자산이 확보된다.

보험금의 미래가치를 높여주는 실적배당 상품

변액보험(Variable Life Insurance)은 보험계약자가 납입한 보험료 중 저축보험료를 특별계정(Separate Account)에 편입하여 펀드를 구성하고, 수익성이 높은 채권이나 주식, 파생상품 등 유가증권에 투자한 뒤 펀드의 투자운용실적에 따라 보험계약자에게 투자이익을 배분함으로써 보험기간 중 보험금 및 해지환급금 등이 변동하는 실적배당형보험이다.

상품구조는 ① 보장기능 + ② 저축기능 + ③ 펀드투자운용 형태로 되어 있고, 상품수익률은 공시이율 + a 수익을 추구하면서 적립식펀드보다는 보수안정적으로 운용되고 있다.

변액보험의 가장 큰 장점은 동일한 보험료를 내지만 하나의 상품 내에 여러 개의 펀드종목으로 투자 운용됨에 따라 다양한 펀드종목에 분자투자를 하여 펀드수익률이 장기적으로 높게 형성되면 향후 인플레이션으로 인한 화폐가치 하락에 따른 리스크를 줄임으로써 생명보험의 미래가치 하락 가능성이라는 걱정을 사전에 덜어줄 수 있음은 물론 더 많은 보험금을 수령함으로써 보험금의 미래가치를 드높일 수 있다는 점이다.

저금리 재테크 시대에는 단순히 정액보험만 가지고는 보장자산의 미래가치를 높이기 힘들다. 그 이유는 보험회사에서 정액보험 상품에 가입한 계약자 자산의 주 투자대상은 보험가입금액의 안정적 확보를 우선시하여 채권과 MMF, 대출 등인 데 반해, 변액보험은 종잣돈(적립금액)을 조금이라도 더 늘려주기 위해 펀드투자 대상이 주식과 파생상품, 실물자산 등 매우 다양하기 때문이다. 변액보험의 펀드투자운용으로 인한 적정 기대수익(anticipate benefits)은 장기간 운용 시 은행의 예금이자를 상회하는 수익률을 시현해준다. 저금리 시대에 점점 장기투자패턴이 'High Risk High Return'형의 공격적인 투자보다는 안정적인 고수익을 시현하는 'Middle Risk Middle Return'형을 선호하므로 변액보험은 이에 가장 적합한 상품이다.

단, 가입 시 주의할 점은 펀드운용실적이 좋을 경우에는 사망보험금과 해약환급금이 그에 비례하여 증가하지만, 반대로 펀드운용실적이 악화될 경우에는 펀드기준가가 하락하고 이로 인해 수익률이 낮아져 오히려 원금 이하의 손실을 초래할 수도 있게 된다는 취약점이다. 따라서 변액보험을 가입할 경우에는 향후 펀드기준가의 변동성에 따른 리스크도 늘 감안해 리스크 헤징 방법을 모색하면서 펀드 종목을 신중히 선택해야 한다. 그래서 변액보험은 가입자 자기책임원칙이 따르는 상품으로 가입하면 가입자 스스로 펀드 투자종목을 반드시 설정하도록 약정되어 있다.

변액보험은 비갱신형 실적배당 상품으로서 상품 종류(종목)는 기본형, 적립형(체증형), 보장형 등으로 구분되고 유니버설 기능은 변액유니버설보험은 있지만 변액종신보험과 변액연금보험은 없다. 환급 여부에 따라 일반형과 무해지/저해지환급형이 있다.

변액보험의 가입요건을 살펴보면 가입나이는 15~70/75/80세 등이고 보험기간은 종신이다. 보험료 납입기간은 5/10/15/20/25/30년납 또는 55/60/65/70/80세납 등이며 가입한도는 주보험 기준으로 1,000만~1억/

3억/5억/10억/20억 원(위험직급별 가입한도 이내) 등이다. 부가특약은 개별로 각 1,000만 원으로 설계되어 있다.

특약은 의무(고정)특약과 선택부가특약, 제도성특약으로 구분되며 선택특약은 주로 갱신형이다. 특약의 갱신주기는 주로 1~15년인데 특약별로 상이하다. 보험료 규모는 주보험 보험가입금액 1억 원[20년납, 월납, 기본형, 표준체, 피보험자 40세] 기준으로 남자는 약 23만~26만 원, 여자는 20만~22만 원 정도이다. 단, 보험회사별 상품 조립방법에 따라 상이하므로 동일한 보장조건일 경우 보험가격지수가 낮은 상품을 선택한다.

변액보험 운용 FLOW

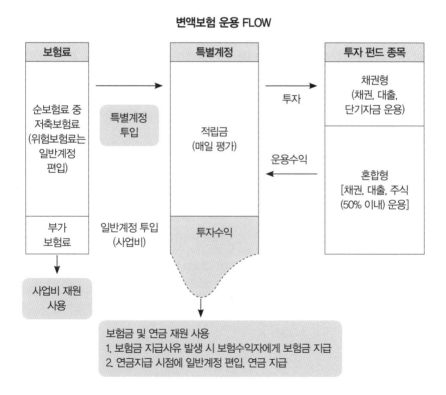

변액보험의 상품 유형별 분석
(일반변액보험, 변액연금보험, 변액유니버설보험)

변액보험은 상품의 구성방식 및 조립 형태에 따라 크게 구분하면 ① 종신보험과 CI/GI보험, LTC보험 등 보험 본연의 보장 기능에다가 변액보험의 펀드 기능이 조합된 보장형 일반변액보험(Variable Life Insurance) ② 보험의 보장 기능과 변액보험의 장점인 실적배당, 유니버설보험의 장점인 은행의 자유입출금 기능을 결합하여 만든 저축형 변액유니버설보험(Variable Universal Life Insurance) ③ 연금개시 이전에는 실적배당에 따라 운영하여 고액의 연금재원을 마련하게 해주고, 연금개시 후에는 실적배당이 아닌 시장금리에 연동된 연금을 안정적으로 지급받도록 설계된 연금형 변액연금보험(Variable Annuity) 등 3가지로 나눌 수 있다.

이들 상품은 가입 목적, 상품구조 및 구성방식에 따라 보장내용과 보험금 지급방식 등이 다르다.

변액보험 가입 목적에 따른 상품 유형별 비교

구분	저축형 상품	보장형 상품	연금형 상품
가입 목적	장기 자산증식을 위한 목적자금 마련	사망, 질병 등을 대비한 보장 자산 마련	노후대비 등을 위한 연금자산 마련
변액보험 상품 대상	변액유니버설보험(적립형)	변액종신, 변액유니버설보험(보장형), 변액유니버설CI(GI), 변액LTC종신보험	변액연금보험

일반변액보험(Variable Life Insurance)

일반변액보험은 종신보험과 CI/GI보험, LTC보험 등 보험 본연의 보장 기능과 변액보험의 펀드 기능이 조합된 상품으로 변액종신보험이라고도 한다. 변액종신보험은 기본보험금과 변동보험금을 가입자가 사망했을 때 지급해주는 사망급부형 실적배당 상품이다. 변액종신보험은 기본보장과 함께 투자성과에 따른 수익을 반영해 인플레 헤지(hedge)를 통하여 보험금의 실질가치를 보전해준다는 장점이 있다. 따라서 보장자산 파이를 더 키우려면 변액종신보험을 가입하는 것이 바람직하다. 특약은 일반종신보험과 마찬가지로 암진단특약, 입원특약, 질병보장특약, 수술보장특약, CI보장특약, 고도장해보장특약, 정기사망보장특약, 교통재해사망특약, 재해보장특약 등 매우 다양한 종류를 두루 갖추고 있다. 보험회사별로 주계약은 큰 차이가 없지만 특약부가 시 보장내역에서 많은 차이가 있다.

변액종신보험은 투자수익률이 좋을 경우 기본 사망보험금 1억 원(1구좌

기준) 이외에 매달 투자실적에 따라 변동사망보험금을 추가로 보장해주므로 사망보험금이 자연 증액된다. 또 가입자가 원하면 일반종신보험 또는 연금보험으로 전환할 수 있는 다기능 보험 상품이다. 변액CI보험과 변액GI보험은 중증질환이 발생하여 입원 및 수술 시 투자실적을 반영해 고액의 치료비를 선지급해주는 보험 상품이다. 변액LTC보험은 변액보험과 LTC보험의 실버케어(Silver Care) 기능을 합쳐 노후에 장기간병을 요하는 개호 상태(신체장애나 질병 등으로 중증의 후유장애가 남아 스스로 일상생활을 하지 못하고 남의 도움이 필요한 상태)가 되었을 때 간병비용을 펀드 운용 투자실적에 따라 지급하는 보험 상품이다. [* CI보험과 GI보험, LTC보험에 대한 설명은 2장 주요 생활보험 상품 종합분석 및 가입 꿀팁에 명기된 내용 참조]

변액연금보험(Variable Annuity)

변액연금보험은 인플레이션에 따른 정액연금보험의 구매력 감소, 즉 연금가치의 하락을 막기 위해 개발된 실적배당형 연금 상품이다. 연금개시 전에는 실적배당에 따라 고액의 연금재원을 마련할 수 있고 연금개시 이후에는 실적배당이 아닌 시장금리에 연동된 연금을 지급받기 때문에 안정적인 노후설계가 가능하도록 구성된 상품이다. 연금지급개시 전까지 변액보험처럼 운용하고, 연금지급개시 후에는 종신연금(또는 확정연금, 상속연금 등)을 지급하는 형태로 전통형연금보험과는 투자실적에 따라 지급되는 연금액이 달라진다는 차이가 있다. 유니버설 기능은 없다.

특히 변액연금보험에는 아무리 투자수익률이 하락해도 나중에 연금 전환 시점에서 기납입보험료 중 주계약 부분에 해당하는 금액 전부를 보전해주는 최저연금적립금보장제도(GMAB, Guaranteed Minimum Annuity Benefit)가 있으므로 투자수익률 하락에 따른 리스크를 커버할 수 있다. 단, 보험회사가 자산운용에 실패하더라도 원금은 보장되지만 중도해약할 경우에는 원금이 보장되지 않는다. 변액연금보험은 실적배당형의 성격상 리스크가 존재하므로 이를 커버하기 위해 다양한 헤징 대상 보증옵션제도를 구비하고 있다. [* 변액연금보험에 대한 자세한 설명은 4장 연금보험 종합분석 및 가입 꿀팁의 '펀드로 운용하는 변액연금보험' 참조]

변액유니버설보험(Variable Universal Life Insurance)

변액유니버설보험은 특별계정에 투입된 적립보험료 부분의 펀드운용 수익률에 따라 보험금이 변동되는 변액보험과 더불어 보험료의 추가납입 및 월대체보험료 충당으로 보험료납입유예, 적립금이 자유로운 유니버설보험 기능을 합침으로써 목돈 마련에 적합한 실적배당형 상품이다.

변액보험은 실적배당을 하지만 보험료 납입이 정액정기납이고 상품구조가 복잡하다는 문제점이 있는 데 비하여, 유니버설보험은 자유입출금이 가능하고 상품구조가 금리연동형 저축성보험처럼 단순하다는 장점이 있으나 공시이율을 적용하므로 저금리 시대에는 수익률 제고가 어렵다는 단점이 있다.

변액유니버설보험은 이러한 두 상품의 장점을 채택하고 여기에 자산운용관련 다양한 고객니즈를 반영하여 은행의 입출금 기능, 투신의 투자 기능, 보험의 보장 기능을 하나의 상품으로 제공할 수 있도록 만든 장기투자보험 상품이다. 최저보증제도를 적용하여 원금손실이 발생하더라도 사망보험금은 보증하여 지급할 수 있게 설계되어 있다.

실적배당 상품이기 때문에 자산운용능력에 따라 가입자가 지급받는 보험금 규모가 달라지므로 그만큼 운용능력이 뛰어난 회사를 고르는 게 매우 중요하다. 변액유니버설보험은 상품조립방법에 따라 변액유니버설적립보험, 변액유니버설종신보험, 변액유니버설CI(GI)보험 등으로 다양하게 맞춤식 상품설계가 가능하다.

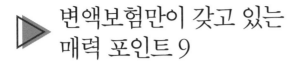

변액보험만이 갖고 있는
매력 포인트 9

1. 펀드포트폴리오 리밸런싱을 통해 효율적 수익관리가 가능하다.

변액보험은 하나의 상품 내에서 여러 개의 펀드 종목으로 운용되므로 가입자의 투자성향에 따라 보험회사에서 설정한 펀드 중 자신이 원하는 자산운용옵션 중 몇 개를 직접 선택할 수 있다. 또 장기적으로 안정된 수익을 실현해주는 스텝업(Step Up) 기능인 분산투자와 자산운용옵션제도가 구비되어 있다. 따라서 펀드 가입 후 펀드기준가에 변동성이 발생할 경우 자산운용옵션을 활용하여 시장상황에 맞는 효율적인 펀드포트폴리오 리밸런싱을 통해 리스크를 최소화하면서 펀드수익률을 극대화할 수도 있다. 적립식펀드 유형 중 펀드변경 등 다양한 자산운용옵션 기능을 갖고 있는 상품은 변액보험뿐이다.

2. 펀드매입비용 평균화 효과로 투자리스크를 상쇄해준다.

변액보험이 다른 보험 상품보다 좋은 가장 큰 이유 중 하나는 달러 코스트 에버리징 효과(DCA, Dollar Cost Averaging Effect, 펀드매입비용 평균화 효과)를 누림으로써 리스크는 줄이고 수익은 더 안정적으로 올릴 수 있기 때문이다. 보험료가 펀드로 운용되므로 주가가 비쌀 때(오를 때)는 소량을 사고, 주가가 쌀 때(떨어질 때)는 많이 사게 돼 평균 매입단가가 낮아지는 코스트 에버리징 효과(Cost Averaging Effect)가 있다. 펀드투자 시 제반 시장 트렌드상 투자 시점을 정확하게 포착하기 곤란할 경우 총투자자금을 일정기간 동안 분산하여 투자하면 펀드기준가의 등락폭을 평균화하는 효과를 가져옴으로써 투자리스크를 줄여 더 좋은 수익 효과를 얻을 수 있다.

3. 보장자산의 가치 하락을 막고 시드머니의 미래가치를 상승시킨다.

변액보험은 물가상승 등 인플레이션으로 인한 돈의 가치 하락 가능성에 대한 걱정을 사전에 덜 수 있다. 예를 들어 보험금 3억 원짜리 정액상품인 종신보험 가입자가 10년 뒤 사망했을 경우 그동안 물가가 3배 이상 상승했다면 자녀가 받는 보험금은 사실상 3억 원의 가치가 안 된다. 그러나 변액보험은 경기가 좋아져 선택한 펀드 종목의 가격이 올라가면 펀드 수익률이 올라 자산가치도 올라가므로 물가상승으로 인한 인플레 헤지(Hedge) 효과가 발생함으로써 보험금의 미래가치 하락을 막아 시드머니의 미래가치를 높여줄 수 있다.

4. 가입한도가 거의 없는 비과세 상품이다.

일반적으로 보험은 사행행위(射倖行爲)가 발생할 개연성을 사전에 방지하기 위해 모두 가입한도가 제한되어 있다. 그런데 변액보험은 가입한도에 대한 제한이 거의 없는 상품이다. 특히 다른 금융권을 통틀어서 비과세

금융상품 중 가입한도가 유일하게 없는 상품이기도 하다. 다른 절세 금융 상품은 가입한도가 정해져 있지만 변액보험은 한도 없이 가입한 후 10년 이 지나면 완전비과세로 활용할 수 있는 재테크 상품이다.

5. 실적배당형 상품이지만 투자리스크 헤징 옵션제도가 다양하다.

변액보험은 실적배당형 상품으로서 투자리스크 발생 시 수익률이 저하될 수 있으므로 이를 헤징(Hedging)할 자구책인 보증옵션이 반드시 필요한 상품 이다. 변액보험의 주요 헤징대상은 최저사망보증(GMDB, Guaranteed Minimum Death Benefit), 최저원금 또는 최저연금적립금보증(GMAB, Guaranteed Minimum Annuity Benefit), 최소연금지급액보증(GLWB, Guaranteed Lifetime Withdrawal Benefit), 최저보증제도 또는 최저중도인출보증(GMWB, Guaranteed minimum withdrawal benefit) 등의 보증옵션인데 이를 잘 활용하면 장기유지 시 안정 적인 보험 수혜가 가능하다. 단, 보험회사마다 헤징 보증옵션제도가 다를 수 있으므로 잘 살펴본다.

예금자보호는 금융기관이 파산하여 지급의무를 이행하지 않을 때 국가 에서 원금과 이자를 포함해서 5,000만 원까지 원리금을 보장해주는 제 도인데, 실적배당 상품인 펀드는 예금자보호법이 적용되지 않는다. 펀드 는 운용결과에 따른 이익 또는 손실이 모두 투자자에게 귀속되어 예금자 보호법에 따라 보호되지 않으므로 적립식펀드는 예금자보호 대상 상품 이 아니다.

그러나 변액보험은 해당 약관에서 약정한 보험회사가 최저 보증하는 보험금(최저보장보험금, 저축형계약은 최저사망보험금) 및 부가되는 선택특약 중 특별계정 운용실적과 관계없는 특약을 기준으로 보험회사가 지급 불이행 시 예금보호공사가 보장해준다. 변액보험은 적립식펀드와 달리 보험 특유의 최저보장보험금 지급보장제도가 있어서 확정보험금을 지급하므로 5,000만 원까지 예금자보호를 받을 수 있게 예금자보호 규정을 적용하도록 하고 있다. 이때 변액종신보험은 기본사망보험금을, 변액연금보험은 이미 납입한 보험료를 전액 지급해준다.

6. 가입자 스스로 펀드를 선택할 권리가 주어진다.

변액보험은 안정적인 수익 실현을 위해 변액보험 판매관리사와 계약자가 직접 자금운용에 참여할 수 있다. 다른 보험은 보험회사가 임의로 결정한 예정이율이나 공시이율이 적용되어 적립금액이 오로지 보험회사에 의해 좌우되므로 계약자가 선택할 틈이 전혀 없다. 그러나 변액보험은 담당 설계사와 계약당사자가 '자산운용옵션제도'를 활용하여 적립금액에 대해 적극적으로 개입할 수 있다. 이는 더 안정적이고 높은 수익을 계약자 스스로 실현할 수 있는 좋은 기회를 조성해주려는 것이며 또한 이를 기화로 증권동향이나 펀드운용에 대한 시야를 넓히는 계기가 된다.

7. 적립형과 거치형 상품의 기능과 장점을 모두 갖고 있다.

적립형 상품은 목돈을 모으는 상품이고 거치형은 목돈을 늘리는 상품이다. 변액보험은 보험료는 매월 적립식으로 지불하지만 해당 시점에서의 적립금은 일시금 형식으로 재투자된다. 변액보험에 가입한 후 일정금액이 적립되면 마치 거치형 상품처럼 목돈을 늘리기 위한 일시금 형식으

로 수익극대화를 위해 주식이나 채권, 파생상품 등 유가증권에 간접투자
하여 운용된다.

8. 특별계정에 적립된 금액을 다양한 목적으로 활용할 수 있다.

변액연금보험의 경우 목돈이나 연금지급이 일반적으로 40대 후반부터
는 가능하도록 설계되어 있으므로 자녀의 교육자금이나 가정의 생활자
금, 노후생활자금, 상속자금 등 사용 목적에 따라 적립금을 다양하게 활
용할 수 있다.

9. 보험료납입유예제도 활용으로 융통성 있는 유지관리가 가능하다.

변액보험은 일정기간 경과 후 일시납입중지 시 해약환급금 내에서 보
험료가 대체되는 보험료납입유예제도가 있어서 당월 납입 여유가 없을
경우 중도해지하지 않고도 펀드가 계속 운용되는 효과를 볼 수 있다(단, 변
액유니버설보험 및 보험료납입유예 기능이 있는 상품만 해당). 장기적으로 소득이
감소하거나 또는 지출이 늘어나 가계 부담이 가중되는 등 생활상 불가피
한 사유로 보험료 납입이 곤란할 경우 잘 활용하면 매우 유익한 제도이다.

특별계정과 일반계정의 운용방법과 차이점 종합비교

변액보험, 퇴직연금 등 펀드로 운용되는 상품은 특별계정과 일반보험으로 운용되는 일반계정이 있다. 특별계정(Separate Account)이란 보험회사가 가입자의 자산 전부 또는 일부를 일반계정과 구별해 이용하고자 설정한 계정을 말한다. 연금저축계약, 변액보험계약, 퇴직연금보험계약(DB형, DC형, 개인형퇴직연금의 개인형 및 기업형) 등이 이에 속한다.

특별계정에 속하는 자산에 대해서는 다른 특별계정에 속하는 자산과 그밖의 일반보험의 자산과 분리, 회계 처리하여 독립적으로 운용하는데, 자산운용실적이 적립금에 즉시 반영될 수 있도록 매일 평가한다. 이때 펀드수수료가 후취로 매일 일정액씩 공제된 후 평가 잔액이 운용되어 적립돼나간다.

특별계정과 일반계정의 자산운용 목적과 평가방법

특별계정과 일반계정은 자산운용의 목적과 평가방법 및 운용상의 책임소재가 다르다. 일반계정의 자산은 매월 평가하고, 특별계정의 자산은 일반보험의 자산과 분리하여 독립적으로 운용하며 자산운용실적이 적립금에 즉시 반영될 수 있도록 매일 평가한다. 특별계정 자산은 일반계정 또는 다른 특별계정과 자산을 편입, 편출, 상호매매, 교환 등을 할 수 없다.

특별계정과 일반계정을 분리 운용하는 것은 각 계정 간의 공평성을 유지하기 위해서이다. 두 계정 가입자의 소중한 자산을 모두 안전하고 유리하게 운용하려는 근본 취지는 같지만 특별계정은 자산이 가입자 개개인의 몫으로 구성되어 있고 펀드에 투자하는 까닭에 수익성을 더 중요시한다. 반면 일반계정은 가입 당시 보험가입금액 지급을 목적으로 보험회사 자체에서 채권 등 안전한 자산에 투융자를 하므로 안정성을 더 중요시한다.

따라서 투자실적에 대한 투자위험의 부담자가 다르다. 일반계정은 투자의 위험을 모두 보험회사가 부담한다. 일반계정은 보험회사가 직접 가입자의 보험료를 주식, 채권 등에 투융자하므로 자산손실을 보더라도 보험증권에 기재되어 있는 내용대로 보험금 지급사유 발생 시 회사에서 책임지고 지급해야 할 의무가 있어 보험금을 그대로 지급받을 수 있다.

그러나 특별계정은 펀드투자 결과에 대한 책임이 투자자에게 모두 귀속되므로 투자에 따른 위험을 모두 가입자가 부담한다. 보험사고 발생 시 보험가입금액에 대한 최저보증제도(GMDB)의 도입으로 기본보험금은 지급하지만 지급되는 보험금(또는 해약환급금)의 규모가 투자 결과에 따라 당초 약정한 보험가입금액과 다르게 나타날 수 있다. 그리고 특별계정에서 관리되는 자산의 운용실적에 따른 이익 및 손실은 다른 특별계정의 자산운용에 따른 이익 및 손실에 관계없이 계약자 본인에게 귀속된다. 계약자는 특별계정의 자산운용방법에 대해서는 일체의 관여를 할 수 없다.

보험관계비용과 수수료(자산관리수수료 등) 및 특별계정 운용보수비용(운용보수, 수탁보수, 투자일임보수, 사무관리보수)은 특별계정과 분리하여 관리한다. 단, 수수료, 특별계정 운용보수비용을 인하할 경우 그 시점에 유지되고 있는 계약에 대하여도 변경일부터 변경된 수수료 및 특별계정 운용보수 비용을 적용한다.

이런 점을 염두에 두고 자산의 안정성을 고려하여 보수적으로 펀드를 운용해나가면서 가입 후 은퇴 시점에서 연금 전환을 할 때에는 노후자금의 안전한 지급을 위해 그 당시의 적립금을 특별계정이 아닌 일반계정으로 이체하여 공시이율로 부리, 운용한다. 두 계정 간에는 자산운용의 평가방법이 다르다. 일반계정은 유가증권 평가 시 매월, 결산은 매년 실시하므로 자산을 장부가로 평가하는 데 반해, 특별계정은 유가증권 평가와 결산을 매일 하므로 순자산 또한 매일 변동하게 되어 자산을 매일매일의 시가법으로 평가한다.

특별계정과 일반계정 간의 자금이체방법

특별계정으로 운용하는 변액보험과 연금저축보험, 퇴직연금보험의 경우 특별계정과 일반계정 간의 자금이체 대상과 방법이 자금 내역별로 많이 다르다.

가입자가 매월 납입한 보험료는 납입일부터 제5영업일 이내에 일반계정에서 특별계정으로 이체되어 운용된다. 자금을 일반계정에서 특별계정으로 이체하는 경우는 ① 보험료 납입이 있는 경우 ② 보험계약대출 원리금 상환이 있는 경우 ③ 부활(효력회복)을 할 경우 등이다.

특별계정에서 일반계정으로 자금을 이체하는 경우는 ① 보험금, 적립금 등의 지급이 있는 경우 ② 보험계약대출금 또는 해지환급금의 지급이 있는 경우 ③ 중도인출이 있는 경우 ④ 계약이 소멸 또는 해지된 경우 ⑤ 보험 월계약해당일에 월대체보험료를 충당하는 경우[유니버설 기능과 보험료 납입유예(일시중지) 기능이 있는 상품만 해당] ⑥ 기타 회사가 인정하는 경우 등이다.

일반계정과 특별계정 비교

구분	해당 상품	최저보증이율	투자리스크부담	유가증권평가시기	보험금변동 유무	결산시기
일반계정	일반정액보험	예정이율	보험회사	매월 평가	보험금무변동	매년
특별계정	변액보험, 연금계좌(연금저축보험, 퇴직연금보험)	없음	계약자(가입자)	매일 평가	보험금변동(실적배당)	매일

금융상품의 재테크 방법별
비교분석

구분	직접투자 방식 (주식투자)	간접투자 방식(펀드투자)			은행상품 (예금, 적금)
		적립식투자	거치식투자	보험투자상품	
재테크 목적	목적자금 마련기간 내 Cash Value 증가				
투자자금	소액의 개별 개인자금	소액이 뭉친 거액의 공동자금(내재가치 투자)			소액의 개별 개인자금
운용주체	투자자 본인자산	운용전문인력(펀드매니저)			가입자 본인
투자 포트폴리오 방식	소수 종목 집중투자로 단기수익 극대화	다수 종목 및 유형에 분산투자로 위험관리 강화된 재무설계수단			안정종목 집중투자-중단기 목적자금 마련
투자위험도	높음	보통	약간 높음	보통(가입 초기 높음)	매우 낮음
시장위험성	높음	낮음	보통	낮음	거의 없음
투자책임	투자자 본인	좌동	좌동	좌동	좌동
투자성공확률	매우 낮음 (불확실성 내재)	중단기 투자 시 높음	보통	장기투자 시 높음	매우 높음
개별종목 위험성	높음	낮음	보통	낮음	거의 없음 (원금보존)
기대이익수준	고수익	안정수익	고수익	안정수익	저수익

이익배당방식	실적배당	실적배당	실적배당	실적배당	확정배당
투자기간	단기	중기	중단기	최장기(종신)	중단기
투자대상	주식	펀드운용	펀드운용	펀드운용, 보험설계	주로 채권
재테크 강점	수익성	수익성, 안전성	수익성	안전성, 보장성	안전성, 환금성
지출비용 규모	작음	큼(기간경과 시 더 큼)	큼(정액선취 방식 적용)	매우 큼 (기간 경과 시 작아짐)	거의 없음
자금운용체크	정기점검 필요				불필요
투자자의 재테크 리스크	정보력·분석력 부재, 마켓 타이밍 능력 부족으로 성공확률 저조	장기투자 시 수수료 후취 적용으로 불리, 중도환매 시 수수료 지불	목돈 투자로 코스트 애버리징 효과 미발생 시 펀드 변동성 위험 회피 곤란	보험특성상 사업비 및 위험보험료 발생으로 가입 초기 중도해지 시 원금손실 가능	이자소득세 과세로 실질 수혜폭 적음, 장기투자 시 수익률 저조
	원금손실 위험				

* 주) 보험투자 상품은 변액종신보험, 변액유니버설보험, 변액연금보험 등 모든 변액보험 상품을 일컬음

변액보험 올바른 가입요령 및
주의사항 핵심 꿀팁 12

변액보험은 기본적으로 원금이 보장되지 않는 실적배당형의 간접투자 상품이다. 따라서 리스크 헤징을 위해 ① 장기적인 투자기간 확보 ② 투자대상 분산 ③ 투자 시점 분산이라는 펀드투자 시의 기본적인 3대 원칙을 반드시 준수해야 한다. 변액종신보험, 변액유니버설보험, 변액연금보험 등 펀드로 운용되는 실적배당형 상품을 가입할 때와 유지할 때에는 반드시 내용을 숙지한 후 최적의 펀드 종목을 선택하고 유지관리 시 펀드포트폴리오를 잘하여 기대성과가 만족하게 나타나도록 해야 한다.

1. 가입 목적과 투자성향에 맞는 상품 유형 선택

변액보험 가입 시 가장 중요한 판단요소는 자신의 투자성향과 이에 따른 목표설정이다. 변액보험 중 저축형은 목돈 마련, 보장형은 사망 등 위험보장, 연금형은 노후자금 마련에 적합하도록 설계되어 있으므로 변액보험 상품 가입 전 자신의 가입 목적을 분명히 따져보고 가장 적합한 유형의 변액보험 상품을 선택해 가입한다. 또 안정적인 수익을 위해 보수적으로 운용하여 투자리스크를 줄여나갈지, 공격적 투자로 고수익을 올릴지에 따라 선택해야 할 펀드유형이 달라진다. 특히 10년 이상 투자해야만 수익률이 제고되기 때문에 반드시 장기목적자금을 마련할 목표를 세워야 한다.

그 이유는 첫째, 10년 이상 유지하면 펀드수익분에 대해 완전비과세 혜택이 주어지고 매월 불입하는 보험료에서 공제되는 사업비 규모가 대폭 줄어든다(보험관계비용 중 계약체결비용 공제기간 마감). 둘째, 11차 연도 이후부터는 매월 불입하는 보험료에서 공제되는 사업비 규모(계약유지관리비용)가 매우 작아져 펀드(특별계정) 투입금액이 크게 늘어나기 때문이다. 이 때문에 변액보험은 10년 이상 가입 시 정기예금 수준 이상의 수익창출이 가능하다. 따라서 어느 정도 여유자금을 갖고 반드시 최소한 10년 이상 투자하면서 변액보험 상품만이 갖고 있는 리스크 헤지(Hedge) 방법과 수익률 제고 방법 등 다양한 장점을 시의적절하게 활용하는 것이 바람직한 보험 재테크 전략이다.

2. 투자리스크 발생 개연성 고려하여 신중 선택

변액보험은 펀드투자 운용실적이 좋을 경우에는 사망보험금과 해약환급금이 증가하지만, 운용실적이 악화할 경우에는 해약 시 원금 이하의 손실을 초래할 수도 있는 전형적인 'Middle Risk Middle Return'형의 실적배당형 상품이다. 변액보험은 보장성과 수익성을 모두 겸비하고 있으면서 화폐의 실질가치 하락에도 대비할 수 있는 장점이 있지만 투자리스크도 있으며, 이 경우 자기책임원칙(계약자 책임)이 따르므로 투자리스크 헤징 수단으로는 어떤 보증옵션들이 마련되어 있는지도 살펴보면서 신중히 가입해야 한다.

3. 투자 목적에 적합한 펀드 선택

변액보험은 가입 시 자신의 적립금을 운용할 펀드를 선택해야 하는데 펀드는 크게 주식형, 채권형, 혼합형 등 3종류로 구분된다. 주식형은 적립금의 60% 이상을 주식에 투자하므로 투자위험이 가장 높고, 채권형은 60% 이상을 채권에 투자하므로 투자위험이 가장 낮으며, 혼합형은 중간 수준이다. 변액보험에 가입할 때는 본인의 투자성향을 충분히 고려한 후 적합한 유형의 펀드를 선택하도록 한다.

변액보험 펀드 유형별 주요 특징

구분	주식형	채권형	혼합형
운용대상	주로 주식에 투자 (60% 이상)	주로 채권에 투자(60% 이상)	채권, 주식 등 운용
운영적기	주식시장 활황기	고금리 안정화기	시장예측 불확실 시
장점	주식시장 활황 시 고수익 획득 가능	장기적으로 안정적인 수익 확보, 원금 보전 가능성 높음, 급격한 수익률 등락 없음	안정성과 수익성 동시 추구 가능
단점	주식시장 폭락 시 원금 손실 가능	저금리 시대에는 고수익 기대 곤란	주식시장 폭락 시 수익 기대 곤란

* 주) 자료: 금융감독원 참조

4. 변액보험 공시현황 반드시 확인

생명보험협회 홈페이지를 방문하여 공시실에서 변액보험 상품별로 상품비교와 수익률, 펀드정보를 꼭 체크한다. 특히 적용이율(공시이율)과 보험가격지수(예정사업비지수), 펀드별 기준가격 및 수익률, 자산구성추이, 펀드운용현황 등을 일일이 체크하고 좀 더 자세히 알고 싶은 내용은 각 보험회사 변액보험공시실을 방문하여 확인한다. 감독당국은 변액보험의 특성을 고려하여 보험회사에 가입자에게 불리할 수 있는 내용을 더욱 충실하게 가입 전 설명하도록 의무화했다. ① 상품구조와 주요 내용을 간략하게 정리한 핵심 상품설명서 제시 ② 사업비비율 공개 ③ 위험보장비용(위험보험료) 공개 ④ 기본사망보험금 공개 ⑤ 펀드투입비율 공개 ⑥ 펀드운용 수수료율 운영보수와 수탁보수 구분 공개 ⑦ 보증비용과 최저보증액 공개 ⑧ 펀드수익률 공개 ⑨ 납입보험료 대비 예상수익률 공개 ⑩ 설명의무 이행 여부를 확인하는 해피콜제도 등을 반드시 실시해야 하므로 가입 전 꼭 확인한다.

변액보험 상품관련 생명보험협회 홈페이지 공시실에서 확인 가능한 정보

상품비교, 사업비, 수익률, 공제비용 등	보험회사별 상품명, 상품특징, 갱신 여부, 사업비율(보험료 대비) 또는 보험가격지수, 해지환급금 및 적립금(공시이율 기준), 보증 여부(GMAB), 납입보험료 대비 수익률(적립률, 환급률, 상품수익률, 연환산수익률), 투자수익률 가정 시 예상수익률, 평균공시이율, 위험보장비율(보험료대비), 최저보증비용 비율(적립금 대비), 최저보증수수료 비율(적립금 대비), 각종 공제금액 비교공시 등
펀드정보, 보수정보	보험회사별 펀드 종류, 펀드 종목, 펀드기준가격, 펀드별 수익률 추이(경과기간별, 누적수익률), 펀드 투입금액 및 비율, 특별계정운용보수 및 비용정보(운영보수, 일임보수, 수탁보수, 사무보수, 증권거래비용, 기초펀드의 보수 및 비용, 기타비용), 회사별 자산구성내역(주식, 채권, 수익증권, 유동성 등) 등

5. 가입 후에도 적절한 펀드변경 등 지속적 관리 필요

변액보험은 보험회사가 계약자 본인이 선택한 펀드를 운용할 뿐 펀드 투자결정은 계약자 본인의 몫이므로 펀드수익률을 높이기 위해서는 보험 가입 후에도 시장상황에 따른 펀드변경 등 본인의 지속적인 관리가 반드 시 필요하다. 변액보험 특별계정의 펀드를 단일 펀드 혹은 특정 유형 펀 드에 집중하여 장기간 유지할 경우 시장변화에 따라 수익률 변동위험에 노출될 가능성이 있으므로 설정한 펀드를 그대로 유지하지 말고 적절히 분산투자해야 한다. 주식시장의 활황을 예상할 경우 채권형펀드에서 주 식형펀드로 변경하는 등 시장상황에 따라 필요한 경우 수익률이 낮은 펀 드에서 수익률이 높은 펀드로 변경하는 것이 바람직하다. 단, 펀드변경은 전문가의 도움을 받아 신중히 결정한다. 보험회사가 분기별로 계약자에 게 제공하는 보험계약 관리내용(계약자적립금 및 해지환급금, 기간별 수익률 등 공시)을 참고하면 펀드 관리에 도움이 된다.

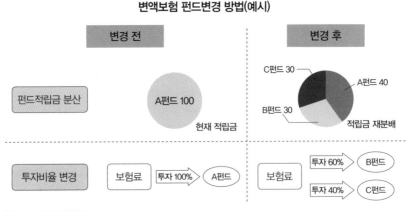

변액보험 펀드변경 방법(예시)

* 자료: 금융감독원 참조

PART 1

6. 변액보험 특별계정의 펀드수익률 지속적 확인

변액보험 가입 후에는 펀드수익률 제고를 위해 반드시 짬을 내어 가입한 보험회사의 홈페이지에 들어가 본인의 상세한 계약정보를 확인하고 관리한다. 보험회사 홈페이지에서 확인·관리 가능한 사항은 납입보험료 및 계약자적립금 등 정보의 경우 납입보험료, 사업비 및 위험보험료 차감내역, 특별계정 적립금 및 적립률, 특별계정 투입 보험료, 연금예상금액, 최근 적립금 추이, 추가납입한도액 등이다. 편입 펀드 정보에 관해서는 수익률, 펀드투입비율, 펀드기준가격, 펀드 위험(변동성) 현황, 펀드변경내역 등을 확인할 수 있다.

7. 보험회사와 위탁회사 반드시 체크

변액보험은 일반보험과 달리 보험료 중 펀드에 투자되는 저축보험료 부분은 특별계정으로 운용한다. 특별계정 부분은 안전성을 고려하여 조성한 펀드를 다른 금융기관에 위탁하여 간접투자하도록 되어 있으므로 보험회사의 선택과 위탁회사의 선택 모두 중요하다.

보험회사는 자산규모 및 재정건전성 여부를 판단하면서 사업비 및 각종 보수가 저렴한 상품을 선택한다. 변액보험은 보험회사별로 사업비 수준이 다르다. 실제 공시된 변액보험의 사업비는 회사 및 상품별로 큰 차이를 보이고 있다. 또 보험회사의 펀드 운용 및 관리역량에 따라 지급받는 보험금 또는 연금액이 크게 달라질 수 있는데 회사별로 차이가 크다. 따라서 보험회사별 사업비와 수익률을 정확히 비교하고 제일 좋은 상품을 선택한다.

또 보험회사의 선택도 중요하지만 해당 보험회사가 펀드운용, 즉 간접 투자를 어느 금융기관에 위탁하는지도 매우 중요하다. 위탁기관인 전문 대행운용사가 튼튼하고 안정성이 보장되어야 설령 보험회사가 잘못되어 도 이에 대한 불안감을 상쇄할 수 있다. 전문대행운용사는 적립금인 특별 계정의 펀드를 직접 운용하므로 펀드 수익보장을 위해 튼튼하고 확실한 안정성이 보장된 위탁기관인지 꼭 살펴본다.

8. 변액보험 가입 시 좋은 보험회사 판별 꿀팁 12

① 보험금 및 적립금, 대출(인출)금 청구 시 까다롭지 않고 신속하게 제 때 주는 열린 회사

② 지급여력비율이 매우 양호하며 재무구조가 매우 탄탄하고 안정적 인 우량사

③ 사업비를 적게 쓰면서도 이익을 많이 내 보험서비스 혜택을 많이 주 는 회사

④ 펀드 상품의 컨설팅클리닉을 기초로 한 완전판매로 대외적 이미지 가 좋은 회사

⑤ 5년 이상 계약유지율과 설계사 정착률이 양호해 장기유지관리가 가 능한 회사

⑥ 유가증권 평가손익이 매우 양호하고 자산운용능력(총자산수익률)이 좋은 회사

⑦ 고객 불만이 거의 없고 민원이 가장 적으며 신용도 평가가 가장 좋 은 회사

⑧ 변액보험판매관리사가 평생직업 의식이 있으면서 전문성이 매우 강한 회사

⑨ 펀드운용실적이 벤치마크 초과 수익률을 달성하는 매우 양호한 회사

⑩ 연환산수익률이 높고 매매회전율이 낮아 추가비용지출이 적은 회사

⑪ 공공기관에서 실시하는 금융회사별 민원등급평가 종합결과에서 우수등급을 받은 회사

⑫ 목적자금 또는 보험금을 수령할 때까지 우량사로 남아 고객이 만족하도록 잘 매조지해줄 수 있는 회사

9. 펀드 잘 관리해줄 변액보험판매관리사 필요

어린 아기 돌보듯 관리해줄 설계사를 잘 만나야 한다. 변액보험은 사람과 같이 성장속도가 느리므로 돌봐줄 컨설턴트가 필요하다. 변액보험은 완벽한 투자 상품이 아닌 투자를 빌린 변형된 종신보험이다. 10년 이상 장기간 투자하면서 펀드변동성이 발생할 경우 변액보험 상품만의 고유기능인 자산운용옵션으로 펀드 포트폴리오 리밸런싱을 통한 수익률 제고 및 리스크 헤지(Hedge) 방법 등 다양한 장점을 시의적절하게 활용해야 한다. 그래야만 수익을 더 올릴 수 있는데 이런 수익률 제고방법을 가입자가 모두 알기는 쉽지 않으므로 지속적으로 관리해줄 전문설계사인 변액보험판매관리사를 잘 만나 도움을 받는 것이 중요하다. 즉, 평생직업 의식이 있는 전문가를 선택해야 한다. 변액보험과 보험회사 선택보다도 어떤 면에서는 더 중요한 요소가 바로 가입을 권유하는 보험컨설턴트라는 점을 명심해야 한다. 만약 계약체결만 하고 사후관리를 잘 안 해주는 설

계사를 만나면 변액보험이 제대로 커나갈 수 없게 된다. 그런 설계사에게 가입하면 돈도 잃고 사람도 잃고 재테크 시간도 잃게 된다. 보험컨설턴트를 통해 가입할 경우에는 판매자의 전문성을 유심히 관찰해보고 향후 계속적으로 사후관리를 해줄지를 확실하게 확인받는다. 장기투자가 목적인 변액보험은 귀책사유가 투자자 본인에게 모두 주어지므로 사후관리가 무엇보다 중요하다. 변액보험을 판매하는 변액보험판매관리사의 올바른 선택은 그 어떤 선택 요소보다도 때론 더 중요하다.

10. 약관대출은 활용하고 중도인출은 자제

긴급자금이 필요할 경우 중도자금인출보다는 약관대출을 받아 활용하는 것이 이자부담이 적고 필요자금의 적기 수급이 용이하다. 약관대출은 특별계정 부분에 있던 자금이 약관대출을 받음으로써 일시적으로 일반계정 부분으로 투입된 것이므로 언제든지 다시 특별계정으로 투입될 수 있다. 즉 약관대출을 받았다고 하는 것은 당초 계약서에 서명한 보험가입금액이 그대로 살아 있다는 것을 의미한다. 따라서 약관대출을 받았다 하더라도 만약의 사고가 발생하였을 경우 보험금을 전액 다 받을 수 있다. 그러나 중도자금을 인출하게 되면 자금을 받은 만큼 해지로 간주하여 보험가입금액이 줄어들기 때문에 상환 자체가 아예 불가능하다. 상환이 불가능하므로 당초 가입 시 설계한 생활보장플랜에 대한 사후 혜택은 자연히 받을 수 없게 된다. 보험 혜택을 받을 수 없으면 다른 보장플랜이 되어 있지 않는 한 또다시 보험리모델링을 해야 한다.

당초 설정한 재무목표 실현을 위해서는 꼭 필요한 경우가 아니면 중도인출은 자제하고 약관대출을 받아 적정 수준의 적립금 유지에 주력하는 것이 바람직하다.

11. 의무납입기간과 펀드기준가 반영시점 체크

변액보험의 경우 펀드기준가 적용일은 경과기간 및 납입시기에 따라 다소 차이가 있다. 일반적으로 가입 후 2년 이내에는 기본보험료의 경우 보험료 납입응당일 기준가를 반영하고, 응당일 이후에 보험료를 납입한 경우에는 납입일을 기준으로 하여 기준가를 반영, 펀드좌수를 산정한다. 가입한 지 2년 이후에는 납입일을 기준으로 기준가를 반영하여 펀드좌수를 산정하는데 이는 기본보험료 의무납입기간과 관련성이 있고 보험료 의무납입기간에 따라 펀드기준가 반영시점이 서로 다른 회사가 많다. 변액보험의 보험료 의무납입기간은 약 2년을 적용하고 있는데 회사별로 다소 상이하므로 의무납입기간을 꼭 살펴본다.

12. 제약조건과 부가서비스 꼼꼼히 체크

변액보험의 펀드 투자수익률을 올리는 데 디딤돌이 되는 시스템 구축 여부와 걸림돌이 되는 제반요소를 파악한다. 변액보험은 다른 보험 상품과 상호 결합되어 설계된 관계로 판매하는 회사에 따라 상품 구성방법이 매우 다양하므로 ① 펀드 형태는 어떠하고 펀드 종류는 얼마나 되는지 ② 펀드관리는 편리한지 ③ 보험료 추가납입을 얼마나 많이 할 수 있는지 ④ 자산운용 옵션제도는 어떠한지 ⑤ 펀드 변동성 발생 시 리스크 장치는 마련되어 있는지 ⑥ 어떤 선택특약과 제도성특약이 있는지 ⑦ 고액보험료할인 등 부가서비스제도로는 무엇이 있는지 등을 꼼꼼히 비교해 본다. 특히 종신보험에 들어가는 최저사망보험금보증비용(GMDB)과 변액연금보험에 들어가는 최저연금적립금보증비용(GMAB)을 비교해본다. 투자리스크 헤지(Hedge)를 위해 일정 수익률을 달성했을 때 기대수익을 안전하게 보장해주는 자동 펀드변경 관리 기능인 스텝업(Step Up) 기능이 잘 구비되어 있는지도 꼭 확인한다.

변액보험 가입 시
꼭 체크할 12요소와 15가지 사실

변액보험 가입 시 꼭 체크할 요소 12 TIPS

1 왜 변액보험을 가입해야 하는지 명약관화하게 이해할 수 있도록 설명해주는가?

2 변액보험과 적립식펀드의 차이점과 장단점에 대해 자세하게 설명해주는가?

3 변액보험의 상품 유형별 특징과 자신에게 맞는 상품을 잘 알려주는가?

4 추가납입을 대비해 기본보험료를 조정하게끔 미리 컨설팅을 해주는가?

5 단기간 납입 후 해지 시 손해 폭이 크다는 것을 상세히 알려주는가?

6 사업비 부과 문제에 대해 질문하면 가감 없이 자세히 알려주는가?

7 펀드수익률이 저조할 경우 그 대비책에 대해 어느 정도 알려주는가?

8 시장변동성이 심할 경우 어떻게 펀드변경을 해 수익을 올릴 수 있는지 자산운용옵션에 대해 자세히 알려주는가?

9 10년 이내 해지 시 이익이 거의 발생하지 않으므로 반드시 10년 이상 납입해야 한다는 사실을 알려주는가?

10 보험료 미납 시 보험은 유지되지만 사업비는 계속 빠져나간다는 사실도 알려주는가?

11 연금 전환 시 공시이율을 적용하고 당시 경험생명표를 새로 적용함을 알려주는가?

12 계약 전 알릴 의무사항(고지의무)을 이해하도록 일일이 점검하면서 '변액보험 주요 내용 안내 확인서'를 가입자가 완전히 이해한 다음 서명하도록 조언하고 체크해주는가?

꼭 알아둘 변액보험의 15가지 사실

1 보험금 지급액이 유동적인 실적배당형 상품으로 상품구조상 최소 10년 이상 유지해야 하는 장기투자상품이다.

2 특별계정(펀드)의 운용실적에 따라 보험금 및 해약환급금이 매일 변동하므로 납입한 보험료의 원금에 손실이 발생할 수 있으며, 특별계정 자산운용의 기본원칙에 따라 운용하여 발생하는 제반 수익과 손실 책임은 모두 계약자에게 귀속시킴을 원칙으로 한다.

3 펀드 운용실적에 따라 계약자에게 투자이익을 배분하는 실적배당형 상품으로서 보험기간 중 보험금, 해지환급금 등이 변동하므로 원리금이 보장되지 않는다.

4 보험기간 중에 해지환급금의 최저보증이 이루어지지 않으며 경우에 따라서는 원금손실이 발생할 수도 있다. 단, 특별계정의 운용실적에 관계없이 최저보장보험금 보증기간 동안 기본보험금액을 최저보장보험금으로 보장하여 지급한다.

5 일정기간 납입하는 정기형이 아닌 종신형 상품이다.

현재 판매되고 있는 변액보험은 모두 종신형이다. 유니버설보험도 마찬가지다. 저축을 목적으로 상품을 설계했어도 종신보험 또는 연금보험과 연계하여 설계되었지 순수저축성보험과 연계하여 상품이 설계되지 않았다. 따라서 어느 일정한 시기에 만기금이 따로 존재하지 않는다는 단점과 이렇게 상품을 설계하다 보니 초년도에 지출되는 사업비가 많이 발생하게 되어 보험료납입금이 많아도 3년 이내 중도해지 시 원금도 찾지 못한다는 단점이 있다.

6 납입하는 보험료 중 특별계정의 펀드에 편입되는 보험료는 부가보험료와 위험보험료 및 특약보험료를 차감한 저축보험료가 투입된다.

7 보험회사가 파산한 경우에도 특별계정에 남아 있는 자산을 계약자에게 지급하는 실적배당형 상품이므로 주계약은 예금자보호법에 따라 예금보험공사가 보호하지 않는다.

단, 해당 약관에서 약정한 보험회사가 최저 보증하는 보험금(최저보장보험금, 저축형계약은 최저사망보험금) 및 부가되는 선택특약 중 특별계정 운용실적과 관계없는 특약은 회사가 파산 등으로 인하여 보험금 등을 지급하지 못할 경우 예금자보호법에 따라 예금보험공사가 보호하며 지급을 보장한다. 이 경우 예금자보호한도(보장금액)는 가입한 모든 보험회사에 있는 예금보호대상 금융 상품의 해지환급금(또는 만기보험금이나 사고보험금)에 기타지급금을 합하여 1인당 최고 5,000만 원이며 5,000만 원을 초과하는 나머지 금액은 보호하지 않는다.

8 10년 이상 유지해야 비과세 혜택이 부여된다. 따라서 10년 이내 해약 시 보험차익에 대한 비과세 혜택이 없어 전액 이자소득세를 추징당한다.

9 인터넷에 공시되는 기준가격, 현재수익률 및 연간환산수익률은 사업비율을 추가 공제해야 하므로 실제수익률과는 차이가 있다.

10 자금의 중도인출이나 펀드운용 시 또는 펀드거래 시 다양한 비용과 수수료가 발생한다.

11 동일한 보험료 납입과 투자수익률이라 하더라도 보험사별로 또는 펀드종목의 선택에 따라 계약자 적립금에 많은 차이가 발생할 수 있다.

12 중도해약할 경우 해약환급금은 최저보증이 이루어지지 않으며 원금손실이 발생할 수 있다.

13 연금지급개시 후 연금은 연금지급개시 후의 공시이율을 적용하여 계산하며 일정이율 한도 내에서 최저보증이 이루어진다.

14 자금을 중도에 인출하면 계약자 적립금액이 감소하여 사망보험금이나 해약환급금이 감소된다.

15 변액보험판매자격시험에 합격하여 자격증을 취득한 보험컨설턴트만 판매할 수 있다.

변액보험으로
고수익 올리는 핵심 비법 10가지

1. 사업비 규모 꼭 확인 후 선택 가입

보험투자 상품에서 사업비 부과의 차이는 곧바로 투자수익률과 직결된다. 변액유니버설보험 적립형과 변액연금보험 등 장기투자 상품은 사업비 부과 규모를 반드시 확인한 다음 가입을 결정한다. 변액보험 상품구조를 수익제고 차원에서 분석해보면 단기적으로는 많은 걸림돌이 작용하는데 그중 하나가 바로 보험회사 운영에 필요한 사업비 부과의 비중이다. 변액보험의 사업비는 펀드수수료와 맥락이 같은 지출비용이기 때문이다. 사업비 공제 규모는 보험회사별로 부과 규모에서 많은 편차를 보인다. 또 변액보험 상품의 성격에 따라 많은 차이를 보이고 있다. 즉 변액유니버설보험 적립형인가 변액연금보험인가 또는 변액종신보험, 변액CI보험, 변액유니버설종신보험(보장형)인가에 따라 부과보험료, 즉 사업비 부과 규모에 많은 차이가 발생한다. 가입하고자 하는 변액보험 상품의 사업비 규모를 알려면 해당 보험회사 콜센터에 전화해 확인하는 것이 제일 정확하고 빠르다. 문서로 작성된 것을 보려면 가입설계서와 보험계약관리내용, 특별계정, 운용설명서, 상품요약서 등에 특별계정투입원금이 기재되므로 이를 확인하면 된다.

2. 보험료추가납입 최대한도까지 해야 고수익 실현 가능

변액보험 가입 시점부터 반드시 추가납입을 염두에 두고 보험을 설계해야만 수익률이 제고됨을 명심한다. 가입자가 납입하는 보험료 중 특별계정의 펀드에 투입되는 부분은 위험보험료와 부가보험료 및 각종 부대비용을 제외한 저축보험료 부분이다. 따라서 위험보험료와 부가보험료의 규모가 작을수록 저축보험료 부분이 커져 특별계정의 적립금액이 늘어나는데, 가장 좋은 방법이 바로 보험료추가납입 기능을 활용하는 것이다. 보험료납입기간 중 기본보험료 이외에 추가로 납입하는 보험료에 대해서는 사업비 중 신계약비(계약체결비용)가 제외되고 유지비(계약관리비용) 부분만 추가납입보험료에 책정되어 매월 공제되기 때문이다.

신계약비(계약체결비용)는 기본보험료에 대하여 가입 1차 연도부터 이연상각기간인 10차 연도까지 매월 공제한다. 이 경우 1~7차 연도와 8~10차 연도를 공제비율을 달리 적용하는 회사도 있다. 유지비(계약관리비용)는 납입기간 이내(또는 10년 이내)와 납입기간 이후(또는 10년 초과)로 구분하여 비용을 차등 적용하는데, 납입기간 이내(또는 10년 이내)가 납입기간 이후(또는 10년 초과)보다 2배 이상 높게 책정되고 있다. 사업비 규모는 보험회사의 예정사업비율의 설정에 따라 비용 부과 비율이 각기 다르다(위험보험료는 매월 보험료 납입기간 동안 동일한 비용으로 공제한다).

추가납입보험료의 납입한도는 일반적으로 기본보험료 총액의 200~ 300%이다. 단, 해당 약관에 따른 중도인출금액이 있을 경우 해당 중도인출금액만큼 추가로 납입 가능하며 특약이 부가된 경우 특약보험료는 보험료 추가납입한도에서 제외한다. 보험회사에 따라 보험료 추가납입한도를 보험료 납입경과기간 경과별로 달리 적용하고 상품별로도 각기 다르므로 잘 살펴본다.

3. 피보험자는 가족 중 어린 자녀 선택

변액보험은 피보험자의 나이가 많으면 많을수록 수익률이 비례하여 떨어지도록 설계되어 있다. 대부분의 상품이 위험보험료를 계산할 경우 평준보험료를 기준으로 하여 산출하는데 변액보험 상품은 초기수익률 보전을 위해 자연보험료 방식으로 산출한다. 그래서 나이가 많으면 위험보험료 부분이 상대적으로 많아져 수익률이 떨어지게 된다. 또 경험생명표상 나이를 먹을수록 사망률이 매우 높아지므로 보험회사는 이에 따른 리스크를 염두에 두고 선의의 다수 가입자를 위해 상품을 개발(위험보험료 조정)할 수밖에 없으므로 단순히 수익률을 제고하기 위해 변액보험을 가입할 거라면 반드시 한 살이라도 더 어린 가족을 피보험자로 하는 것이 바람직하다.

4. 남자보다는 여자를 피보험자로

남자가 여자보다 변액보험료 규모는 불리한 입장이다. 따라서 같은 나이일 경우 남자보다는 당연히 여자로 해야 수익률이 더 높다. 모든 보험 상품을 개발할 때에는 경험생명표를 근간으로 하는데 이때 가장 중요한 요소가 생명표와 사망표이다. 대부분의 보험 상품에서 남자와 여자의 보험료가 차이 나는 것은 우리나라의 경우 여자의 평균수명이 남자보다 훨씬 길기 때문이다. 약 7세 이상 차이가 난다.

그래서 오래 살 가능성이 있고 그로 인해 상대적으로 보험 혜택을 많이 보는 상품은 여자가 더 유리하므로 보험료 규모가 남자보다 여자가 더 크다. 그런데 이런 보험은 생존보험 형식의 연금보험 등 몇몇 상품에만 국한된다. 대부분의 보험 상품은 보험금 지급사유가 보험사고를 전제로 하므로 사고 또는 사망할 확률이 높은 사람은 보험료가 당연히 비싸지게 된다. 즉, 여자보다는 남자가 평균수명이 짧고 일반적으로 사고도 많으므로 보험료가 더 비싸게 적용된다.

그래서 변액보험 상품 또한 남자보다는 여자에게 적용되는 보험료가 더 저렴하다. 특히 변액보험 상품에서 펀드투자수익률을 올리는 데 남자는 여자에 비해 절대적으로 불리한 입장에 놓여 있다. 변액보험 상품은 일반보험 상품과 달리 보험료 중 위험보험료를 적용하는 방식이 평준보험료 방식이 아닌 자연보험료 방식을 적용하여 보험료를 산출하기 때문이다. 남자와 여자의 수익률 차는 경과기간이 길수록 더 많이 발생한다.

5. 펀드종목의 분산투자로 수익률 제고

분산투자의 효과를 올리기 위해서는 채권형 펀드를 포함하여 최소한 3개 이상 양질의 국내외 펀드종목을 선택하여 운용하는 것이 바람직하다. 그렇게 해야만 시장변동성에 대비하여 리스크를 헤지(Hedge)하면서 펀드수익률을 장기적으로 안정적이고 효율적으로 관리해나갈 수 있다. 펀드를 변경하려면 가입사 홈페이지, 콜센터 또는 모바일 창구나 고객상담센터를 방문하여 신청하면 된다.

6. 펀드변경 통해 지속적으로 수익률 관리

변액보험은 계약기간이 10년 이상인 장기상품이므로 금융시장의 변동성에 대비하여 수익률을 안정지향적으로 유지할 수 있도록 가입자 본인이 직접 보험료추가납입과 기존적립금을 다른 펀드로 이동 또는 향후 납입되는 보험료를 다른 펀드로 교체하는 등 펀드변경을 효율적이고 지속적으로 관리해야 한다. 즉, 기존 펀드를 유지하면서 보험료추가납입을 통해 자신이 원하는 펀드의 비중을 늘릴 수 있고, 펀드변경을 통해 증시가 호황일 때는 주식형펀드에 중점적으로 투자하고 증시침체기에는 채권형펀드로 변경하는 방식으로 수익률을 높일 수 있다. 스스로 펀드변경을 하기 힘들 때에는 펀드관련 자격보유자가 자산 배분전략 등 펀드변경 의사결정에 필요한 정보를 위주로 가입자에게 상담과 자문을 전용콜센터를 통해 제공하는 펀드주치의제도를 운영하고 있으므로 이를 적극 활

변액보험 펀드변경 관련 정보제공 주요 내용

제공 정보	주요 내용	제공시기
보험계약 관리내용	계약자현황, 계약사항, 보험료 납입사항, 특별계정 펀드 종류·수수료, 펀드변경 방법·절차(보험회사 홈페이지, 콜센터, 영업점 방문 등을 통해 가능) 등	매 분기
자산운용 보고서	펀드별 기간수익률, 누적수익률, 펀드개요, 자산현황, 비용현황, 투자자산 매매내역 등	매 분기

용한다.

변액보험의 적립금, 펀드현황 등은 보험회사에서 매 분기 제공하는 보험계약관리내용, 자산운용보고서 등을 통해 확인할 수 있으며 펀드별 수익률이나 투자와 관련된 상세한 내용은 보험회사 또는 생명보험협회 홈페이지의 변액보험 공시실에 게시되어 있으므로 꼭 살펴본다.

7. 변액보험 가입 후 사후관리 당당히 요구

변액보험은 펀드로 운용되므로 별도의 자격증이 부여된 보험컨설턴트에 한해서만 판매가 가능한데 이들 명칭이 변액보험판매관리사이다. 변액보험을 가입하는 것은 보험컨설턴트가 아닌 변액보험판매관리사에게 가입하는 것이다. 이 차이는 매우 크다. 변액보험을 설계사에게 체결하는 것은 단지 가입으로만 끝내는 것이 아니라 계약을 체결한 이후의 사후관리까지도 해달라는 메시지이기 때문이다.

보험컨설턴트가 아닌 '변액보험판매관리사'란 호칭이 붙은 이유는 변액보험을 단지 판매하는 선에서만 설계사의 임무가 끝나는 것이 아니라 판매 후 사후관리까지도 하자 없도록 해주라는 의미이다. 즉, 보험컨설턴트가 고객 입장에서 고객이 보험 혜택을 모두 보는 그날까지 지속적으로 재무컨설팅을 해주어야 한다는 전제조건이 있음을 의미한다.

그러한 선언적 의무가 동시에 수반되는 것이다. 이러한 암묵적인 책임부여 의미는 비록 문서화되진 않았지만 사후관리가 절대적으로 필요한 변액보험의 경우 계약체결 당시에 이미 쌍방 간에 협약된 것과 같은 이치이다. 그래서 자격증에 그렇게 기재되어 있는 것이므로 정당하게 요구할 권리가 있다. 변액보험은 10년 이상을 펀드로 운용해나가는 무형의 장기 상품이므로 변액보험을 가입할 때에는 동반자 관계로 목적자금 달성 시까지 관리해줄 평생직업 의식을 가진 전문가를 만나야 한다. 많고 많은 판매사 중에 누구를 만나느냐가 나중에 변액보험을 선택한 것에 대한 만족감과 돈의 가치로 귀결되며 재테크 듀레이션(Financial Duration)을 더 짧게 가져가는 중요한 요소임을 유념한다.

8. 공시이율이 높은 보험회사 상품 선택 가입

공시이율이 높으면 적립금액 규모가 더 커진다. 현재 변액보험 상품의 가입설계서에 나와 있는 연금 전환 시의 연금액 예시표는 단지 예시에 불과하다. 실제로 나중에 연금 전환을 할 경우 연금 전환 시점의 공시이율과 똑같을 수 없고 또한 연금 전환을 한 이후 매년 적용되는 공시이율도 변동성이 매우 강하므로 지급받는 연금액 규모는 보험회사에 따라 똑같은 보험료를 내고도 매우 다양하게 나타날 것이기 때문이다.

특히 노후에 수령하는 연금액 규모는 연금 전환 시 표면이율인 공시이율에 따라 좌우되므로 변액보험을 가입한 이후 노후를 대비해 연금을 수령하고자 지금부터 연금 전환을 생각하고 있다면 변동수익률, 즉 공시이율이 높은 회사의 상품을 골라 가입해야 한다. 물론 변액연금보험 또한 연금개시 이후의 제2보험기간에는 특별계정에 편입되어 있던 적립금액이 일반계정으로 이체되면서 공시이율을 적용받으므로 마찬가지다. 공시이율은 보험회사의 자산운용수익률, 시중대표은행 간의 콜금리 등 회사의 운용실적과 실질금리를 해당 보험 상품에 반영하기 위해 정한 변동이율로서 변동성이 크므로 적립금액 및 해약환급금의 규모를 변하게 할 수 있는 변수로 작용할 수 있다.

보험회사는 현재 공시이율을 일반계정의 운용자산 이익률과 시장금리를 기준으로 향후 보험회사의 예상수익 규모 등 경영환경을 전반적으로 고려하여 결정하고 있다. 일반적으로 공시이율이 높으면 적립금액의 규모가 그만큼 더 커지게 되고 그렇게 되면 해약환급금의 규모 또한 저절로 커지게 된다. 공시이율을 높게 적용하는 회사는 그만큼 자산을 잘 운용한 결과 취하는 경영전략이므로 가능하면 공시이율이 높은 보험회사의 상품을 선택한다. 특히 펀드수익률 달성 시 실적배당에서 공시이율을 적용해 안정성을 높이는 스텝업 기능을 적용한 변액보험을 선택한다.

9. 변액보험은 해지 시점이 매우 중요

변액유니버설보험 중 적립형과 변액연금보험은 일반적으로 대개 13년 이상 장기간 유지해나가면 적립식펀드보다 수익률 면에서 유리하도록 상품구조가 설계되어 있다. 그런데 보험료 산출 시 자연보험료로 위험보험료를 산정하고 있는 변액보험 상품의 속성상 나이를 많이 먹으면 먹을수록 오히려 투자수익이 줄어들 개연성이 있으므로 가입 10년 이후 목적자금 마련 시기가 도래할 즈음부터는 언제 해지해야 가장 고수익을 창출할 수 있는지를 늘 예의주시해야 한다. 또 변액보험의 특별계정 부분이 펀드로 운용되므로 펀드수익률은 은행의 정기적금 이자처럼 가입기간이 경과할수록 자동적으로 늘어나는 확정형이 아닌 펀드종목의 시장가격 흐름에 따라 펀드기준가격의 오르내림이 결정된다.

따라서 변액보험 펀드투자 시 투자리스크를 줄이면서 더 고수익을 올리려면 목표자금 도달 시점에서 환매 시점의 적기 포착이 중요하다. 단, 환매 시에는 독단적으로 결정하지 말고 전문가의 도움을 반드시 받아 결정하는 것이 제일 현명한 처신임을 유념해야 한다. [* 변액보험 상품의 경우 상품 종류에 따라 납입기간이 정해져 있는 상품이 있고, 만기가 없는 상품이 있다. 변액유니버설보험 종신보험, 변액CI보험 등 보장형 상품은 보험기간은 종신이지만 납입기간이 정해져 있다. 그러나 변액 유니버설보험 적립형은 납입기간이 종신납으로서 만기 자체가 정해져 있지 않다.]

10. 상환 시점 잘 포착해 펀드매입좌수를 늘린다.

변액보험 상품이 효력이 상실되었을 경우 이를 부활하거나 또는 대출 후 약관대출금을 상환한다는 것은 보험료를 추가로 납입하는 것과 같은 맥락이다. 따라서 펀드기준가가 가장 많이 떨어진 시점을 잘 포착하여 상환하는 게 중요하다. 이 경우 상환 또는 부활 시 조금이라도 더 이익을 올리려면 독단적으로 처리하지 말고 반드시 언제 해야 좋은지를 담당자에게 확인한다.

특화우대제도 중
꼭 확인할 사항 10가지

변액보험에는 하이브리드(Hybrid)형 상품답게 다양한 옵션과 부대서비스제도가 있다. 다양한 특화우대제도를 잘 활용하면 변액보험 사업비로 공제된 특별계정 투입보험료를 어느 정도 만회하든지 또는 다른 부수적인 많은 유무형의 효과를 누릴 수 있다.

1. 추가납입보험료 한도가 높은 회사 상품을 선택한다.

변액보험 가입 후 투자자가 스스로 고수익을 실현하는 방법 중 보험료 추가납입제도를 활용하는 것보다 현실적으로 완전히 고수익을 보장받을 수 있는 방법은 거의 없다. 그만큼 추가납입제도는 중요하므로 가입 후 여유가 있을 때 얼마까지 추가납입이 가능한지 반드시 살펴봐야 한다. 즉, 추가납입보험료 규모가 매년 연간 납입하는 기본보험료의 총액인지, 매회 얼마 이상 가능한지, 1년에 몇 번까지 가능한지 등을 살펴본다. 추가납입보험료 규모는 일반적으로 해당 월까지 납입하기로 한 기본보험료 총액의 200~300% 선에서 이루어지고 있다. 이 경우 기본보험료 총액의 한도를 모두 일시에 추가납입을 할 수 있는지도 알아본다.

예를 들면 월납 100만 원짜리 변액보험을 가입할 경우 추가납입보험료 한도가 기본보험료의 300%라 한다면 제2회 보험료를 납입할 때 기본보험료 100만 원의 1년치인 1,200만 원의 300%, 즉 3,600만 원까지 일시금으로 한꺼번에 추가납입을 할 수 있는 회사도 있고 이를 분할 적용하는 회사도 있다. 분할 적용 시 연간납입 횟수는 대부분 연간 12~24회 범위이다.

2. 최저보증이율이 높은 회사의 상품을 선택한다.

최저보증이율은 아무리 금리가 변동되어 떨어진다 해도 최소한 이만큼은 금리를 보장해주겠다는 제도이다. 즉, 투자실적이 하락한다 하더라도 보험회사에서 책임을 져주는 금리 마지노선이 최저보증이율제도이다. 최저보증이율을 1%부터 약 3%까지 다양하게 적용하고 있다. 연금 전환을 할 경우 연금개시 이후 지급연금에 대해 최저보증이율을 적용하기도 한다. 만약의 사태를 고려하여 최저보증이율이 높은 회사를 선택하는 것이 유리하다.

3. 최저사망금보증제도를 폭넓게 실시하는 회사를 선택한다.

최저사망보험금이란 향후 공시이율에 관계없이 최저사망보험금 보증기간 동안 최저로 보장해주는 사망보험금을 말한다. 실적배당형 상품인 변액종신보험, 변액유니버설보험, 변액연금보험 등 변액보험 상품에서 펀드기준가 하락 시 사망보험금의 보전을 위해 변액보험의 특별계정운용실적과 관계없이 보험기간 중 피보험자가 사망 시에는 사망 시점의 이미 납입한 주계약보험료를 최저 지급보증해주는 제도이다. 향후 펀드운용실적이나 또는 공시이율이 지속적으로 하락하더라도 최저해지환급금이 '0'보다 큰 기간까지 최저사망보험금을 지급한다.

따라서 최저사망보험금 보증기간은 보험료 의무납입기간인 2년(24회 납입)이 지난 후부터 예정해지환급금이 '0'보다 큰 기간까지를 말한다. 예정해지환급금은 보험계약대출의 원금과 이자를 상환하지 않은 경우 납입 최고(독촉)기간이 끝나는 날의 보험계약대출의 원금과 이자를 차감한 금액을 의미한다.

최저보장금액의 범위는 기본보험금과 이미 납입한 보험료 중 큰 금액으로 설정하는데 보험회사 상품에 따라 다소 차이가 있다. 특히 변액연금보험은 연금지급개시일까지 계약을 유지할 경우 투자수익률이 마이너스로 떨어져도 가입자가 그간 지불한 보험료 전액(주계약보험료 부분)은 지급되는데 일부 보험회사의 상품은 기납입보험료의 70%까지만 보장해주므로 최악의 사태를 고려하여 투자실적 악화 시 최저사망보험금을 어느 선까지 보증해주는지를 꼭 확인한다.

4. 기본보험료 의무납입기간이 짧은 회사를 선택한다.

기본보험료 의무납입기간은 보험료를 부득이한 사유로 불입하지 못할 경우 의무납입기간이 지나면 그간 불입한 보험료에서 쌓인 특별계정적립금액의 해지환급금 범위 내에서 매월 소요되는 비용을 월계약해당일에 월공제금액(월대체보험료)으로 공제함으로써 해당 보험을 실효시키지 않고 계속 유지해주는 제도이다. 의무납입기간이 짧으면 짧을수록 가입자에게는 유리하다.

의무납입기간의 경우 변액유니버설보험은 보험료 납입기간에 따라 2~5년 정도를 적용하고 있다. 유니버설 기능이 없는 변액보험은 보험회사에서 상품설계 방식에 따라 보험료납입유예제도를 추가하여 적용하는데 해당 상품에 보험료납입유예제도(보험료납입 일시중지제도)가 있는지 살펴본다.

5. 자산운용옵션이 다양한 회사를 선택한다.

변액보험 상품은 가입기간이 매우 긴 만큼 유지하는 동안 주가하락 등 투자수익을 올리는 데 걸림돌로 작용할 다양한 변수에 대처해 펀드변경을 효율적·안정적으로 할 수 있도록 기본 안전망이 구비되어 있어야 한다. 그 안전망이 바로 자산운용옵션인데 모두 구비되어 있는지, 많은 제약조건 없이 자유롭게 활용할 수 있는지 등을 반드시 확인해야 한다.

변액보험 펀드운용 시 자산운용옵션은 크게 4가지로 ① 펀드종목 중 수익률 높은 펀드로 갈아탈 수 있는 펀드변경(Fund Transfer) ② 가입자가 계약자적립금의 펀드별 편입비율 설정을 지정할 수 있는 펀드별 편입비율 설정(AA, Asset Allocation) ③ 펀드의 자산 편입비율을 정하고, 설정한 펀드별 편입비율을 올바로 유지하기 위해서 펀드 수익으로 적립금이 변동되면 정기적으로 일정 주기마다 펀드별 편입비율을 자동으로 재배분하는 펀드별 자산배분비율 자동재배분(AR, Auto Rebalancing) ④ 가입자가 보험료를 추가납입할 경우 균등하게 분할하여 정해진 기간 동안에 매월 계약자가 지정한 날짜에 펀드편입비율에 따라 설정된 펀드로 자동 투입되는 보험료평균분할투자(DCA, Dollar Cost Averaging) 등이다.

6. 중도인출 기능과 그 가능 여부를 살핀다.

유사시 적립금액 범위 내에서 자금을 중도인출해 활용하는 제도는 장기 유지해나가는 변액보험 상품에서는 매우 필요한 제도이다. 그런데 중도인출이 아무 때나 되지 않는다. 일정기간이 경과해야 하고 연간 인출횟수가 정해져 있으며 인출 가능한 금액 또한 제한되어 있다. 일반적으로 중도인출은 연 12회까지 해약환급금 범위 50% 내에서 인출 후 계약자적립금이 월납은 가입금액의 10% 미만, 일시납은 일시납보험료의 10% 미만이 되지 않아야 하는 등 조건을 설정해놓고 있는데 이 또한 보험회사마다 많은 차이를 보인다.

7. 자동이체(급여이체) 할인제도를 확인한다.

아직도 간혹 보험료를 보험컨설턴트들에게 방문 수금을 하도록 만드는 계약자가 있는데 이는 재테크를 안 하려고 작정(?)하는 것과 진배없다고 할 수 있다. 보험료를 자동이체로 돌리면 제2회 이후 계속보험료에 대하여 월불입금액의 약 0.5~1%를 적용, 할인해주는 경우가 많기 때문이다. 저절로 투자수익 1%를 내는 기회를 포기하지 말아야 한다.

8. 보험료고액할인 규모 여부를 확인한다.

보험료고액할인제도는 기본보험료 규모가 일정금액 이상일 경우 부가

376

보험료(사업비) 범위 내에서 차감하여 우대해주는 제도이다. 월납입하는 보험료 규모가 클 경우 이를 이용하면 더 높은 수익을 올릴 수 있다. 모든 보험회사에서 적용하고 있는데 할인 폭과 금액의 범위는 각기 다르다. 대부분의 회사가 월 50만~100만 원대부터 1,000만 원대까지 기본보험료의 약 0.5~1%부터 많게는 3%까지 보험료 할인혜택을 부여해주고 있다.

9. 단체가입 시 단체취급특약을 활용한다.

변액보험 상품을 직장 및 급여 단체에서 5명 이상이 모여 단체(단체취급특약 가입)로 들면 약 1.0% 할인 혜택을 적용받는다.

10. 기타 우대서비스제도를 꼭 살펴 맞춤 설계한다.

펀드변경 시 수수료 면제를 몇 번 해주는지 살펴본다. 비흡연 우량체 계약은 변액보험 상품 중 보장형(종신보험, CI보험 포함)에 적용하는데 특약 형태로 부가가 가능한 회사도 있다. 중도인출 없이 보험료를 꾸준히 납입할 경우 위험보험료 공제가 안 돼 실효대상계약이 되더라도 특별계정 운용 실적과 관계없이 보험계약의 효력을 유지시킴으로써 보험가입금액을 최저사망보험금으로 보장해주는 계약유지보장제도를 실시하는 회사도 있다. 보험금을 미리 지급하는 선지급서비스특약을 가미한 회사도 있다. 단, 이런 서비스제도가 선택특약 형태로 자유조립(Order Made Rider) 가능하도록 판매되고 있으므로 다른 보험을 가입하여 그 상품에 같은 위험 보장플랜이 주어져 있다면 수익률 제고에 영향을 미치므로 중복 선택할 필요가 없다.

▶ 동일조건 시 수익률이 달라지게 하는 12가지 변수

변액보험에는 펀드투자 시 수익률의 향방을 가늠하는 다양한 변수가 있다. 동일한 조건하에서도 펀드수익률을 달라지게 하는 변수가 많다. 같은 유형의 변액보험 상품을 각각 다른 회사에 가입했을 경우 투자수익률은 각기 다르게 나타나는데, 이는 수익률 제고에 중대한 요소로 작용하는 다양한 변수가 많기 때문이다. 만약 투자수익률 제고 변수들이 서로 상반되게 작용하면 가입기간이 경과할수록 수익률의 격차는 더 벌어지게 된다. 가입 후 경과기간이 길어지면 길어질수록 투자수익률에 변수로 작용하는 요소들의 적정한 제어 및 상호결합 여부에 따라 수익률 편차가 매우 크게 난다.

펀드수익률을 결정짓는 독립적 또는 종속적인 변수를 근본적으로 가져오는 보험사의 올바른 선택은 매우 중요하다. 변액보험은 상품 유형별로 투자수익률에 영향을 미치는 변수들의 상호작용에 따른 투자수익 차이는 다르게 표출되지만 그 맥락은 비슷하다. 다음에 제시한 변액보험 상품의 투자수익률에 영향을 매우 많이 미치는 변수들은 펀드투자 수익률을 올리는 최대변수로 작용할 것이므로 필자가 다음에 제시하는 '동일조건 시 수익률이 달라지게 하는 12가지 변수'에 대해 가입 시 해당 약관을 꼼 꼼히 살펴보고 수익을 더 올릴 수 있는 길을 모색하는 지혜를 발휘한다면 원하는 목적자금을 하자 없이 마련할 수 있다.

1. 보험회사별 사업비 부과 규모의 차이

보험회사 운영에 필요한 사업비를 매월 납입하는 보험료에서 선취하는 규모의 크기는 상품별, 펀드유형별, 특히 보험사별로 그 편차가 매우 심하 다. 이에 따라 변액보험 펀드의 연평균 수익률도 회사별로 두 배가량 차 이가 난다. 사업비 규모가 크기 때문에 초기 투자수익률이 매우 적게 나타 나는 것이다. 이는 기간이 경과할수록 보험사별 수익률 편차로 귀결된다.

2. 위험보험료 적용 방식 차이

변액보험은 보험투자 상품이므로 단순히 납입되는 보험료 중 사업비를 공제한 나머지 금액 모두가 펀드에 투입되지 않는다. 사업비 이외에 위험 보험료가 빼져나가게 되는데 이 비용은 피보험자가 나이를 먹을수록, 즉 경과기간이 길면 길수록 차감되는 규모가 점점 더 커져서 수익률 제고에 막대한 걸림돌이 된다.

3. 펀드수수료 부과 규모의 차이

보험사별 변액보험 상품의 펀드종목마다 부과되는 수수료 규모가 각기 다르다. 똑같은 펀드종목을 선택했다고 하더라도 A 보험사와 B, C, D 보

험사 등이 각각 다르다. 또 펀드수수료는 변액유니버설보험의 저축형과
보장형, 변액연금보험, 변액유니버설보험 종신형 등 상품구조 또는 펀드
종목에 따라 각기 다르다. 변액보험의 펀드수수료는 적립식펀드와 동일
하게 후취를 적용하므로 수수료 0.1%의 차이는 장기투자를 할수록 수익
률 제고에 매우 큰 영향을 미친다.

4. 보험가입금액 규모의 차이

보험료 규모도 같고 사업비 지출 규모도 똑같은데도 불구하고 경과기
간별 환급률이 다르게 나타나는데, 그 이유는 기본보험료당 보험가입금
액을 산출하는 기준이 회사별로 다르기 때문이다. 생명보험에서 보험가
입금액은 전 보험기간을 통하여 보험회사가 보상할 금액의 한도를 의미
한다. 보장급부금을 어느 선까지 가입자에게 지급해주느냐에 따라 위험
보험료 규모의 크기가 다르게 산출되고 보험가입금액 또한 결정된다. 보
험가입금액이 높은 상품은 위험보험료 금액이 많으므로 특별계정에 투
입되는 비용이 상대적으로 작아 순수하게 펀드수익률을 높이는 데는 별
로 도움이 되지 않는다.

재테크를 목적으로 변액보험을 가입할 경우에는 보험료 규모가 크지만
상대적으로 보험가입금액이 작은 상품을 선택해야 더 유리하다. 보험료
대비 보험가입금액이 크면 클수록 수익률은 상대적으로 더 적게 나타나
므로 위험보험료로 빠져나가는 돈이 얼마나 되는지 알아야 한다.

5. 신계약비 이연상각기간 후 들어가는 비용 차이

보험모집수수료 등 계약체결비용은 금융당국의 정책에 따라 보험가입 이후 10차 연도까지만 공제하고 그 이후부터는 공제하지 않는다. 그러나 유지비(계약유지관리비용)는 보험이 소멸되는 그날까지 지속적으로 공제하는데 경과기간별 적용방법 및 비용공제 폭이 보험사마다 많은 편차를 보인다.

6. 펀드변경 시 수수료 부과 여부

펀드변경을 할 때 많은 보험사가 서비스 제고 차원에서 수수료를 부과하지 않지만 전환수수료를 부과하는 회사도 있으니 잘 살펴본다. 변액보험에서 펀드변경 시 수수료는 적립식펀드 중 엄브렐러(umbrella)펀드에서 펀드 전환을 할 때와 비슷하게 1회당 약 0.1%를 부과하고 있는데 이 또한 보험사마다 많은 차이가 있으므로 잘 살펴본다.

7. 추가납입보험료의 펀드 투입비율 차이

보험료는 맨 처음 가입할 당시 지불하는 기본보험료와 가입기간 내 언제라도 납입이 가능한 추가납입보험료로 구분된다. 추가납입보험료에 대한 비용과 수수료가 보험회사마다 다르므로 잘 살펴본다.

8. 매매회전율이 높을 경우 세금을 많이 낸다

변액보험은 적립식펀드와 달리 주식을 매도할 경우 증권거래세를 내야한다. 보유종목을 되팔 때 세금을 내야 하는데 세금비율은 증권양도가액의 0.3%이다. 따라서 매매회전율이 높으면 높을수록 증권거래세가 상대적으로 많이 부과되므로 수익률을 일정규모 이상 상회하지 못하면 오히려 수익률이 더 나빠질 수 있다. 매매회전율이 높으면 상대적으로 펀드투자수익률이 떨어지게 되므로 잘 살펴본다.

9. 각종 비용과 수수료 등 총보수비용의 크기가 각기 다르다

변액보험은 보험관계비용 이외에 별도로 특별계정운용보수 및 비용이 부과된다.

특별계정운용비용 중 가장 큰 것은 운영보수, 수탁보수, 투자일임보수, 사무관리보수, 자산관리수수료 등 통상 펀드수수료라 일컫는 신탁보수이지만 이외에 회계감사비용, 자산운용보고서 제공비용, 투자증권의 평가비용, 증권거래비용, 기초펀드의 보수 및 비용 등 기타 제 비용을 특별계정자산에서 차감되게 되는데 이를 총칭하여 총보수비용이라 한다.

이 비용의 크기가 보험사마다 다르기 때문에 펀드수익률 또한 달라진다. 총보수비용비율은 펀드 종목마다 각기 다른데 일반적으로 펀드수수료 체계와 비슷하게 보수비율이 적용되고 있다. 펀드수수료 규모가 큰 펀드는 총보수비용비율도 상대적으로 크다고 생각하면 된다.

그리고 고정적으로 부가되는 펀드수수료 이외에 별도로 부과되는 후취수수료가 있는데, 이는 모든 변액보험에 들어가 있는 최저사망보험금보증비용(GMDB, Guaranteed Minimum Death Benefit)과 변액연금보험에 들어가 있는 최저연금적립금보증비용(GMAB, Guaranteed Minimum Annuity Benefit) 등이다.

펀드수수료는 해당 펀드종목을 선택할 때 내는 지출비용이지만 이들 수수료는 변액보험 상품을 선택하는 그 순간 수수료 규모가 결정된다. 변액보험의 펀드수수료 부과 규모가 일반적으로 0.2~1.0% 사이인데 주보험 적립액을 기준으로 GMDB는 약 0.2~1.0%를, GMAB는 약 0.5~0.7%를 매년 후취로 공제한다. 선취가 아닌 후취인 까닭에 장기투자를 할 경우 펀드수익률에 큰 영향력을 미친다. 각종 비용 적용방법은 보험사마다 다르므로 잘 살펴본다.

10. 보험료 미납 시 적립액에서 차감되는 월공제액 차이

보험료가 미납되면 적립금액에서 월대체보험료를 차감한 다음 나머지를 펀드에 투자하는데 월대체보험료의 규모가 매우 크다. 월대체보험료 공제액은 기본보험료의 신계약비 상각기간과 비슷하게 경과기간을 적용하고 있다.

11. 연금 전환을 한 이후 공시이율 적용 차이

변액유니버설보험을 가입한 이후 노후에 대비해서 연금을 수령하고자 연금 전환을 생각하고 있다면 변동수익률(공시이율)이 높은 회사의 상품을 가입한다. 나중에 연금으로 전환할 경우 가입설계서에 예시로 나오는 '연금 전환 시 연금지급액 예시표'는 투자수익률과 더불어 경험생명표상의 연금사망률 및 현재 시점의 공시이율을 적용하여 산출하는데, 이때 예시되는 공시이율이 적으면 해당 보험사의 연금 전환 예시금액은 당연히 적게 나오게 된다. 따라서 변액유니버설보험을 가입한 후 일정기간 경과한 시점에서 연금 전환을 고려하고 있다면, 그리하여 조금이라도 연금을 더 많이 받고 싶다면 공시이율이 높은 회사의 상품을 선택한다.

12. 보험료 할인 혜택을 부여하는 제도상의 차이

변액보험에서 보험료를 할인해주는 방법은 매우 다양하다. 첫째, 보험료 납입방법상의 할인, 즉 보험료를 자동이체로 납입할 경우 할인해주는 방법이다. 할인 폭은 월보험료의 0.5~1.0% 정도인데, 장기유지 시 이 차이는 매우 크므로 반드시 자동이체제도를 활용한다. 둘째, 고액계약자 할인우대제도 방법으로 3가지가 있다. ① 보험가입금액을 기준으로 하는 방법 ② 월납보험료 규모를 기준으로 하는 방법 ③ 단체로 가입할 경우 할인해주는 방법이다. 보험사에 따라 ①과 ②를 병용하는 경우도 있고 이 중 한 가지 방법만 적용하기도 하며, 아예 할인을 안 해주는 경우도 있으므로 잘 살펴본다. ③의 경우 단체취급특약 가입 시 기본보험료에 대해 0.5~1.5% 정도 할인해주는데 회사마다 규정이 다르다. 단체로 가입하면 고액계약자 할인 혜택은 적용되지 않는다.

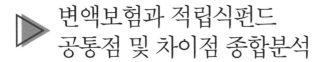

변액보험과 적립식펀드 공통점 및 차이점 종합분석

변액보험과 적립식펀드의 공통점 10 TIPS

1 전문지식과 투자시간이 부족한 일반인에게 목적자금의 파이를 키워 기간 내 시장수익률을 상회하는 목표수익을 얻게 해준다.

2 가입자가 직접 주식, 채권 등 유가증권과 선물, 스왑, 옵션 등 장내외 파생상품, 부동산 등 실물자산에 투자하지 않고 가입한 금융기관을 통해 간접적으로 투자한다.

3 투자수익률이 시장변동성에 민감하게 작용하는 실적배당형 상품이므로 펀드투자로 인한 책임은 모두 투자자 본인에게 귀속되는 자기책임원칙이 따른다.

4 소액의 자금으로 다양한 유가증권과 실물자산 등 우량 종목들을 동시에 매입하는 분산투자 기능이 있어 투자리스크 감소 효과를 기대할 수 있다.

5 펀드매입비용의 평균단가를 낮춰 안정된 투자수익을 올릴 수 있는

코스트 에버리징 효과가 있다.

6 펀드운용 전문가에 의한 대행투자로서 직접투자로 야기될 수 있는 투자 미숙으로 인한 투자위험을 감소시켜준다.

7 펀드의 투자 시점과 환매 시점에 따라 수익률에 큰 차이를 보인다.

8 펀드 대행투자를 해주는 대가로 투자자들에게 수수료를 받는다.

9 추가납입제도를 활용, 주가하락 시 역행투자를 실시하여 시간분산 효과와 위험회피 효과를 가져온다.

10 판매사와 운용사, 수탁회사, 관리회사가 모두 각기 달라 펀드자금에 대해 상호견제와 보완 역할을 한다.

변액보험과 적립식펀드의 차이점 15 TIPS

1. 상품의 기본특성과 구조의 차이

변액보험과 적립식펀드는 개발단계부터 상품특성과 수익구조가 다르다. 적립식펀드는 투자자의 돈이 대부분(보수비용 및 수수료 제외) 펀드로 투입되므로 순수하게 재테크를 목적으로 하는 투자자에게 적합한 상품이다. 변액보험은 하이브리드형으로 상품구성 내용이 매우 복잡하다. 위험을 보장하는 보험 성격을 그대로 유지하는 보험 상품이며 은행의 적금 기능도 있으므로 재테크와 동시에 생활보장 플랜도 감안하여 설계해야 한다. 적립식펀드와 같이 펀드로 운용되는 특별계정과 보험으로 운용되는 일반계정이 분리되어 있고 신탁보수비용 이외에 사업비가 별도로 부과되며, 위험보험료 등 부수적으로 들어가는 비용이 있다.

2. 펀드투자 목적과 기대수익 및 그에 따른 선택수단의 차이

변액보험과 적립식펀드의 수익률은 운용목적과 기간에 따라 각기 다르다. 적립식펀드는 주로 3년 이상 10년 이하의 중단기간 목적자금 마련을 위해 가입하는 상품이고, 변액보험은 10년 이상의 장기목적자금 마련을 위해 가입하는 상품이다. 투자기간을 놓고 볼 때 10년 이하의 단기간에는 초기사업비와 보장성보험료 등이 없는 적립식펀드가 유리하다. 그러나 10년 이상 장기투자할 경우에는 후취수수료 부담으로 수익률 정체현상을 빚게 된다는 단점이 있다. 변액보험은 10년 이상 장기간 투자하면 이자소득세 비과세와 후취수수료 부과 규모가 적립식펀드보다 적고 특히 사업비 일부적용(신계약비 이연상각기간)이 끝나 펀드 투입금액이 커지므로 상대적으로 유리하다. 단, 변액보험은 단기간 운용 후 해지할 경우에는 보험특성이 가미된 관계로 많은 손실이 발생하게 된다.

3. 펀드운용 형태의 차이

적립식펀드는 투자금액 대부분을 유가증권 등에 투자하여 투자수익을 투자자에게 지급해준다. 변액보험은 투자금액(보험료) 중 사업비와 위험보험료를 제외한 나머지 부분(특별계정)을 유가증권 등에 투자하여 자산운용실적에 따라 보험금을 지급한다. 따라서 적립식펀드는 만기가 정해져 있지만 변액보험은 종신형 상품으로 만기 구분이 없다. 만기 이전에 수익이 발생하였을 경우 적립식펀드는 환매하는 것이고 변액보험은 해지(해약)하는 것이다.

4. 펀드 가입 후 펀드변경 가능 여부의 차이

적립식펀드는 가입 시 한번 선택한 펀드는 환매 전에 변경할 수 없다(단, 엄브렐러펀드는 제외). 변액보험은 주식형, 채권형, 혼합형, 인덱스형 등 주식과 채권시장의 변화에 따라 펀드투자 포트폴리오를 조정할 수 있다. 펀드기준가의 변동성이 심할 경우 가입자가 원하는 방향으로 해당 펀드를 언제든지 변경해 적기에 위험을 회피할 수 있다. 펀드변경 기능은 중장기 펀드투자 시 변동성에 따른 위험회피수단으로 최적이다.

5. 유동성 확보 및 자금납입휴지 기능 가능 여부

긴급자금이 필요할 때 적립식펀드는 약관대출과 중도인출 기능이 허용되지 않아 환매해야 하지만, 변액보험은 유니버설보험의 접목으로 자금의 중도인출 기능이 있고 약관대출을 활용하여 환매하지 않고 유동성자금을 마련할 수 있다.

6. 펀드수수료 규모와 그 이외의 비용지출 여부

두 상품 모두 판매사와 운용사에 관련 수수료를 부과하고 있지만 규모에 차이가 있다. 적립식펀드는 수수료부과율이 연 약 1.0~2.5%이고, 변액보험은 약 0.2~1.0%이다. 펀드투자 시 보수비용은 공시된 펀드수수료 이외에 주식 매매 시 부과되는 매매수수료, 감사보수비용, 운용보고서작성, 발송비용, 평가보수 등 수수료 명목의 각종 부대비용이 지출된다. 매매수수료 이외의 비용은 판매사 및 운용사마다 다르게 적용하고 있다. 변액보험은 보험 성격상 초기사업비 부분이 많이 지출되는데 이 때문에 가입 초기 원금손실이 발생하는 것이 가장 큰 약점이다. 또 보험의 주요 기능을 완수하기 위해 위험보험료를 별도로 공제한다.

7. 고령화 장수 시대 연금 전환 기능 여부

노후를 대비해서 연금으로 전환할 수 있는 기능이 변액보험에는 있지만 적립식펀드에는 없다. 대부분의 변액연금이 개개인의 노후 계획에 맞춰 45세 이후부터 연금으로 전환할 수 있다. 적립식펀드는 평가금액에 대해 은퇴 후 연금식 수령은 불가능하다.

8. 펀드 종류의 다양성과 판매처의 세분화 차이

적립식펀드는 상품 종류가 1만여 개로 매우 많다. 판매사도 은행, 증권사, 운용사, 보험사 등 다양하고 판매영업점도 세분화되어 있어서 손쉽게 찾을 수 있다. 변액보험은 400여 개 정도로 적립식펀드보다 매우 적다. 생명보험사만 판매가 가능하고 방카슈랑스 상품으로 은행에서도 시판되고 있지만 주로 보험컨설턴트의 방문판매 형태로 이루어지고 있다.

9. 각종 세금 과세 및 절세 여부에 따른 차이

적립식펀드는 배당수익, 채권매매차익, 이자소득세에 대해서는 과세를 적용하고 있지만 주식매매차익에 대해서는 완전비과세 혜택이 주어진다. 변액보험은 10년 이상 유지하면 발생한 이자에 대해서는 이자소득세가 전액 면제된다. 자금의 중도인출 또는 해약 시 발생한 이자차액(보험차익)에 대해서 전액 비과세 혜택이 주어진다. 단, 10년 미만 유지 후 해지 시 이자가 발생하면 일반 이자소득세율이 적용된다. 변액보험은 특약보험료 선택 시(변액종신보험은 주보험 및 특약 전체에 적용) 연간 100만 원까지 세액공제 혜택이 부여된다.

10. 만기 이전 환매 시 페널티 적용 차이

적립식펀드는 만기 이전에 환매하여 적립금을 인출하면 페널티를 적용하여 환매수수료를 부과한다. 일반적으로 가입 후 3개월 이내에 수익금의 70%를 환매수수료로 차감한 후 나머지 금액을 돌려준다. 또 만기 이전 3개월 이내에 환매하면 이익금을 기준으로 90일 미만 이익금의 70%를 환매수수료로 부과한다. 단, 환매수수료는 운용기간 중 발생한 수익금 범위 내에서 일정비율만큼을 부과하므로 수익금이 발생하지 않으면 환매수수료도 부과되지 않는다.

변액보험은 가입 초기 중도환매하면 환매수수료는 없지만 사업비 부과로 원금손실을 볼 수 있다. 또 환급금과 적립금액 사이에 신계약비 이연상각에 따르는 차이가 발생하여 적립금액을 다 못 받을 수 있다.

11. 일단 유사시 목적자금 마련방법 차이

적립식펀드와 변액보험을 가입하는 최대목적은 일정기간이 경과한 후 필요한 목적자금인데 적립식펀드는 목표 달성을 할 때까지 납입해야 하지만, 변액보험은 생활안전보장 장치가 마련되어 있어서 가입과 동시에

목표 달성이 가능하다. 변액보험은 사망보험금이란 든든한 백그라운드가 항상 투자자의 뒤를 든든히 받쳐주므로 나중에 적립금액을 가족을 위해 활용할 경우 자신이 일상생활에서 만약의 사고를 당할 염려에 대해 그리 염려하지 않아도 된다. 특히 변액보험은 정액보험금이 아닌 변동보험금이 지급되므로 시드머니의 미래가치를 충분히 드높여 안정된 보장자산을 마련하게 해준다.

12. 펀드를 가족에게 물려줄 경우 재산상속 효과 차이

변액보험은 재테크 상품 기능뿐만 아니라 세테크 상품으로서 절세 기능 역할도 해준다. 10년 후 변액보험은 이자소득세에 대해 완전비과세 혜택이 주어지므로 적립식펀드의 주식매매차익이 비과세이기는 하지만 주식배당과 채권이자, 채권매매차익에 대해서는 정상과세를 적용하므로 이에 따른 상속금액에 차이가 발생하게 된다. 또 살아생전에 증여할 경우 적립식펀드는 증여수단이 마땅치 않은 데 비해 변액보험은 중도자금 인출과 약관대출을 통해 사전증여 방식으로 증여세와 동시에 상속세도 절감할 수 있는 효과를 가져온다.

13. 투자수익률이 가입자에 따라 달라진다

적립식펀드는 펀드운용 주체가 펀드운용사의 자산운용 전문가인 펀드매니저이고 이들의 역량에 따라 선택한 펀드수익률이 달라지는 기본구조를 갖고 있다. 따라서 가입자가 누구든 간에 그의 신상에 따라 투자수익률에 아무런 영향을 주지 않는다. 그러나 변액보험은 운용사의 능력 이외에 가입자의 나이가 매우 중요하다. 피보험자의 나이와 성별에 따라 보험료에 적용되는 위험보험료의 부과 규모에 차이가 발생하며, 이로 인해 특별계정투입금액이 작아져 상대적으로 수익률이 저하된다. 특히 다른 일반보험과 달리 가입 초기 보험료 규모를 줄이기 위해 평준보험료 방식이 아닌 자연보험료 방식을 선택해 보험료를 산출하기 때문에 나이가 들면 들수록 위험보험료 규모가 점점 커져서 수익률 제고에 막대한 영향을 미칠 수 있다. 또 보험료 납입 규모, 보험가입금액 여부 등의 변수에 따라서도 수익률이 달라진다.

14. 펀드유형별 포트폴리오 구성방법 상이

적립식펀드는 펀드 특성상 공격적으로 운용하는 까닭에 주식형펀드가 약 80%를 차지하지만, 변액보험은 보수적으로 운용하는 까닭에 주식형펀드는 약 20%이다. 적립식펀드는 투자자들의 선호도를 고려하여 단기 또는 중기 투자목적으로 고수익을 올릴 수 있는 주식형펀드를 많이 개발하여 출시한다.

변액보험은 다수 보험가입자의 보험가입금액에 대한 안전보장을 위하여 자금을 최소 10년 이상 장기간 보수안정적으로 운용해야 하므로 고수익, 고위험 상품인 주식형펀드의 비중을 더 적게 하면서 펀드종목 간 포트폴리오를 적절히 조정할 수 있도록 시스템을 구축한다. 장기유지 시 가입자들이 펀드기준가 변동성이 발생할 때 유효적절하게 대처해나갈 수 있도록 다양한 자산운용옵션과 은행적금 상품의 특성을 접목하여 보험 혜택을 제공함으로써 투자리스크 회피수단으로 활용하여 리밸런싱 효과를 지속적으로 실현할 수 있도록 안전장치가 마련되어 있다.

15. 예금자보호 적용대상 여부의 차이

예금자보호는 금융기관이 파산하여 지급의무를 이행하지 않을 때 국가에서 원금과 이자를 포함해서 5,000만 원까지 원리금을 보장해주는 제도인데, 실적배당 상품인 펀드는 예금자보호법이 적용되지 않는다. 펀드는 운용결과에 따른 이익 또는 손실이 모두 투자자에게 귀속되어 예금자보호법에 따라 보호되지 않으므로 적립식펀드는 예금자보호대상 상품이 아니다.

그러나 변액보험은 최저보장보험금을 기준으로 보험사가 지급 불이행시 예금보호공사가 보장해준다. 변액보험은 적립식펀드와 달리 보험 특유의 최저보장보험금 지급보장제도가 있어서 확정보험금을 지급하므로 예금자보호 규정을 적용하도록 했다. 금융기관이 파산을 했을 때 투자한 돈(원리금)을 보호받을 수 있는지는 향후 투자한 펀드의 적립금 관리에 매우 중요한 요소이다.

변액보험 연금 전환 및 개시 시점 꼭 확인

변액보험은 만기가 없는 상품이고 연금 전환 시 연금 전환특약 형태로 운용되기 때문에 거치기간 없이 곧바로 연금 전환이 가능하다. 거치기간 에는 해약할 수 있지만 일단 연금개시 후 연금을 지급받게 되면 노후연 금의 기본개념 보존 차원에서 해약은 거의 불가능하다. 연금을 매월 월급 통장식으로 수령한다는 것은 노후생활연금의 절대조건을 충족해주는 것 이므로 은퇴 이후의 연금자산 마련을 위한 노테크(老tech) 상품으로는 안 성맞춤이다.

그러나 이 경우 반드시 연금 전환을 늘 염두에 두면서 유지한다. 그 이 유는 연금 전환을 할 경우 수령받는 연금액의 규모는 공시이율 적용에 따 라 파이가 달라지기 때문이다. 연금보험 상품은 생존연금을 계산할 때 공 시이율을 적용하여 계산하기 때문에 공시이율이 변경되면 저절로 생존연 금 수령액도 변경된다.

연금 전환 시점부터 공시이율이 작으면 수령하는 연금액이 작아지고 공시이율이 높으면 연금지급액이 커진다. 따라서 연금보험 상품은 공시이율이 향후 높을 것 같고 몇십 년 후에도 변함없이 가입자를 위해 봉사정신으로 연금을 다른 보험회사보다 많이 지급해줄 것 같은 보험회사를 선택해야 한다. 현재 시점에서 그런 회사를 판단하기는 쉽지 않지만 다음 조건을 토대로 검토하여 결정한다면 많은 도움이 될 것이다.

연금 전환 시 효율적인 상품 선택 꿀팁 6

1. 공시이율을 늘 염두에 두고 보험회사를 선택한다.

연금으로 전환하면 그간 특별계정에 투입된 펀드가 일반계정으로 이체되고 그 시점부터는 공시이율을 적용하여 운용하므로 연금 전환 시점에서 해당사 상품의 적립이율인 공시이율이 몇 퍼센트로 적용될지 미리 염두에 두어야 한다. 즉 몇십 년 후 더 많은 연금지급을 대비해서 공시이율이 높은 우량보험회사에 가입한다.

2. 연금개시나이를 꼭 확인한다.

연금개시나이는 본인의 경제활동능력을 고려해 미리 생각해두는 것이 좋다. 대부분 45세부터 최초 연금지급개시 연령으로 잡고 있다. 기대수명이 점점 길어지므로 은퇴 시점의 경제적 능력을 감안하여 가능한 한 60세 이후로 설정하는 것이 바람직하다.

3. 연금개시 시점에서의 거치기간을 확인한다.

변액연금의 경우 보험료 납입완료 후 연금개시까지의 최소거치기간이 있는지도 확인한다. 이 경우 많은 보험회사가 보험료 최소거치기간을 짧게는 5년에서 길게는 12년까지 적립금을 거치한 후 연금으로 전환하도록 설계해놓고 있다. 거치기간이 긴 상품보다는 짧은 상품이 노후자금의 적기 마련과 연금수급조절 차원에서 더 좋다. 연금수령시기를 앞당기고 싶다면 거치기간을 앞으로 당기면 된다. 단, 이 경우 연금불입기간의 최소 불입조건은 맞춰야 한다.

4. 연금 전환 시 연금급부 형태를 반드시 확인한다.

일반적으로 연금 종류는 종신연금형, 확정연금형, 상속연금형 등 3가지 형태로 운용되는데, 그 지급기간 및 방법상에서 많은 차이를 보인다.

5. 연금개시 이후 최저보증이율을 확인한다.

연금개시 이후 적용하는 최저보증이율은 노후 연금지급의 안정성을 고려할 때 매우 중요한 요소이다.

6. 경제적 변수 및 인생 5L을 고려하여 납입기간을 길게 한다.

변액연금보험은 납입기간을 일단 길게 잡은 다음 단축시키는 게 현명한 선택방법이다. 앞으로의 생활상 어떠한 일이 일어나게 될지 잘 모르기 때문이다. 모든 보험 상품은 감액 또는 축소는 되지만 증액 또는 기간 연장은 안 된다.

PART 2
보험 상품
세테크 · 재테크
특급 솔루션

보험의 효용성은 보험이 가지고 있는 상품으로서의 가치인 가족 사랑의 의미를 올바로 가족에게

전달해줌으로써 가족 모두가 마음의 평안과 경제적인 안정을 이루어 궁극적으로 가정의 행복을

완성해나가도록 하는 소중한 밑거름이요, 가족보장 울타리 역할을 하는 데 있다.

1장

보험 상품 세테크·재테크 효과 종합분석

인간에겐 피할 수 없는 2가지가 있다. 하나는 죽음이고, 다른 하나는 세금이

다. —벤저민 프랭클린(Benjamin Franklin)

▶ 보험 통한
세테크 · 재테크 효과 5가지

　미국의 석유 재벌 폴 게티(Paul Getty)가 "부자가 되려면 세테크와 재테크를 잘해야 한다"고 말했듯이 돈을 많이 벌려면 세테크와 재테크를 잘해야 한다. 특히 보험을 통한 세테크와 재테크는 기본이다. 보험은 삶의 리스크를 미연에 방지하도록 헤지(Hedge)해주는 재정안정의 고유 기능뿐만 아니라 세테크를 통하여 돈을 벌게 해주는 자산형성(Wealth Formation) 역할도 해준다. 보험을 순수한 세테크 및 재테크 차원에서 살펴보면 크게 5가지 기능으로 구분할 수 있다. 보험으로 세테크 및 재테크를 이루는 꿀팁을 살펴본다.

1. 세액공제 혜택을 받는다.

　보험은 사회보장적 역할을 수행하기 때문에 여러 가지 세제상의 혜택을 받고 있어 재테크 상품으로 전혀 손색이 없다. 그중 첫째가 보험료 세액공제 혜택이다.

　보험료 세액공제 대상 상품은 보장성보험, 손해보험, 중장기 양로보험, 연금저축보험, 퇴직연금 등이다. 연금저축보험을 가입하면 해당연도에 납입한 보험료의 400만 원(단, 50세 이상은 600만 원) 한도 내에서 최고 16.5%를 연말정산 시 납입보험료에 대하여 세액공제를 해준다.

퇴직연금은 개인추가납입분의 경우 연금저축을 포함하여 해당연도에 납입한 보험료의 700만 원(단, 50세 이상은 최대 900만 원) 한도 내에서 최고 16.5%를 세액공제받을 수 있다. 또 생명보험, 자동차보험, 상해보험, 암보험 등 보장성보험을 가입하면 연간 100만 원 한도 내에서 보험료의 13.2%에 해당하는 금액을 세액공제받는다. 보험계약자나 보험수익자가 장애인전용 보장성보험을 가입할 경우에는 더 유리한 세제 혜택을 적용하여 연간 100만 원 한도 내에서 납입보험료의 16.5%를 세액공제받는다. 저축성보험이나 장기손해보험, 연동형(비세제형)연금보험 등은 대상에서 제외된다.

2. 이자소득에 대한 완전비과세 혜택이 주어진다.

목적자금 마련을 위해 금융 상품에 가입할 경우 이자소득세에 대한 15.4%의 원천징수(지방세 포함)는 목돈 마련에서 매우 큰 걸림돌로 작용한다. 그런데 저축성보험, 연금보험, 유니버설보험, 변액보험 등 장기저축성보험에 가입(월납보험료 150만 원 이하)한 후 10년 이상 유지 시에는 해당 계약이 만기되거나 중도해약 시 발생하는 이자소득에 대해 한 푼도 원천징수 없이 전액 비과세 혜택이 주어진다. 그리고 만 65세 이상 노인, 장애인 등이 가입하는 비과세종합저축보험 또한 이자에 대해 세금이 전혀 없다.

현재 저축금액에 상관없이 이렇게 완전비과세 혜택을 주는 상품은 다른 금융권에는 없다. 모두 가입한도가 정해져 있거나 비과세 한도가 정해져 있다. 이와 같이 보험은 절약된 세금만큼 이자수익을 제한 없이 누릴 수 있는 재테크 상품이다.

정부에서는 세금재원을 많이 확보하기 위해 점점 비과세 상품을 축소 또는 폐지하려는 추세로 가고 있으므로 비과세 혜택이 있는 보험가입은 빠르면 빠를수록 더 많은 이익을 창출해준다.

3. 기간이 지날수록 복리 효과를 가져온다.

금융기관의 이자 운용방법에는 단리와 복리가 있다. 단리는 자금 사용 기간이 아무리 길어도 그 원금이 증가하지 않고 계산된 이자를 말한다. 즉, 저축기간 중에 부리된 이자는 재투자되지 않는 것으로 계산된 이자법이 단리이다. 복리는 저축기간 중에 부리된 이자가 계속 재투자되어 꼬리에 꼬리를 물고 이자를 발생하게 하는 것이다. 따라서 투자되는 돈이 단리보다는 복리로 운용되면 그만큼 수익률은 더 높아진다.

특히 매월 자금을 투자하는 금융 상품에 가입했을 경우 단리 시와 복리 시의 차이는 더욱 커진다. 따라서 장기 재테크를 할 경우에는 반드시 복리로 운용되는 상품을 찾아 가입해야 한다. 모든 보험 상품은 월단리 연복리법을 사용하여 자금을 운용하고 있으므로 장기투자 시 더 효과적인 재테크 수단이 된다(단, 실적배당형의 변액보험 상품은 제외).

4. 펀드투자로 고수익을 낳게 해준다.

재테크는 재산을 불리는 생활의 기술인데 이는 단순히 이익을 남겨 돈을 버는 것뿐만 아니라 절세와 장기적으로 자산의 안전관리도 포함된다. 이를 모두 커버해줄 수 있는 보험 상품에 펀드투자로 고수익을 실현할 수 있는 변액보험 상품이 있는데, 그중 연금 상품으로는 변액연금보험, 장기 재테크 상품으로는 변액유니버설보험(VUL)이 제격이다.

5. 노테크로 100세 시대 풍요로운 노후를 선사해준다.

100세 호모 헌드레드 시대를 맞이하여 경제적 소득 없는 은퇴 이후의 기나긴 노후를 돈 걱정 없이 편안히 보내면서 웰에이징을 실천해나가려면 젊은 시절부터 연금보험을 가입하여 매월 수령할 수 있도록 노테크를 추진해야 한다. 연금자산 마련을 위한 노테크, 즉 연금테크를 실천해야만 풍요로운 웰에이징이 이루어진다.

연금보험 상품에는 전통형 일반연금보험과 연금저축보험, 실적배당형 변액연금보험, 개인형 퇴직연금(IRP), 주가지수연동형 연금보험, 개인퇴직계좌 등이 있다. 보험가입의 주목적은 일상생활의 리스크에 대한 헤지 방안을 강구하는 것이므로 생애 전반에 걸친 생활안정을 위한 보장자산과 인생황혼기를 위한 연금자산의 확실한 구축 위에 재테크 기둥을 세울 수 있도록 보험설계를 해야 더욱 알뜰한 세테크와 재테크가 이루어진다는 점을 유념한다.

보험은
최고의 상속세 해결 수단

'아버지가 불의의 사고로 사망하셨는데 엎친 데 덮친 격으로 생전에 사업을 하시다가 부도를 맞아 빚이 10억 원이 넘는다. 부모님 재산은 총 5억 원 정도 된다.'

만약 이런 상황에 봉착한다면 어떻게 대처해야 좋을지 갈등하거나 상속포기를 할지도 모른다. 이럴 때 가뿐하게 처리하는 가장 합리적인 해결책이 딱 한 가지 있다. 바로 보험에 가입하여 보험금을 상속시켜주는 것이다. 빚이 많거나 자녀에게 상속해줄 자산이 없을 경우 재산을 물려줄 수 있는 최선의 방법은 보험을 가입하여 보장자산을 물려주는 것이다. 보험은 자녀에게 부채가 아닌 곳간을 남겨주는 최고의 세테크 상품이다.

상속세를 해결하는 방법 4가지

부모에게 상속받은 재산이 부동산이고 자신이 현재 보유하고 있는 금융자산이 거의 없을 경우 상속세를 해결하는 방법은 크게 ① 상속세를 부동산으로 물납(物納)하는 방법 ② 부동산을 처분해 현금으로 납부하는 방법 ③ 부동산을 급매로 처분하는 방법 ④ 상속인들이 연대해 납부하는 방법 등 4가지로 구분할 수 있다.

① 상속세를 물납으로 마련할 경우에는 시가가 아닌 기준시가로 평가하기 때문에 기본적으로 저평가되어 손해 폭이 클 수 있다.

② 부동산을 처분해 세금을 납부하려 해도 상속 부동산 중 세금액에 맞는 적합한 부동산을 찾아 상쇄하기가 그리 쉽지 않다.

③ 부동산급매로 처분하면 자칫 제값을 충분히 받지 못해 많은 손해를 볼 우려가 있다.

④ 부동산을 상속받은 후 상속인들이 연대해 상속세를 납부할 경우에는 이 과정에서 일부 상속인이 세금을 납부할 형편이 되지 못하거나 다른 사유로 의기투합하지 않을 때에는 자칫 형제자매 간에 불협화음이 발생할 소지가 있다.

상속받은 부동산을 상속개시일부터 6개월 이내에 처분할 때 과세표준이 30억 원 이상인 경우 상속세율은 최고 세율인 50%를 적용받게 되어 그 처분액이 상속재산평가액으로 산입돼 누진공제액을 받아도 상속세를 당초 과세액보다 더 많이 내야 하는 상황에 직면할 수 있다. 또 상속세 신고기간인 상속개시일부터 6개월 이내에(증여세는 증여일부터 3개월 이내) 납부하지 않으면 납부할 세액의 10%를 납부재산세로 추가 징수당하게 된다.

보험은 채무변제 대상에서 제외되는 유일한 금융 상품

상속세는 사망 후 6개월 이내에 현금으로 준비해 납부해야 하므로 유가족들은 상속세에 대한 부담을 안게 된다. 현재 보유한 금융자산이 많다면 이로 해결하는 방법이 제일 상책이다. 그러나 보유한 현금성 자산이 상속받은 재산(부동산)으로 발생하는 상속과세액보다 현저히 부족할 경우에는 곤란하다. 부모에게 상속받을 때 상속재산이 채무액을 초과하는 경우 이에서 벗어나는 방법은 ① 상속인은 상속재산의 한도 내에서만 채무를 변제할 책임을 지게 되는 한정승인과 ② 상속인은 처음부터 상속인이 아닌 것으로 되어 모든 재산을 상속하지 않는 것으로 보는 상속포기 등 2가지가 있다.

사망보험금은 이 2가지 조건 중 ①의 한정승인을 통하여 부모의 부채에 대해 일정부분만 면책받게 되지만 ②와 같이 상속포기를 한다 하더라도 보험금 수령에는 아무런 하자가 발생하지 않는 상속 효과가 발생하게 된다. 사망보험금은 피보험자가 사망한 후 보험수익자에게 지급되는 금액으로서 사망 이전에는 현실화되지 않는 금액이다.

즉, 사망보험금은 보험수익자의 고유한 권한으로서 수익자 몫이므로 채권자들이 건드릴 수 없다. 부모의 부채하고는 아무런 상관성이 없으므로 상속포기를 해도 부모의 사망으로 인해 수령받는 사망보험금 전체에 대해서는 부모 부채의 변제에 대한 법적구속력이 없다. 따라서 보험가입 시 사망보험금의 수익자를 자녀 명의로 해놓으면 부모 사망 시 부채가 많아

만일 상속포기를 하게 되는 경우가 발생한다 할지라도 보험금은 고스란히 다 받을 수 있다.

이와 관련하여 대법원 판례(2004. 7. 9)에서는 보험계약자가 피보험자의 상속인을 보험수익자로 하여 계약한 생명보험에서 피보험자가 사망하여 보험사고가 발생한 경우 보험수익자의 지위에서 보험회사에 대하여 보험금 지급을 청구할 수 있는 권리인 보험금청구권은 보험계약의 효력으로 당연히 생기는 것으로서 상속재산(상속으로 인해 상속인에게 승계되는 재산)이 아니라 상속인의 고유재산(상속으로 취득한 재산이 아니라 상속인이 가지고 있던 본래의 재산)이라고 명시하고 있다. 단, 이 경우 부모(피상속인)가 납부하지 않은 세금이 있는 경우에는 사망보험금 내에서 보험수익자가 세금을 납부해야 한다.

따라서 생명보험은 어느 시점에 사망하더라도 약정한 보험금이 지급되는 확실성과 적기성, 안정성 등의 장점이 있으므로 이를 통해 상속세 납부재원을 미리 확보해 놓는다면 부동산 상속으로 인한 세금문제를 해결할 수 있다. 종신보험, 변액종신보험, CI(GI)보험 등 보장성보험을 가입할 경우에는 보험수익자를 반드시 자녀명의 등으로 확실하게 지정해 놓는 것이 세테크 차원에서 매우 중요하다.

보험금 상속 위해 보험가입 시 주의할 사항

그런데 민법에서는 보험수익자가 취득하는 사망보험금을 보험수익자의 고유재산으로 보고 있지만, 상속세 및 증세법에서는 피상속인이 보험료를 납부한 경우 상속재산으로 의제하여 상속세 과세대상으로 하고 있으므로 피상속인의 사망으로 인해 상속인이 보험금을 수령받으면(피보험자와 보험수익자를 부모로 할 경우) 보험금도 상속재산으로 들어가게 되어 상속세가 늘어날 수 있다. 따라서 피보험자는 본인으로 하되 보험계약자와 보험수익자를 배우자 또는 자녀 명의로 하면 증여세 과세대상에서 제외됨은 물론 사망보험금 또한 기타소득으로 간주되어 상속재산에 포함되지 않게 되므로 가입 시 이를 유효적절하게 활용할 필요가 있다(상속세 및 증여세법 제34조).

또 보험계약자와 보험수익자를 배우자 또는 자녀로 할 경우, 본인 소득이 없는 전업주부나 미성년자는 피상속인이 보험금을 대신 납부한 것으로 간주하여 상속재산으로 평가될 수 있음을 유념해야 한다. 배우자가 소득이 없을 경우 실제로는 본인 소득으로 보험료를 납부해야 하므로 보험계약자와 보험수익자를 배우자 명의로 하는 것은 별로 실익이 없다.

참고로 상속재산으로 보는 보험금은 상속을 통해 지급받은 보험금의 총합계액에 피상속인이 부담한 보험료의 금액이 해당 보험계약에 의하여 피상속인의 사망 시까지 불입된 보험료의 총합계액에 대하여 차지하는 비율을 곱하여 계산한 금액이다(상속세 및 증여세법 시행령 제4조). 상속재산으로 보는 보험금의 가액은 다음 계산식에 따라 계산한 금액으로 한다.

상속재산으로 보는 보험금

$$\text{지급받은 보험금의 총합계액} \times \frac{\text{피상속인이 부담한 보험료 금액}}{\text{해당 보험계약에 따라 피상속인이 사망 시까지}\atop\text{납입한 보험료 총합계액}}$$

이 경우 피상속인이 부담한 보험료는 보험증권에 기재된 보험료 금액에 따라 계산하고 보험계약에 의하여 피상속인이 지급받는 배당금 등으로 해당 보험료에 충당한 것이 있을 경우에는 그 충당된 부분의 배당금 등의 상당액은 피상속인이 부담한 보험료에 포함한다.

과세표준별 상속세 및 증여세 적용 세율

과세표준	적용 세율	누진공제액
1억 원 이하	10%	–
1억 원 초과 5억 원 이하	1,000만 원 + 1억 원 초과액의 20%	1,000만 원
5억 원 초과 10억 원 이하	9,000만 원 + 5억 원 초과액의 30%	6,000만 원
10억 원 초과 30억 원 이하	2억 4,000만 원 + 10억 원 초과액의 40%	1억 6,000만 원
30억 원 초과	10억 4,000만 원 + 30억 원 초과액의 50%	4억 6,000만 원

* 주) 상속세 및 증여세법 제26조(상속세 세율) 참고

상속인별 상속세 공제 금액

1. 기초공제: 거주자나 비거주자의 사망으로 상속이 개시되는 경우에는 상속세 과세
   가액에서 2억 원 공제
2. 배우자공제: 피상속인(망인)의 배우자는 최소 5억 원 공제
3. 자녀 1명: 5,000만 원

4. 상속인(배우자 제외) 및 동거가족 중 미성년자: 1,000만 원에 19세가 될 때까지의 연수(年數)를 곱하여 계산한 금액

5. 상속인(배우자 제외) 및 동거가족 중 65세 이상인 사람: 5,000만 원

6. 상속인 및 동거가족 중의 장애인: 1,000만 원에 상속개시일 현재 통계법(제18조)에 따라 통계청장이 승인하여 고시하는 통계표에 따른 성별·연령별 기대여명의 연수를 곱하여 계산한 금액

7. 일괄공제: 공제액을 합친 금액과 5억 원 중 큰 금액으로 공제 가능

보험테크 TIP

사망보험금의 상속세 부과 위헌 여부 헌재 결정 내용

보험금 수익자가 상속인으로 지정된 경우 상속인이 피상속인의 사망으로 지급받는 생명보험의 보험금은 상속인의 고유재산임에도 불구하고 상속재산으로 보아 상속세를 부과하도록 하는 민법의 규정이 헌법에 위반되는 것인지에 대하여 헌법재판소는 '본래 피상속인의 사망으로 인하여 지급받는 생명보험금은 피상속인의 재산에 일단 귀속된 다음에 상속 또는 유증 등에 의하여 승계 취득되는 재산이 아니라 보험금수취인이 보험계약의 효력에 따라 취득하는 고유재산으로 민법상의 상속재산은 아니다. 그러나 피상속인이 실질적으로 보험료를 지불하고 그의 사망을 원인으로 일시에 무상으로 수취하는 생명보험금은 유족의 생활 보장을 목적으로 피상속인의 소득 능력을 보충하는 금융자산으로서의 성격도 지니고 있는 등 그 경제적 실질에 있어서는 민법상의 상속재산과 다를 바 없기 때문에 이를 상속재산으로 의제해 과세하는 것은 인위적인 상속세 회피를 방지하고 과세 형평 및 실질과세의 원칙을 실현하기 위해 필요하다'고 합헌 결정으로 하였다.(선고 2009. 11. 26. 2007헌바137 전원재판부)

보험은
증여세 절감에 가장 적합

증여(贈與, donation)란 재산을 가진 사람이 다른 사람에게 재산을 공짜로 주는 것을 말하고 여기에 세금을 매기는 것이 증여세이다. 즉, 증여세는 어떠한 반대급부 없이 다른 사람에게 무상으로 이전된 재산이나 권리 등을 말하는데 이러한 재산이나 권리에 대해서는 증여세가 부과된다. 보험의 경우 증여세는 보험료를 내는 계약자와 보험금을 수령하는 수익자가 다른 계약에서 만기보험금을 수령할 경우에 부과된다. 보험을 타인 명의로 가입하여 그 타인이 만기보험금을 탈 때 이자소득세 외에 증여세가 별도로 부과되는 것이다. 증여세를 과세하는 기준은 증여소득세가 있는 날부터 과거 10년간의 총증여금액을 기준으로 한다.

증여세법(제47조 증여세 과세가액)에서는 부당한 세금 부담의 회피를 방지하기 위하여 해당 증여일부터 10년 이내에 동일인(증여자가 직계존속인 경우에는 그 직계존속의 배우자 포함)에게 받은 증여재산가액을 합친 금액이 1,000만 원 이상인 경우에는 그 가액을 증여세 과세가액에 가산하여 증여세를 계산하도록 하고 있다(단, 합산배제증여재산의 경우는 제외).

증여를 받은 사람, 즉 수증자는 받은 증여금액에 따라 증여세 과세가액에서 증여재산을 공제해주는데 그 기준은 증여일부터 10년 이내에 공제받은 금액과 증여가액에서 공제받을 금액의 합계액이 증여세 공제한도금액의 범위를 초과하는 경우 그 초과분은 공제하지 않고 전액 증여세를 부과한다. 단, 증여세의 공제한도금액을 초과할 경우에만 세금을 물리는 적용대상은 친척만 해당되며, 친척이 아닌 다른 사람에게 받은 증여재산은 증여세 공제 혜택 없이 증여재산 전액이 과세대상에 포함된다.

증여세 면제 기준점까지 자녀 명의로 보험 들어 증여세 절감

보험은 증여세 절감 수단으로 가장 적합한 금융 상품이다. 증여세를 부담하지 않고 증여를 받을 수 있는 금액의 한도, 즉 증여세공제한도금액의 범위는 증여일부터 과거 10년간을 기준으로 동일인에게 무상으로 받은 증여재산의 합계액이 배우자는 6억 원, 수증자의 직계존속(친부모) 및 수증자의 직계존속과 혼인(사실혼 제외) 중인 배우자는 5,000만 원, 직계비속(수증자와 혼인 중인 배우자의 직계비속도 포함)인 자녀의 경우 성년은 5,000만 원, 미성년자는 2,000만 원, 그리고 6촌 이내의 혈족, 4촌 이내의 인척은 1,000만 원이다.

따라서 생존보험을 배우자나 자녀 명의로 가입하는 방법도 세테크 차원에서는 바람직하다. 보험기간이 10년 이상인 만기보험금(생존보험금)을 배우자 또는 자녀 명의(자녀가 보험계약자와 수익자가 되고 부모는 피보험자)로 가입하면 일정부분 증여세 절감 효과가 발생하게 된다. 이때 증여세 면제 대상 금액의 기준은 증여자가 10년 동안 불입해준 총납입보험료 합계를 말한다. 그간 붙은 이자는 포함되지 않고 순수한 원금만을 의미한다.

예를 들어 성인인 자녀에게 증여세가 부과되지 않게 자녀 명의로 보험을 가입해주려면 10년마다 증여재산공제한도금액의 범위 이내에서 증여해주면 된다. 즉, 납입보험료를 기준으로 10년마다 일시납으로 5,000만 원을 내든지 아니면 매월 41만 7,000원씩 불입하는 저축성보험이나 장기손해보험, 만기환급부보험, 또는 연금보험 등 만기보험금이 있는 생존급부형 보험 상품을 가입하여 보험료를 자녀 대신 내주어도 증여세가 한 푼도 부과되지 않는다.

자녀 명의로 보험료를 증여할 경우에는 매월 납입할 보험료가 자녀 명의의 통장에서 자동이체되도록 해놓아야 한다. 그래야 나중에 증여 문제가 발생하더라도 증여세 과세기준금액이 보험금이 아니라 자녀 명의의 통장에 입금된 추가금액으로 한정된다.

만기보험금의 증여 시점은 정기적으로 보험료를 납입하는 월납이나 또는 3개월납, 6개월납, 연납 등의 비월납 상품은 매월 또는 비월납으로 보험료를 불입하는 시점이고, 보험료를 한꺼번에 모두 내는 일시납 상품은 만기보험금을 수령하는 시점이 된다.

그리고 장애인전용 보장성보험이나 또는 장애인 및 상이자를 수익자로 한 보험계약을 가입하여 지급되는 보험금에 대해서는 연간 4,000만 원 한도 내에서 증여세를 비과세한다.

증여세 대상별 비과세 공제한도액

수증자	공제한도액(원금기준)	공제적용기간
배우자	6억 원	10년간
직계존속, 혼인 중인 배우자(사실혼 제외)	1인당 5,000만 원	10년간
직계비속(자녀)	1인당 5,000만 원 (단, 미성년자는 1인당 2,000만 원)	10년간
배우자 및 직계존비속 이외의 6촌 이내 혈족, 4촌 이내 인척	1,000만 원	10년간
타인	없음	

* 주) 1. 준거: 상속세 및 증여세법 제53조(증여재산 공제)
   2. 친족이 아닌 타인은 증여세 공제를 받을 수 없음
   3. 보험금의 상속 및 증여 시점은 보험금 지급사유가 발생했을 때를 말함

연금 정기금 평가로 상속·증여세 절감

'자금거래가 투명해지고 있는데 법망의 테두리 안에서 정당하게 상속세나 증여세를 가장 효과적으로 절세하는 방법은 없을까?'

있다. 연금보험으로 해결하면 된다. 합법적으로 상속재산이나 증여재산의 평가를 낮추는 방법은 상속세 및 증여세법 시행령 제62조(정기금을 받을 권리의 평가)를 이용하는 것이다. 일시금을 은행에 예치 또는 자녀에게 증여하거나 상속하는 것보다 연금보험에 가입하여 해마다 연금을 지급받을 수 있는 권리를 주는 것이 훨씬 효과적이다.

매월 연금을 수령하여 생활비나 다른 용도로 활용하다가 사망 시 남은 돈을 자녀에게 상속으로 물려주면 세금을 많이 줄일 수 있다. 연금보험 가입자인 부모가 사망하더라도 피보험자인 자녀가 살아 있기 때문에 보험은 소멸되지 않고 계약자와 수익자를 자녀들로 변경함으로써 자녀가 살아 있는 동안 연금을 받게 된다.

이때 정기금(연금)을 받을 권리가 상속되었으므로 그 가치를 평가해 상속세를 내야 하는데 연금보험을 가입하면 과세표준액이 작아져 그만큼 절세효과가 높아진다. [* 상속세와 증여세는 5단계 누진세 방식이므로 재산(상속가액)이 많으면 세금도 비례하여 기하급수적으로 늘어나는 구조로 되어 있다.]

정기금 적용되는 연금보험 활용으로 절세효과 제고

연금보험 가입 후 연금수급 시 연금 기능을 활용한 정기금 평가방법으로 과세를 줄일 수 있다. 연금보험은 정기금 평가가 적용되는 대표적 상품으로서 연금에 대해 장래 발생할 상속 및 증여 시점에서 재산가액을 산정할 경우 정기금에 대해서는 일정수준 할인 혜택을 부여해주므로 잘 활용하면 절세 효과가 크다. 목돈으로 증여나 상속을 하는 것보다 보험회사의 연금보험을 가입하여 연금수급권을 증여 또는 상속하는 것이 세금을 절약하는 가장 효율적이고 합리적인 세테크 방법이다. 특히 종신형 연금은 경험생명표를 준거로 상품이 설계되므로 이를 고유 업무로 관장하는 보험회사에서만 취급 판매된다.

정기금(定期金, money payable periodically)이란 정기적이고 반복적으로 일정하게 지급하는 채권으로 금전, 연금, 정기급의 부양료 및 기타의 물건을 말한다. 상속세 및 증여세법에서는 상속인의 사망으로 인하여 피상속인이 매월 정기적으로 수령하는 돈을 의미한다. 정기금은 크게 ① 유기정기금(Definite annuity) ② 무기정기금(Indefinite annuity) ③ 종신정기금(Life annuity) 등 3가지로 분류하여 그에 따라 정기금을 받을 권리의 평가를 계산한 다음 상속세 과세대상금액을 산출한다.

현재 정기금 평가에 대한 할인율은 보험회사의 평균공시이율 등을 감안하여 기획재정부령으로 정하는 이자율 연 3.0%를 복리 적용하여 할인 평가하고 있다. 정기금 평가를 할 경우에는 보험의 대상이 되는 피보험자를 기준으로 최저보증기간 또는 기대여명을 반영하여 그에 따라 정기금 평가기준을 달리 적용한다.

정기금 종류와 연금의 정기금 평가방법

상속세 및 증여세법 제65조 제1항에 따른 정기금을 받을 권리의 가액은 다음 3가지, 즉 유기정기금, 무기정기금, 종신정기금 중 하나에 따라 평가한 가액에 의한다. 단, 평가기준일 현재 계약의 철회, 해지, 취소 등을 통해 받을 수 있는 일시금이 3가지 정기금으로 평가한 가액보다 큰 경우에는 그 일시금의 가액에 따라 평가한다. [* 상속세 및 증여세법 제65조(그밖의 조건부 권리 등의 평가) 제1항 : ① 조건부 권리, 존속기간이 확정되지 아니한 권리, 신탁의 이익을 받을 권리 또는 소송 중인 권리 및 대통령령으로 정하는 정기금(定期金)을 받을 권리에 대해서는 해당 권리의 성질, 내용, 남은 기간 등을 기준으로 대통령령으로 정하는 방법으로 그 가액을 평가한다.]

유기정기금(Definite annuity)

유기정기금은 기한이 정해진 일정기간 동안 정기적으로 연금을 받을 권리를 말한다. 평가기준일 현재 정기금의 급부 잔존기간에 각 연도에 받을 정기금액을 기준으로 기획재정부령으로 정하는 이자율로 나누어 다음

의 산식에 따라 계산한 금액의 합계액으로 평가한다. 단, 1년분 정기금액
의 20배를 초과하지 않는 범위 내에서 평가한다.

정기금 평가액 계산식 =

$$\frac{\text{각 연도에 받을 정기금액}}{(1 + \text{보험회사의 평균공시이율 등을 감안하여 기획재정부령으로 정하는 이자율})^n}$$

* 주) n : 평가기준일부터의 경과연수

무기정기금(Indefinite annuity)

무기정기금은 기간이 정해져 있지 않고 수령하는 돈, 즉 정기금의 급부
사유가 발생한 이후에 장래 무기한 정기적으로 금전 기타 물건을 받게 되
는 권리를 말한다. 무기정기금은 1년분 정기금액의 20배에 상당하는 금
액으로 평가한다.

종신정기금(Life annuity)

종신정기금은 당사자의 일방이 특정인(본인, 상대방 또는 제3자)의 평생 동
안, 즉 종신까지 정기적으로 금전 기타의 물건을 상대방 또는 제3자에게
지급할 것을 약정함으로써 성립하는 계약을 말한다. 종신정기금의 평가
는 통계법(제18조)에 의거 통계청장이 승인하여 고시하는 통계표에 따른
성별·연령별 기대여명의 연수(소수점 이하 생략)까지의 기간 중 각 연도에
받을 정기금액을 기준으로 유기정기금의 계산식에 따라 계산한 금액의
합계액으로 평가한다.

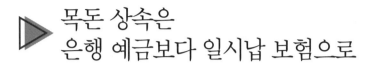

목돈 상속은
은행 예금보다 일시납 보험으로

똑같은 이자수익 발생 시 보험과 은행 상품의 차이

'A와 B 두 사람이 있다. 이들 모두 현재 목돈 1억 4,000만 원을 갖고 있는데 이를 나중에 자녀에게 상속해주려고 한다. A는 보험 일시납을 들어 보험금으로 상속해주려 하고, B는 은행 신탁예금을 가입해 물려주려고 한다. A가 가입한 보험 일시납 상품과 B가 가입한 은행 신탁예금 상품의 이자가 동일한 시점에서 6,000만 원으로 모두 똑같아 적립금액이 2억 원이 되었다. 이때 불행하게도 두 사람이 같이 일반사망을 했다면 자녀에게 실질적으로 상속되는 금융재산은 보험금 2억 원과 은행 예금 2억 원이 모두 똑같을까, 다를까? 아니면 어느 상품이 더 많을까?'

만약 위와 같은 일이 발생하였을 경우 많은 사람이 보험금 2억 원을 물려주는 것과 은행 예금 2억 원을 물려주는 것에 대해 모두 다 금융 상품이고 들어간 원금이 똑같고 이자도 같으므로 자녀에게 돌아가는 상속자금의 파이는 당연히 똑같을 것이라고 생각할 것이다.

은행 예금은 금융재산 상속분에 대해 이자소득세 적용 후 공제

그런데 보험금을 상속해주는 것과 은행 예금을 상속해주는 것에는 많은 차이가 있다.

물론 상속세 및 증여세법(제22조)에 의거하여 금융재산에 대한 상속공제는 보험과 은행 예금 둘 다 똑같이 적용된다. 즉, 보험에 가입한 후 사망 시 보험수익자를 상속인으로 하면 은행 예금 등과 같이 금융재산으로 간주되어 순금융재산의 가액(상속재산가액 중 금융재산의 가액에서 금융채무가액을 차감한 금액)의 20% 한도 내에서 최고 2억 원까지 공제 혜택을 받게 된다. 예를 들어 보험금을 2억 원 받았다고 하면 4,000만 원(2억 원×20%)은 상속세 과세대상에서 제외되고 나머지 1억 6,000만 원에 대해서만 상속세가 물려진다.

상속받은 보험금 등 금융재산의 상속공제란 특정조건 충족 시 상속세에서 일정 금액을 감액해주는 제도로서 피상속인의 사망으로 인하여 상속이 개시되는 경우 상속개시일 현재 사망 시 수익자(법정상속인)가 받는 순금융재산 가액(상속재산으로 보는 보험금)이 2,000만 원 이하일 경우에는 전액 공제하고, 2,000만 원을 초과할 경우에는 순금융재산 가액의 20%와 2,000만 원 중 큰 금액을 공제한다. 단 금융재산 상속공제금액의 최고 한도는 2억 원이다.

금융재산 상속세 공제금액

상속 순금융재산의 가액	공제금액
2,000만 원 이하	순금융재산가액 전액
2,000만 원~10억 원 이하	'순금융재산가액 × 20%'와 2,000만 원 중 큰 금액
10억 원 초과	2억 원(공제 최고한도)

그런데 여기서 알아둘 사실은 2억 원을 보험금 또는 은행 예금으로 상속받았을 경우 보험금의 금융자산 공제액은 4,000만 원(2억 원×20%)이지만, 은행 예금의 금융자산 공제액은 2억 원에서 이자소득세(15.4%)를 뺀 나머지 금액의 20%가 적용된다는 점이다.

위 사례와 같이 원금이 1억 4,000만 원이고 이자소득이 6,000만 원이라고 한다면 6,000만 원에 대한 이자소득세 924만 원을 공제한 나머지 금액이 금융자산공제금액이 된다.

즉, 2억 원 - 924만 원 = 1억 9,076만 원×20% = 3,815만 2,000원이 금융자산공제금액이다. 보험금으로 상속할 경우보다 184만 8,000원이나 손해 보는 셈이다.

은행 예금은 이자만, 보험은 이자 외 사망보험금도

더구나 보험금은 '적립금액 = 사망보험금'이 아니다. 일시납형의 저축성보험이라 해도 위험보험료를 내도록 되어 있기 때문에 일반사망 또는 재해사망 시 지급되는 보험금액이 해당 약관에 따라 다소 차이는 있지만 별도로 책정되어 있다. 즉, 은행 예금은 이자만 붙지만 보험은 이자 외에 별도로 사망보험금이라는 큰 목돈이 덤으로 나온다. 따라서 상속 시의 실질적 자산수익은 위의 184만 8,000원보다 훨씬 더 크다. 따라서 목돈 운용도 단순히 눈앞의 이자율만 따지지 말고 만약의 경우 발생할 수 있는 상속까지 고려한 지혜로운 재테크가 되도록 보험을 통해 운용해야 한다.

동일 금액 상속 시 사망보험금과 은행 예금 차이 5가지

1. 사망보험금에는 상속세만 적용되지만, 은행 예금에는 상속세와 배당금 (이자액)에 대한 이자소득세 과세가 함께 주어진다.

2. 사망보험금은 원금 대비 그 규모가 매우 크지만, 은행 예금은 원금 대비 규모가 그리 크지 않다.

3. 보험은 재산이 없을 때 자식의 유산상속 수단으로도 가능하지만, 은행 (저축)은 재산이 있어야만 자식에게 유산을 제대로 남겨줄 수 있다.

4. 보험은 아주 적은 돈으로 자식에게 유산을 많이 물려줄 수 있지만, 은행(저축)은 많은 돈을 허리띠를 졸라매고 모아야 자식에게 유산을 제대로 줄 수 있다.

5. 보험은 금융자산 공제 시 이자소득세가 없어 전액을 공제받지만, 은행 (저축)은 금융자산 공제 시 이자소득세를 뺀 나머지 금액에 대해서 공제받으므로 똑같은 금액이라도 실질적인 금융자산 공제금액은 보험이 많다.

2장

보험의 세제 효과 및
과세체제 종합분석

세상에서 가장 이해하기 어려운 것은 소득세이다. –알베르트 아인슈타인(Albert Einstein)

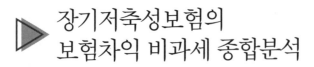

장기저축성보험의 보험차익 비과세 종합분석

저축성보험은 비과세 요건을 충족할 경우 이자소득세에 대한 비과세 혜택을 받을 수 있는데 이를 비과세 저축성보험차익이라 한다. 비과세 요건을 충족하는 장기저축성보험이란 보장성보험 이외의 보험으로서 중도해지금, 만기환급금 등 생존 시 지급되는 보험금의 합계액이 이미 납입한 보험료를 초과하는 보험을 말한다.

비과세 요건에 해당하는 장기저축성보험 상품은 저축성보험, 일반연금보험(세제비적격), 변액유니버설보험, 종신형연금보험 등이며 연금저축보험(세제형)은 대상에서 제외한다.

장기저축성보험은 보험차익에 대하여 이자소득세(15.4%)가 면제된다.

저축성보험의 보험차익이란 보험계약에 따라 만기에 받는 보험금 또는 계약기간 중도에 해당 보험계약이 해지됨에 따라 받는 환급금(피보험자의 사망·질병·부상 그밖의 신체상의 상해로 인하여 받거나 자산의 멸실 또는 손괴로 인하여 받는 것이 아닌 것으로 한정)에서 납입보험료 또는 납입보험료를 뺀 금액을 말한다.

보험차익 = 만기보험금 또는 해지환급급 – 납입보험료

보험차익 대상계약은 보험업법에 따른 생명보험계약 또는 손해보험계약을 비롯하여 수산업협동조합법에 의한 수산업협동조합중앙회 및 조합, 신용협동조합법에 의한 신용협동조합중앙회, 새마을금고법에 따른 새마을금고중앙회에 의한 생명공제계약 또는 손해공제계약, 우체국예금·보험에 관한 법률에 의한 우체국보험계약 등에 의하여 발생하는 보험차익이 그 대상이 된다.

장기저축성보험 비과세 적용 충족요건 8가지

장기저축성보험의 보험차익에 대해 비과세 혜택을 받으려면 구체적으로 다음 8가지 해당요건을 충족해야 한다. 만약 해당요건을 충족하지 못하면 보험차익에 대한 이자소득세 과세대상이 된다.

1 보험계약에 따라 보험료를 최초로 불입한 날(최초납입일)부터 만기일 또는 중도해지일까지 기간이 10년 이상일 것(단, 납입한 보험료를 최초납입일부터 10년이 경과하기 전에 확정된 기간 동안 연금 형태로 분할하여 지급받는 경우는 제외)

2 최초납입일부터 납입기간이 5년 이상인 월적립식 계약일 것

3 계약자 1명당 매월 납입하는 월적립식 보험계약의 보험료 합계액

(기본보험료와 추가납입보험료 합계)이 150만 원 이하일 것(종신형 연금보험은 제외)

4 최초 납입일부터 매월 납입하는 기본보험료가 균등(최초 계약한 기본보험료의 1배 이내로 기본보험료를 증액하는 경우를 포함)하며 기본보험료의 선납기간이 6개월 이내일 것

5 계약자 1명당 납입할 모든 보험료 합계액이 1억 원 이하인 저축성보험(일시납 포함) 계약일 것(단, 2017년 3월 31일까지 체결된 보험계약은 2억 원 이하)

6 피보험자의 사망이나 질병, 부상, 기타 신체상의 상해로 인하여 보험금을 지급받지 않을 것

7 자산의 멸실 또는 손괴로 인하여 보험금을 받는 보험 상품이 아닐 것

8 최초납입일부터 10년이 경과하기 전에 납입한 보험료를 확정된 기간 동안 연금 형태로 분할하여 지급받지 않는 상품일 것

저축성보험을 중도에 해약할 경우 보험차익과세제도를 적용하여 이자소득세를 부과한다. 저축성보험은 만기에 받는 보험금의 경우 사실상 은행 등 다른 금융기관 상품의 원리금과 비슷하므로 소득세법에서는 만기시 또는 중도해지 시에 수령하는 보험금이 보험계약자가 불입한 총보험료보다 큰 경우에는 그 차액만큼을 보험차익(이자소득)으로 간주하여 세금을 부과한다. 이 경우 보험차익은 원천징수되며 다른 금융소득과 합하여 연간 2,000만 원이 넘는 경우에는 금융소득종합과세 대상이 된다.

종신형 연금보험 비과세 적용 충족요건 5가지

비과세 적용을 받는 종신형 연금보험이란 보험계약체결 시점부터 다음 5가지 요건을 모두 갖춘 종신형연금보험 상품을 말한다. 요건을 충족하지 못하면 비과세 적용대상에서 제외하여 보험차익을 과세한다.

1 계약자가 보험료 납입 계약기간 만료 후 55세 이후부터 사망 시까지 보험금·수익 등을 연금으로 지급받는 계약일 것

2 연금 외의 형태로 보험금·수익 등을 지급하지 않는 계약일 것

3 사망 시 통계법(제18조)에 따라 통계청장이 승인하여 고시하는 통계표에 따른 성별·연령별 기대여명연수(소수점 이하 생략) 이내에서 보험금·수익 등을 연금으로 지급하기로 보증한 기간이 설정된 경우로서(계약자가 해당 보증기간 이내에 사망한 경우에는 해당 보증기간 종료 시) 보험계약 및 연금재원이 소멸할 것

4 계약자와 피보험자 및 수익자가 동일하고 최초 연금지급개시 이후 사망일 전에 중도해지할 수 없을 것

5 매년 수령하는 연금액(연금수령개시 후에 금리변동에 따라 변동된 금액과 이연하여 수령하는 연금액은 포함하지 않음)이 다음의 계산식에 따라 계산한 금액을 초과하지 않을 것

    ※ 매년 수령하는 연금액≤(연금수령개시일 현재 연금계좌 평가액/연금수령개시일 현재 기대여명 연수)×3

기존보험계약을 다음과 같은 사유로 계약 내용을 변경하였을 경우에는 그 변경일을 해당 보험계약의 최초납입일로 한다. 따라서 비과세 요건은 변경된 보험계약일부터 다시 시작되므로 만약 이런 경우가 발생한다면 잘 살펴본다.

1. 계약자 명의가 변경(사망에 의한 변경은 제외)되는 경우
2. 보장성보험을 저축성보험으로 변경하는 경우
3. 최초 계약한 기본보험료의 1배를 초과하여 기본보험료를 증액하는 경우

저축성보험 유형별 비과세 성립 요건 비교분석

유형	대상	비과세 성립 요건	관련세법
저축성 보험	일시납 저축성 보험	보험계약금액이 2017년 3월 31일 이전 계약은 2억 원, 2017년 4월 1일 이후 계약은 1억 원 이하의 상품으로서 최초납입일부터 만기일(중도해지일)까지의 기간이 10년 이상일 것	소득세법 제16조
	월적립식 저축성 보험	매월 납입하는 보험료가 100만 원 이하의 상품으로서 최초납입일부터 납입기간이 5년 이상인 월적립식 계약이어야 하며 최초납입일부터 만기일(중도해지일)까지의 기간이 10년 이상일 것. 또한 최초납입일부터 매월 납입하는 기본보험료가 150만 원 이내로 균등하고 기본보험료의 선납기간은 6개월 이내일 것	
비과세 종합 저축보험	가입대상	만 65세 이상의 노인, 등록장애인, 독립유공자와 그 유족 또는 가족, 국민기초생활보장법상 수급자 등	조세특례 제한법 제88조의 2
	대상상품	판매 중인 모든 저축성보험 상품(단, 비과세 종합저축보험특약을 가입해야 함)	
	가입한도	1인당 총납입보험료 5,000만 원 이내	

비과세 종합저축보험의 보험차익 비과세

만 65세 이상 노인, 장애인 등이 가입하는 비과세종합저축보험 또한 이자(배당소득 포함)에 대해 세금이 전혀 없다. 특히 비과세종합저축보험은 보험유지기간에 대한 제약조건이 없어 보험가입 후 10년 미만 해지 시에도 보험차익에 대해 비과세를 적용해준다. 단, 은행 등 다른 금융기관이나 공제회의 비과세종합저축에 이미 가입한 경우에는 이를 모두 합산한 금액이 5,000만 원 이하여야 한다.

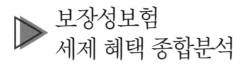

보장성보험
세제 혜택 종합분석

보장성보험 보험료 연간 100만 원 한도 세액공제

　보장성보험이란 피보험자의 신체 또는 재산상의 피해로 인하여 보험금을 지급받는 보험으로 만기 또는 중도해지 시 받는 급부금이 납부한 보험료와 같거나 적은 보험을 말한다. 근로소득자가 자신 또는 배우자나 부양가족을 피보험자로 하는 보장성보험의 보험료를 납부한 경우 지급한 연간납입보험료의 100만 원 한도 내에서 13.2%(지방소득세 포함)를 세액공제 받을 수 있다.

　보장성보험의 세액공제는 크게 일반보장성보험과 장애인전용보장성보험으로 구분된다.

　보험료(장애인전용보장성보험료 제외)의 합계액이 연 100만 원을 초과하는 경우에는 그 초과하는 금액은 없는 것으로 간주한다. 근로소득자 본인뿐만 아니라 연소득 100만 원 이하의 부양가족(배우자, 만 60세 이상 직계존속, 만 20세 이하 직계비속)이 가입한 보험도 세액공제를 받을 수 있다. 이 경우 근로자 본인 또는 연소득 100만 원 이하인 가족 명의로 계약하고 피보험자가 기본공제 대상자(근로자 본인, 공제대상 배우자, 공제대상 부양가족)이면 가능하다. 보장성보험의 세액공제는 근로소득자를 위한 것으로 사업자가 자신이 계약자로서 스스로를 피보험자로 한 보험료 납입액은 업무무관경비로 간주하여 필요경비를 불산입한다.

보장성 보험료에 대한 세액공제 대상 보험은 정기보험, 종신보험 등의 생명보험, 상해보험, 질병보험, 자동차보험, 화재, 도난, 기타의 손해를 담보하는 가계에 관한 손해보험, 수산업협동조합법, 신용협동조합법 또는 새마을금고법에 따른 공제와 군인공제회법, 한국교직원공제회법, 대한지방행정공제회법, 경찰공제회법 및 대한소방공제회법에 따른 공제 등이다.

일반보장성보험의 보험료 세액공제 요건 4가지

1 계약자가 근로소득자 본인이거나 또는 연소득 100만 원 이하인 가족일 것[배우자를 제외한 가족은 연령요건 충족(직계존속은 만 60세 이상, 직계비속은 만 20세 이하) 필요]

2 피보험자는 소득세법상 기본공제대상자(인적공제를 적용받을 수 있는 부양가족)일 것

3 저축을 목적으로 하지 않고 피보험자의 사망·질병·부상, 그밖의 신체상 상해나 자산의 멸실 또는 손괴만을 보장하는 계약일 것

4 만기 또는 보험계약기간 중 특정 시점에서의 생존을 사유로 지급하는 보험금·공제금이 없을 것

장애인전용보장성보험의 보험료 세액공제

장애인전용보장성보험은 근로소득자가 기본공제대상자 중 장애인을 피보험자 또는 수익자로 하는 보험 중 만기에 환급되는 금액이 그동안 납입한 보험료를 초과하지 않는 보험으로서 장애인전용보장성보험의 보험계약에 따라 지급하는 보험계약 또는 보험료납입영수증에 장애인전용보험으로 표시된 것을 말한다. 보험료 세액공제는 보험료의 합계액이 연 100만 원을 초과하는 경우에는 그 초과하는 금액은 없는 것으로 한다. 장애인전용보장성보험에 가입한 경우에는 연간 100만 원 한도 내에서 다른 보장성보험보다 더욱 유리한 수준인 납입보험료의 16.5%를 세액공제 받을 수 있어 다른 보장성보험보다 세제 혜택이 크다. 장애인은 보장성보험이나 장애인보험 중 하나를 선택해서 공제를 받아야 한다. 장애인전용보장성보험의 납입액은 일반보장성보험료 납입액에는 포함하지 않는다.

장애인전용보장성보험의 보험료 세액공제 요건 3가지

1　계약자가 근로소득자 본인이거나 또는 연소득 100만 원 이하인 가족일 것[배우자를 제외한 가족은 연령요건 충족(직계존속은 만 60세 이상, 직계비속은 만 20세 이하) 필요]

2　피보험자(또는 보험수익자)가 소득세법상 기본공제대상자 중 장애인일 것

3　대상계약은 보장성보험으로서 보험계약 또는 보험료납입영수증에 장애인전용보장성보험으로 표기된 것

보장성보험료 세액공제 한도와 공제율

세액공제 대상보험료	세액공제 기준 및 공제대상금액 한도	세액공제율 (지방소득세 포함)	연간 최대 절세금액
일반 보장성보험	연간납입액 기준 100만 원 한도	13.2%	132,000원
장애인전용 보장성보험	연간납입액 기준 100만 원 한도	16.5%	165,000원

보장성보험 유형별 보험료 세액공제 요건 비교분석

대상보험	적용 대상	보험료 세액공제 요건
일반 보장성 보험	계약자	근로소득자 본인 또는 연소득 100만 원 이하인 가족. 단, 배우자를 제외한 가족은 연령요건을 충족해야 함(직계존속은 만 60세 이상, 직계비속은 만 20세 이하)
	피보험자	소득세법(제50조)상 기본공제대상자
	대상 상품	생명보험, 제3분야보험(상해보험, 질병보험, 개호보험), 자동차보험, 화재 및 도난, 기타 손해를 담보하는 가계에 관한 손해보험, 수협, 신협, 새마을금고의 공제, 군인공제, 교원공제 상품 등
장애인 전용 보장성 보험	계약자	근로소득자 본인 또는 연소득 100만 원 이하인 가족. 단, 배우자를 제외한 가족은 연령요건을 충족해야 함(직계존속은 만 60세 이상, 직계비속은 만 20세 이하)
	피보험자(또는 보험수익자)	기본공제대상자 중 장애인
	대상 상품	보장성보험으로서 보험계약 또는 보험료납입영수증에 장애인전용보장성보험으로 표기된 상품일 것

* 주) 관련세법: 소득세법 제50조, 소득세법 제59조의4

　　보장성보험을 가입하여 세액공제를 최대한 많이 받으려면 ① 개인사업자 또는 자유직업종사자가 아닌 근로소득자여야 하고 ② 만기환급부보험을 가입해야 하며 ③ 보험계약자를 자기 명의로 해야 하고 ④ 중도에 효력상실 상태가 아니어야 하며 ⑤ 세액공제 상한선까지 보험료를 납입해야 한다는 부대조건이 반드시 충족되어야 하므로 가입 및 유지 시에는 이를 유념한다.

맞벌이부부의 경우 남편을 피보험자로 하고 배우자를 보험계약자로 하여 보험에 가입하면 배우자가 납입한 보험료는 연말 세액공제 대상이 아니므로 유의한다.

보험료 세액공제를 받으려면 해당 보험회사가 발급하는 보험료 최종납입영수증 또는 보험료 납입증명서를 해당연도 12월분 급여를 지급받기 이전까지 근무 중인 회사에 제출하면 된다. 중도퇴직자는 퇴직급여를 받기 전까지 퇴직한 회사에 제출하면 된다.

보장성보험료 세액공제 주요 체크항목 10

1 부양가족의 명의로 계약한 경우에도 해당 근로소득자가 실제로 보험료를 납부한 경우에는 공제대상이 된다.

2 맞벌이부부의 경우 본인이 계약자이고 피보험자가 배우자인 경우 부부 모두 공제를 받지 못한다(단, 자녀를 기본공제대상자로 공제받은 경우 그 자녀에 대한 보험료 공제는 받을 수 있음).

3 맞벌이부부인 근로자 본인이 계약자이고 피보험자가 부부 공동인 보장성보험료는 근로자 본인의 보험료 공제대상에 해당된다.

4 장애인전용보장성보험과 일반보장성보험 규정이 동시에 적용되는 경우에는 그중 하나만 선택하여 적용한다(선택 적용은 보험 종류별로 적용하는 것으로 동일 보험계약을 가지고 장애인전용보험과 일반보장성보험 공제

를 중복하여 받을 수 없음을 의미함).

5 장애인전용보험을 두 종류에 가입했을 경우 장애인보험공제와 일반보험료공제로 각각 한도 내에서 공제받을 수 있다.

6 보험료 세액공제는 근로자가 근로를 제공한 기간 동안 납부한 보험료만 공제 가능(연도 중에 보험을 해약하더라도 해당 연도 중에 납입한 금액은 공제 가능)

7 보장성보험(생명보험, 상해보험, 자동차보험을 포함한 손해보험 등)이 아닌 저축성보험은 공제대상이 아님

8 자동차 리스 이용자인 근로자가 리스료 중 자동차보험료를 별도 표시하여 부담하더라도 세액공제대상 보험료에는 포함되지 않음

9 피보험자가 태아인 경우 기본공제대상자에 해당하지 않으므로 태아보험 등 보장성보험은 세액공제대상이 아님(단, 탄생하여 등재 후 자녀로 변경된 경우 납입보험료는 세액공제됨)

10 공제대상 보험료를 회사에서 대신 지급하는 경우 그 보험료를 급여액에 가산하고 보험료 세액 공제를 받을 수 있음(단, 근로소득에서 제외되는 단체 순수보장성보험은 급여에 포함되지 않으므로 세액 공제대상이 아님)

연금계좌
세제 혜택 종합분석

연금계좌에 대한 세제 혜택은 크게 2가지이다. 첫째, 연금저축과 퇴직연금 등 연금계좌 납입액의 일정 비율에 해당하는 금액을 연말정산 또는 종합소득 산출세액에서 공제해주는 세액공제제도이다. 둘째, 가입기간 동안 과세가 이연됨에 따라 종합과세에서 제외되어 연금소득이 분리과세되는 절세효과이다.

세액공제 대상 연금계좌

세액공제 대상 연금계좌는 크게 2가지 종류이다.

첫째, 연금저축계좌이다. 연금사업자인 보험회사, 은행, 증권사 등 금융회사와 체결한 계약에 따라 연금저축이라는 명칭으로 설정하는 계좌로서 소득세를 납부하는 근로소득자 또는 자영업자는 누구나 연금저축계좌에 가입할 수 있다. 연금저축계좌의 상품 유형은 소득세법시행령(제40조의2)

에 따라 판매되는 은행의 연금저축신탁(2018년 1월 1일부터 판매중지), 자산
운용사의 연금저축펀드, 보험회사의 연금저축보험 등 3가지이다.

둘째, 퇴직연금계좌이다. 근로자퇴직급여보장법에 의거 ① 확정기여형
퇴직연금제도(DC형)에 따라 설정하는 계좌 ② 개인형퇴직연금제도(IRP)에
따라 설정하는 계좌 ③ 과학기술인공제회법에 따라 퇴직연금급여를 지
급받기 위하여 설정하는 계좌를 말한다. 보험에서는 퇴직연금보험이 해
당된다.

연금저축보험에서 세액공제 해당 연금보험료의 정의

1 연간 1,800만 원 이내(연금계좌가 2개 이상인 경우에는 총합계액)의 금액을
납입할 것. 이 경우 해당 과세기간 이전의 연금보험료는 납입할 수 없
지만 보험계약의 경우에는 최종납입일이 속하는 달의 말일부터 2년
2개월이 경과하기 전에는 그동안의 연금보험료를 납입할 수 있다.

2 연금수령개시를 신청한 날(연금수령개시일을 사전에 약정한 경우에는 약정
에 따른 개시일) 이후에는 연금보험료를 납입하지 않을 것

연금저축계좌의 세액공제 요건 3가지

1 계약자는 종합소득이 있는 거주자 또는 근로소득자 중 연금저축계
좌 가입자일 것

2 납입기간은 5년 이상일 것

3 인출조건은 55세 이후부터 연금으로 지급받을 것(연금개시 후 추가납
입 불가)

연금계좌의 세액공제 인정 한도 및 금액

연금계좌의 세액공제 적용 시 일정금액을 초과한 연금계좌 납입액에 대해서는 세액공제의 적용을 배제하도록 한도를 두고 있다. 연금계좌는 연금저축과 퇴직연금을 모두 합산하여 연간 총 1,800만 원까지 납입이 가능하다. 이 중 연간 세액공제한도는 700만 원(단, 50세 이상은 최대 900만 원)까지만 가능하고, 700만 원(900만 원)을 초과하여 납입한 1,100만 원 (900만 원)에 대해서는 세약공제 혜택이 없는 대신 중도해지나 연금수령 시 비과세 혜택이 적용된다. 즉, 세액공제 혜택은 없지만 소득세 절감 효과를 얻을 수 있다.

세액공제 혜택이 적용된 범위의 금액은 나중에 인출할 때 과세(연금소득세 또는 기타소득세)되는 구간이고, 그 범위를 초과하여 개인이 납입한 금액은 세제 혜택이 적용되지 않기 때문에 인출할 때 과세기준이 적용되지 않으므로 세액공제받지 않은 금액(1,100만 원 또는 900만 원)에 대해서는 언제, 어떤 방법으로 인출해도 비과세에 해당된다. 만약 세액공제를 받지 않았다는 사실을 증명하려면 관할세무서와 국세청 홈택스(www.hometax.go.kr)에서 '연금보험료 등 소득·세액공제 확인서(세액공제확인서)'를 발급받아 퇴직연금사업자에게 제출하면 된다.

연금저축의 세액공제 인정한도금액은 연금저축만 가입한 가입자는 400만 원(50세 이상은 600만 원)까지이고, 연금저축 및 퇴직연금(IRP)을 모두 가입한 가입자는 연금저축을 포함하여 최대 700만 원(단, 50세 이상은 900

만 원)까지 세액공제를 해준다. 연금저축은 없고 퇴직연금만 가입했을 경우 세액공제 인정한도는 연간소득금액과 관계없이 연간 700만 원(50세 이상은 900만 원)까지이다.

연금저축 세액공제 인정한도액은 가입자의 연간소득 구간별로 차등 적용되는데, 해당 과세기간 동안 근로소득 발생자(근로소득만 있는 경우)는 총급여 1억 2,000만 원 이하, 사업소득자는 종합소득금액 1억 원 이하 시에는 연간 400만 원(50세 이상은 600만 원)이고, 근로소득이 총급여 1억 2,000만 원 초과, 또는 사업소득이 종합소득금액 1억 원 초과 시에는 연간 300만 원까지만 세액공제를 인정한다.

연금계좌 납입금액별 세액공제 인정 한도 및 금액

연간 보험료 납입금액		세액공제 인정한도	연금계좌별 세액공제 인정금액	연간 최대 절세금액
연금저축	퇴직연금 (DC형, IRP)			
700만 원	0	400만 원	연금저축 400만 원	660,000원
600만 원	200만 원	600만 원	연금저축 400만 원 + 퇴직연금 200만 원	990,000원
400만 원	400만 원	700만 원	연금저축 400만 원 + 퇴직연금 300만 원	1,155,000원
300만 원	400만 원	700만 원	연금계좌전액(연금저축 300만 원 + 퇴직연금 400만 원)	1,155,000원
200만 원	500만 원	700만 원	연금계좌전액(연금저축 200만 원 + 퇴직연금 500만 원)	1,155,000원
0	700만 원	700만 원	퇴직연금 700만 원 전액	1,155,000원

* 주) 50세 이상자의 세액공제 인정한도는 600만 원이며 이에 따른 인정금액과 절세금액은 다음 해당 도표 참조

연금계좌의 세액공제율 인정한도

연금계좌(연금저축계좌 및 퇴직연금계좌)의 세액공제율은 연간 총급여와 종합소득금액을 기준으로 해당 과세기간의 발생소득에 따라 차등 적용하고 있다.

해당 과세기간의 종합소득금액이 4,000만 원 이하 또는 근로소득만 있으면서 총급여액이 5,500만 원 이하일 경우에는 연금계좌 납입액에 대하여 16.5%(지방소득세 포함)의 공제율을 적용한다. 그러나 해당 과세기간의 종합소득금액이 4,000만 원 초과 또는 근로소득만 있으면서 총급여액이 5,500만 원 초과 시에는 연금계좌 납입액의 13.2%(지방소득세 포함)의 공제율을 적용한다.

세액공제를 받으려면 연금납입확인서를 해당 과세기간의 다음 연도 2월분의 급여를 받는 날 또는 종합소득과세표준 확정신고기한까지 원천징수의무자, 납세조합 또는 납세지 관할 세무서장에게 제출하면 된다.

다음에 제시한 도표를 보면 근로자 및 사업소득자별로 연간소득금액의 구간에 따른 연금계좌의 세액공제 대상금액, 연간세액공제 인정한도, 세액공제율, 연간절세금액을 종합적이고 세부적으로 파악할 수 있다.

50세 이상은 연금계좌 세액공제 최대 900만 원까지 가능

50세 이상이 연금계좌에 가입할 경우 연금계좌 납입금액 세액공제는

연금계좌 공제대상별 세액공제 인정한도, 공제율 및 절세금액 종합분석

공제 대상자	연간소득 금액 구간	연간 납입 한도	세액공제 대상금액		연간 세액공제 인정한도	세액 공제율	연간 최대 절세금액
			연금 저축	퇴직 연금			
근로 소득자 (총급여)	1억 2,000만 원 초과	1,800 만 원	300 만 원	700 만 원	700만 원(연금저축 300만 원 + 퇴직연금 400만 원)	13.2%	924,000원
	5,500만 원 초과 ~ 1억 2,000만 원 이하		400 만 원		700만 원(연금저축 400만 원 + 퇴직연금 300만 원)		
	5,500만 원 이하					16.5%	1,155,000원
사업 소득자 (종합 소득 금액)	1억 원 초과	1,800 만 원	300 만 원	700 만 원	700만 원(연금저축 300만 원 + 퇴직연금 400만 원)	13.2%	924,000원
	4,000만 원 초과 ~ 1억 원 이하		400 만 원		700만 원(연금저축 400만 원 + 퇴직연금 300만 원)		
	4,000만 원 이하					16.5%	1,155,000원

* 주) 1. 연간소득금액의 경우 근로소득자는 공제 전 연간총급여액, 사업소득 발생자는 공제 전 연간 종합소득금액 기준
2. 세액공제는 연금저축과 퇴직연금(IRP계좌)을 합산하며 전체한도는 연간 최대 700만 원으로 제한
3. 세액공제율은 지방소득세(소득세의 10%) 포함

600만 원(퇴직연금 포함 시 900만 원)이다. 즉, 연금계좌 중 연금저축계좌는 최대 600만 원까지, 퇴직연금계좌를 추가하여 불입할 경우에는 최대 900만 원까지 세액공제를 받을 수 있다(연간 총 1,800만 원까지 납입 가능). 단 종합소득금액 1억 원 초과 사업자 및 급여 1억 2,000만 원 초과 근로자와 금융소득금액이 2,000만 원을 넘는 사람(금융소득 종합과세 대상자)은 대상에서 제외된다. 은퇴를 앞둔 중장년층은 연금계좌의 세액공제를 잘 활용하면 좋은 세테크가 될 수 있다.

50세 이상 연금계좌 공제대상별 세액공제 인정한도, 공제율 및 절세금액 종합분석

공제 대상자	연간소득 금액 구간	연간 납입 한도	세액공제 대상금액		연간 세액공제 인정한도	세액 공제율	연간 최대 절세금액
			연금 저축	퇴직 연금			
근로 소득자 (총급여)	1억 2,000만 원 초과	1,800 만 원	300 만 원	700 만 원	700만 원(연금저축 300만 원 + 퇴직연금 400만 원)	13.2%	924,000원
	5,500만 원 초과 ~ 1억 2,000만 원 이하		600 만 원	900 만 원	900만 원(연금저축 600만 원 + 퇴직연금 300만 원)		1,188,000원
	5,500만 원 이하					16.5%	1,485,000원
사업 소득자 (종합 소득 금액)	1억 원 초과	1,800 만 원	300 만 원	700 만 원	700만 원(연금저축 300만 원 + 퇴직연금 400만 원)	13.2%	924,000원
	4,000만 원 초과 ~ 1억 원 이하		600 만 원	900 만 원	900만 원(연금저축 600만 원 + 퇴직연금 300만 원)		1,188,000원
	4,000만 원 이하					16.5%	1,485,000원

* 주) 1. 적용제외 대상: ① 종합소득금액 1억 원 또는 총급여 1억 2,000만 원 초과자 ② 금융소득 종합과세 대상자 (금융소득금액 2,000만 원 초과자)
2. 적용기한: 2022년 12월 31일까지

ISA 만기계좌 연금계좌 전환 시 추가납입 가능 및 세액공제 확대

ISA(Individual Savings Account, 개인종합자산관리)계좌가 만기되었을 때 만기금액을 만기일로부터 60일 이내에 연금계좌로 전환하여 납입하면 최대 300만 원까지 추가 세액공제를 받을 수 있다. ISA를 연금계좌로 전환할 경우에는 연금계좌의 납입한도가 늘어나는데 연금계좌 총납입한도는 '연금계좌 연간납입한도 1,800만 원 + ISA계좌 만기 시 연금계좌 전환금액'이 된다. 따라서 연간 총세액공제한도는 '연금저축 300만~600만 원

(퇴직연금 합산 시 700만~900만 원) + ISA계좌 만기 시 연금계좌 추가납입액
의 10%(300만 원 한도)'가 된다.

 ISA계좌란 하나의 통장으로 예금, 적금, 주식, 펀드, 주가연계증권(ELS)
등 다양한 상품에 투자할 수 있는 개인종합자산관리계좌(ISA, Individual
Savings Account)를 말한다. 2016년 3월 출시되었으며 은행, 증권사, 보험
회사 등 금융회사에서 가입할 수 있는데 모든 금융회사를 통틀어 개인
당 1계좌만 가입 가능하다. 투자대상은 예적금, 상장지수펀드(ETF), 리츠
(REITS), 주가연계증권(ELS) 등으로서 수익의 200만 원(단, 급여 5,000만 원 이
하 가입자는 400만 원)까지 비과세 혜택을 받을 수 있고 초과분에 대해서는
분리과세가 적용된다.

 ISA계좌의 의무납입기간은 일반형은 5년, 서민형은 3년이다. 서민형
계좌는 연봉 5,000만 원 이하 근로자 또는 종합소득 3,500만 원 이하인
사업자가 가입할 수 있다. 일반형은 누구나 소득만 있으면 가입할 수 있
다. 의무납입기간 이전 중도해지 시 이자소득 등에 대해서 15.4%를 세금
으로 내야 하고, 원금손실 위험이 있는 투자 상품을 포함할 수 있기 때문
에 주의해야 한다. 세액공제 상품 가입 시에는 연금저축계좌와 IRP계좌
의 한도를 먼저 채우고 여유 자금이 있을 경우 ISA계좌를 가입하는 것이
바람직하다.

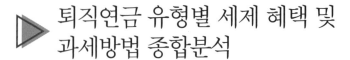

퇴직연금 유형별 세제 혜택 및 과세방법 종합분석

퇴직연금 유형별 세제 혜택

퇴직연금은 원칙적으로 근로자 개인(본인)이 납부한 보험료 금액에 대해서만 세액공제로 인한 세금환급이 이루어지도록 설계되어 있다. 따라서 근로자 개인이 운용하는 확정기여형(DC형)의 개인 추가납입분과 개인이 별도로 IRP계좌를 개설하여 납입할 경우에만 세액공제 혜택이 주어진다. 개인퇴직연금계좌(IRP)의 확정급여형(DB형)은 회사가 직접 적립하므로 개인이 추가로 보험료를 납입할 수 없어 세액공제 대상이 아니다.

퇴직연금의 세액공제 금액은 근로자 개인이 IRP계좌 가입 시 연금저축을 포함하여 연간 700만 원(단, 50세 이상은 최대 900만 원)까지 세액공제 혜택을 받을 수 있다. 연금저축 미가입자는 IRP계좌에만 700만 원(900만 원)을 납입하여 세액공제를 받을 수 있다. 퇴직연금의 세액공제율은 연금저축과 동일하다(앞장에서 자세히 설명).

DB형 또는 DC형 가입자가 퇴직 후에도 IRP계좌를 유지하면서 납부한 개인부담금은 종합소득 확정신고 시 법정 한도 내에서 세액공제를 계속 받을 수 있다. 또 퇴직금은 이연퇴직소득을 장기연금으로 수령할 경우 연금수령 시점이 10년 이하인 경우 원천징수세율은 퇴직소득세의 70%, 10년을 초과하면 퇴직소득세의 60%가 적용된다. 따라서 10년 이상 장기적으로 연금을 수령하도록 은퇴설계를 하는 것이 이익이다.

퇴직연금 단계별 과세방법

퇴직연금 납입보험료는 해당 회계기간에 납입한 회사 납입분과 근로자 납입분으로 구분된다. 퇴직연금에 가입하여 퇴직금 추계액을 사외에 적립하는 회사 납입분은 법인세법상 회사의 손비로 인정되므로 법인세가 절감되는 효과(사외적립 손비인정금액×법인세율)가 있다. 손비인정금액은 확정급여형(DB형)은 부담금과 운용수익 모두 비용(손금)으로 인정하고, 확정기여형(DC형)은 부담금만 비용으로 인정한다. DB형에서 이자, 배당금 등 운용자산에서 발생한 수익은 원칙적으로 과세대상이지만, 세법상 일정한도(퇴직급여추계액과 보험수리기준 추계액 중 큰 금액) 내에서 비용으로 인정하며 과세이연한다. DC형의 운용수익은 근로자에게 귀속되므로 회사에서는 별도로 회계처리나 세무처리를 하지 않는다.

DC형의 근로자 납입분은 회사납입분과 별도로 근로자가 추가로 납입한 부담금에 대해 세액공제받는다. DB형은 회사가 직접 적립하여 개인이 추가납입할 수 없으므로 별도로 개인퇴직계좌(IRP)를 개설하여 납입할 경우 추가납입분에 대해서는 세액공제 혜택이 부여된다.

　퇴직소득 수령방법은 연금수령과 연금 외 수령 등 2가지 방법이 있다. 연금수령 시에는 연금소득세를 과세하는데 공적연금을 제외한 연금수령액이 연간 1,200만 원을 초과하는 경우 종합소득세로 과세한다. 연금 외 수령 시에는 퇴직소득세, 기타소득세로 분리과세하는데 회사납입분은 퇴직소득세를, 근로자납입분은 기타소득세를 과세한다. 연금 외 수령은 ① 퇴직금의 일시금 수령 ② 퇴직연금제도에서 지급받는 일시금 ③ 개

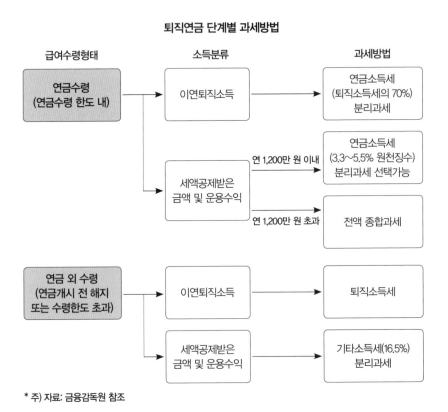

퇴직연금 단계별 과세방법

* 주) 자료: 금융감독원 참조

인퇴직계좌에서 지급받는 일시금 ④ 확정기여형퇴직연금 및 개인퇴직계좌에서 중도인출되는 금액 ⑤ 연금을 수급하던 자가 연금계약의 중도해지 등으로 지급받는 일시금 등을 말한다. 퇴직연금의 연금수령 시 과세절차는 연금저축의 과세제도와 동일하다.

퇴직연금 상품 유형 및 급부별 세제 혜택과 과세방법 종합분석

구분	적용대상		세제 혜택 및 과세적용 내용
보험료	사업소득자	DB형	회사납입분은 해당연도 불입금액과 퇴직금추계액 범위 내에서 이미 손금산입한 연금부담금을 차감한 금액 중 적은 금액 전액 손금인정 산입
		DC형	회사납입분은 연금 납부 시 납입한 부담금 전액 손금인정 산입
	근로소득자	DB형	회사납입분에 대하여 별도 지원 없음
		DC형	회사납입분은 근로소득에 불포함
	근로소득자 또는 개인	IRP계좌	DC형의 개인 추가납입분과 IRP계좌의 납입분에 대하여 연간 불입액의 700만 원(단, 50세 이상은 최대 900만 원) 한도(연금저축 불입액과 합한 금액) 내에서 13.2%(16.5%)까지 세액공제
급부금	연금수령		① 근로자 납입액 중 세액공제를 받은 납입액과 운용수익을 합한 금액이 연간 1,200만 원 이내일 경우 연금소득세로 수령액의 3.3~5.5% 원천징수(분리과세 선택 가능), 연간 1,200만 원 초과 시에는 전액 종합과세 ② 이연퇴직소득(퇴직금, 퇴직급여)을 IRP계좌에서 55세 이후부터 퇴직금을 연금으로 수령하는 경우 연금소득세로 퇴직소득세 70% 과세(단, 10년을 초과하여 장기연금으로 수령할 경우 퇴직소득세 60% 과세)
	연금 외 수령		회사납입액(이연퇴직소득)은 퇴직소득세, 근로자 납입액(세액공제받은 금액 및 운용수익)은 기타소득세로 16.5% 분리과세
	유족급부		피상속인이 사망으로 인하여 유족이 지급받는 퇴직금 등은 상속재산에 포함되며 상속세 계산 시 금융재산 상속공제 대상이 됨

* 주) 1. 손금산입한도는 '퇴직금 추계액–퇴직급여충당금 누계액'에 상당하는 보험금에 대한 보험료
2. 회사납입분의 경우 해당 기업은 운용수익 비과세 적용(단, 추후 근로자 퇴직소득에 합산 과세)

보험테크 TIP

퇴직연금 가입자가 사망한 경우 연금수령 가능 여부

퇴직연금 가입자가 사망한 경우 상속은 사망으로 인하여 개시되며 상속인은 상속 개시된 때부터 피상속인의 재산에 관한 포괄적 권리의무를 승계하므로 퇴직급여의 수급권이 상속자에게 상속된 경우에는 그 처분의 권한 또한 상속인에 의하여 결정될 수 있다. 즉, 상속인이 피상속인의 퇴직급여의 수급권을 행사하지 못하는 특별한 사정이 없다면 가입자였던 피상속인의 급여에 대한 수급방법의 선택이 가능하므로 연금으로 수령할 수 있다.

보험 종류별 세액공제 범위 및
세제 효과 종합분석

| 구분 | 일반
보장성보험 | 장애인전용
보장성보험 | 연금저축계좌 | |
			연금저축보험	퇴직연금보험
공제조건	계약자 = 근로소득자, 피보험자 = 본인, 배우자 또는 부양가족 계약자 = 피보험자 = 연금수익자			
공제대상 보험료	일반보험 주보험 및 특약·개인연 금보험의 특약	장애인전용보장 성보험의 주보험	연금저축보험의 주보험(특약 제외)	DC형, IRP계좌의 개 인 추가납입분
공제한도 (납입인정률)	연간납입보험료 100만 원까지	연간납입보험료 100만 원까지	연간납입보험료 400만 원(단, 50세 이상은 600만 원) 까지	연간납입보험료 700 만 원(단, 50세 이상 은 900만 원)까지
			연금저축과 퇴직연금을 합산하여 연간 700 만 원(단, 50세 이상은 최대 900만 원)까지 적용	
세액공제율	13.2%	16.5%	13.2%(16.5%): 소득구간별 차등 적용	
연간 최대 절세금액	132,000원	165,000원	66만 원(50세 이 상은 99만 원)	1,155,000원(50세 이 상은 1,485,000원)
공제대상자	근로소득자	장애인	모든 소득발생자	근로자(단, IRP계좌는 모든 취업자)
근거법률	소득세법	소득세법	소득세법 (2014년 신설)	소득세법, 근로자퇴 직급여보장법

* 주) 민영보험만 분석(국민연금과 공무원연금, 고용보험 등 공적연금의 보험료 소득공제는 제외)

보장성보험과 연금저축보험 세액공제 차이점 5가지

1 보장성보험료 세액공제는 근로자에게만 적용되지만 연금저축보험료 세액공제는 근로자를 포함한 모든 종합소득자에게 적용된다. 자영업자, 자유직업종사자, 전문직종사자 등 모든 소득 발생자가 연금저축보험 불입액을 자신의 사업소득에서 세액공제받을 수 있다.

2 보장성보험은 본인 외에 기본공제대상인 가족을 피보험자로 해도 세액공제를 받을 수 있지만 연금저축보험은 반드시 소득자 본인을 피보험자로 해야 한다. 예를 들어 소득이 없는 부인을 피보험자로 한 암보험의 보험료는 남편의 근로소득에서 공제받을 수 있지만, 부인을 피보험자로 한 연금저축보험의 납입액은 남편의 소득에서 공제받을 수 없다.

3 연금저축보험에 대한 세액공제는 보장성보험처럼 소득세(주민세 포함)를 돌려받는 효과가 있지만 그것이 영구적이지 않다. 과세이연에

따라 연금불입 후 나중에 연금을 수령하면 연금수령액에 대해 일정률의 연금소득세(3.3~5.5%)가 분리과세된다. 연금저축보험은 국가가 현재 세금을 깎아주고 나중에 이를 되돌려받는 과세이연제도 상품이다.

4 보장성보험은 다른 보험을 가입했어도 연간 최대 100만 원 한도로 13.2%까지 모두 세액공제를 받는다. 장애인전용보장성보험 가입 대상자는 연간 100만 원 한도로 16.5%까지 추가공제를 받을 수 있다. 연금저축보험은 퇴직연금을 가입했을 경우 퇴직연금의 개인 추가납입금과 합산 적용하여 연간 700만 원(단, 50세 이상은 900만 원) 한도로 13.2%(최고 16.5%)까지 세액공제를 받게 된다.

5 보장성보험은 불입하다가 중도에 해지하더라도 이미 세액공제를 통해 환급받은 세금을 추징당하지 않지만, 연금저축보험을 중도에 해지하면 해지일시금을 기타소득으로 간주하여 과거에 세액공제를 통해 환급받은 세금을 추징한다.

▶ 단체보험
세제 혜택

　근로자의 업무상 우발적인 사망이나 상해 또는 질병을 사전에 헤지하고자 가입하는 단체보장성보험을 회사(기업 또는 단체)에서 근로자를 피보험자와 수익자로 하여 가입하면 회사가 계약자가 되어 부담한 연간 70만 원 이하의 납입보험료에 대해서는 복리후생비에 해당되어 회사는 전액 손금(비용)으로 인정받는다. [* 손금이란 법인이 거래과정에서 사업의 영위를 위해 들어가는 비용(손비)으로 세법상 세금을 내는 소득에서 제외됨을 말한다.]

　또 근로자는 근로소득으로 간주하지 않아 비과세 혜택이 주어진다. 즉, 회사와 근로자 모두 세제 혜택을 받을 수 있는 연간납입보험료 한도는 70만 원이다. 연간 70만 원을 초과하여 회사가 부담하는 보험료에 대해서 회사는 복리후생비 명목으로 급여 처리(근로자 급여에 해당)하면 전액 손비인정(손금산입)은 가능하여 소득세를 부담하지 않는다. 근로자는 초과되는 보험료에 대해 근로소득으로 간주하므로 근로소득세(급여로 처리하여 갑근세 원천징수)를 내야 된다. 단, 순수 단체보장성보험이 아닌 만기환급부보험이나 또는 중도해지 시의 보험금은 세제 혜택이 주어지지 않는다.

단체보장성보험의 세제 혜택 요건 3가지

1 근로자 또는 그 배우자, 기타 가족을 피보험자와 수익자로 할 것

2 만기에 납입보험료를 환급받지 않는 단체순수보장성보험

3 만기에 납입보험료를 초과하지 않는 범위에서 환급하는 단체환급
부보장성보험

단체보장성보험의 세제 혜택 종합분석

구분	적용대상		세제 혜택 및 과세 적용 내용
보험료	회사부담분	법인사업자	복리후생적 성격의 비용으로 손금산입
		개인사업자	사용자가 부담한 보험료는 필요경비로 인정
		근로자	연간 70만 원까지 근로소득에 미포함, 70만 원 초과분은 근로소득에 합산 적용 과세처리(소득세법시행령 제38조)
	근로자 부담분		기본공제 대상자를 피보험자로 하는 보장성 보험료 연간 100만 원 한도 내에서 세액공제
보험금	만기보험금		근로소득으로 과세(해당연도 근로소득으로 합산 적용)
	사망보험금		소득세 비과세, 사망보험금(중도급부금 포함)은 간주상속재산으로 상속세 과세가액에 포함, 보험금액은 금융재산 상속공제

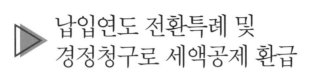

납입연도 전환특례 및 경정청구로 세액공제 환급

세액공제 한도 초과 시 납입연도 전환특례제도 적극 활용

납입연도 전환특례제도란 연금저축계좌 가입 시 연간 세액공제 한도 초과납입액을 다음 해로 이월, 해당 과세기간에 납입한 보험료로 전환하여 연말정산을 할 때 세액공제를 받을 수 있도록 한 제도를 말한다.

연금저축과 퇴직연금 등 연금계좌 가입자는 해당연도 연간 세액공제 한도[연금저축만 가입 시에는 400만 원(단, 50세 이상은 최대 600만 원), 연금저축과 퇴직연금 합산 시 또는 연금저축은 없고 퇴직연금만 있을 경우에는 700만 원(단, 50세 이상은 최대 900만 원)]보다 더 많은 금액을 불입하여 공제받지 못한 금액은 다음 연도 연말정산 시 세액공제 신청이 가능하며 이연된 초과금액만큼 세액공제를 받을 수 있다.

예를 들어 연간 총급여가 5,500만 원을 넘는 근로자가 연금계좌에 올해 1,000만 원을 납입한 경우 700만 원에 대해 세액공제를 받고 내년에 300만 원을 이월 신청하여 세액공제를 받을 수 있다. 단, 이 경우에는 다음 연도 이후 세액공제 한도 내에서만 인정된다.

세액공제 못 받으면 경정청구 추진

보험료 세액공제를 받지 못하였을 경우에는 경정청구를 통해 세액을 환급받을 수 있다. 경정청구(更正請求, Claim for Rectification)란 납세의무자가 법정 신고기한 내에 세금을 냈지만 부당하게 세금을 더 냈거나 잘못 낸 경우 보정기간(3개월)이 경과하여 과다 납부한 세액을 돌려달라고 요청하는 제도를 말한다.

납세신고를 한 날부터 5년 이내에 대통령령이 정하는 바에 따라 관할 세무서장에게 정당하게 세액을 결정 또는 경정해줄 것을 청구한다. 세무서에서는 경정청구를 받은 날부터 2개월 내에 처리해 세액을 환급해준다.

근로소득 지급명세서를 기한 내에 제출한 자가 공제사항을 누락하여 과세표준 및 납부할 세액을 과다 신고하였거나 환급세액을 과소 신고한 경우에는 근로소득세액의 납부기한 경과 후 5년 이내에 경정청구를 할 수 있다. 경정청구는 주소지 관할 세무서에 과세표준 및 세액의 결정(경정)청구서, 근로소득원천징수영수증(정정분), 소득·세액공제신고서(정정분) 기타 관련증빙서류 등을 첨부하여 서면으로 해야 한다.

연금소득 발생 내역 및 재원별 과세 방식

연금소득의 정의 및 종류

연금소득(Annuity Income)이란 연금보험가입자가 가입한 연금보험 상품의 연금개시 시기가 도래하여 연금을 받음으로써 해당 과세기간에 발생하는 개인소득을 말한다. 일정기간 동안 연금보험료를 납입한 후 노령, 장애, 사망 등의 발생사유로 매년 일정액의 연금을 받음으로써 발생하는 소득이다.

연금소득의 유형은 크게 공적연금소득과 사적연금소득으로 구분된다. 공적연금소득은 국민연금법, 공무원연금법, 군인연금법, 사립학교교직원연금법, 별정우체국법, 국민연금과 직역연금의 연계에 관한 법률에 의해 발생한 연금소득을 말한다. 사적연금소득은 조세특례제한법상 연금저축계좌 또는 퇴직연금계좌에서 연금 형태로 인출(연금수령 외의 인출은 연금 외 수령)하는 경우 해당 연금의 소득을 말한다. 사적연금소득에서 연금소득은 구체적으로 다음의 소득을 의미한다.

① 연금계좌에 납입하고 연금계좌 세액공제를 받은 연금계좌 납입액

② 연금계좌의 운용실적에 따라 증가된 금액

③ 이연퇴직소득에 해당되어 퇴직소득세가 원천징수되지 않은 퇴직소득

④ 그밖에 연금계좌에 이체 또는 입금되어 해당 금액에 대한 소득세가 이연된 소득으로서 연금계좌 발생 소득

상기 ①과 ②에 해당하는 금액, 즉 세액공제를 받은 금액과 운용수익을 합한 금액에 대하여 연금으로 수령하지 않고 연금 외 수령을 하였을 경우에는 해당 소득의 성격에도 불구하고 연금소득이 아니라 기타소득으로 간주한다. 이연퇴직소득이란 퇴직연금 가입 시 퇴직금을 연금계좌 형태로 지급받거나 지급받은 날부터 60일 이내에 연금계좌에 이체(입금)했을 경우 퇴직소득세를 원천징수하지 않고 과세이연해주는 연금소득을 말한다. 원천징수되지 않은 퇴직소득세를 이연퇴직소득세라고 한다.

연금수령과 연금 외 수령의 구분 방법

연금계좌 가입 후 연금을 정기적으로 수령하는 것을 연금수령이라 하고 중도해지하거나 만기가 되더라도 연금 형태로 수령하지 않고 일시금 등으로 수령하는 것을 연금 외 수령이라고 한다. 만약 연금수령개시 전 중도해지하거나 또는 연금수령한도를 초과하여 인출하는 금액은 모두 연금 외 수령으로 간주한다. 연금소득으로 보는 연금 형태로의 인출은 다음의

요건을 모두 갖추어 인출하는 것을 말한다. 세액공제를 받기 위해서는 연금수령요건을 충족해야 한다.

연금계좌의 연금수령 형태로 인출요건(연금수령요건) 3가지

1 가입자가 55세 이후 연금계좌 취급자에게 연금수령개시를 신청한 후 인출할 것

2 연금계좌의 가입일부터 5년 이상 납입한 후 인출할 것(단, 이연퇴직소득이 연금계좌에 있는 경우는 제외, 2013년 3월 1일 이전 가입한 경우는 10년 이상 납입)

3 과세기간개시일(연금수령개시일이 속하는 과세기간에는 연금수령개시 신청일) 현재 최초 10년간 아래의 계산식에 따라서 계산된 연금수령한도 이내에서 인출할 것

퇴직연금의 경우 확정급여형(DB), 확정기여형(DC), 기업형 IRP는 가입기간은 10년 이상, 수급연령은 55세 이상이어야 한다. 개인형 IRP는 가입기간과 상관없이 55세 이상이면 연금수급이 가능하다.

연금계좌로 이체한 연금소득은 한꺼번에 찾아 쓰지 못하도록 연금수령한도를 두고 있다. 연금수령한도는 1년 동안 최대로 수령할 수 있는 총연금액으로 연금계좌잔고와 연금수령연차에 따라 결정된다. 연금계좌잔고란 과세기간개시일(연금개시신청일) 현재 연금계좌의 평가액을 말한다. 연금수령연차란 최초로 연금을 수령한 날이 속하는 과세기간을 기산연차(1년 차)로 하여 그다음 과세기간을 누적 합산한 연차를 말한다.

연간 연금수령한도 산식

$$\text{연간 연금수령한도} = \frac{\text{과세기간 개시일(연금개시 신청일) 현재}}{\text{11 - 연금수령연차}} \times 120\%$$

* 주) 1. 연금수령개시 신청일이 속하는 과세기간에는 연금수령개시 신청일을 과세기간개시일로 함. 연금수령개시일이 속하는 해의 다음 해부터는 1월 1일 기준으로 적용
2. 연금수령연차가 11년 이상인 경우 한도 미적용

연금수령한도는 위의 계산식처럼 연금개시 신청일 현재 적립금(연금계좌의 평가액)을 '11-연금수령연차'로 나눈 다음 1.2(120%)를 곱하여 계산한다. 예를 들어 연금개시신청일 현재 연금계좌의 평가액이 5,000만 원이면 첫해 연금수령한도는 600만 원[5,000만 원/(11-1)×1.2]이 된다. 즉, 600만 원이 첫해 최대로 수령할 수 있는 연금액(연금수령한도)이다. 따라서 55세 이후 정상적으로 연금으로 수령할 때에도 연금수령한도를 초과하여 수령할 경우에는 연금계좌의 연금수령 형태로 인출요건에서 제외되므로 한도 초과금액에 대해서 16.5% 세율을 적용한 기타소득세가 부과된다. 즉, 앞 예시의 경우 첫해 매월 연금을 수령한 총금액이 600만 원을 초과했다면 초과금액에 대해 연금소득세(3.3~5.5%)가 아닌 기타소득세(16.5%)가 부과됨을 유념해야 한다.

연금계좌는 연금을 최소한 10년 이상 나누어 받도록 설계하는 데 목적이 있으므로 연금수령연차가 11년 이상인 경우에는 위 계산식을 적용하지 않는다. 2013년 3월 1일 이전에 가입한 연금저축은 기산연차를 6년으로 적용한다. 따라서 2013년 3월 1일 이후 가입자는 만 60세부터 연금을

수령하는 경우 최소연금지급기간은 10년이 된다. 단, 사망으로 연금계좌를 승계한 경우에는 사망일 당시 피상속인의 연금수령연차로 기산한다.

연금소득 2가지 유형의 과세방식 TEE형과 EET형

일반연금보험과 연금저축보험 및 퇴직연금보험에 대한 연금소득 과세방식은 납입연도 과세방식과 수령연도 과세방식 등 2가지 형태로 구분된다. 납입연도 과세방식(TEE, Tax Exempt Exempt)은 연금보험료 납입 시 그 납입액에 대해 세제 혜택을 제공하지 않고 따라서 연금수령 시 과세하지 않는 방식을 말한다. 수령연도 과세방식(EET, Exempt Exempt Tax)은 연금보험료 납입 시 그 납입액에 대해 납입단계(Exempt)와 운용수익 발생단계(Exempt)에서는 과세를 이연(세제 혜택 제공)하고 퇴직급여 수령단계(Taxed)에서 과세하는 출구세제 방식을 말한다.

일반연금보험과 변액연금보험은 납입연도 과세방식(TEE)을 채택하여 운영한다. 그러나 연금저축보험과 퇴직연금 등 연금계좌는 기본적으로 보험료 납입단계 및 운용수익 발생단계에서는 비과세(세액공제)를 하고, 연금 수령단계에서는 이연과세에 따라 과세(연금과세)하는 수령연도 과세이연방식(EET)을 채택하여 운영하고 있다.

수령연도 과세방식(EET)의 단계별 과세 방법 FLOW

발생 연금소득의 재원별 과세유형에 따른 과세방식

과세 유형	적용대상 연금보험	발생 연금소득 재원			
		회사 부담분 납입 시	운용수익 발생 시	연금 수령 시	연금 외 수령 시
납입연도 과세방식	일반연금보험, 변액 연금보험	과세	비과세	비과세	비과세
수령연도 과세방식	연금계좌(연금저축 보험, 퇴직연금)	비과세	비과세	과세	과세

연금수령 형태별 연금소득 과세체계 종합분석

연금수령 시 저율과세로 연금소득세 경감

연금저축과 퇴직연금은 발생한 연금소득에 대하여 연금을 어떻게 수령하느냐에 따라 과세방법을 달리 적용한다. 연금저축과 퇴직연금 등 연금계좌에서 연금 형태로 인출하는 경우 운용수익과 세액공제분에 대해서는 연금소득세를 저율과세한다. 연금소득으로 과세되는 소득의 유형은 크게 3가지로 ① 세액공제를 받은 연금계좌 납입액(연금계좌 자기불입분) ② 연금계좌의 운용실적에 따라 증가된 금액(연금계좌에서 발생한 운용수익) ③ 원천징수되지 않은 퇴직소득(퇴직소득 과세이연분) 등이다. 단, 세액공제를 전혀 받지 않은 연금저축과 퇴직연금의 연금소득에 대해서는 연금수령이든 연금 외 수령이든 과세대상에서 제외된다.

① 세액공제를 받은 납입액과 ② 운용수익(이자소득 및 배당소득)을 합한 금액에 대해서는 연금소득세로 3.3~5.5%(주민세 포함)를 원천징수한다.

③의 원천징수되지 않은 이연퇴직소득을 IRP계좌로 연금수령할 경우에는 퇴직소득세를 원천징수하며 분리과세한다. 이때 퇴직소득세율이 연금수령 시점에 따라 다르게 부과되는데 ① 연금수령 시점이 10년 이하인 경우에는 원천징수세율은 퇴직소득세의 70% ② 10년을 초과하여 장기연금으로 수령할 경우에는 퇴직소득세의 60%가 적용된다.

이처럼 이연퇴직소득을 연금으로 수령하면 일시금 등 연금 외 수령을 할 때 부과되는 퇴직소득세를 30~40% 경감할 수 있으므로 매우 큰 절세 혜택을 가져온다. 유념할 점은 IRP계좌에 퇴직금 입금기한은 퇴직금을 지급받은 날부터 60일 이내로서 이 기한 내 입금되어야 과세이연 효과 및 연금수령이 가능하다.

중도인출, 일시금수령 등 연금 외 수령 시 소득세 모두 부과

연금수령요건을 충족하지 못하고 납입기간 만료 전 특별한 사유 없이 중도해지 또는 납입기간이 만료되더라도 연금 형태가 아닌 연금 외 수령(일시금)을 하는 경우에는 '세액공제를 받은 납입액 + 운용수익'에 대해서는 금액제한 없이 무조건 기타소득세로 16.5% 분리과세한다.

단, 당초 세액공제를 받지 않은 연금계좌 납입액(본인추가부담금)에 대해서는 수령 시 기타소득세를 과세하지 않는다. 또 다른 금융기관의 연금계좌 상품으로 계좌이체를 통한 계약 이전을 할 경우 중도해지로 보지 않으므로 페널티가 없다. 퇴직연금의 경우 회사납입액(이연퇴직소득)에 대해서는 퇴직소득세 100%를 부과한다. 유념할 점은 연금 외 수령 시 기타소득세에 대한 과세안내는 해당 보험회사의 설명 의무사항이 아닌 권고사항이므로 기타소득 발생으로 인한 종합소득세 신고 누락으로 세금을 추가부담하는 상황이 발생하지 않도록 미리 체크한다.

연금저축 가입 후 연금 외 수령 시 기타소득으로 과세되는 금액

$$\text{해지 또는 연금 외의 형태로 지급받는 금액} \times \frac{1 - \text{실제 세액공제받은 금액 초과불입액}}{\text{총지급액 또는 예상액}}$$

연금저축과 퇴직연금 연금소득 수령 형태별 과세체계

해당 상품		연금소득 부분	연금수령 시 과세		연금 외 수령 시 과세
			연금수령 한도 이내	연금수령 한도 초과	
연금저축계좌		세액공제받은 납입액과 운용수익을 합한 금액	연금소득세를 연령별로 3.3~5.5% 원천징수(분리과세 선택 가능)	연간 연금액 1,200만 원 초과 시 전액 종합과세	기타소득세 16.5% 분리과세
퇴직연금계좌	개인 납입액 (IRP계좌)	개인 납입액 중 세액공제를 받은 납입액과 운용수익을 합한 금액			
	회사 납입액	이연퇴직소득(퇴직금: 퇴직시점 확정)	연금소득으로 분리과세 ① 연금수령 시점 10년 이하: 퇴직소득세의 70% ② 연금수령 시점 10년 초과: 퇴직소득세의 60%	퇴직소득세 100%	퇴직소득세 100%

* 주) 1. 세액공제를 받지 않은 연금저축과 퇴직연금의 연금소득의 경우 연금수령이든 연금 외 수령이든 과세대상에서 제외
2. 퇴직연금의 이연퇴직소득을 연금 외 수령할 경우 연간 연금수령한도 1,200만 원을 초과한 인출액도 포함하여 과세

연금수령 시 나이가 많을수록 낮은 세율 세금 부과

연금계좌는 연령별로 연금소득세가 차등 과세되는데 연금개시 시 연금소득세율은 나이가 많을수록 적게 내는 연령별소득세율 구조로 설계되어 있다. 연금저축보험과 퇴직연금 모두 이자소득과 세액공제분(이연소득)에 대해 연금수령 시 연간 1,200만 원 한도 내에서 수령시기의 나이에 따라 만 55세 이상은 5.5%, 만 70세 이상은 4.4%, 만 80세 이상은 3.3%로 차등 저율과세된다. 종신형 연금보험도 연금소득세를 부과한다. 이 경우 종신형연금보험이란 피보험자가 사망하는 날까지 연금수령을 하면서 중도해지할 수 없는 계약을 말한다.

연금소득세 부과 시에는 원천징수세율을 적용하는데 2가지 이상의 요건을 동시에 충족할 경우에는 그중 낮은 세율을 적용한다. 예를 들어 연금수급자의 연령이 65세(5.5%)이며 종신형 연금(4.4%)인 경우에는 둘 중 낮은 원천징수세율 4.4%를 적용하여 과세한다.

연금보험 상품별 지급방식 및 연금수령 시 연금소득 적용세율

해당 상품	연금지급방식	연금수령일 현재 연금소득자의 나이		연금소득 적용세율
연금저축보험, 퇴직연금(IRP계좌 본인 추가납입액)	확정형	만 55세 이상~69세		연금소득세 5.5%
		만 70세 이상~79세		연금소득세 4.4%
		만 80세 이상		연금소득세 3.3%
연금보험	종신형 (생명보험)	80세 미만		연금소득세 4.4%
		80세 이상		연금소득세 3.3%
퇴직연금 (회사 납입액)	확정형	만 55세 이상	연금수령 시점 10년 이하	퇴직소득세의 70%
			연금수령 시점 10년 초과	퇴직소득세의 60%

* 주) 1. 종신형연금은 보험나이를 적용하며 생명보험회사에서만 취급 판매
　　 2. 퇴직연금의 경우 퇴직금은 퇴직소득세 6.6~46.2% 적용
　　 3. 국민연금은 종합소득세 6.6~46.2% 적용
　　 4. 구 개인연금과 연금보험(종신형 제외)은 연금수령 시 부과되는 세금 없음

▶ 분리과세 위해 연간 연금수령한도 1,200만 원 이내로 조정

연간 연금수령한도 1,200만 원 초과 시 종합과세

연금저축과 퇴직연금(본인추가납입액)을 모두 포함(의료목적 또는 부득이한 사유의 인출 및 국민연금 등 공적연금은 제외)하여 운용수익과 세액공제받은 금액을 합산한 연금소득(연간수령액)이 연간 1,200만 원 이하일 경우에는 연금소득세 3.3~5.5%의 세율로 원천징수한다.

그러나 연간 연금수령액이 1,200만 원을 초과하면 연금소득세 대신 연금수령액 전체에 대해 다른 종합소득(이자소득, 배당소득, 사업소득, 근로소득, 기타소득)과 합산하고 1년 단위로 전액 종합소득세(6.6~46.2%)가 부과된다. 단, 퇴직소득 중 퇴직금을 재원으로 수령하는 연금은 분리과세되므로 종합소득 과세대상에 포함되지 않는다. 따라서 연금수령액을 확인하여 연간 총 1,200만 원을 초과하지 않도록 연금수령기간을 10년 이상으로 설계하는 것이 이익이다.

연간 연금수령액 1,200만 원 한도 산정 시 ① 연금저축과 퇴직연금(본인추가납입액)에서 세액공제를 받지 않은 금액 ② 국민연금 등 공적연금과 퇴직금으로 받는 퇴직연금 ③ 1994년부터 2000년 말까지 가입 가능했던 소득공제 상품인 구 개인연금 등은 종합소득세 과세대상에서 제외한다. 물론 보험회사에서 취급하는 일반연금보험과 변액연금보험도 포함되지 않는다.

연간 연금수령액 1,200만 원 한도가 적용되는 연금 종류

연금 종류		한도적용	비고
공적연금	국민연금, 공무원연금, 사학연금, 군인연금	X	
퇴직연금	퇴직금	X	
	DC형 본인 추가납입액, IRP계좌	O	소득공제 또는 세액공제받은 금액과 운용수익 합산 적용
개인연금	연금저축(2001년부터 2013년 말까지 판매된 소득공제 혜택 상품) 및 연금저축계좌(2014년부터 판매된 세액공제 혜택 상품)	O	
	구 개인연금(1994년 6월~2000년 말까지 판매된 소득공제 혜택 상품)	X	
	연금보험(일반연금보험, 변액연금보험)	X	

종합과세하지 않고 분리과세하는 연금소득

1. 이연퇴직소득을 연금수령하는 연금소득

이연퇴직소득을 연금 형태로 수령할 경우에는 연금소득세로 퇴직소득세 60~70%를 분리과세하고, 연금 외 수령(일시금)할 경우 또는 수령한도액 초과 시에는 퇴직소득세 100%를 과세한다. 퇴직금을 재원으로 한 연금소득은 아무리 많아도 다른 소득과 합산하지 않고 분류과세한다.

2. 의료목적, 천재지변이나 그밖에 부득이한 사유로 인출하는 연금소득

아래와 같이 관련세법에서 정하는 '의료 목적 또는 부득이한 인출 요건 5가지'에 해당하는 금액은 연금수령한도를 초과하더라도 연금소득으로 보아 저율과세로 3.3~5.5% 분리과세한다.

① 천재지변의 발생

② 연금계좌 가입자의 사망 또는 해외이주(퇴직급여는 이체일부터 3년 이후 해외이주)

③ 연금계좌 가입자 또는 그 부양가족(기본공제대상이 되는 사람으로 소득의 제한은 받지 않음)이 질병 또는 부상으로 의사에게 3개월 이상의 요양이 필요하다는 진단을 확인받은 경우: 의료비를 인출하는 경우에는 1명당 하나의 연금계좌만 의료비연금계좌로 지정(해당 연금계좌의 연금계좌취급자가 지정에 동의하는 경우에 한정)하여 인출할 수 있다(단, 일부 중도인출 시에는 6개월 이상).

④ 연금계좌가입자가 채무자 회생 및 파산에 관한 법률에 따른 파산의 선고 또는 개인회생절차개시의 결정을 받은 경우

⑤ 연금계좌를 취급하는 금융회사의 영업정지, 영업 인가 및 허가의 취소, 해산결의, 파산선고가 있는 경우 등

예를 들어 퇴직연금 가입자(피상속인)의 사망으로 인하여 상속인이 해지

하는 경우에는 부득이한 인출요건의 연금 외 수령에 해당하므로 일반 연금 외 수령에 비하여 낮은 연금소득세율을 적용하여 과세하며 종합소득 합산과세에는 포함되지 않는다. 의료비 인출을 할 경우에는 해당 의료비를 지급한 날부터 6개월 이내에 의료비 인출 신청서 및 부담한 의료비를 확인할 수 있는 서류 등을 구비하여 연금계좌를 취급하는 금융회사(연금계좌취급자)에 제출해야 한다.

연금소득은 종합소득의 하나이므로 다음 해 5월에 사업소득, 근로소득 등 다른 종합소득과 합산하여 종합소득 확정신고를 해야 한다. 현재 건강보험공단에서는 공적연금에만 건강보험료를 부과하고 있다. 따라서 연금저축, 퇴직연금, 일반연금보험 등 사적연금에 가입한 후 수령하는 연금소득에 대해서는 건강보험료 산출 대상이 아니므로 건강보험료 부과 시 적용되지 않는다.

보험테크 TIP

즉시연금의 상속세와 증여세 과세표준 적용방법

즉시연금에 대한 상속세 과세에서 청약철회기간 내 상속개시 시에는 납입보험료 전액을 과세대상으로 하고, 청약철회기간 이후 상속개시 시에는 해당 약관에 따라 계산되는 해지환급금 상당액을 과세대상으로 한다. 종신형연금보험 계약을 체결한 후 연금 전환 가능한 금액 중 일부를 매월 일정기간 지급받던 중 해약이 가능한 기간에 사망한 경우 상속개시일 현재 피상속인에게 귀속되는 보험금 등을 지급받을 수 있는 권리의 가액은 현재가치로 할인한 금액과 해약(해지)환급금 상당액 중 큰 금액으로 평가한다.

즉시연금을 증여할 경우 즉시연금보험의 보험료환급권 가액은 청약철회기간 내에 증여가 이루어진 경우에는 납입보험료 전액이고, 청약철회기간 이후 증여가 이루어진 경우에는 증여 시점에 보험계약을 해지하거나 청약을 철회하여 지급받을 수 있는 환급금 또는 보험계약을 그대로 유지하였을 때 받을 수 있는 각종 보험금 등을 기준으로 증여세를 산정하여 과세한다.

보험 잘 가입하여
삶의 안전망 구축하자

보험에는 맛있는 음식과 같은 당김도, 보석과 같은 호화로움도, 휴대전화처럼 편리함도, 자동차와 같은 안락함도, 옷과 같은 푸근함도, 친구와 같은 다정함도, 집과 같은 아늑함도 없다.

보험은 하늘에 수놓인 무지개처럼 당장 손에 닿을 수 없는 미래의 추상적인 금융 상품이다. 현재 당장 그 가치가 발휘되지 않고 장래 어느 일정 시점에서 효용가치를 나타내는 신용 상품이다.

하지만 눈에 보이지 않는 이 상품 속에는 인간의 따뜻한 피와 진한 사랑이 흐르고 있다. 자신을 위한 사랑, 가족을 위한 사랑, 이웃을 위한 배려 등 소중한 아가페(agape)적 사랑이 담겨 있다. 애정을 돈으로 살 수는 없지만 애정에 돈을 담을 수는 있다. 사랑을 살 수는 없지만 사랑을 지켜줄 수는 있다. 가족 사랑에 대한 마음을 담아 편안히 갈무리해줄 수는 있다.

만약 진정으로 사랑하는 사람을 위하여 돈을 쓸 수 있다면 이보다 더 값진 사랑은 없을 것이다. 사람의 생명은 돈으로 살 수 없다. 물론 어떤 가치를 부여할 수도 없다. 이 세상 그 어느 것보다도 소중하고 고귀한 존재이니까. 그러나 돈이 삶의 질을 좌우하는 현재 사회에서 경제적인 의미만을 생각한다면 돈으로 환산하는 것이 가능할 수도 있다.

"당신의 경제적 가치는 얼마인가? 당신이 가정에서 차지하는 비중은 어느 정도라 생각하는가? 당신의 가족은 당신을 마음속으로 어떻게 생각하고 있을까? 당신은 가족들에게 물과 공기같이 더없이 소중한 존재라고 확신하는가?"

이 물음에 자신이 있다면 해답을 스스로 내려보자. 나의 가치를 충분히 발휘하고 살리면서 가족을 사랑한다는 사실을 입증해 보이려면 보험증권에 그 마음을 고이 담아 가족에게 선물해야 한다. 비바람에 흔들리며 위태롭게 넘어지려 하는 여린 싹도 꽃대를 놔주면 올곧게 크면서 안전하게 꽃을 피울 수 있다. 보험은 바로 그 꽃대 역할을 하는 삶의 버팀목이요 안전장치이다. 보험은 가족 행복을 이끌어주는 삶의 울타리요 안전망이다.

가정에서 보험은 인생의 동반자처럼 불가분의 관계에 있다. 보험은 가정생활의 안정을 위해서 반드시 존재해야만 할 최소공약수이다.

따라서 가정의 분신과 같이 늘 따라다니는 보험을 가입하기 전에 먼저 보험을 확실히 알고 난 후 머리품과 손품, 발품을 팔아 보험회사별로 비숫한 유형의 여러 가지 상품을 비교 검토하고 요모조모 따져보면서 심사숙고하여 가입해야 한다. 보험의 진면목을 정확히 알고 난 다음 가정 재무분석과 기존에 가입한 보험증권 분석을 토대로 최적의 보험 상품을 설계하고 가장 좋은 판매채널을 선택하여 올바로 가입하는 지혜를 발휘해야 한다.

내가 왜 이 보험을 가입해야 하는지 목적을 명확히 한 다음 장기적인 안목으로 가정의 재정 상태를 파악한 후 재무목적에 가장 알맞은 상품을 가입해야 한다. 보험가입 이유가 명확해야 자신과 가정에 꼭 필요한 양질의 좋은 보험 상품을 가입할 수 있고 또한 올바로 유지하면서 수혜를 받을 수 있기 때문이다.

만일 아무런 재무계획 없이 보험을 덥석 가입한다면 가입 목적에 맞지 않기 때문에 원하는 만큼의 적절한 보장(보상)을 받지 못하는 우를 범할 수 있게 된다. 경우에 따라서는 오히려 경제적으로 손해를 봄은 물론 잘못 선택하여 가입한 것에 대한 실망감이 앞서고 이래저래 속상해서 두고두고 후회할 수도 있다.

그리고 장기간 유지해야 하는 데 따른 부담감 없이 기초생활비를 지출하듯이 신경 쓰지 않고 보험료가 자동 지출되도록 보험 설계를 해야 한다. 이런 결정을 할 때에는 혼자 하지 말고 반드시 보험전문컨설턴트의 도움을 받으면서 합리적으로 해야 손해 보지 않고 보험 재테크를 완성해

만족감을 누릴 수 있다.

점점 보험이 가정생활에서 주요한 필수품으로 부각되고 있다. 이 책을 보험재테크 길잡이로 삼아 꼭 나 자신과 가정에 알맞은 보험 상품을 잘 골라 가입하여 마음의 불안과 경제적인 불안을 사전에 해소하고 삶의 리스크를 헤지하여 보험 재테크로 웰빙과 웰에이징을 이루고 미리 웰다잉을 완결지으면서 인생을 더 즐겁고 풍요롭게 살아가보자.

중앙경제평론사 Joongang Economy Publishing Co.
중앙생활사 | 중앙에듀북스 Joongang Life Publishing Co./Joongang Edubooks Publishing Co.

중앙경제평론사는 오늘보다 나은 내일을 창조한다는 신념 아래 설립된 경제 · 경영서 전문 출판사로서
성공을 꿈꾸는 직장인, 경영인에게 전문지식과 자기계발의 지혜를 주는 책을 발간하고 있습니다.

알기 쉬운 보험 세테크 100% 활용법

초판 1쇄 인쇄 | 2020년 6월 17일
초판 1쇄 발행 | 2020년 6월 22일

지은이 | 김동범(DongBeom Kim)
펴낸이 | 최점옥(JeomOg Choi)
펴낸곳 | 중앙경제평론사(Joongang Economy Publishing Co.)

대　　표 | 김용주
책임편집 | 이상희
본문디자인 | 박근영

출력 | 삼신문화　종이 | 에이엔페이퍼　인쇄 | 삼신문화　제본 | 은정제책사

잘못된 책은 구입한 서점에서 교환해드립니다.
가격은 표지 뒷면에 있습니다.

ISBN 978-89-6054-255-6(03320)

등록 | 1991년 4월 10일 제2-1153호
주소 | ㉾ 04590 서울시 중구 다산로20길 5(신당4동 340-128) 중앙빌딩
전화 | (02)2253-4463(代)　팩스 | (02)2253-7988
홈페이지 | www.japub.co.kr　블로그 | http://blog.naver.com/japub
페이스북 | https://www.facebook.com/japub.co.kr　이메일 | japub@naver.com
♣ 중앙경제평론사는 중앙생활사 · 중앙에듀북스와 자매회사입니다.

※ 이 도서의 국립중앙도서관 출판시도서목록(CIP)은 서지정보유통지원시스템 홈페이지(http://seoji.nl.go.kr)와
국가자료공동목록시스템(http://www.nl.go.kr/kolisnet)에서 이용하실 수 있습니다.(CIP제어번호:CIP2020021678)

중앙경제평론사에서는 여러분의 소중한 원고를 기다리고 있습니다. 원고 투고는 이메일을 이용해주세요.
최선을 다해 독자들에게 사랑받는 양서로 만들어드리겠습니다. **이메일** | japub@naver.com